發展的故事

幻象的形成與破滅

TALES OF DEVELOPMENT

The Making and Unmaking of Illusions

葉敬忠——著

中華書局

目　錄

緒論

大學、知識分子與社會研究的故事

本書是我在「發展研究」（Development Studies）這一領域學習、思考和實踐近三十年的結果彙報，但能夠最終成書卻是緣於我自 2011 年為發展研究專業的學生開設的一門課程——發展概論。與社會學、人類學等學科性專業不同，發展研究是領域性專業，其本身還很難說已經形成一套完整的概念、理論和方法論體系，因此，開設一門基礎概論課程實在是不可能完成的任務。於是，我便講了許多有關發展的故事。這倒不是向當今大學課程繼續「放水」，而是期冀從「應試工廠」裏走出來的年輕學生在聆聽故事的過程中，找回他們的年齡應有的思考的靈性。這些故事都是世界，尤其是中國的現代化發展過程中的重大主題。其中，我對有的主題開展了長期的研究，對有的進行了長期的關注和思考，對有的進行了廣泛的閱讀。在幾年來的課堂實踐中，我將對這些問題的思考，以批判的視角向學生進行了講述，並得到學生的積極回應和反饋。學生認識到，對這些重大主題的反思，更好地體現了對國家、社會和人類的深深關切。這進一步促使我對這些主題進行梳理和總結，同時對我在發展研究領域淺嘗多年的學術經歷進行小結。由此，便攢成了拙作。

在對本書所選主題進行講授和論述時，我經常被問及，為什麼採取如此視角、如此思考、如此分析、如此立場等。這其實源於我對自己工作的機構——大學、自己擔當的角色——教師（尚不知能否稱為知識分子）、自己開展的研究——社會科學領域的發展研究的理解和定位。因此，遇到上述疑問時，我總願陳述自己對大學裏的知識分子應該如何開展社會研究、如何分析社會問題的看法；在課堂上，我也願首先講述自己對大學、知識分子和社會研究的認識。這其實是為學生或讀者聆聽或閱讀後面的故事做的鋪墊。但我深知，大學和知識分子本身就是兩大學術領域，許多學者傾其一生研究它們，論著已汗牛充棟。除此之外，但凡大學者都願意表達他們對大學和知識分子的觀點。因其影響力巨大，故社會傳播廣泛。在學習關於大學和知識分子的論著時，我每每感慨不斷，共鳴不已；也常常臨文思今，撫膺長歎。這裏呈現的主要是我的學習心得和閱讀筆記，談不上有什麼自己的觀點。而關於社會科學研究本身，僅論述社會研究方法論的著名學者和論著就不計其數；在社會科學研究方面取得重大成就的大學者更是不可勝數，他們的論著也都成了經典。這裏展現的只是我深有同感的話語摘錄，也談不上有什麼自己的經驗。

一、大學

大學教授的工作主要包括教學和科研兩個方面。然而，當今大學普遍重科研、輕教學，教授為本科生上課似乎非得有上級的明文規定才能勉強實現。也有人問我：「科研工作非常繁忙，還堅持給本科生授課，這是基於怎樣的考慮？」其實，這本不該成為問題，但現今社會似乎的確存在這樣一種現象，即本來很平常的事情反倒成為不平常，而本來不平常的事情反倒成為平常。以教授為本科生上課為例，首先，這是大學教授應盡的職業責任，本來就是義務，乃分內之事。其次，「教是最好的學」，教學是提高教師自身能力的重要途徑，如古人所云：「教然後知困……知困，然後能自強也。」（《禮記・學記》）再者，我把課堂看成是一塊陣地，一種思想不去佔領，另一種思想就要去佔領。這一比喻不一定合適，但課堂應該是各種思想與觀點碰撞的競技場，我希望自己所崇尚的思想能夠佔有一席之地。

但是，為本科生上課需要對現實保持清醒的頭腦，尤其是，我面對的大學生羣體已經今非昔比。當今社會十分推崇與世推移、與時俯仰的從俗哲學，在「物慾狂歡橫掃中國，國人陷入精神貧困」的大背景下，大學生已不再是「一心只讀聖賢書」的天之驕子，很多變成了「兩耳盡皆窗外事」的精緻的利己主義者（謝湘、堵力，2012；錢理羣，2012）。一名湖北的大學生曾尖銳地指出：

> 這個時代，大學生差不多早已變得不大會說屬於自己的話了。從進大學的那一天起，我們就不斷被教導、被灌輸、被暗示、被誘逼，哪些話該說，哪些話不該說，見到甲該怎麼說，見到乙該怎麼說，在台上該怎麼說，在台下該怎麼說……告別權威，他們又走向了另一個極端：盲從社會，迷信流行，沒有自己的觀點，缺乏智慧的思想……他們在實踐中追隨一種普遍流行的服從，……形式化的思想行為正成為一種流行的時尚……一些人尋求生活的刺激和偽先鋒式的瀟灑，一些人醉心於「理論聯繫實際」所獲取的可觀報酬，他們過早地走進了商業操作的流程。（一名湖北大學生語）（錢理羣，2008：222-223）

資深媒體人老愚先生的一次研究生面試經歷，令其感觸尤深、噓唏不已：

> 他們翩然降臨。男的瀟灑，女的優雅，咋看都有一種範兒。我決意從兩個方面考察他們。一是基本閱讀，二是價值觀……看簡歷，以為天下英才俱在手中，面試後，始知教育產業毀人不倦……該學的都沒學會，卻全然喪失了應有的純真。無知識譜系，無正當價值觀……畢業論文一概是那種無需動腦子的傻題目，一個自我循環論證的僵屍。在回答政治問題時，他們應對有方，操着一套熟練的正確話語，眼神炯炯，話語滔滔，肢體語言豐富，堪比外交部發言人。（老愚，2011）

在這樣的現實和功利社會裏，很多大學生不知不覺地依照效用理論來安排自己的學習、規劃自己的未來。大學生經常提出如「學習這個有什麼用處」「學習那個能找到工作嗎」等問題。此時，大學教師，尤其是社會科學領域的教師，十分需要思考大學到底應該或者能夠提供給學生什麼。對於社會學、人類學、發展研究等這樣的專業，大學教師能夠教授的無非三種形式的內容，即信息、知識和思想。但我認為，大學提供給學生的不應該是信息。現代社會的信息林林總總、真真假假，無處不在、無時不有，人們已經被信息圍困，難以喘息、苦不堪言。信息不是太少了，而是太多了。例如，任何一個以往需要翻閱詞典的術語，只要百度一下，哪個也不下數十萬、數百萬條，甚至更多。從其中甄別出你需要的信息，反而並非易事。而且信息的製造是一種自我推進的過程，即為了處理信息，產生了更多的信息。信息的不斷增多使得信息冗餘數量大得無法注入人類大腦，甚至傳統儲藏室——圖書館——也已經無法容下了（鮑曼，2006a：19-20）。因此，若當代大學教師以向學生提供信息為己任，網絡信息技術就已經宣告了教師時代的滅亡。因為對傳遞信息而言，教師並不比存儲網絡更有能力；在獲取信息方面，教師不比學生具有優勢。

在知識和思想方面，或許多數人對「上大學學知識」堅信不疑，但知識也是一種信息形式。利奧塔（1997：111）更是宣告，網絡信息技術已經敲響了教師時代的喪鐘，因為對傳遞確定的知識來說，存儲網絡比教師更有能力，所以大學教師憑藉積累的知識優勢教導學生的時代已經不復存在。此外，知識和思想本質的區別在於：知識是物質的，思想是觀念的；知識是經驗的，思想是哲學的；知識是功用的，思想是自由的。雖然在知識和思想之間，很難勾勒出涇渭分明的分界線，但是，對知識的渴望主要是為了學以致用，是物質和功利的產出，而對思想的熱愛體現了對自由的追求。許小年先生曾指出，「學術就是學術，不問現實意義。胡適早就說過：『短見的功用主義乃是科學與哲學思想發達的最大阻力。』一句『學以致用』，害得中國沒了學術」（鄧中華，2011）。胡適還對年輕人說過：「爭你們個人的自由，便是為國家爭自由！」雖然大學在是提供知識還是思想方面未必二元對立，但是與知識和功用相比，我認為大學更應該給予學生以思想和自由。

其實，物有本末，事有終始。雖世殊事異，但大學功能一以貫之，即思想的發源地、自由的象牙塔。關於青年學生的思想形成，早在民國時期就有諸多極富深意的建議，如，「我們應給青年的是一個呼吸自由的氛圍，不是含有窒息性的氛圍；應給他們各種各式的滋養，使能各按本性去消化吸收；不應拿着某種定型去一孔出氣地陶鑄」（《新華日報》，1941）。早期的教育家陶行知先生建議學生「打開眼睛看事實，關於政治、社會、經濟問題，學生有閱讀自由、討論自由、批評自由」（陶行知，1944）。諾貝爾生理學或醫學獎得主彼得・布賴恩・梅達沃爵士（Sir Peter Brian Medawar）強調了思想的重要性，他指出，「對一個學者而言，有思想是最大的成功」（利奧塔，1997：126）。清華四大國學大師之一陳寅恪則倡導大學教育要堅守「獨立之精神，自由之思想」。那麼，大學教育如何才能給學生以思想呢？我認為應該考慮五個方面。

第一，學習與思考。學習的重要性無須贅述，但在學習過程中還需要不斷思考。古代對此方面的論述頗多，最為耳熟能詳的莫過於孔子的「學而不思則罔，思而不學則殆」（《論語・為政第二》）和「博學而篤志，切問而近思」（《論語・子張第十九》），以及《中庸》中的「博學之，審問之，慎思之，明辨之，篤行之」。此外，孟子指出，「心之官則思，思則得之，不思則不得也」（《孟子・告子上》）。在學習過程中，不僅要思考教師所講的和書中所述的內容，還要思考現今的社會、當下的現實和眼前的問題。然而，這種思考的習慣似乎是現在的大學生最為缺乏的。很多學生上課就是為了通過考試和獲取學分，而對所學內容少有思考。對社會現象、社會問題和社會事件，他們司空見慣，熟視無睹，認為到處都一樣，不必大驚小怪，從不會問個為什麼，普遍患上了冷漠的大腦懶惰症。如此大學教育，「傳道授業解惑」已不復存在。「傳道」者變成了「傳聲筒」；「授業」變成授「技」或「術」；「解惑」更無從談起，沒有思考，哪有疑惑？學生只是一台台劣質複印機，忙着把課堂內容複印到筆記本上。其結果是，學生的頭腦變成了別人的跑馬場，真正的思想無從談起（齊宏偉，2009）。

在一般性的思考之上，大學教育更加強調思辨的精神和能力。這正是能夠真正稱得上「大學」的大學和技能型的職業培訓學院（或在中國已升格為「大學」的學院）的根本區別。德國哲學家弗里德里希·施萊爾馬赫（Friedrich Schleiermacher, 1808: 270-272）曾指出，「沒有思辨精神，就不存在科學創造力」。他還進一步指出，「學院是功能性質的，大學是思辨性質的，即哲學性質的」，因此「人們普遍承認哲學教學是大學一切活動的基礎」。思考對一名大學生的學習和思想形成至關重要，而思辨對一所大學的名副其實不可或缺。但是，現今的大學踐行的是一切圍繞就業的實用主義和功能效用理論。有的還引入了企業化經營、公司化運作的商業管理理念。為了擴大社會影響力和知名度，很多大學大肆炒作、競相攀比。校園裏最為搶眼奪目的不再是學術講座海報，而是各式各樣的商業廣告、學生幹部競選廣告。電信公司在校園裏擺攤設點，擴音喇叭裏的叫賣聲播放不停。本不寬敞的校園為了讓車輛通行，加寬了道路；本不充足的公共空間，有的變成了小吃舖、小賣店，有的變成了收費停車場。進入大學校園，充斥耳邊的不再是鳥語花香中的琅琅書聲，而是車鳴聲、吆喝聲、人流聲，喧鬧不堪、嘈雜無比。今日之大學，很多早已將思辨和哲學的功能拋到九霄雲外。若只以「大學」之名，行「學院」之實，實不如將「大學」更名為「學院」罷了。

第二，懷疑與批判。學習過程中的思考和思辨需要懷疑和批判的精神。懷疑和批判是科學與思想進步的結果，這種進步也是以懷疑和批判為前提的。法國哲學家庫辛認為，「批判是科學的生命」；奧地利思想家波普爾堅信，科學方法就是「批判的、論辯的，幾乎是懷疑論的」，批判是科學的態度，而教條是偽科學的態度；英國數學家皮爾遜則指出，「懷疑和批判是進步的保護措施之一，科學的最不幸的前途也許是科學統治集團的成規，該集團把對它的結論的一切懷疑、對它的結果的一切批判都打上異端的烙印」（李醒民，2011）。社會學家吉登斯還斷言，社會理論本質上就是社會批判（特納，2006：450）。

在大學教育中，學生應該始終保持一種懷疑與批判的態度。首先，在閱讀時，要始終帶着審視的、提問的、評論的眼光，不要過於「恭敬地」「崇拜地」和「盲目地」接受書上的一切（風笑天，2001：50）。古人云，「讀書貴能疑，疑能得教益」。孟子也指出，「盡信書，則不如無書」（《孟子．盡心下》）。其次，要對社會現實和社會問題保持一種批判的態勢。在此方面，大學教師應該培養學生思考、思辨、懷疑和批判的習慣與能力。這需要大學教師率先垂范、言傳身教。作為推動社會前進的動力，社會批判是大學教授的使命，大學教授也應該是天然的社會批判者（張意忠，2005）。但是，中國長期以來對教育和學術中的懷疑和批判存在誤解，認為批判是一種全面的否定和徹底的譴責，是社會不和諧的因素；認為批判就是要反對某個人或某個組織。此外，學者在社會批判方面也「畏首畏尾——怕惹麻煩，怕得罪人，怕冒犯權威，怕觸怒強權」（李醒民，2011）。其實，社會批判是對批判對象充滿愛心和信心的最好體現，即所謂「愛之深，責之切」，就如深愛自己的孩子一樣，父母常常對孩子的不當行為嚴加責備、嚴厲批判，就是為了孩子能更好地成長，並超越父母。批判理論認為：

> 批判並不意味着譴責或抱怨某種現象或方法，也不意味着單純地否定和駁斥某種觀點，更不等於一套關於國民經濟的教程和社會生活的實踐綱領。批判的含義遠比「抱怨、否定或教程」深刻，它指某種理智的、最終注重實效的努力，即不滿足於流行的觀點、行動，不滿足於不假思索地、只憑習慣而接受社會狀況的努力。（霍克海默，1989：255）

社會批判的目的就是社會建設。葛劍雄認為，一個健全的社會既需要肯定和維護的人，也需要懷疑和批評的人，兩者缺一不可。懷疑和批評者可以使社會避免不必要的損失，預防可能出現的問題。正是因為他們，這個社會才得以穩定和進步。「他們的質疑和批評或許不盡全面，但對社會起了提醒和警告的作用。對一項政策、法令、制度、措施，一項工程、規劃、方案也是如此。允許並接受他們的批評，能幫助決策者更全面、更深入地考慮不利因素，從而進一步加以修改或完善。」（王君琦，2010）此外，也有人會擔心，若一個人形成了懷疑和批判的習慣，並將此帶到日常交往和為人處世中，會不會懷疑所有人、否定所有事呢？胡適先生早已就此問題做了澄清，即「做學問要在不疑處有疑，待人要在有疑處不疑」。

第三，興趣與追求。無論是學習、學問，還是做其他任何事情，來自內心深處的興趣是最原始、最根本的動力。如孔子所言，「知之者不如好之者，好之者不如樂之者」（《論語・雍也第六》）。徐百柯在《民國風度》中介紹道，西南聯大時期，邏輯學家金岳霖教授主講邏輯學，有學生覺得這門學問十分枯燥，便好奇地問：「你為什麼要搞邏輯？」金教授答曰：「我覺得它好玩。」大語言學家趙元任也告訴女兒，自己研究語言學是為了「好玩兒」。世界上很多大學者研究某種現象或理論時，常常是為了好玩。「好玩者，不是功利主義，不是沽名釣譽，更不是譁眾取寵，不是一本萬利。」（徐百柯，2011：15）可以說，只因真正的興趣，人們才會真正地用心，才會把自己的生命投入進去；用心做的事情也就不是外在於自己的，而是和自我的生活和生命融為一體（錢理羣，2011a：9）。古人教導我們，只要用心專一，則金石可鏤。否則無所用心，只會飽食終日。

有了興趣和用心，學習和學術就會為了追求純科學而將功名利祿置之度外。然而，如今的中國學者，尤其注重成果的應用、轉化和推廣，並美其名曰「產學研相結合」。例如，研究轉基因技術的科學家公開宣稱「轉基因需要儘快產業化和商業化，否則會大大影響對轉基因的科學研究」。真不知科學家的潛心研究與浮華的商業有何真正關聯？難道科學家自己要在商海中大顯身手？當然這不限於中國，在美國，「一些卑微的美國人偷取過去偉大人物的思想，通過這些思想在日常生活中的應用讓自己富裕，他們得到的讚美高於那些提出這些思想的偉大原創者。如果這些原創者思想中有一些庸俗成分，他們早就可以做出成百種這樣的應用」（羅蘭，2005）。今天的中國學術界，學術研究急功近利、心浮氣躁;學者求田問舍、夢幻萬貫家財，追求純科學已成奢談。在此情況下，若不想再次貽人笑柄，則應該謹記美國物理學家亨利．奧古斯特．羅蘭（Henry Augustus Rowland）在 19 世紀時對中國人的這段奚落嘲諷：

> 我時常被問及這樣的問題：純科學與應用科學究竟哪個對世界更重要。為了應用科學，科學本身必須存在。假如我們停止科學的進步而只留意科學的應用，我們很快就會退化成中國人那樣——多少代人以來，他們（在科學上）都沒有什麼進步，因為他們只滿足於科學的應用，卻從來沒有追問過他們所做事情中的原理。這些原理就構成了純科學。（羅蘭，2005）

第四，去商業化和去功利化。在商業化和市場化襲擊世界各個地區和社會各個角落的背景下，學術界未能獨善其身。多少學子的大學夢是通過知識改變命運，經由文憑，喜託龍門，飛黃騰達；多少農家兒女的大學夢是為了擁抱快節奏的城市現代化生活，經由大學，跳出農門，遠離土地；多少年輕才俊的大學夢是為了在別人面前展示自己的成功學，經由知識，贏得盆滿缽滿，腰纏萬貫。需要說明的是，我在這裏並非要否定物質的重要性以及對物質的獲取，而且物質化的收益也可以是大學教育和學術事業的結果，但絕不應該是目標。如孔子所言，「古之學者為己，今之學者為人」（《論語．憲問第十四》），即學術和思想的最高目標是修身和充實自己，而不是外在的炫耀和向別人顯擺。尤其是人文社會科學的教育，可以「讓學生的生活變得優雅，讓學生變得正直」（徐曉村，2014）。一個關於古希臘著名數學家阿基米德的故事說，有一個青年問阿基米德學習幾何有什麼用處，阿基米德聽了，隨即吩咐僕人：「給他點錢，讓他走吧，他想靠幾何學發財呢。」（王豐，2003：170）利奧塔（1997：3）更是尖銳地指出，如今知識的供應者和使用者與知識的關係，越來越具有商品的生產者和消費者與商品的關係所具有的形式，即價值形式。知識為了出售而被生產，它不再以自身為目的。

在此情況下，作為思想的陣地和精神的堡壘，大學必須去商業化和去功利化，在商業化大潮中保持不染，與功利化現實保持距離，在霧霾籠罩和價值頹廢的年代，使教育和學術香遠益清、亭亭淨植。無須想象，一定會有人嘲笑這太理想主義。試問，在現實主義大行其道的社會裏，若大學都不能保留一點點理想主義和浪漫主義，何處尚能？

第五，去職業化。教育的職業化已經成為很多現代大學的辦學目標和衡量標準。正如利奧塔所描述的：

> （現在）大學需要培養的不再是各種理想，而是各種能力：多少醫生、多少某專業的教師、多少工程師、多少管理人員，等等。知識的傳遞似乎不再是為了培養能夠在解放之路上引導民族的精英，而是為了向系統提供能夠在體制所需的語用學崗位上恰如其分地擔任角色的遊戲者。⋯⋯大學生不再或近或遠地關心社會進步、人類解放的偉大任務。（利奧塔，1997：104）

需要說明的是，我在此並非否定一個社會中職業教育的重要性。職業教育固然重要，但它是眾多職業教育學院承擔的任務。中國也正在構建現代職業教育體系，並將之上升為國家戰略[1]。但是，不同的社會制度承擔着不同的社會功能。如前面提及的施萊爾馬赫所指明的，學院是功能性質的，也就是要承擔技能性的、實用性的、職業性的教育，故稱之為學院；大學則不同，它是思辨性質的、哲學性質的，故稱之為大學。然而，如今的大學教育漸漸拋棄了思辨和哲學的性質，而向功能性的職

---

[1] 詳見國務院於 2014 年 5 月 2 日發佈的《國務院關於加快發展現代職業教育的決定》（國發〔2014〕19 號）。

業教育靠近。例如，近年來研究生教育出現了學術型碩士和專業型碩士兩種，而且大有徹底變為專業型的趨勢。本科教育更以就業和市場需求為最高準則。錢理羣先生對此深有感觸，他說：

（大學裏的）一條新聞看得我毛骨悚然，說是大學新生一報到，有些學校領導就約見學生家長，提出現在開始就要為學生未來的職業做準備，要對學生進行職業的訓練和指導，好像還有專門的組織，指導學生根據求職的需要來設計自己四年的大學生活，還要讓這些學生提前和招工單位的人事部門見面，以便公關。這真的讓我大吃一驚，我曾經感慨應試教育之外的教育都進不了中學教育，現在我又看到了新的危機：要求大學生按照就業的需要來設計自己的大學生活，與就業無關的教育是不是也進入不了大學教育呢？（錢理羣，2008：30）

錢理羣先生回憶說，當年蔡元培先生提出警告，說大學不能成為職業培訓班。但今天的整個教育圍繞着應試和就業來展開，這是一個非常可怕的現實。他告誡我們：

大學不僅僅使你成為一個有知識、有技術、有技能的人，更重要的是成為一個健全發展的現代公民。如果不着眼於這一點，只是按職業知識、技能的要求來設計自己的大學生活，那麼，大學生中的許多人就很有可能在中學成了應試機器，到大學又成了就業機器，這樣來度過自己的青春時代，且不說會影響自己一生的長遠發展，單就個人生命而言，也太委屈自己了。（錢理羣，2008：31）

其實，大學裏的專業和社會裏的職業有着本質區別。美國社會學家理查德・謝弗（Richard T. Schaefer, 2006）總結道：「對於專業，顧客不太重要；而對於職業，顧客永遠是對的。」對於職業來說，「顧客就是上帝」，即一定要以客戶的需求為導向。但是，對於大學教育中的專業來說，無論社會是否需要、學生是否喜歡，它都不能隨意調整，因為一個專業意味着一套知識體系，甚至涉及某種特定的精神、特定的價值。若一味以社會需求和實踐效用為導向，考古學、歷史學、人類學等豈不都得改為計算機、國際金融、國際貿易之類的專業？況且，現今無論政府機關還是企業，都在不斷精簡機構、裁減人員。各行各業提供的崗位持續減少，而大學生、研究生規模卻逐年擴大。這豈是調整專業能夠解決的問題？更不用說招聘中的各種「拼爹」「蘿蔔招聘」等現象了。

中國大學的職業化趨勢最為突出的，莫過於形形色色的專業學位教育和五花八門的培訓班了。大量的專業型碩士甚至專業型博士學位都是所謂的一流大學授予的。而且，越是知名學府，越容易招收到更多的學生參加各種如 MBA、EMBA、MPA、推廣碩士之類的專業學位教育，越容易招到更多的學員參加各種培訓班，其中不乏天價培訓班。據媒體報道，國內最受社會青睞的未名湖畔從 2007 年到 2014 年共舉辦了 4000 多期培訓班（袁汝婷等，2014）。某天晚上，我的一位在家鄉鄉鎮工作的小學同學突然來電邀約吃飯。我好奇地問他在哪裏。他說在北大上課，且他們系統來了幾十號人，都在北大培訓。那時，一方面我感歎北大十分接地氣，另一方面其多年來在我心中的神聖感也盪然無存。其實，大學與最基層的社會單元建立真正的聯結，關心人民羣眾的生產生活，恰恰能夠彰顯公立大學的社會責任感，而且有助於學術研究中的社會批判和理論思辨。但是，不知有哪所大學能夠勇敢地宣佈其專業學位教育和花樣繁多的培訓班是為了思想的傳播，而非經濟收入？在「拽人名、拽校名」流行的現今社會，尤其在官場和商場，誰不願意在言語中、在簡歷裏沾上個北大、清華的名字？如此一來，在專業學位教育和培訓市場上，招生的容易程度和招到學生的數量隨着學校名氣的下降而降低和減少，即只有在知名度高的學校滿足收益預期時，才會輪到其後的學校。這完全符合經濟學中的滴流效應。

綜上所述，我想強調的是，由於信息技術的飛速發展，存儲網絡已經完全取代了教師的知識和信息積累等傳統優勢，當代大學教師不能再以向學生提供不確定的信息和確定的知識為己任，大學應該回歸其思辨和哲學性質，尤其需要給學生以自由的思想。為了實現這一目標，大學教育應該培養學生的思考與思辨能力、懷疑與批判意識，培養學生的學術興趣和追求純學術的精神；大學教育本身應該去商業化、去功利化、去職業化。而大學學習的一個主要方式便是讀書，教師可以協助學生讀書，多讀書，要「讀破萬卷，神交古人」。可以肯定的是，若一名學生在大學期間不斷讀書，讀了很多書，那麼與其他活動所帶來的任何外在榮譽相比，他（她）一定能夠感受到更高層次的快樂和享受，且一生受用，否則定會惋惜不已。錢理羣先生建議大學生要「沉潛十年」讀書：

> 我們的教育，最大的失敗就在於，把如此有趣、如此讓人神往的讀書變得如此功利、如此的累，讓學生害怕讀書。……學生生活的最大特點，就是他生活的現實空間是相對狹窄的，而他的精神生活的空間卻是無限廣闊的。其主要途徑就是讀書。而讀書，就是和古今中外的沒有見過面的朋友進行心靈的對話，精神的交流。這是一個自由讀書的大好時機，大學、研究生期間，應該把精力集中在讀書上，特別在閱讀經典原著上好好下工夫。……大學生要「沉潛十年」讀書。「沉」就是沉靜下來，「潛」就是潛入進去，潛到最深處，潛入生命的最深處、歷史的最深處、學術的最深處。（錢理羣，2008：5-12）

關於讀書學習，諾貝爾文學獎獲得者、日本作家大江健三郎曾建議一種我稱之為「滾雪球式」的閱讀方式，即在閱讀中凡是遇到不明白的概念、術語和理論，或不熟悉的學者，一定要千方百計地從別的詞典、書籍等文獻上延伸查閱。在網絡技術的幫助下，這變得頗為容易。

> 不管是教科書還是其他的書，只要在裏面發現了有意思的話，或者我認為正確的話，就把它記到筆記本上並背下來。而且，我還記下在那裏面出現的外來語、人名，再通過別的書來試着查找它們。後來進了高

中和大學，開始更自由、更積極地去做，用剛才說的方法從一本書查到另一本書，就這樣找到自己要讀的書，並將它們串起來。這就是我的學習方法。這種學習方法直到今天我還在用。（大江健三郎，2004）

這樣，在閱讀一本書的過程中，我們會涉獵更多的文獻，了解更多的學者，也會進一步確定後續的閱讀計劃。按此方式，持之以恆，日積月累，定能積沙成塔、集腋成裘。尤其是，每個人還會讀出自己獨特的體系來，讀出書籍之間、作者之間的脈絡和聯繫來。這也就變成自己的學術了。

對於大學的社會科學教育，有些方面或許還會挑戰我們的常識性思維。第一，關於正確與錯誤。在大學之前，尤其是童年的教育中，我們習慣以簡單的二元對立（好—壞、對—錯），來評判世界。而長大後，我們明白了，要弄懂我們所生活的這個複雜而矛盾的世界，並非一件輕而易舉的事情。我們開始學會不再使用單純的「好壞」「對錯」作為評判的尺度。而且現實生活中的很多概念開始顯得模糊而破碎，我們必須清楚童年已經終結（李建會，2005：19）。第二，關於標準答案。作為應試教育的產品，我們尤其習慣於標準答案。但是，社會科學崇尚的是思考和分析，是思辨和哲學性質的，每個人都可以有自己的一套分析邏輯和敘事方式。那什麼樣的算是好的分析呢？簡單說，就是你能將讀者說服。因此，社會科學學習不應該將目標放在標準答案的尋覓上。美國實業家羅迦·費·因格（2000）曾說：「『正確答案只有一個』這種思維模式，在我們頭腦中已不知不覺地根深蒂固。事實上，若是某種數學問題的話，說正確答案只有一個是對的。麻煩的是，生活中大部分事物並不像某種數學問題那樣。生活中解決問題的方法並非只有一個，而是多種多樣。」因此，在西方的課堂上，大學教師常會告訴學生，「我沒有標準答案，你只能尋找自己的答案」。第三，關於學什麼愛什麼。我以為，若真正熱愛自己所學的領域或專業，就應該大膽反思甚至批判自己領域的局限性，即使是傳統的數學學科也是如此。數學學科從不擔心否定自己，而是不斷反思、不斷批判自己，並以此開闢自己前進的道路（齊民友，2008）。對於學習發展研究的學生或從事發展研究的學者來說，「學習發展，反思發展」，或者「在發展中反發展」，是一種更高的層次和境界，在認識論和政治上都是有遠見的。例如，在倫敦政府工作的幾位社會工作者反思了政府婦女福利項目的合理性，並出版了專著《身居廟堂心繫江湖》（*In and Against the State*）；加拿大的阿黛爾·穆勒（Adele Mueller）教授則建議從事發展工作的女性主義者應該「身在發展機構而反對發展」（in and against development）（埃斯科瓦爾，2011：211）。他們的這些做法更能體現出對發展的真誠關切和高度責任。

為了踐行大學教育的思辨和哲學功能，尤其需要創造一種環境和條件，以使學生能夠充分發揮學習、思考、懷疑和批判的能動性。在中國的教育傳統裏，教師和學生之間存在巨大的權力距離和等級差別，這很不利於教師和學生之間的有效互動。我認為，在大學教育裏，十分有必要對大學教師去神祕化。以發展研究的教學為例，教師對世界和中國的發展現實並非都能給出令人信服的解釋，也未必需要這麼做，因為即使給出解釋，那也是教師個人的思考，學生並非不可以質疑和討論。另外，發展研究、社會學、人類學等專業本身就是關於社會現實和人類生活的社會科學，而對社會現實和人類生活的方方面面，教師一定會有自己的困惑。我認為，教師應該摒棄給出確定性、權威性解釋的幻想，大膽、大方地將自己個人化的思考過程、自己的困難和困惑告訴學生。這樣，學生就不得不去想，教學也就變成了與學生一起困惑、一起思考、一起探索的過程。例如，魯迅先生在講演中總會將自己的思考過程和困惑，向聽者坦露；同時強調僅是個人的意見，是可以而且應該質疑的。他要求聽眾和自己一起思考與探索。因此，聽魯迅演講，或許會很吃力，因為一切都不明確，要聽者自己去想。但這也正是魯迅演講的魅力所在：它逼迫你緊張地思索且不斷詰難演講者和你自己，同時，又在其中享受着話語權的平等與思想自由的快樂（錢理羣，2008：207）。

二、知識分子

人們將大學比作神聖的學術殿堂。每提及大學，除了靜謐優雅的校園和朝氣蓬勃的學生，人們腦海裏還會浮現出知識淵博的教師，且常用「知識分子」來指代這一羣體。有幸成為大學教師中的一員，我也時常品味「知識分子」這一稱呼，深感它所蘊含的實質和承載的精神遠非時下的「科學家」「學者」「專家」「研究者」「文化人」「教書匠」等所能涵蓋。除了廣博的學識和精深的研究，「知識分子」還應該包含很多很多，尤其需要關注現實世界，關懷人類生活，思考人類價值。假如大學是思辨性質的和哲學性質的，我認為大學教師就應該是知識分子性質的。大學教師的知行觀應該彰顯知識分子的意涵和精神。這應該具體體現在大學教師的日常教學、科學研究和實踐行動上。然而，現代社會遭遇了普遍的價值世俗化、經濟市場化、知識商品化、學術指標化、大學行政化、管理科層化和體制收編化。在此背景下，人們開始擔心知識分子已經死亡了。但同時，人們也開始更加認識到知識分子對社會進步和人類解放的作用，並呼喚重拾知識分子精神。大學教師，應該將知識分子作為自己的理想型，將知識分子精神作為自己的知行判準，將知識分子品格作為自己的修養追求。或不能至，然心嚮往之。

追求「獨立之精神，自由之思想」的大學生，也十分需要知曉知識分子的內涵。只有這樣，學生才能更好地理解具有知識分子性質的大學教師的教學和研究，同時培養自己的知識分子精神和品格。無論將來從事何類工作，這都會將自己的事業和生活品質提高到另一個層面。雖然很多學者開展了對知識分子的研究，並梳理了知識分子的起源和變遷，但對知識分子的定義，還沒有一個確切的結論。即便如此，我們還是可以從古今中外的很多著名論述中認識知識分子的共性和特點（科塞，2001；薩義德，2002；黃平，2005；魯迅，2005b：224-227；許紀霖，2008：31；王君琦，2010；張爽，2013）：

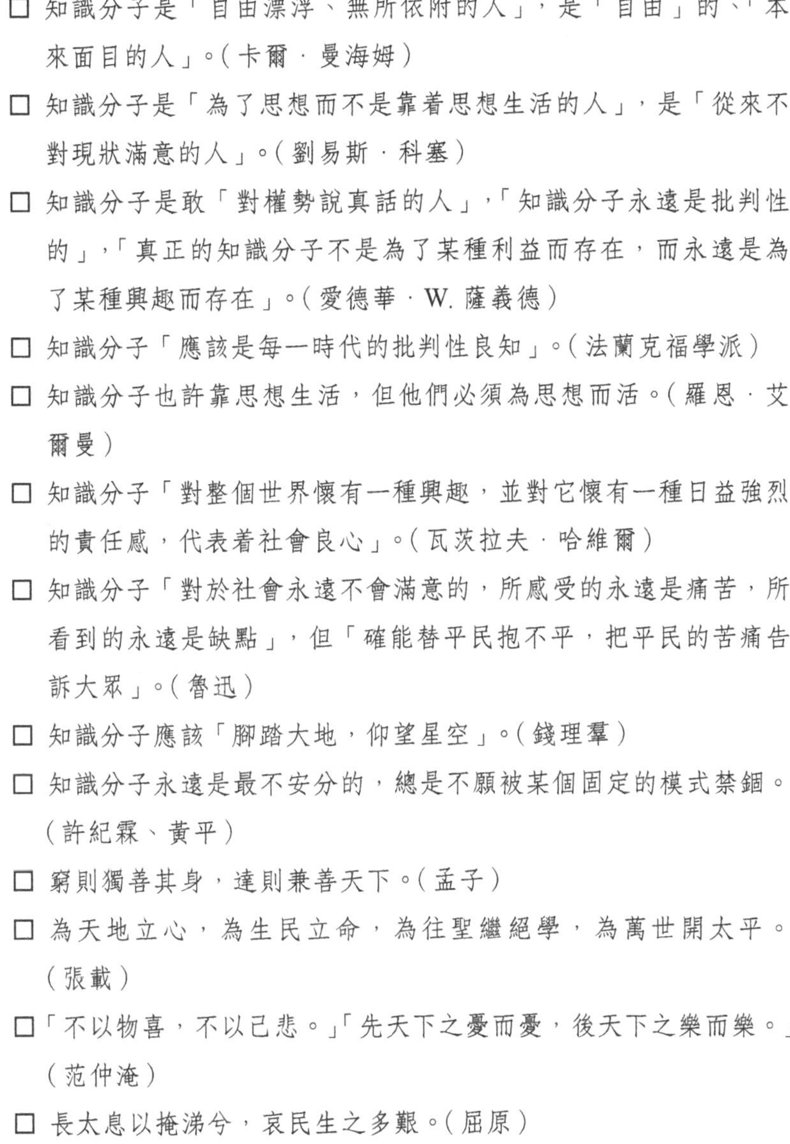

□ 知識分子是「自由漂浮、無所依附的人」，是「自由」的、「本來面目的人」。（卡爾・曼海姆）

□ 知識分子是「為了思想而不是靠着思想生活的人」，是「從來不對現狀滿意的人」。（劉易斯・科塞）

□ 知識分子是敢「對權勢說真話的人」，「知識分子永遠是批判性的」，「真正的知識分子不是為了某種利益而存在，而永遠是為了某種興趣而存在」。（愛德華・W. 薩義德）

□ 知識分子「應該是每一時代的批判性良知」。（法蘭克福學派）

□ 知識分子也許靠思想生活，但他們必須為思想而活。（羅恩・艾爾曼）

□ 知識分子「對整個世界懷有一種興趣，並對它懷有一種日益強烈的責任感，代表着社會良心」。（瓦茨拉夫・哈維爾）

□ 知識分子「對於社會永遠不會滿意的，所感受的永遠是痛苦，所看到的永遠是缺點」，但「確能替平民抱不平，把平民的苦痛告訴大眾」。（魯迅）

□ 知識分子應該「腳踏大地，仰望星空」。（錢理羣）

□ 知識分子永遠是最不安分的，總是不願被某個固定的模式禁錮。（許紀霖、黃平）

□ 窮則獨善其身，達則兼善天下。（孟子）

□ 為天地立心，為生民立命，為往聖繼絕學，為萬世開太平。（張載）

□「不以物喜，不以己悲。」「先天下之憂而憂，後天下之樂而樂。」（范仲淹）

□ 長太息以掩涕兮，哀民生之多艱。（屈原）

上述每一條論述均意義深刻、發人深思，若仔細體悟，皆可喻之於懷，相信每個人都會產生特異的感觸或共鳴。有的學者嘗試總結知識分子特質的核心元素。例如，以色列學者邁克爾・康菲諾（Michael

Confino）綜合各方面意見，將知識分子的特點歸結為五條：一是對公共利益的一切問題（包括社會、經濟、文化、政治等諸方面）都抱有深切的關懷；二是有自覺的責任感，認為上述各種問題的解決，都是他們的個人責任；三是傾向於把一切政治、社會問題看作道德問題；四是無論在思想上還是生活上，他們都覺得有義務對一切問題找出最後的邏輯解答；五是他們深信社會現狀不合理，應當加以改變（周非，2011）。葛劍雄總結認為，當代知識分子的標準應該包括四個方面：一是必須接受過完整的高等教育，或者實際上已經達到這樣的水平；二是必須擁有某一專業或某一方面的理論或比較系統的知識，即成為某一方面的專家或學者；三是應該關注整個社會，至少應關注本專業以外的領域；四是必須具有批評精神。其中，前三條是基本條件，第四條是必備條件（王君琦，2010）。也就是說，社會批判是知識分子精神中最為重要的方面。對此，葛劍雄進一步解釋道：

> 知識分子的主要使命不在於美化、宣揚或維護現有的真理、秩序、規則和存在的合理性，而是發現其中的缺陷、謬誤和不足，並予以揭露和批評，不斷探索、發展和創新。當然，這並不是說知識分子一定要反對它們，或者一定要與它們唱對台戲，也不是說它們不需要有自己的工具或喉舌，而是說這類角色不必由知識分子來扮演，完全可以由擁有一定的知識、技能和社會經驗的官員、公務員和專業人士來承擔。（王君琦，2010）

這一解釋尤其值得中國的大學教師反躬自省，因為有些教師經常充當政策宣講員，以詮釋政府文件為業，但這並非必要。因為，一方面，政府文件大多明白如話、簡截了當，無須解釋，人們即能讀懂和理解；另一方面，不同層級的政府以及政府的各個部門都有自己的智囊，如各地各部門的「發展研究中心」，他們的任務才是在有必要時對政策文件進行解讀，知識分子又何必不務正業、越俎代庖呢？因此，大學教師、教授的使命不在於解釋政策文件的正確性和重要性，而應該對政策文件沒有考慮到的方面或實施過程中可能帶來的影響進行批判性分析。這才會更加有利於提高政策文件實施的針對性和有效性。

隨着社會的發展變遷，知識分子在很多方面產生了嚴重異化，使其批判精神無從談起。第一，價值的世俗化。這是全社會的實用主義、功利主義、工具理性和消費主義大規模入侵學術界所致。作為社會中的一個特殊羣體，知識分子並未能逃脫市場經濟這個「大染缸」，而各為稻粱謀。其工作與生活普遍追求實用性和短平快，缺乏對人類終極問題的長期思考和深度反省；常常看似成果豐富，卻思想平淡無奇，恰如盧梭所言，「當一個人只為維持生計而思維的時候，他的思想就難以高尚」。第二，知識的專業化。知識分子的專業化劃分越來越窄，很多人變成了細小專業裏的井蛙，不再關注有關社會進步和人類解放的宏大整體性議題，卻由於在專業小圈子裏的星點成績而夜郎自大。正如錢理羣先生所指出的：

> （我國大學的）專業劃分越來越細，越來越專業化，使得學生知識越來越單一。……如果眼光完全局限在專業範圍內，發展到極端，就會把專業的、技術的世界，看作是世界的全部，只知專業而不知其他，這就把自我的天地壓縮在極小的空間，知識面越來越狹窄，興趣越來越單調，生活越來越枯燥，最終導致精神的平庸化與冷漠化。……（就會如魯迅所言）「不免咀嚼着身邊的小小的悲歡，而且就看這小悲歡為全世界」。（錢理羣，2008：7，44）

第三，學術的利益化。由於社會利益的多元化和衝突化，很多知識分子充當了某個階級或利益集團的「代言人」，從而喪失了對社會公共問題的深刻關懷，喪失了超越性的公共良知（許紀霖，2008：9）。第四，政治的依附化。這是因為「知識分子過分依附於政治權力，依附於政治意識形態，最終失去了獨立人格和自由思想」（許紀霖，2008：12）。

上述異化的結果是，知識分子分化成了兩種類型：傳統知識分子和有機知識分子（葛蘭西，2000）；普遍知識分子和特殊知識分子（福柯，2003a：206，441-442）；非體制知識分子和體制知識分子（黃平，2005：9）❶。前者是嚴格意義上的「真正知識分子」。他們游離於體制之外，是獨立的、自治的，與權力和利益無涉，且超越一切社會利益集團，代表了社會一般性的良知、正義和理想。而後者往往存在於社會經濟政治體制之內，與權力和利益共謀，代表着權力和利益集團。這些集團也利用知識分子來維護自身利益，贏得更多權力，獲得更多的控制（薩義德，2002；潘知常，2006）。而在人文社會學科與理工經濟學科之間，與理工科的應用性和經濟類的經世致用性相比，人文社會學科的功用性和時效性顯得相形見絀；當理工經濟學科因其直接的現實功效炙手可熱時，人文社會學科卻顯得不合時宜，以往的門庭若市變成現在的門可羅雀，與過往的指點江山、激揚文字相比，現在可謂判若雲泥（陳占彪，2006）。因此，當很多理工經濟類「知識分子」搖身一變成為獨董、公司首席工程師、首席經濟學家，甚至股東時，一些人文社會類知識分子也在「上窮碧落下黃泉，兩處茫茫嗅商機」。無奈受限於形而上的學科特點，有機知識分子之夢難以一蹴而就。於是，不少人開始與政府的智囊搶飯吃。有的學術機構要求研究工作「想領導之所想，想領導之將想，想領導之未想」，有的大學要求人文社會科學研究「站在領導的角度來思考和研究問題」。試想，不是領導，還要站在領導的角度來想事，如何能夠想得過領導呢？按此邏輯，知識分子徹底忘掉了其精神與價值定位，呈現出的是對物慾和官場的折腰，對權力和虛榮的迷戀。難怪有人宣佈了「知識分子之死」。

盧梭（2009）指出，人類的進步史同時也是人類的墮落史。他斷言，科學與藝術的進步使道德淪喪，科學與藝術越是發展，社會在智性

---

❶ 黃平將知識分子分為體制知識分子、非體制知識分子和反體制知識分子。我認為後兩種均可稱為非體制知識分子。

方面越是顯得燦爛輝煌，世風就越是江河日下（盧梭，2011）。或許正因如此，知識分子才會死亡，才會甘當既得利益集團的吹鼓手。殊不知，資本集團背後的那些搖脣鼓舌者，雖乞得了袞衣玉食，但在資本大佬的眼裏，不過是杜月笙所說的一隻夜壺，需要時拿出來用一下，用完了便放到最角落的地方。正如胡適所言，一個強大、自由平等的國家不是這樣的一羣精神已經消亡了的「知識分子」能夠建設得起來的。因為，他們善於從經歷資本強拆的人民的遭遇中輕鬆地「尋出『美』來，讚歎，撫摩，陶醉，……使自己和別人永遠安住於這生活」（魯迅，2005d：604）。他們認為，雖然有人付出了代價，但換來了美妙的發展幻象。然而，他們對幻象背後的「利益私有化和代價社會化」的真相卻置若罔聞。他們已經習慣於從屬地位，為了保住自己的安寧生活，樂意任憑別人加重他們的奴役（盧梭，2009：156），完全變成了被現代社會馴服了的具有奴性的客體。

將批判性視為知識分子的本質，在西方由來已久。在大學，教師對知識和真理的追求，實際上就是對現存知識體系的某種超越和否定，是對現實生活和社會秩序合理性的批判和重建（張意忠，2005）。大學教師需要認識到，在現代性主導社會變遷的背景下，普遍出現的是一元極力吞併多元，某一種存在模式極力貶低、抹殺甚至吞併其他模式的趨勢。此時，知識分子的社會批判可以使一元主導的社會保持某種張力，使社會能夠向更加健康和更加和諧的方向發展。正如在中國現代思想文化裏，幸虧有魯迅這樣的知識分子，才形成了某種張力，才留下了未被規範、未被收編的另一種發展可能性（錢理羣，2008：195）。這種張力的存在對社會穩定更加有利，因為這種社會批判完全是建設性的，絕不是為了摧毀。例如，有人批評薩義德總為巴勒斯坦的民族和領土而辯護，薩義德回覆說：「是的，我是在為巴勒斯坦領地和國家而辯護，但是一旦巴勒斯坦領地和國家形成了，我將成為第一個批評巴勒斯坦國家的人。」（維克託．李，2012）難道薩義德的批判是為了摧毀巴勒斯坦國家嗎？可以認為，對知識分子來說，批判就是一種建設，解構就是一種建構。

在真正的知識分子精神中，社會責任感是另一個重要元素。孫立羣指出，知識分子必須「關注社會，關注民生，熱心於對社會做出貢獻，必須具有強烈的社會責任感和社會參與意識」（王君琦，2010）。與西方知識分子注重權利相比，中國的知識分子更加注重自己的社會責任（R. 麥克法夸爾、費正清，2007：198）。知識分子的責任感主要體現在對民眾生活、民間疾苦、社會正義和公共利益的關注、思考和行動上。這就要求知識分子深入社會，思考真問題，研究真學術。「讀萬卷書，行萬里路」，在書齋和真實社會之間建立起聯結，將有利於知識分子對現實的知曉和思辨。「近水知魚性，近山識鳥音」，知識分子必須傾聽人民，「知屋漏者在宇下」「一枝一葉總關情」。美國社會學家勞倫斯・紐曼（2007）說：「如果社會研究者無法與日常的實踐保持協調，他們就只能玩一種『象牙塔』遊戲。不久，公眾和社會就會對其失去信任、理解和支持。」布迪厄在晚年也曾明確地提出，「面對社會大眾的苦難，社會學如若不想變成『社會巫術』，就必須深入社會生活，傳達底層的聲音」（Bourdieu et al., 1999）。

知識分子不僅要具有批判社會的精神，還要敢於批判和否定自己。例如，魯迅的批判精神最終是指向自身的，他常常質疑自己，這是他思想的徹底之處、特別之處，是知識分子很難達到的一個境界（錢理羣，2008：196）。研究魯迅的錢理羣先生，在堅持學術追求的同時，也不斷地進行自我質疑。他認為，「一個學者，不能要求大家都說他好，有爭議就說明有特色，有特色就會有問題。這是一個錢幣的兩面」；他「希望自己做一個『偏至的學者』，而不願做一個四平八穩、面面俱到、人人說好的學者」。此外，錢理羣先生還清楚地認識到，當一個學者被承認或成為一個權威時，他會自覺不自覺地使用他的話語霸權，成為新的壓迫者（錢理羣，2011b：7-8）。這正是知識分子時刻質疑和批判自己的體現。世界卓有成就的知識分子均有不斷批判、不斷否定自己的習慣。當然，在很多人想方設法製造自己的學術權威和社會影響之今日社會，我們需要認識到，質疑和批判自己就意味着某種否定，意味着對自己過去的某種否定，而這對很多人來說是很痛苦的。

人們還常常認為知識分子是中立的，其實「中立」本身就是一種無法判斷的狀態，誰來判斷是否中立？面對利益不可能完全一致的社會羣體，如何才能中立？被異化了的體制知識分子或有機知識分子、特殊知識分子，其本身就是被權力和利益所控制和左右的，其中立性本身就是自我否定的。即便是非體制知識分子或傳統知識分子、普遍知識分子，其價值和立場也是鮮明的，就是為了普通百姓和人民羣眾的利益。因此，不帶任何前提和「偏見」的研究是不存在的（齊宏偉，2009）。例如，對於轉基因的可能風險，「具有不同道德觀念和價值取向的科學家，往往會對風險問題做出完全不同的判斷；如果再把他們有時對話語權和經濟利益的訴求也考慮進去，那麼，情況就更是如此」（楊通進，2006）。馬格林（2001）指出，「無論個別科學家意識到與否，科學的應用，都是受到政治和經濟因素左右的」。

美國著名社會學家 C. 賴特・米爾斯（2001：212）說過：「選擇做一名學者，既是選擇了職業，同時也是選擇了一種生活方式。」知識分子在社會上注定是一個特殊的、帶有神聖感的羣體，但同時也是甘於寂寞、甘於默默無聞、甘於「坐十年冷板凳」的學問者和思想者。著名學者徐懷啟先生曾說過：「人只有在默默無聞的時候，才能靜下心來做點學問。」（趙復三，2007）知識分子尤其需要遠離物質與浮躁的世界，需要靜下心來，安心思考，安心研究。知識分子崇尚的是「安坐書齋、安守清冷、安心治學、淡泊名利、至譽無譽」的氣節和品質，因為他們堅信如梁啟超所說的「苦樂全在主觀的心，不在客觀的事」。他們的日常生活和工作總是在不斷地讀書和想事。習近平同志也指出，「選擇當老師就選擇了責任」「不能把教育崗位僅僅作為一個養家糊口的職業」「如果身在學校卻心在商場或心在官場⋯⋯那是當不好老師的」（習近平，2014）。這是在以知識分子的標準來要求大學教師。

知識分子羣體尤其追求較高的人生境界。豐子愷先生說過，人生可以看作「三層樓」：一是物質生活，二是精神生活，三是靈魂生活。第一層追求的是物質生活，錦衣玉食，孝子慈孫。若得到，便滿足了，世間大多數人是這樣。第二層追求的是專心的學術或者科研、文藝。所謂的知識分子、學者、藝術家等大多是這樣。而第三層追求的是靈魂生活的充實，財產、名譽都是身外之物，學術、文藝也都是暫時的美景。其實，知識分子所追求的大多在第二層及之上。而對於治學，王國維先生有著名的治學三境界之說：

> 古今之成大事業、大學問者，必經過三種之境界：「昨夜西風凋碧樹。獨上高樓，望盡天涯路」，此第一境也。「衣帶漸寬終不悔，為伊消得人憔悴」，此第二境也。「眾裏尋他千百度。驀然回首，那人卻在燈火闌珊處」，此第三境也。（王國維，2009：16）

最後想要說明的是，雖然在人類的歷史變遷和社會進步中，知識分子起到重要的推動作用，而且每一代人的生命歷程都是在閱讀知識分子所創作的文字的過程中完成的，但是，知識分子在其所處時代卻總是小眾和弱者。這是由知識分子的本質特點決定的。因為其天然的批判性，即對其所處時代的社會存在的批判性，他們不可能處於權力和利益的中心，否則就是異化了的有機知識分子，而非真正的傳統知識分子。因為知識分子永遠不滿足於現狀，總在尋求已有存在之外的另類價值、另類理想、另類選擇，因此也永遠為社會所不容，永遠被邊緣化（錢理羣，2008：243），是精神上的流亡者和邊緣人（薩義德，2002）。正因如此，知識分子永遠是小眾的，也必然是孤獨的。錢理羣先生肯定地說：「如果你下決心要作一個『知識分子』，一個獨立的思想者，孤獨與寂寞，大概就是你的宿命。」但是，他們又是「孤獨的清醒者」（錢理羣，2008：256），是「舉世皆濁我獨清，眾人皆醉我獨醒」式的，是「難得糊塗」的清醒者。一般來說，知識分子的貢獻和作用在其所處時代很難被認識或認可，或許要經過很多年，人們才開始理解或珍視。這種時代的漠視，對知識分子而言是最為痛苦的，故其內心更感孤獨。列夫·托爾斯泰或許就是這樣的知識分子。他是「具有這種犀利眼光，能夠看清真相的人」，但「作為一個始終具有善於觀察並能看透事物本質的眼光的人，他肯定缺少一樣東西，那就是屬於自己的那一份幸福」（茨威格，2013）。但是，對於悠悠歷史長河來說，這又怎樣？因為流行的一定是短命的，主流的一定是世俗的，而且「歷史上凡是真正重大的事件，在其發生的時候，都是不太引人注目的；而凡是當時就被認為『重大轉折』的東西，多半是一種宣傳，往往事後連史書也寫不進去」（許紀霖，2008：13）。

正是因為知識分子在其所處時代的非中心、非主流的小眾角色，其在與權力和利益集團的社會關係上，也一定是弱者身份。不僅如此，知識分子的社會責任感還要求他們永遠與弱勢羣體站在同一邊，如日本作家村上春樹在 2009 年耶路撒冷文學獎領獎致辭中說：

以卵擊石，在高大堅硬的牆和雞蛋之間，我永遠站在雞蛋那方。……我們每個人，也或多或少都是一枚雞蛋。我們都是獨一無二，裝在脆弱外殼中的靈魂。你我也或多或少，都必須面對一堵名為「體制」的高牆。……我們都只是一枚面對體制高牆的脆弱雞蛋。無論怎麼看，我們都毫無勝算。牆實在是太高、太堅硬，也太過冷酷了。……體制並未創造我們，是我們創造了體制。（村上春樹，2009）

三、社會研究

大量社會研究是大學裏社會科學領域的知識分子開展的，因此前面的討論已經涉及社會研究的有關方面。我深知，對社會研究的方法論和研究成果進行概括論述實非我之力所能及。這裏陳述的僅是我在社會研究經歷中的個人思考，涉及社會研究的功用、表達、立場，以及社會研究之於知識分子的人生觀和價值觀的聯繫。雖然這些方面目前均有固定的、主流的認識，且已根深蒂固，但大多是在社會世俗化進程中實用主義和客觀理性主義思維下形成的，與知識分子的精神和大學的思辨與哲學功能南轅北轍。

開展社會研究經常被問及研究的功用問題，即研究有什麼用處。要明確回答這一問題並非易事，因為研究是否有用，既要看對誰有用，也要看有什麼樣的用處。但我明白，提出這一問題者，主要想知道的是社會研究能為社會經濟建設做出什麼具體的貢獻，尤其是能否如實用技術一般進行推廣應用，並產生看得見、摸得着的效益，甚至對學生將來的就業或創業起作用。若理解了「學院是功能性質的，大學是思辨性質的、哲學性質的」這一判斷，上述問題則均會不言自明。正是因為世俗社會將思辨性的「大學」淪為職業性的「學院」，將大學裏的「知識分子」淪為解決問題的「技師」，才會對知識分子的社會研究提出如此具體的工具性期望，大學教育和社會研究中本來不是問題的問題才會被提出來。這一趨勢在中國尤為突出，列舉三例。其一，中國學生填報大學志願時，家長詢問最多的是「好不好就業」的問題；而美國藝術與科學院院士、耶魯大學教授詹姆斯．C. 斯科特（James C. Scott）曾告訴我，耶魯大學 80% 以上的畢業生從事的工作是入學時未曾想象到的，他認為人們應該有豐富的想象力去開創新的事業。其二，中國的大學生仍然在討論大學教育是否應該培養懷疑和批判性精神；而英國倫敦大學教授亨利．伯恩斯坦（Henry Bernstein）曾告訴我，英國學生對社會問題和社會政策的質疑似乎是天生的，沒有人會對此提出疑問。其三，中國的社會學、人類學、發展研究等專業的大學生，甚至博士研究生，不少還在挖空心思地規劃畢業後的商戰人生；而美國康奈爾大學教授菲利普．麥克邁克爾（Philip McMichael）曾告訴我，美國學生選擇這些專業主要是源於自己的興趣，若想畢業後掙大錢的話，肯定要去商學院、法學院或醫學院等。

很多研究者也在開展應用性的、對策性的社會研究，其重要性和必要性無須言說，如同職業教育對社會非常重要一樣，國家同時需要社會診療師和社會工程師。但是，對思辨性的大學知識分子所開展的關切社會進步和人類解放的一般性社會研究來說，我不想迴避對上面那些「用處」問題的直接回答，那就是：「沒什麼具體用處！」我明白這一籠統性的回答一定會招致無盡的批評和批判，但我想強調的是，不要以形而下的「器」的標準來要求知識分子的社會研究，因為他們更多的是致力於對形而上的「道」的孜孜探究和對思想的漫漫求索。大學教師「更要以『傳道』為責任和使命」（習近平，2014），大學教育的旨趣主要不在於如何適應社會的「器」，而在於如何改造社會和重塑社會的「道」。若能如此理解，那麼社會研究對社會、對人類就「至關重要、必不可少」了。社會研究必然涉及生活方式和社會形態問題、人類意義和社會價值問題，這些都是人類生活和社會存在的文化和思想根基。試想，若沒有了這些，無論有多少物質財富，人類社會將如何成為可能？

上面這些大而言之的論述，尤其是有關知識分子形而上的思想，在今日之現實社會總會被看作是虛無縹緲的，人們總是希望看到一些行動。尤其是講求社會責任感的中國知識分子，十分希望為國家出力，因此「三顧茅廬」的故事在知識分子中影響很大，而「報國無門」是他們傳統的苦悶（錢理羣，2011b：68）。「欲濟無舟楫，端居恥聖明」（孟浩然）、「欲為聖朝除弊事，肯將衰朽惜殘年」（韓愈）、「持節雲中，何日遣馮唐」（蘇軾）等，無不表達了中國知識分子報效國家的渴望和理想。那麼，思想和行動有什麼關係呢？這可以從四個方面來思考。

第一，知識分子的思想難以變成行動性的指南。錢理羣先生（2011b）指出，像魯迅這樣的懷疑的、批判的知識分子，並不一定能有治國安邦的良策，他們常說「不應該這樣」，對「應該怎樣」無法提出可操作的實踐方案，他們自然有自己的理想，但不是策略家。對此，他要求我們深刻思考一個問題，即「思想難道只有直接變成實踐，才有價值嗎？」他說，思想和實踐有不同的邏輯。「思想是超前的，而實踐是現實的；思想是徹底的，而實踐是講妥協的；思想的合理性並不等於實踐的合理性，這是一條必須劃清的界限。」他認為應該「還思想於思想者」，強調思想的獨立價值，認為思想者不是政治家，不是社會活動家。

第二，志在解釋社會的思想家和志在改造社會的理想家雖然是不同的角色，但是理想家需要思想，思想家也可以成為理想家。對此，潘光旦先生是這樣解釋的：

> 嚴格的社會思想志在解釋。……社會思想提出的問題是，社會曾經是什麼，現在是什麼，以前的「曾經是」和目前的「是」中間，又有些什麼淵源？對於將來可能是什麼，社會思想家或許願意鑒往知來地作一番推測，但這不是他的主要任務；至於未來的社會應該是什麼，如何而可以盡善盡美，他是擱過不問的，若問，他是暫時放棄了社會思想家的地位而採用了理想家的身份，才問的。……社會理想的用意是在改造社會。……理想家多少得利用一些思想，而思想家也隨時可以蹺出而成理想家。（潘光旦，1998：296-298）

第三，思想改變行動，從而改變世界。人們往往為現實中思想無法被理解、無法被重視或無法轉化為行動而惆悵不堪。但知識分子的非中心性和時代批判性，早已注定了其思想被認同和採用的滯後性。這未曾不令很多知識分子心灰意冷、遁世逍遙。但我們應該清楚的是，社會進步雖然看似都是行動的結果，然而事實上，一切行動均是思想的結果，行動上的矛盾和鬥爭均來自思想和認識上的悖異。換言之，社會進步的根本在於人的「心」，而不在於做的「事」。若不能改變思想和認識，專家們提出再多的建議也多枉費心血；再好的建議，因為利益和權力等原因而不願採納者也會每每視而不見、聽而不聞。也正因如此，海量的中國學術論文在提建議時，句子大多沒有主語，即沒有行動的主體，更沒有「如何做」以及「若不做怎麼辦」的說明。這充其量是一種「好人」假說基礎上的精神勝利罷了。若改變了思想和認識，「怎麼辦」的行動問題也就迎刃而解了。因為每個社會主體都會從自己的現實情況出發，調動自己的能動性，發揮社會設計師和社會工程師的特長，制定出適合自己的行動方案。要知道，這可是政府決策部門最為擅長的行動。因此，在社會研究論文中，大可不必濃墨塗抹「獻策」部分，實屬多餘，倒不如在形而上的層面進一步思考和討論。

總言之，對於社會進步或社會問題的解決，只要解決思想和認識問題，策略和行動問題便唾手可得，可謂心到即事成，心不到則事不成。對思想和認識問題的討論不能被視為對現實問題的「無解」。例如，對飽受爭議的「農村小學撤併」問題，若從思想上認識到城鄉教育公平之於農村學生和農村家庭意味着「讓農村孩子在家門口享受到與城市孩子一樣的教育，而不是迫使他們去城裏上學」，那麼，憑藉中國政府的資源動員能力，恢復農村學校實非難事。這同樣需要解決另一個認識問題，即對於不合適的發展政策和發展行動，要敢於叫停，敢於認錯，敢於恢復，因為轉過身來並不代表倒退，只是換個方向，繼續前行。

看似虛軟的思想不僅改變着具體的行動，還會改變世界。知識分子對此要保持信心。《新青年》的錢玄同先生曾請魯迅為《新青年》寫文章，但魯迅說：「假如一間鐵屋子，是絕無窗戶而萬難破毀的，裏面有許多熟睡的人們，不久都要悶死了，然而是從昏睡入死滅，並不感到就死的悲哀。現在你大嚷起來，驚起了較為清醒的幾個人，使這不幸的少數者來受無可挽救的臨終的苦楚，你倒以為對得起他們麼？」此時，錢玄同說：「然而幾個人既然起來，你不能說決沒有毀壞這鐵屋的希望！」魯迅（2005c：441）接着寫道：「是的，我雖然自有我的確信，然而說到希望，卻是不能抹殺的。」美國社會學家瑪格麗特．米德也認為，一個人或一個小團體可以努力使世界變得不同。她說：「永遠不要懷疑一個思想深刻、忠誠堅定的小團體是否擁有改變世界的力量，實際上，這是他們唯一能做的事情。」改變世界的道路可能沉重而緩慢，也許還會遭遇嘲笑或對抗，但需要的是堅持和堅定。

第四，思想即生活。對人類和世界的思想性討論和思考，的確有時無法給出確定的答案或問題解決方案。此時，便有人會發問，「既然不能解決問題，還有什麼好論爭的？」當然，什麼樣的思想提出什麼樣的問題。正是因為這類人追求具體性和物質性，他們才認為只要沒有確切答案的問題都不必討論。哈佛大學教授邁克爾·桑德爾（2012）認為，哲學性的思辨可以把我們已經了解的、已經熟視無睹的情景變得不再熟悉，把我們熟悉的事物變得陌生，這將引導我們用新的方式看待這些事物。福柯（2005：107）也建議，面對人們從未懷疑的、司空見慣的現實，知識分子要「後退幾步，繞過現實，去分析它置身其中的理論和實踐的背景」。歷史告訴我們，通過閱讀和思考，人們將會成為更負責任的公民，會重新審視過去的、常識性的觀念和公共政策，並更有效地參與公共事務（桑德爾，2012）；公民還可以更好地履行責任，更好地運用各自的天賦來治理好國家（盧梭，2009：31）。而對於很多無法給出具體答案的討論，桑德爾（2012）說，許許多多哲學家千百年都沒能解決的問題，我們就能解決嗎？我們是誰？但是，對人類社會諸多問題的討論還在重複着，誰也無法迴避。這是因為，我們就生活在這些問題的討論和答案中；人類的思想就像一個故事，人們並不知道故事將怎麼發展下去，但卻知道，這是關於你我所有人的故事。

社會研究的過程和結果主要以文字和語言，即「作」和「述」的方式，進行陳述與表達，如常見的書籍與文章、講課與講演。但無論哪一種方式，都是知識分子或研究者按照自己的特定邏輯表述自己的思想與觀點的過程。這一過程可以稱為敍事，而敍事的結果就是故事。無論一本書或一篇文章，還是一次講課或一場演講，都是作者或講演者給我們敍述的故事，而故事的效果要看作者或講演者是如何敍事的，即如何講故事的，按照什麼樣的邏輯、依據什麼樣的材料進行推論，以什麼樣的語言、風格和形式進行呈現。若敍事的結果是使聽故事者被說服或打動了，那麼故事就是成功的。對於講故事，齊格蒙特·鮑曼是這樣闡釋的：

故事正如探照燈和聚光燈，它們只照亮舞台的一部分而將剩下的部分留在黑暗中。……故事的任務就是挑選，故事的本質是通過排除來納入，通過投下陰影來突出照亮某些部分。若因為故事突出某一部分而忽

略另外的部分而對其詬病，則是一種嚴重的誤解和不公正。沒有選擇就沒有故事。（鮑曼，2006a：10）

鮑曼關於講故事的性質和特點的論述尤其值得我們思考。每個故事的講述者都是為了照亮某一點或某一部分；對社會研究來說，這就是要表達的思想或觀點。為了表達某一思想，研究者在敘事過程中必須進行選擇，即對論據和論證方法進行選擇。無須多言，被選擇的論據和被採用的論證方法都是支持要表達的思想的，而無關的或不能支持該思想的材料被排除在外（這些材料也都是研究者不認同的），因此故事一定是不全面的。人們常說，社會科學的思想是可以證明的，因為人類歷史上一系列成功和失敗的例子為社會歷史研究提供了全面的佐證。然而，由誰來書寫歷史呢？由誰來解釋歷史呢？要知道在眾多的歷史現象中很容易找出一些現象來論證某種歷史觀，因此，所謂證明的問題也就成了一個敘事的問題（張慶熊等，2001）。

正因如此，本書的每個故事關注的都是那些沒有被照亮的地方，更準確地說，是沒有被照亮的地方中的一小部分。這並非要否認已被照得很亮的地方之存在，而是要言明，除了亮處之外，還有很多未被照亮的地方。在社會研究中，不同專業、不同學者，就是要照亮社會世界的不同部分，即講述不同的故事。讀者或聽眾既可以各取所需，也可以形成對事物的整體性理解。若要求一個學者把事物的全景和所有維度全部呈現出來，這既不現實，也不合理。而且，不同學科或同一學科內的不同流派、不同學者對事物的解釋可能截然不同。因此，一個有深刻思考和獨立思想的學者無法同時論證一個事物的所有方面和所有觀點，無法同時講述不同的故事。若非得如此，則一定會因為貪求「全面」而落得個沒有思想、沒有觀點、沒有立場的結局。例如，對於農村研究中無法迴避的城鎮化中的農村問題來說，經濟學家可能會倡導某些類型的農村應該被消滅掉，而人類學家或許會很反感這「消滅」二字，因為村莊並非僅僅是經濟發展中的一個要素，它還承載着文化、記憶和生活方式等。

再如，關於農業生產模式，即使在社會學內部，也有不同觀點，有的學者認為現代農業是農業轉型的必然趨勢，而有的學者認為「一個沒有小農農業的世界未必美好！」這些都是不同的人講的不同的故事，有的故事成為時代的主流，有的相應地處於邊緣位置。無論主流還是邊緣，對於每個學科、每個學者來說，重要的是能把自己的大小故事講好，把自己的那一小部分照得透亮，而不是對於要照哪裏迷迷糊糊，照出來的部分模模糊糊。

無論是研究還是講演，均是某一種敘事、某一種思考，而非全面性、永恆性的客觀真理。對於讀者或聽眾來說，可以聽不同的故事，但要形成自己的思想，追尋自己認為的真理。2002 年，錢理羣先生在他北京大學的最後一門課——《現代文學研究的前沿》——課程上談道：「無論是我的著作，還是我的講課，無非表示這樣一個意思，就是在這樣一個世紀末，有這樣一個人，這麼一個錢理羣，他有這麼一種看法，有這麼一種思考，如此而已。但是，即使你不做思想者，我對你也有個小小的請求：請理解別人的思考。」（錢理羣，2011b：9）需要說明的是，任何研究和講演都以敘事為基礎，但這並不意味着所描述的故事純屬虛構。正如唐娜・哈拉維在分析生物學敘事時所說的，敘事不是虛構，也並不有悖於「事實」；敘事就是歷史的記載，即使是最中立的科學領域也是敘事性的；將科學當作敘事並非不嚴肅，恰恰相反，這是對待科學最為嚴肅的態度（Haraway, 1989, 1991）。

與主流故事相比，本書講述的均是非主流的、邊緣的故事。主流的故事常常宣稱自己的客觀性、全面性和真理性，而我要言明的是，這些邊緣的故事是不「全面」的，是個人化的思考，更不奢望被視為真理。由於人們過於習慣了那些被社會聚光燈照得閃亮的主流故事，這些邊緣故事必然顯得帶有強烈的批判性，甚至會被認為偏激。但知識分子的主要使命本來就不在於美化、宣揚或維護現有的存在，本來就是要照亮其中的缺陷、謬誤和不足（王君琦，2010）。況且，主流的就一定是真理嗎？在對人民生活和社會現實進行討論和思考時，經常有人會說「大家都這麼做」「現實就這樣」，或者說「事情從來如此」。魯迅在他的第一篇白話小說《狂人日記》中，以「狂人」之口向中國社會發出了「從來如此，便對麼」的質問（魯迅，2005c：451）。在發展主義控制下的經濟社會裏，人們將物質財富的積累視為人類社會的最高目標和個人成功的唯一標準。但只要稍稍追溯歷史，追問人類生活的本質，就會發現，事情未必從來如此。很多研究表明，物質財富的積累並非人類社會的價值和人類行動的動機，人類生活質量和人民幸福感並不取決於財富（塞林斯，2001：64-65；波蘭尼，2007：37；摩爾根，2007：400-401；舒馬赫，2007：18）。

本書的敍事雖屬一家之言，故事本身也未必得到主流的肯定，但我力求將思想和觀點表達得清清楚楚、明明白白，有時甚至棱角太硬、涇渭過明，只因為不希望讀者浪費生命去閱讀一通看似正確的話語，到頭來還是雲裏霧裏、不知所云。斯科特在其近作《逃避統治的藝術》的前言中寫道：「我經常被指責為錯誤的，但很少被認為含糊不清或晦澀難懂。」（Scott, 2009: xi）當然，既然無法做到面面俱到的論述，這些邊緣故事便必然會存在某種局限與缺憾，也一定會引起同行或同事的爭論或反對，但學術團體本來就應該是自由思想的競技場，追求的應該是求異存同，因此學術爭議實為極好的現象。正如魯迅所言，「凡有一人的主張，得了讚和，是促其前進的，得了反對，是促其奮鬥的，獨有叫喊於生人中，而生人並無反應，既非贊同，也無反對，如置身毫無邊際的荒原，無可措手的了，這是怎樣的悲哀呵」（魯迅，2005c：439）。

既然如此，社會研究中就不存在所謂的「陰謀論」說法，因為每一位研究者都在進行自己的敍事，講述自己的故事。根據話語分析和社會表徵的觀點，故事是敍事的結果，現實是話語建構的結果。一切敍事邏輯或話語體制都是為了爭奪更為真實、更為現時的世界，在此過程中，世界將會被不斷再造（Haraway, 1989）。因此，經過話語的解構，建構出的另一種現實，並非就是「陰謀」。埃斯科瓦爾（2011：18）對二戰後西方的發展戰略進行分析後指出，世界發展援助和現代化戰略是西方世界為了實現對第三世界的霸權的刻意而為；斯科特（2004：393）的研究指出，多數農業現代化國家項目的背後都暗含了未公開的邏輯，那就是要鞏固中央的權力，並削弱農民和他們與國家機關相對的社區自主性。難道這些著名研究成果都是「陰謀」？與此相比，那些經過語言包裝的社會歷史未必就不是一種「陰謀」。我們需要認識到，在小故事、小敘事、邊緣和多元極力爭取社會存在的空間之時，它們卻時刻遭遇着大故事、大敘事、主流和一元的貶低、壓制、抹殺或吞併。這在發展研究中尤為昭彰，但並不能摧毀前者批判的號角，正如一位學生朋友鄭鵬所作的發展研究「代言體」：

> 你總批判我的批判，卻未關懷我的關懷；
> 你有你的結構，我有我的解構；
> 你攻擊我的方法論，我懸置你的本體論；
> 你嘲笑我體系不全，破碎不堪，我可憐你不戰即被收編；
> 你可以一意孤行遭遇發展，我們會吶喊着構建後發展的時代；
> 發展研究，注定被主流邊緣，系譜裏少不了他者的規訓和屠殺，但，那又怎樣？
> 哪怕孤軍奮戰，也要爭奪邊緣的話語權。

上述關於社會現實的大小故事、大小敘事的分析，還關涉社會研究無法迴避的另一個問題，即立場問題，在利益多元而衝突的不同社會主體之間，知識分子應該站在誰一邊？我認為，至少對於公立大學的知識分子來說，你別無選擇。公立大學的教師和學生，不能忘了大學的公共性。大學之所以可以運行，教師可以開展教學與研究，學生可以學習與交流，靠的是公共財政，是普通老百姓和人民大眾的稅收和奉獻，包括農民的貢獻，你能不站在他們一邊嗎？這些來自人民的貢獻交由一個代表人民的政府來管理。為了保證人民的錢能夠真正為人民，大學需要給政府提供張力。孟德斯鳩（1961：162）說過：「一切有權力的人都容易濫用權力，這是萬古不易的一條經驗。有權力的人們使用權力一直到遇有界線的地方才休止，要防止濫用權力，就必須以權力制約權力。」大學雖然沒有制約權力，但是，大學越是能夠給政府創造這樣的張力，就越會使人民的錢更有可能為人民。而這種張力的創造，在一定程度上取決於社會研究是不是獨立的、自由的和批判性的。再者，對於公共政策，如土地、教育、社會保障等政策的討論與制定，應該以普通老百姓的利益為主要出發點，應該從千百萬人民大眾的角度來設計和評價，而絕不能為了取悅某些權力部門或利益集團。這是社會政策研究和制定中的底線。但是，我們常常會聽到一些雷人之語，如「為了經濟的發展，八億農民需要付出代價」「犧牲上億農民工的利益是經濟發展的要求」「我只管經濟增長，不管誰受益誰受損」等。得出這些結論的專家，不僅非常無情無義，而且徹底忘掉了社會和發展政策的公共性，真該「回家賣紅薯」了。

「文以載道，言為心聲。」無論是研究論著，還是課堂講演，反映的都是研究者對現實和生活的感悟、思考和理解，折射的都是研究者關於社會和人類的思想、理想和價值。知識分子崇尚知行合一，因此做學問就是做人。首先，社會研究者應該尊重人。研究者尤其要尊重研究的對象，應該始終將人置於社會研究討論、關切和關懷的中心。即使是自然科學，愛因斯坦也指出，「關心人的本身，應當始終成為一切技術上奮鬥的主要目標」。但現實中，很多研究者患上了價值冷漠症，其研究見物不見人，見事不見人，只見經濟增長給少部分人帶來的財富和權力，而不見多數百姓經受的挫折和不安。這樣的研究注定不可能得到公眾和社會的信任與支持。其次，社會研究者應該尊重自然。社會發展的經驗和教訓告訴我們，人與自然之間必須建立起一種平等、和諧的關係。研究者絕不能再以對自然界和生物體的征服者姿態自居，不能繼續懷揣貴族主義的優越感，要將「改造自然和征服自然」的決心轉變為「尊重自然和敬畏自然」的誠心。再次，社會研究者應該尊重多元。孔子曰：「君子和而不同，小人同而不和。」（《論語・子路第十三》）「和」是指互補且不失自我，「同」則是指一致但沒有自我。中國文化學家陳序經（2010：34）指出，兩種完全相同的文化相接觸，結果是一致；兩種完全相異的文化相接觸，結果是和諧；兩種同異兼有的文化相接觸，結果是一致與和諧。一個健康而和諧的社會需要多元思想、多元文化的接觸和互動，具有多元張力、互為制衡的社會將更為穩定。否則，只有五味之一的飯食必定味同嚼蠟，「停杯投箸不能食」；只有五音之一的樂曲也將聲如猿啼，「嘔啞嘲哳難為聽」。「世界上沒有兩片完全相同的樹葉」，人類「須知參差多態，乃是幸福的本源」[1]（羅素，2011：40）。

如此冗長的闡述，看似學術宣言，目的是想讓讀者閱讀這些故事時，能夠理解我的立場、觀點和用心。我為國家的興盛而驕傲和自豪，在國際交往中也每每因為國家的強盛而吸引更多的注意。但越是盛時，越應清醒，因為禍福相依、盈虛能易。若要盈福恆久，則須居安思危，正視發展過程中的資源環境、生產生活、科學技術、倫理道德、社會價值、公平公正等問題，目的是使國家更強大、社會更美好、人民更幸福。此外，這些故事中的有些討論還涉及人類社會的一般意義和價值，需要我們超越民族和國家的邊界來思考和理解。

本書講述的 15 個故事，雖然各個主題單獨成篇，但也可看出一定的順序性。這些故事討論的都是中國發展過程中最為重要的主題，可略分為五個組別，按次序分別是農村變遷方面的四個主題：商品、留守、學校、土地；農業生產方面的三個主題：農業、糧食、食品；科技方面：科學、技術；環境方面：自然、災害；發展實踐方面：慈善、援助、項目、發展研究。每一個故事的敍事均依照類似的邏輯結構進行，即現實問題的呈現、社會文化分析、政治經濟學批判、後結構主義反思、哲學和倫理學思考。

三十多年前，改革開放以無窮之力吹響了中國經濟發展的號角。時

---

[1] 原文為：參差多樣，對幸福來講是命脉。

至今日，「發展」已經成為我們時代的主旋律，並毫無爭議地成為政府的目標、國人的信仰和社會的共識。但是，當「經濟增長」被人們以一種堅信不疑的態度作為社會行動和制度系統的唯一目標，且所有人都為之敬仰、為之狂熱、為之獻身的時候，「發展」就演變成了「發展主義」。始終處於舞台中心的發展，被社會聚光燈照亮三十多年的時候，本書中的故事將為那些未被照亮的地方投去星點微光。通過解構發展，我們可以清楚地認識到伴隨發展而生的各種資源耗竭、資本霸權、貧富差距、社會風險、社會不公平等社會問題。這些故事會告訴你發展之幻象是如何形成、如何破滅的。這將改變你對發展的看法，使你重新思考社會的價值和人類的意義。

值得興奮的是，學者對這些發展主題的反思在政策層面產生了非常積極的效果。例如，2011 年的中央農村工作會議明確要求，任何人都無權剝奪農民的土地承包經營權、宅基地使用權、集體收益分配權；農村建設應保持農村的特點，有利於農民生產生活，保持田園風光和良好生態環境；不能把城鎮的居民小區照搬到農村去，趕農民上樓；讓農村孩子共享優質教育資源，農村教學點撤並要十分慎重，充分考慮學生上學方便和交通安全；妥善解決好農村留守兒童、婦女、老人問題（中國政府網，2011a）。這至少與本書中的留守的故事、學校的故事和土地的故事是直接關聯的。雖然對這些問題的批判性思考在改造社會和重塑社會的實踐中呈現出滯後性和局限性，但對現實的反思和批判必須徹底，畢竟「取法乎上，僅得其中；取法乎中，僅得其下」。正如鄧正來先生（2012）所指出的，「批判是沒有限度的，如果給批判設定一個限度的話，那就不叫批判了」。

商品的故事

當農民雙腳站在市場經濟之中

自 1949 年中華人民共和國成立以來，中國開始了國家鞏固和振興的發展之路。不管是計劃經濟體制下的四個現代化建設，還是改革開放之後的市場經濟轉向，「發展」一直確鑿無疑地是政府的目標、國民的信仰和社會的共識。尤其是改革開放以來，幾乎一切政治、經濟、社會和文化體制的變革都以「發展」與「創造和刺激經濟增長」為旨歸。在此背景下，中國農村歷經了翻天覆地的變化：一方面，「發展」通過國家引導、政府干預、市場介入與媒體控制等多種方式，嵌入中國農村的各個領域；另一方面，「三農」問題逐漸成為被廣泛關注的公共話題。以「農業、農村、農民」為基本元素的農政變遷，對國家與社會的發展具有重大意義。無論是人們對農業關於高科技與機械化的追求，還是人們提出的農村與農民「先進」或「文明」的標準，都為我們展示了新的時代趨勢：國家與社會的轉型在朝着「發展」或「發展主義」方向前進的同時，也極大地影響着「三農」問題的進路以及人們對「三農」的期望。

時至今日，糧價的漲跌不再取決於小範圍農地收成的好壞。全球化模式下糧食的政治與戰略功能，改變了小農生存經濟時期供需與漲跌的呼應關係，農民由此與掌控自己命運的理想漸行漸遠；以西方發達國家為代表的農業技術現代化過程，通過機器和化學手段對農業生物進行加工與再創造，實現了農業專業化、規模化、連作化、機械化，以及高產高效的目標（胡曉兵，2007），卻忽略了傳統農業涉及的自然因素，破壞了人與自然過往的和諧圖景；「土地增減掛鈎」政策的實行，在擴大了城鎮建設用地面積的同時，造就了更多無工作保障、無土地依靠的農民；不計其數的農村勞動力大規模湧向城市，衍生出龐大的留守老人、留守婦女和留守兒童等農村留守人口羣體，並導致了「農村剩餘勞動力轉移」的悖論：所謂「剩餘」的勞動力，大多是農村人口中受過較好教育的年輕人，是新型的農業生產發展最需要的人（嚴海蓉，2005）。總而言之，種種建立在發展主義主導的國家發展基礎上的農政變遷元素，都經由同樣的機制統一運轉，即以市場經濟為導向的農村商品化進程。

三十多年來的農村改革將商品生產和市場經營的思維「送給」了農民和農村。在市場化和商品化的發展思維指導下，我們常常聽到「要培育與市場接軌的新型農民」「以市場為導向調整種植結構」等話語，有關農村發展的很多政策和項目也都致力於把農民、農業和農村推向市場和商品生產的大潮中。學者的研究也指出，農村工業化、農村商品化與城市化的相伴發展、相互促進，改變了農村「封閉」「半封閉」的狀態，正把農村經濟、社會推向更高的發展階段（戴宗貢等，1991）。不僅如此，隨着改革開放的進一步深化，為了緩和千家萬戶小生產與千變萬化大市場的矛盾，「優化」農業產業格局與「合理配置」勞動力必不可少，其具體措施恰恰是開發土地、從鄉村轉移勞動力至城鎮等（姜國祥，1997）。可以看出，支持農村商品化的學者通過對傳統小農經濟「封閉」和「落後」的定義與劃分，賦予了農村商品化進程中各項舉措的合法性，並將其建構為不可避免的進步趨勢。如今，藉由市場化和商品化推動農村發展的信念瀰漫於整個社會。發展的主流敍事宣揚市場化必然會支持窮人、消除貧困，並改善農民境遇。例如，世界銀行在《2002年世界發展報告：建立市場體制》中便宣稱，市場能夠推動經濟增長、減少農村貧困，並提出了構建市場制度的支持建議（World Bank, 2002）。

然而，事實真就如此嗎？市場化和商品化進程是否真的增加了農民的福利（Bernstein, 2006）？不盡然。當農民雙腳站在市場經濟的大潮之中，他們面臨的選擇雖然各式各樣，他們中大多數人的命運卻殊途同歸：堅守農村的，仍然在種植糧食、栽培林果蔬菜、馴養家禽家畜，但對於很多家庭來說，收入對比開銷如九牛一毛；進城務工的，滿眼燈紅酒綠、物慾橫流，卻在城市的另一隅從事着艱辛的體力勞動，他們中的大多數接受着只可養家糊口的基本收入，思念着家鄉的父老鄉親；無奈留守的老人、婦女、兒童，一面打理着家中青壯年勞動力不得不離棄的土地，一面相互扶持、彼此安撫。身處市場經濟之驚濤駭浪中的農民，看似駛向不同的遠方，卻難以逃脫顛沛流離、疲於奔命的種種現狀。

改革開放後的一些年青一代農民，逐漸遺忘了祖輩的農耕方式、無暇顧及僅能創造溫飽價值的土地，以為享受着既超越城鄉二元結構又貫穿於生活朝夕的時空「自由」。但是，作為社會科學研究，也許不應止步於此。經濟增長顯著、消費種類多元、農民生活需求不斷膨脹，我們見證了改革開放以來商品化進程在中國農村各個角落的滲透，和市場經濟體制為國家與農政帶來的種種變遷。對市場化背景下農村變遷的考察，需要從商品化的視角解讀「商品關係如何內化於小農經濟及更廣泛的社會關係和社會實踐之中」(Bernstein, 2004)。我們還需要通過描述樸素的多方敘事，探究以「發展」為號角的農村商品化背後，可能隱藏的資源分配不均與資本再生產的去政治化機制，及其導致的種種後果。正因如此，本文試圖通過反思「發展」，解釋以市場經濟為大背景的農村商品化進程中，農民遭遇的種種現象，並追問現代社會中人類的終極關懷。

一、自主性的式微：從生存經濟到商品經濟

一位河北某村莊的農民，曾經因為養兔子、炸油條等區別於同村其他人的創收方式致富。2011 年，他還在炸着油條，但已經不養兔子。當被問及原因，他答曰：「兔子品種不好，也沒有市場，最後就作罷了。」在他看來，近十年的創收經歷並不順利：他承包了一塊荒山，種植洋槐

賣木頭，卻無法預知木頭價格漲跌；他的水澆地上收穫的糧食尚可自給，卻幾乎沒有創造過現金收入；蘋果、柿子、中藥材、核桃……他嘗試過多個品種，這其中，有鄉級政府以調整種植結構為名半強制要求種植的，有村幹部討論協商後動員種植的，也有農民看到上一年市場價格走高而爭相種植的，但幾乎都慘淡收場。最後，這位農民總結道：

> 現在農民靠種植賺錢很難。若規模不夠大，沒有果商看中，進入不了市場，白種了；若規模大了，價格再不好，收入還不如付出，還是白種。鄉級政府的規劃不能不聽，但他們實踐經驗沒我們豐富，引導的結果未必如同預期；村幹部們也都是農民，對於市場理解有限，站不高也看不遠；我們老百姓，都是哪裏扎堆往哪裏鑽，見人家種得好就跟風，結果自己眼光能力不足，猜不中什麼能賣高價，又挨不過賤價的時候，最後變成：今年種這個，明年種那個，年年忙，年年卻也沒收穫。唉！小農意識啊！（一位河北農民語）

他說得略顯輕鬆，畢竟他還有炸油條這項穩定的收入養家糊口。與中國大多數農民一樣，這位河北農民十年如一日地投入各種農業生產，以求養家糊口，甚至發家致富。然而，隨着市場經濟的深入與蔓延，農村商品化機制成為運轉一系列元素的主要動力。這些元素包括科學、技術、資源等，它們被商品化過程逐步改造為鉗制農民自由、威脅農民穩定感的工具，被運用於城市和資本對農村冠冕堂皇且毫無保留的攫取過程中。在此背景下，這位農民的農業創收活動屢遭挫折，其對未來的期望也日漸彷徨。值得深思的是，正因為有炸油條這項未與外部大市場連接、僅針對本社區人口的創收方式的穩定支撐，他才逃避了外出打工、家人分離的生計安排。然而，在中國，又有多少農民能夠倖免於市場經濟的漩渦當中呢？農民對生活的感受是直觀的，對自身處境的認知卻是有限的。時代更迭，過去收成的好壞倚仗天時地利，收成不好的時候，尚且有個埋怨對象；現在的他們，雖然隱約能感覺到市場給生產與生活帶來的種種衝擊，卻難以回溯自己究竟從何時起被捲入市場經濟的大潮，直至今天雙腳根植其中，更無法想象雙腳站在市場經濟中的自己、被價格體系同時決定了勞動報酬與購買力的自己，未來還將面臨怎樣的風險和挑戰。而這正是我們關注和需要探尋的問題。

根據伯恩斯坦（2011：187-188）的定義，商品化是一個過程，是指「生產與再生產的要素來自市場交換，並為了市場交換而生產，它受市場交換的原則與強制力制約」。在經歷商品化過程之前，人類社會的生產和經濟活動不是為了商品交換，而是為了直接滿足生產者個人或經濟單位的需要。我們稱這樣的經濟形式為生存經濟，這樣的社會形態為生存社會。伴隨着社會分工和商品交換的出現和擴大，人類逐漸進入了商品社會。當人類生產和經濟直接以交換為目的、經濟關係強調的是交換時，我們稱這種經濟形式為商品經濟，它是相對於生存經濟而言的。而市場經濟是指社會資源的配置是通過市場機制來完成的。可以說，商品經濟是市場經濟的前提和基礎，市場經濟則是商品經濟發展的必然趨勢和更高階段。

雖然我們區分了生存經濟和商品經濟兩種形式，而且目前人類社會所經歷的社會模式均無法脫離商品社會，但需要強調的是，生存經濟和商品經濟並非徹底斷裂的二元對立體，其相對應的社會形態也非絕對的社會發展的先後時間序列。在商品經濟裏，不同形式和不同程度的生存經濟元素仍然廣泛存在於世界的各個地區和社會的各個部門。也就是說，即使在普遍的商品社會，也會存在除了商品經濟形式和商品意識之外的不同種類和不同程度的生存經濟形式和生存社會意識。

（一）生存經濟

在生存經濟中，農民耕種自己的小塊土地。儘管農民過着與城市人不盡相同的生活，但這絲毫不影響他們呈現出一派生機勃勃的景象：日出而作、日落而息，忙時種地、閒時娛樂，家庭和睦、合家團圓，生活緩慢而怡然自得。他們之所以有這份閒情逸致，主要是因為他們的生存、生活大權基本掌握在自己手中，他們有很高的自主性，有較為確定的保障。他們付出的辛勞基本可以與農業收成成正比，可以說，一分耕耘一分收穫。在小規模的有限市場內，價格和產量往往可以相互補償：當地的收穫量越少，單位收穫物的價格越高，反之亦然，因為供求是由收穫量本身決定的（斯科特，2001：76）。正因如此，不論農民的收成是好是壞，他們的購買力仍然大致可以支付生活資料與生產資料，並維持他們生活的動態平衡狀態。

在生存社會，很多農民家庭會養蠶、養雞、養豬，或者做粉條、豆腐，或紡織、編織，或製作一些手工製品在趕集的時候銷售。傳統手工業一直是很多中國農民家庭收入的重要補充，來自傳統手工業的附加收入使沒有足夠農業收入的農民生活下去（費孝通，2006）。如此一來，即使莊稼歉收，農民的生存安全也能夠得到一定的保障。這就是斯科特所說的「退卻方案」，是農民生存的「安全閥」。

「退卻方案」，即輔助性活動，它們在饑荒時可以帶來可喜的賺頭。例如在地方集市上出售籃子、陶器和紡織品之類的交易，就是農民家庭在農閒季節的主要活動。一旦莊稼歉收，農民就靠這些交易彌補家庭收入的虧空。在不宜種稻的地方種植其他農作物，以及種菜、飼養雞鴨、捕魚和森林採集活動，都是保障生存安全的資源，可能幫助農民家庭度過大米短缺的困難時期。這些選擇方案，使得農民有了某種靈活性。（斯科特，2001：79-80）

此外，農民的生活還有賴於大量的公共資源。森林資源、村有荒地都曾經令村民對於生活有充分的選擇自由。例如，森林除了具有提供木材和收入的功能外，還發揮着其他很多對老百姓的生活而言非常重要的功能，體現出顯著的森林多功能性。

（林木）可以作為飼料或蓋屋頂的植物，可以作為人或家畜食物的果實，可以做床墊、籬笆、種植蛇麻草所需要的支柱和燒柴引火用的樹枝，可以用於製藥和皮革燃料的樹皮和樹根，可以製造樹脂的樹液等等。每一種樹，甚至每一種樹的不同部分和不同的生長階段都有不同的屬性和不同的用途。（斯科特，2004：5）

在生存社會，農民享受着許多大自然的饋贈。這些饋贈滿足了農民的一部分重大需要，如農民不花錢就可以從公共荒地上弄來蓋茅草屋的草料、竹子和木材，還可以到附近的池塘、小河中釣魚，等等。這些大自然的贈品對農民來說觸手可及（斯科特，2001：81）。在河北省易縣的西部山區，農民仍然可以偶爾去附近的山上採伐荊條、摘酸棗、刨藥材、捉蛔蜩等，或在地方市場上直接出售，或經過適當加工後出售；農民還可以砍伐山林樹枝以為種植西紅柿搭建架子，撿拾河卵石以作蓋房地基之用，收集河上的冰塊用於當地紅薯粉條的加工生產，採摘野菜供家庭食用，等等。在此過程中，大自然與農民結合成一種施與受的親密關係——農事曾經是一種神聖的藝術，充滿節慶、儀式與感恩（梭羅，2011：137）：農民通過放牧和耕耘給自然以養分，又經由獲得各種食物、原材料的方式得到回饋，完成了生生不息的循環。

總而言之，在生存經濟中，農民的生命視野開闊而繽紛，既有大自然以各種植物、動物的形式呈現出生命的多樣性，又有豐富的「退卻方案」作為備選，農民的獲得與需求可以保持一定的平衡。可以說，不論從自然層面還是社會層面看，這個時期的農業社會都形成了一個完整、自給自足而又封閉穩定的系統。正如塞林斯的研究所指出的：

生存社會裏的狩獵者和採集者雖然沒有什麼固定的物質資產，但他們並不貧窮，他們生活在一種「物質的豐裕」之中。……他們的秘密在於手段和目標之間正常而可行的比例：人們的「經濟需求」不是無限制的，而他們的生產手段足以實現那些有節制的目標。（Sahlins, 1972）

（二）商品經濟

在商品經濟中，在經歷了商品化過程後的農村社會，農民首先面臨着市場的不安全性。一位河北的果農解釋道：「個人把握不了市場行情。（水果）長好長壞，可以把握得了，但賣多賣少，把握不了。市場價格實在鬧不明白。」無論是農業產品還是非農產品，其價格的變化無常令農民普遍陷入了對市場的迷茫之中。

今天，在商品化、市場化與全球化的控制下，糧食帝國[1]的形成致使地方供需與價格的平衡關係被打破。在美國，糧食帝國通過對外援助、農產品自由貿易、單一食品體系的擴展、中心外圍型食品貿易體系的形成等方式，將糧食作為武器，兵不血刃地控制諸多發展中國家的政治、經濟和社會發展（周立，2008a）。這意味着，對於地方農民來說，收成的多少與單位價格之間穩固的必然關係解體。正如斯科特所指出的：

> （生存經濟中）在小規模的有限市場內，當地的收穫量越少，單位收穫物的價格越高，反之亦然，因為供求是由收穫量本身決定的。而在世界性的市場上，地方收成和價格的關係被打破了，世界價格的變化或多或少地獨立於地方的穀物供應量——收成少時的單位價格很可能跟收成多時一樣。……（因此）世界市場的不安全性比傳統的地方市場更大。（斯科特，2001：75-76）

孟德拉斯（2005：91）也發現，「變化無常的市場行情可能使農民生產的商品喪失一切價值」。此外，隨着農村社會商品化進程的加劇，農民的生活資料，包括其自身與全家的吃穿住行和其他需求，以及農民的生產資料，如肥料、牲畜、農具等，都同時在種類上增多、在價格上飆高。面對商品化農業社會在獲取上的壓縮與在需求上的刺激，農民的

[1] 糧食帝國指逐漸控制了世界糧食生產、加工、分配以及消費體系的國際跨國公司。

境況日益嚴峻。

此外，在商品化之後的農村社會，鄉村保護功能逐漸弱化或被破壞。對於大部分農民來說，這破壞了鄉村和家族分擔風險的保護性功能。斯科特（2001：51-52）認為，傳統社會存在要求一切人都有住所、都能生存的鄉村倫理原則，窮人可以對富裕村民提出要求，以確保弱者免遭破產和滅頂之災。在鄉村保護功能中，尤其需要強調的是土地的社會保障功能。鄉村耕地的消失，對地方的社會保護組織會是特別沉重的打擊。在今天的中國農村，對於大部分農民來說，農業社會市場化同樣破壞了鄉村和家族分擔風險的保護性功能。大量青壯年男性農民外出務工，很多婦女也隨之而去，剩下留守老人種地、照顧孫輩，親人聚少離多，家不再家，很多農民家庭的耕種面積也由於無暇顧及而越來越少。當一些不再種地的農民被問及為何離棄土地時，他們的回答幾乎一致：種地賺不到什麼錢，現在要生活、要供孩子上學、要讓孩子結婚成家，光種地遠遠不夠。可以說，並非農民自己選擇離土，而是因為，當土地被看作財產或者獲得財產的主要手段時，農耕變得不再那麼重要，很多農民過着困窘的生活（梭羅，2011：137）：過去能夠依靠土地維持生計的方式在不斷減少，需要購買的生活、生產資料的數量與價格卻都在日益增加。於是，市場大潮將他們推向了城市。除此之外，鄉村保護功能的弱化還體現在以發展之名而實施的「土地增減掛鈎」政策或招商引資、鄉村工業化而導致的強拆農民住房和強徵農民耕地上。在有些地方，埋藏礦產資源的公共山地被村莊富人或外來資本攫取開發，變成了富人的聚寶盆，而不再是貧困農民的謀生手段。而類似這樣的創富機會首先被村莊的權勢階層獲得，權力、資本和市場化機制的結盟給普通村民的生活帶來了擠壓，給村莊的資源帶來了破壞，給農村勞動力帶來了嚴重的剝削（任守雲，2012）。

不僅如此，在商品化的農村社會，生存經濟中的「退卻方案」與公共資源在不斷消逝，農民生存的「安全閥」不斷減少甚至消失。例如，以往幫助農民家庭度過荒年的許多輔助職業減少或消失了，更大的問題是地方森林資源、村有荒地和公共牧場逐漸消失了。大部分林地被用於商業木材的生產，森林不再是農民、遊牧者和「部落」居民的公用地。這意味着直接減少了他們可以從林地中獲得的、用以維持生計的資源，農民的家庭經濟變得愈加脆弱。從前一直像空氣一樣免費的，現在仍然近在眼前、伸手可及的資源，突然間不容許他們沾邊了。同時，出於增加稅收的目的，曾經公有的在河流中捕魚的權利被拍賣給私人投標者。總之，之前屬於農民自然權利的東西也被剝奪了（斯科特，2001：82-83）。如前面提及的偶爾上山或下河採撿各種資源以補貼家用的河北省易縣西部山區的農民告訴我們，那些零星的生計方式正日益減少，因為商品化的過程使自然資源的管理和使用越來越將農民排斥在外。如以治理「四荒」為名，村裏的山地、荒坡等大多被承包給了私人，同時引入外部資本對村莊資源進行聯合「開發」。在這種情況下，普通農民就不能再去撿柴火、伐荊條、刨藥材。村莊河套裏的沙子和鐵粉被提煉之後出售，河灘上堆積了尾礦，河道變窄、水流變小了，冬天找做粉條用的冰塊也就不再容易了。村莊資源的這一商品化進程帶有明顯的資本化特徵，並造成了越來越大的貧富差距。

此外，隨着大規模工業化生產或進口商品的入侵，地方性的家用品和農具等貿易市場越發萎縮。這阻斷了農民從這些市場獲取副業的機會，因此農民的生存選擇方案隨之逐漸縮減（斯科特，2001：81）。費孝通（2006）的研究指出，當農村手工業受到大工業衝擊時，農民維持最低生活標準的傳統方式不再起作用，農村經濟隨即衰落，城鄉差距不斷增大。今天，村莊集市上出售的大部分產品不再是農民自己生產的，而是外地商販運來的，雖然花樣繁多，但是價格很高，且假冒偽劣居多。

總之，在商品化的農業社會，原本農民與自然之間形成的循環被打破了：森林資源、村有荒地在很多情況下不再是公共資源，原本農民在農閒時的謀生活計往往不再可行，因為世界市場提供了更加豐富的消費品選擇，這樣農民便更加依賴市場。而免費的大自然贈品的喪失以及勞動密集型手工業的衰落使得維持不愁吃穿日子的可能性大大減小，農民的生存手段越來越不在自身的掌控之中。

二、強制加鼓勵：農村商品化的機制

農村商品化是穩固市場經濟的有效機制，它直接服務於受西方話語與西方新自由主義思想影響三十多年的中國發展主義路徑。在市場經濟的背景下，人們一邊接受着快速增長的經濟邏輯以及「數字出政績，政績出幹部」的政治邏輯，開始算計人與人之間和人與自然之間的關係，一邊被生產、市場和消費的話語充斥着日常生活。在此過程中，創造和積累財富的主要手段已不再是勞動，而是資本（葉敬忠，2011a）。對於農民來說，資本是遙遠的夢想，勞動是維持生計的手段，進退維谷是他們的真實生存狀態。要追溯農民的雙腳如何不知不覺地植根於市場經濟之中，就不得不關注農村商品化的機制和過程。

（一）生存資料的商品化

「生存資料的商品化」（commodification of subsistence）是指過去屬於「獨立」小農的生存資料的要素（因此也是再生產的要素）逐漸受控於市場交換及其強制力（商品化）的過程。生存資料的商品化意味着人們無法在商品關係與其強加的原則之外進行再生產（伯恩斯坦，2011：155, 188）。

對農民而言，以前生存資料至少可以通過非市場渠道獲得。而商品化之後，非市場的紐帶被消解，農民的生產資料和消費資料越發需要購買。在生產投入方面，資本性投入越發增多，甚至土地也需要租賃或購買。農民的消費資料也無法通過自我生產獲得滿足。他們被迫走進市場，通過市場購買生活所需。這樣，農民的生存越發依賴於市場關係，脫離市場關係將無法生存。這就是生存資料的商品化。

進入市場的農民發現，他們必須花費越來越多的錢，也越來越受到自身控制不了的價格波動的傷害。因此，生存資料商品化的另一面就是貨幣化。阿帕杜雷的研究發現：

> 現金前所未有地成了維持生計之鑰匙。就是說，銷售、生產、分工和貨幣化的大規模變革造成了這樣的情況：越來越多農民賴以為生的交易需要以金錢作為媒介。正是對金錢的極度渴求，驅使小農就算要冒被打回原形的極大風險，也力求在農業商場上佔一小席位。對於他們大多數人來說，踏足農業商場並不是通向累積資金、增加收入和躋身大農地位的道路，而是在極度貨幣化的世界上生存的先決條件。（阿帕杜雷，2001：240）

在生存資料商品化過程中，最值得關注的是土地的商品化。經濟功能只是土地許多重要功能中的一種，而將土地和人民的命運交由市場安排，那樣將無異於對他們的毀滅（波蘭尼，2007：113）。需要警惕的是，在「地方市場」中，很多時候，土地即便在法律上還不是私產和商品，在實際上卻已經是了（伯恩斯坦，2011：156）。土地是農民最重要的生存資料，一旦不由農民掌握，農民的生存風險之大可想而知。但在發展主義的思維指導下，農村的一切彷彿都可以物化，發展的實質即對空間的爭奪和重構（朱曉陽，2011）。空間一旦變成商品，就會產生積累，但誰從積累中受益，誰承受積累的代價，需要我們深刻思考，因為，以發展為名，農民往往成為失去土地而只剩勞動力可以出賣的「自由」人。

此外，在市場化可解決一切問題的思路指引下，原本由農村社區承擔部分保障功能的灌溉、教育、醫療等內容也逐漸被市場化。例如，在「資源優化整合」的背景下，教育越發城鎮化，農民家庭的支出越隨之加大，尤其是兒童到城鎮讀書後，父母甚至祖父母還得隨行陪讀，這意味着更多的消費發生在城鎮，農民為此苦不堪言。孫捐和張春梅（2010）認為，農村消費城市化現象堪憂，一方面表現為農民進城消費非常普遍，另一方面表現為城市消費方式在農村不斷蔓延。任由市場來刺激調動農民的消費慾望的後果，是使農村的人、財、技術等資源像被抽水機一樣吸入城市，導致更持久性的城鄉結構分化和明顯的市場主導型二元結構。對於那些剛剛富裕起來的農民來說，農村消費城市化反而會加劇他們的貧困感。

（二）強制商品化

克里希納．巴拉德瓦傑（Krishna Bharadwaj, 1985）在分析印度農業資本主義發展時發現，商品化對一部分農民來說是「強制的」，如強制農民擴大種植靛青和罌粟等商品作物，通過表面上的自由交換迫使一些農民種植黃麻、蔗糖和油籽等作物。

> 「強制商品化」（forced commodification）意味着商品化並非自由的選擇，而是被限制的「自由」（encumbered「freedom」）。強制商品化導致農民與剝削者形成更加依賴和奴性的關係。強制商品化過程還涉及不同階層，大規模的種植者通過設置交換的方式和條件而主導了市場，貧苦農民卻在國際資本主義經濟體系中越陷越深，且負債累累。（伯恩斯坦，2011：71-72）

在當下中國，這樣的現象並不鮮見，尤其是，發展主義意識形態相信通過商品化能夠解決農村貧困，相信工業化、私有化、市場化和商品化是社會進步的象徵（古學斌、陸德泉，2002）。即使貧困地區的地方官員也相信工業化和農業商品化才是脫貧的靈丹妙藥，他們不顧農民是發展主體的事實，違背農民優先看重生存保障的生活邏輯，一厢情願地將農民推入市場的不確定之中（古學斌等，2004）。例如，雲南省某鎮政府強迫全鎮農民種植可以帶來豐厚地方稅收的烤煙，而強行鏟除地裏正在生長的玉米幼苗（葉敬忠、王伊歡，2001）。四川省富順縣互助鎮打着退耕還林的旗號，強制農民停止種小麥而改種某些經濟作物，以

「幫助農民增加收入」。農民對此滿腹愁怨，一位村民說：「前年栽竹子，去年又栽柑橘，害怕到明年還要栽蘋果，年年都是栽了又挖，栽起來的苗子又給拔掉，總之一點東西都沒生產出來。」（中央電視台焦點訪談，2010）如此「折騰」農民真是為了農民致富，還是地方政府另有所圖？寶森（2005）在雲南省祿村的調查發現，該村的土地不適宜種植烤煙，種出來的煙葉質量不高，收購價也很低，因此村民們普遍反對種植烤煙，但由於省政府可以從煙草中獲利，所以村幹部面臨着讓村民種植更多煙草的壓力。

近年來，「調整農業產業結構」之類的發展思路為各級政府所熱捧，一時間，以調整產業結構為由強制推行大規模專業化、單一種植的浪潮在全國各地展開。是誰站在何種立場上主張調整產業結構的呢？從以下這則新聞報道中或許可以發現一些端倪：在甘肅省寧縣米橋鄉，農民不懂得也不願意種植蘋果樹，但縣政府卻主張在公路沿線原先種植小麥的基本農田上種蘋果，號召「發展蘋果產業、促進結構調整、增加農民收入、實現富民強鄉」，並提出在幹部中建立「以果看幹部、以果用幹部、果園出幹部」的長期抓果意識、責任意識和幹部提拔用人機制。大多數村民改種蘋果樹後，沒有收到任何補貼，還得買糧食吃，「惠農」口號實為傷農行為（中央電視台焦點訪談，2011）。然而，一旦農民必須依賴市場或外部補貼來滿足糧食消費時，農民的生活風險就自然加大了，農民應對惡劣天氣和糧食歉收的能力就下降了，在饑荒來臨時則尤為脆弱。阿馬蒂亞・森（2001）發現，經濟作物的種植者需要出售產品以購買所需糧食，所以，他們會由於商品的市場交換能力及交換比率的提高而受損，從而，對糧食的支配能力會下降，避免自然災害的能力也會減弱。弗里曼等（2002）的研究發現，在計劃經濟時代，1956 年中國在河北省推廣棉花種植，使得他的調研村莊糧食面積減少，棉花面積增多，農民在自然災害面前更加脆弱。

藉助「優化農業產業格局」「鼓勵農民積極與市場對接」「培育新型農民」（首要特徵就是與市場接軌，旨在動員農民進入市場）的東風，資本或可以更加自由地流動，而農村卻遭到破壞。這樣的情況在世界上很多地方均有發生。莎爾瑪利．古德爾（Shalmali Guttal, 2011）發現，在柬埔寨和老撾，政府出台的農業政策致力於推動農業結構向更加商品化及市場化的方向轉型。政府出於增加外匯收入並從自然資源中汲取最大貨幣價值的目的，通過徹底沒收當地社區的農場、森林和公有土地等方式為投資者提供方便和支持，而對當地社區只給甚至不給補償。當地很多居民被驅逐或安置到其他地區。這樣，他們又不可避免地陷入與已經在那些地區從事耕作的人們的衝突之中。這樣的農業結構調整，其結果必然是森林被砍伐、環境被破壞、土地被攫取、人民更加貧困。在有關保護土地、資源、食品和農村居民特別是最易受到傷害的本地居民生存權的管理框架和法律法規缺位的情況下，這些國家政府的那些所謂「負責任農業投資原則」（Principles for Responsible Agricultural Investments）都是非常虛偽的。當地居民這樣說：「這是什麼樣的發展？在這裏，人民失去了一切。」而政府仍在急於讓更多的投資者涉足當地的開發。

研究證明，商品化導向的農業產業結構調整未必能兌現當初的承諾。彼得．利特和凱瑟琳．多蘭（Peter Little and Catherine Dolan, 2000：59-78）對西非國家岡比亞的研究指出，有關當地農民被鼓勵進行的非傳統商品（nontraditional commodities）生產的官方話語與其實踐層面存在巨大的差異：非傳統商品是歐洲霸權的一種有力象徵，非傳統商品的生產幾乎沒有改善當地農民的物質福利；其結果比發展機構宣揚的要差很多：農民的收入很少，但引發的風險很大。

（三）「鼓勵」農民進入貨幣經濟體系之中

在世界很多地方，農民（包括遊牧者）並沒有被驅逐，而是被「鼓勵」進入貨幣經濟體系之中，成為農產品生產者和勞動力。這些「鼓勵」的方法包括：稅收、強迫種植某些作物、勞役制或簽訂勞動合同。（伯恩斯坦，2011：75-76）

政府是實施這種「鼓勵」的一個重要主體。喬萬尼・阿爾利吉（2000）以津巴布韋為例，分析了農民轉化為市場經濟中勞工的過程。其中，政府通過徵收棚屋稅和人頭稅等措施把當地農民捲入了市場經濟中。同時，政府還對農民進一步徵收了需要貨幣支付的地租和其他費用（放牧費、牲畜藥療費等）。這些都使得農民對貨幣經濟的依賴加深。

伯恩斯坦（2011：111）指出，在世界範圍內，農業生產和農村發展呈現了大量的制度性變化和頻繁的「範式更替」，但均遵循同一個中心邏輯：「以深化商品關係為基礎來提高農業生產」；其手段包括：「通過國家農業銀行或其他公共機構提供用於季節性生產開支和固定資產投資的信用貸款服務」「提供化肥補貼以及管井和水泵的電費補貼」「通過改善交通基礎設施和專門的機構來促進銷售」「『管理』主要農作物的價格，尤其是為主要作物設定最低保護價」等；其結果是：農民使用越來越多的農資商品，如化肥、農藥、除草劑等，以及其他資本性投入，如土地、工具、種子等，農民與上游和下游農業公司的市場關係越來越緊密，農業也逐漸被這些公司所控制。主流話語均宣稱通過深化商品關係來提高農業生產的戰略給農民帶來了福利，但現實卻展示了一幅幅與主流敘事相左的畫面：遵循此發展路徑的小農，其境遇堪憂。農民發現，當他們響應政府的「鼓勵」，張開雙臂擁抱商品化策略時，卻被「鎖入」商品關係之中而無法脫身。即使在免除農業稅或出台其他惠農政策的背景下，由於農業生產資料總在不停漲價，農民也會感到光靠種地根本無法維持家庭運轉。

張謙和約翰・唐納森（Forrest Zhang and John Donaldson, 2010）把中國農業正在經歷的轉型稱為「農業資本主義的興起」。他們認為，近些年來，中央政府鼓勵私人、集體或國有公司進入農業，組織農業生產，積極推進農業生產的規模化，還經常採用「龍頭企業」等機制把工業資本引入農業生產。政府鼓勵資本下鄉、帶動農民發展，但「帶動」的可能性和限度值得思考：讓一個本質上市場化的組織實現合作化的目標，如何可能（熊萬勝、石梅靜，2011）？再如，在林權改革領域，僅僅依靠產權建設其實無法保障農戶的利益，因為在基層社會，資本會充分利用鄉村社會中的非正式資源和正式資源，使農戶「自願」流轉山林，形成被動員、被操縱的流轉。這在表面上程序正義，實質上卻損害了農戶的根本利益（郭亮，2011）。

我們看到，市場及各方面的官方力量一直在「鼓勵」農民進入貨幣經濟體系。在與市場經濟配套的發展話語體系中，農民被塑造成為物質上「貧困」、精神上「匱乏」、知識上「落後」的羣體。當農民自己接受了諸如此類的認知時，他們就需要接受各式各樣的「援助」。一方面，政府部門以種植結構調整之名實行定向補貼，並由基層領導半強制性地動員種植某種作物，輔以各式各樣的專家建議與能力培訓、五花八門的新品種與新農藥、形形色色的新型農機具，還有這樣那樣的勞動合同簽訂。這些都在看似為農民脫貧賦權的同時，將農民「改造」成有利於市場的農產品生產者或勞動力。另一方面，由於商品的豐裕和意象的中介作用，消費本身不再是基本需要的滿足，而是被意象激發的需要的滿足，法國學者居伊・德波稱之為「偽需要的滿足」（仰海峰，2003）。正因如此，在農民的角度，這種「鼓勵性」「援助」猶如一個契機，彷彿他們一旦積極配合、響應號召，就會被接納、被提升。於是，在「鼓勵」與強制的雙重作用之下，他們往往泥足深陷、不能自拔。農民站在市場經濟之中，常常感到如此不安：他們中的很多人即便再辛苦耕耘也無法勤勞致富，看着別人合家團圓、揮金如土，自己卻只能在城市的角落黯然思鄉。市場使他們成為「邊緣人」。

（四）經濟力量的無聲強制

馬克思觀察到，以前各種類型的階級社會對勞動力進行的是法律與政治上的強制，譬如奴隸制度或農奴制度，即「超經濟強制」（extra-economic coercion）；而在資本主義社會，這已經被「經濟力量的無聲強制」（the dull compulsion of economic forces）所取代。農民家庭會被「經濟力量的無聲強制」「鎖入」商品生產之中。此時，你是自由的，是有

「選擇」的——要麼出賣勞動力，要麼就餓着！（伯恩斯坦，2011：40-41）

可以說，市場對農民的強制是隱蔽而悄無聲息的，如同馬克思筆下的「經濟力量的無聲強制」。雖然市場經濟的趨勢並不意味着社會現實中的所有要素都必然而全面地被商品化，但是，它卻意味着人們無法在商品關係及其強加的原則之外進行再生產。農民站在市場經濟之中，他們已經回不到一分耕耘就有一分收穫的時代。更甚者，他們無法融入城市又不得不離棄農村，他們一隻腳站在城市，另一隻腳還留守農村。在中國，很多農民無法依靠農業和農村經濟活動來維持生計，走上了外出打工之路。目前，來自中國農村的外出勞工羣體已經超過 1.6 億人，並因此產生了總計約 1.6 億的農村留守兒童、留守婦女和留守老人。這一龐大的勞工羣體在城市建設和國家發展中獻出了自己的勞動，得到的卻是極低的勞動報酬，甚至不足以支付家庭再生產。所以，家庭再生產費用的另一部分，還需要通過留守在家的婦女、老人甚至兒童的農耕活動去滿足。

而在當今，橫跨農民整個生命的消費板塊包括衣食住行、農業投入，以及蓋房、嫁娶、生育、送終等。這些曾經猶如土地一樣之於農民的重要事物，都統統被市場統治，被商品化扭曲，呈現出多種多樣、價格不菲、漸漸關乎表象而流失內涵的形態。此時，農民原本簡單、質樸的生活不得不為入不敷出、朝不保夕的窘迫與焦慮所困擾。在市場經濟的背景下，謀生似乎成了他們中不少人與生俱來的生命安排。儘管農村勞動力被加以流動「自由」和勞動「自由」的冠冕，然而，如果他們「選擇」不外出務工以換取勞動報酬會怎樣？他們的家庭生計、子女教育又會怎樣？這種自由的實質無非是「經濟力量的無聲強制」下的「非如此不可」，即很多農民要麼外出謀生，要麼全家受窮（葉敬忠，2011b）！

對大多數農民勞工而言，「經濟力量的無聲強制」令他們離棄了得心應手的農業生產和共享天倫的合家幸福，目睹了流行於城市的物慾和遍佈農村的偽劣商品，卻絲毫不能減輕他們生存和生活的壓力。在市場經濟體制下，我們還看到貪婪的資本對農民最重要的生產資料——土地的覬覦。在「公司農業」「現代農業」「工業園」「科技園」「創業園」的光環之下，數以千萬計的失地農民因為土地的強制商品化或「非經濟強制」（non-economic coercion）而無所適從。這些失地農民和大量農村外出勞動力，都是資本和現代化發展需要的最好的勞動力儲備。資本從中得到了什麼？得到了廉價的土地、發展工業經濟的有效人力資源、來自勞動密集型傳統部門的大量低價原材料，以及由於購買力不足無法真正定居城市的農民勞工。農民得到了什麼？他們的收入從賬面上看似乎多了些，但對比物價還是少得可憐。他們失去了部分土地，失去了部分農民身份，失去了長久的家庭幸福，失去了與世無爭的寧靜生活。

三、鋤頭加薪水：農村商品化的結果

對於生存社會來說，商品化過程的影響極具顛覆性：進入市場後，農民被捲入一個陌生、充滿不確定性和風險的社會裏；在生存型的實物經濟時代，農民有一分耕耘就有一分收穫，而在貨幣經濟時代，一分耕耘未必有一分收穫。因為不論是生產方式、生活方式還是交往方式，他們都在不同程度地被「社會化」和「商品化」着：種子、化肥、農藥、衣食住行、教育、醫療等無不依靠社會所提供，產品和勞務的最主要功能也是用於社會交換而不再是自我消費性生產（徐勇，2007）。在農村調查中，不止一位農民反映，農業投入在逐年遞增，農民對於外購種子的依賴愈發強烈，施用的化肥種類在不斷增多，用量也漸漸變大；一對農民夫婦，為了女兒上初中需要繳納的擇校費，曾經一連兩年在農村同時從事加工服裝、買賣食品以及種植養殖等多項工作，那位婦女由此落下頸椎方面的病根；還有一位農民，在面臨治療突如其來的重病和承擔兒子結婚蓋房的雙重欠債下，六十多歲了還拖着疲弱的身軀，艱難地走上外出打工的道路……類似的例子不勝枚舉。事實上，並非農民刻意要走出自產性消費，去追求五光十色的新興產品：一方面，當農民被冠以「落後」或「低下」的標籤時，知識、科學或技術在呼喚甚至催促他們通過購買來實現自我提升，並儘可能抹去他們對過往生活的種種記憶；另一方面，廣告、信貸等現代社會特有符號的出現，在生產出商品的同時，還生產出溝通上的熱情（布希亞，2001），使人們心甘情願地將無窮無盡的消費循環體制內化，並渾然不自知。市場經濟背景下的農村商品化機制，支持的是一個生產與消費無限往復的過程。也正是這個過程，使金錢變得尤為重要。對於農民來說，錢從哪裏來？種地賣糧食遠遠不夠，只能出賣自己的勞動力。

這裏涉及商品化對農民身份認同的影響：在商品化的擠壓下，世界範圍的農村地區出現了非常明顯的「去農業化」（de-agrarianization）或「去農民化」（de-peasantization）趨勢。伯恩斯坦（2011：163）認為，「去農業化」和「去農民化」與新自由主義全球化給南方諸國的小農和貧苦農民帶來的負面影響有關，農民常常受到「簡單再生產的『擠壓』」，失去再生產的資料，無法維持作為小農的身份。根據黛博拉・布萊森（Deborah Bryceson, 1999）的定義，「去農民化」是指一種生存型農業生產和商品型農業生產有機結合的農業生活方式的消逝，而這些農業生活方式是以家庭勞動力和村社互助為基礎的。「去農業化」是指農村居民脫離嚴格意義上以農業為生計方式的職業調整、收入賺取上重新定向、社會認同及空間重新定位的長期過程（Bryceson, 1996）。可以看到，無論「去農業化」還是「去農民化」，都體現出農民與傳統意義上「農」的疏遠。

那麼，農民還是農民嗎？我們不禁問，連有的農民也忍不住會問自己。相比從前，他們的農業生產逐漸單一化，消費種類卻不斷增加。後者的增加既緣於世界市場對消費品的推陳出新，也因為農業社會曾經公共享有的一切被不斷私有化、商品化。農民為了實現再生產，不得不既從事農業活動，又外出務工。丹尼斯・科德爾等（Dennis Cordell et al.,

1996）用「鋤頭＋薪水」精練地勾畫出前資本主義關係佔主導的家戶領域（農民揮舞着鋤頭）以及務工者為薪水而勞動的資本主義領域的一種結合。「鋤頭＋薪水」也恰當地解讀了中國農村家庭的現實處境。改革開放之初，由於生產資料和生活資料的逐步商品化和貨幣化，佔中國人口 80% 以上的農村人口中的很多人，無法依靠農業和農村經濟活動維持生計，因而走上了外出打工之路。外出務工之於農民逐漸由「可有可無的」變成「必不可少的」（阿爾利吉，2000）。

為此，中國的城市出現了一個奇怪的羣體：農民工。他們既不是純粹的農民，也不完全屬於城市。他們夜以繼日地從事着艱苦的體力勞動，卻不能從城市得到應有的尊重和必要的居所。他們的父母妻兒都還留在農村種地，因為僅靠他們在城市務工的薪酬不足以養家糊口。一位河北農民這樣概括他所在村莊的家戶外出務工情況：「現在村子裏的一般家庭格局就是男的外出打工，婦女在家種地，也有都出去打工的，地就靠別人種上，不管家裏有沒有人，家裏的地也得種上。男性外出打工、女性在家種地的情況在村中佔 30%～40% ；剩下的家庭，要麼是上了年紀沒法出去打工，要麼是家裏有上學的或無依無靠的，只能留在村中。不外出務工的青壯年男子，或者是身體有什麼毛病，或者是家裏婦女身體不好。留在農村的幾乎都是輔助勞動力。」在中國農村，「去農業化」或「去農民化」的趨勢表現為農業生產呈現老齡化和女性化的趨勢，並導致農業發展後勁不足，59.9% 的留守老人耕種着外出子女的土地，92.4% 的留守婦女家庭仍從事農業生產，62.9% 的留守婦女遇到勞動力不足問題，33.6% 的留守婦女沒有掌握生產技術（葉敬忠，2011c）。在城市，「去農業化」或「去農民化」的趨勢表現為無數正值青春年華的農村勞動力離棄親人與土地，為現代化、工業化、城鎮化獻身淘金。城市的各種資本組合和大小企業，正在把數以百萬計的不需要福利與保險的農村勞動力吸納進它們的工廠，再返還數以萬計的工傷殘病勞動力至農村老家（嚴海蓉，2005）。

的確，外出務工者都把村莊當作自己的緩衝地和最後的避風港。一旦生病或者傷殘或者被解僱，他們可以回到村莊。然而，農民心中的避風港也面臨着被破壞的命運。這是因為當農村的土地、人力和資金等以發展之名被虹吸到城市時，農村共同體和農民的家園正加速瓦解（葉敬忠，2012a）。而且，外出務工者在城市的生存境遇令人擔憂。邁克·戴維斯（2009）認為，外出務工的大批貧窮農民不能享受合法的社會服務或住房津貼，在成為沿海城市的血汗工廠和建築工地的超級廉價勞工的同時，他們卻住在城邊的臨時棚屋和過度擁擠的房子中，「資本主義在中國的回歸帶來了流動的城市貧民窟」。由此可見，農村逐漸被整合進全球化和工業化的浪潮之中，農民彷彿是大海中的一葉孤舟隨波搖蕩。

因此，我們不能忽略商品化對農民生存狀態的影響。前文已經討論了生存經濟中的農民生活，以及他們不論從自然還是社會層面所形成的穩定、封閉的循環系統。在這種循環系統被市場破壞之後，農民原本平靜、怡然自得的生活也不復存在。且不論他們必須購買昂貴的生活消費品，哪怕是農具與化肥，都可能致使他們成為「債奴」而入不敷出。如此一來，一旦作物歉收或者農產品賤價，他們的生存安全就將遭受威脅，更不說他們中的一些還面臨土地被回收或者買賣的風險。在這種情況下，一些農民選擇了抗爭。由於小農生存經濟的逐漸解體與市場經濟的不斷深化，一大批農民帶着對農地的失望與對繁榮的希冀走向城市，並製造出龐大的農民工羣體。他們兼具兩個階級與兩種身份，卻被視作「勞動力」多於被尊重為「人」。從塵肺維權到各式各樣的討薪形式，從跳樓事件到「農二代」求學問題，關於農民工的社會熱點似乎從未淡出人們的視野。留守村莊的農民，有時需要對抗地方精英、地方官員、專家與富人，他們「依法抗爭」（李連江、歐博文，1997）、「以法抗爭」（於建煤，2004）、「以身抗爭」（王洪偉，2010），只為逃避「被強拆」「被上樓」「被失地」的不公命運。一系列看似毫不相干的社會事件，暴露的是市場經濟背景下商品化機制運作過程中，為了資本積累而無視農民生存權益的實質。遺憾的是，不論是「弱者的武器」（斯科特，2007）式的抗爭，還是沉默忍受，當農民的多元生計方式遭遇現代化和商品化時，留給他們的選擇已經不多了，除了外出務工掙錢以協助全球商品運轉以外，沒有其他選擇（葉敬忠，2011c）。

我們還不能忽略的是，農村社會商品化所帶來的實用主義理念對自然的影響。姑且拋開商品化、工業化造成的生態與環境破壞，我們僅從其改變大自然對於農民乃至全人類的意義及其內涵說起。自然可以為農民提供打獵、採集、放牧、打魚、燒炭、採礦，甚至是巫術以及避難等豐富的社會功能。然而，在商品化背景下的今天，「自然」被實用主義者稱之為「自然資源」。可以作為商品的「自然」被劃入「資源」一類，與之相對的則被歸為另一類。如有價值的植物是「莊稼」，與它們競爭的則被貶為「雜草」；有價值的樹是「木材」，與之競爭的則是「雜樹」（斯科特，2004：7）。一時間，花、草、苔蘚、灌木、藤蔓的區別消失了，爬行動物、鳥、兩栖動物與昆蟲亦然，它們都被統稱為植物或者動物（斯科特，2004：6），它們的多樣性不再被市場關注，市場只強調它們的數量、體積與價格。商品化使與人類建立生生不息循環關係的自然，蛻變成為具有商業價值的資源資本；使一個五光十色的自然世界，簡化成為「單一商品的生產機器」。《土地的黃昏》裏的一段話這樣概括農村事物對於農民的內涵變化：

> 鄉村空間的傳統意義喪失，（農民）對自然空間、地點、景物的依賴消失，身體與土地之間的能量交換消失，身體能量不重要了，計算理性變得重要了，安居樂業不重要了，季節性遷移變得重要了。這一切都在改寫鄉村內部的人際關係和價值觀念。「家園感」變得不可捉摸、曖昧不清，一切都面目全非了。傳統農耕的方式和鄉村空間的消失解放了農民的身體嗎？其實他們在哪裏都感到不適。在鄉村，他們嚮往城市街道和廠房，試圖為自己找到一個新的能量消耗的方式；在城市漂泊生涯中，他們留戀鄉村，咀嚼着青草的滋味，家園的感覺成了一個甜蜜的夢幻。（張檸，2005：65）

四、傳統的剝奪、建構的物慾與遺失的精神：商品社會的反思

資本在流動，從均分變為集中，從公共變為私有，從農村湧向城市。在農村商品化的進程中，農民逐步走出小農生存經濟，被捲入市場經濟的大潮之中。當他們試圖通過種植蔬果、馴養禽畜發家致富時，世界市場的動盪驚醒了他們的美夢；當他們試圖退而求其次，唯願僅憑糧食豐收養家糊口時，浩浩蕩蕩的「徵地運動」奪走了他們的土地；當他們試圖安居一方、與世無爭時，「增減掛鈎」與「復墾」圈佔了他們的住所；當他們寄希望於村莊學校發出的琅琅書聲時，「佈局調整」消滅了大量的村莊小學，使成千上萬小小年紀的農村「學生」遠離父母，變成城市學校的「考生」；當他們試圖遠走他鄉、另覓出路時，城鄉二元的戶籍制度熄滅了他們的激情。經由商品化機制，城市對農村進行了無休無止的掠奪：通過低廉的工資將農村的青壯年勞動力吸引而來，又通過各種不平等待遇將年老力衰的農民遣返回去；利用圍繞商品化的各種元素，將自然變成各種由「編碼了的文本、設計好的傳遞系統、命令控制網絡、目的性行為以及概率輸出」（埃斯科瓦爾，2011：242）組成的板塊，使所有資源為工業化、城市化與現代化服務，又通過這些元素，對一切冠以「發展」之名的行動賦予合法性。當初，農民為了掙更多錢、改善生活而離開農村；最終，他們卻收穫不多。

馬克思（2004b：47）在《資本論》第一卷的開篇寫道：「資本主義生產方式佔統治地位的社會的財富，表現為『龐大的商品堆積』。」這揭開了商品神祕的面紗，看穿了掩藏在物的形式下的資本主義生產方式下人與人之間的社會關係，並分析了資本的積累過程。哈維（2010）則提出了「剝奪性積累」（accumulation by dispossession）的概念。他把土地商品化和私有化、農村人口被強行驅逐、各種形式的財產權（公有、集體、國家等）轉化為排他性的私人產權、鎮壓公共權利、勞動力商品化、壓制替代性的（地方的）生產形式和消費形式等機制稱為「掠奪性

積累」。在村將不「村」、農將不「農」時，我們不禁要問，難道「國民財富和人民貧困本來就是一回事」（馬克思，2004b：884）嗎？在看似孕育着巨大財富的商品社會，農村在逐漸喪失往日的陣地。三十多年來市場化改革帶來國家財富快速增長和積累的背後，農村的人力、物力乃至關乎生計保障的最重要的土地也被以市場化的名義，轉化為勞動力商品及待開發的資源。諸多商品積聚的農村社會是不是一場「發展的幻象」（許寶強、汪輝，2001）呢？

在商品化進程中，基層人民備嘗日益增加的挫折感、疏離感、不安全感和被剝奪感。農民不僅逐漸失去了對生存手段的控制，其僅有的一點生活方式和習俗偏好也被商品大潮逐步瓦解。小說《誰吃了我的麥子》講述了由於主人公吳根所在的村莊及方圓幾十里村莊的小磨坊受到外界大型麵粉加工廠的擠壓而逐步倒閉後，吳根再也吃不上自己種的麥子磨的麵的故事。因為，這樣的大型麵粉加工廠不對吳根這樣的種糧小戶提供來料加工服務，除非種糧規模達到萬斤以上。而「吳根一直吃着別人的麵，可總覺得味道不對，每次吃飯，心裏十分彆扭」。結果，吃自家產的麥子磨成的麵粉已成奢望（胡學文，2009）。

現代社會的多數人，何嘗不是如此呢？發展、財富和經濟增長並不可怕，可怕的是試圖支配人類社會生活方方面面的實用主義和工具主義的思考路徑。在《原初豐裕社會》中，塞林斯（2001：71-72）描述了「閒適」而「揮霍」的狩獵者與採集者，以及他們美好的生活圖景。最後，他不無惋惜地認為，是階級社會造就了貧窮，貧窮衍生了「匱乏」文化，「匱乏」將「不可能企及」和「無限需求」奉上神壇。的確，現代社會的商品價值，遠遠超越了滿足個人基本需求的意義。然而，「需求」卻一直在被建構。

在商品社會，形形色色的產品得以生產出來，並流通到市場上，以實現其交換價值。商家採取各種方式誘導人們去消費（牛涵，2010），政府也在激發各種消費需求。例如，在人類社會經歷了一些大災大難之後，受災人口面對的官方話語環境大多不是如何寄託對逝者的哀思，而是被告知要儘快出去購物。這表面是為了恢復災民的生活秩序，骨子裏卻是為了維持社會的商業運轉（牛涵，2010）。現在，各級政府和企業都在試圖引導農民更新傳統的消費觀念、轉變消費行為。這是旨在開拓農村市場以擴大內需、為工業品拓展銷路、把農民整合進商品關係之中，還是真的為了農村和農民兄弟着想呢？

在看似欣欣向榮的商品生產、流通、消費景象背後，我們不知不覺地被有形和無形的力量誘入了製造—消費—廢棄—再製造—再消費—再廢棄的加速循環之中，被商品所奴役。紀錄片《東西的故事》（*The Story of Stuff*）展示了物質經濟所經歷的原料開採、產品製造、分配行銷、消費使用及廢棄物處理的各個環節。為了經濟增長，我們消費掉太多資源，而消費主義的理念也促使我們不斷購買東西，提醒着我們所使用的東西已經過時，需要不斷更換，否則即為落伍。吳垠（2009）指出，消費自由事實上具有欺騙性，消費者的選擇受到生產者的符號操控，消費主義向人們允諾一種幸福的普遍性，而幸福生活就是更多地購物和消費。哈維（2010）也指出，「我購物故我在」和佔有性個人主義一起建構的是一個偽滿足的世界。消費本身是雙重性的悲劇，「以不足為始，以剝奪而終」（塞林斯，2001：60）。馬爾庫塞（2008）則認為，在豐富的商品中進行選擇並不意味着自由，商品是一種對艱辛和恐懼的生活進行社會控制和維護異化的方式。可見，商品消費需求是被建構和誘導的。從紀錄片《舌尖上的中國》第一季第一集《自然的饋贈》中可以了解到，當烤松茸變成一道受歡迎的菜肴時，原先不太值錢的松茸變得極其昂貴。可見，一些物品一旦被渲染成珍貴及奢華的象徵，就會被人們大力開掘並被加工變現。同農民一樣，其實我們每個人也都浸入了市場經濟的大潮之中，被無處不在的商品以及與之相生相伴的各種商家策略所包圍、所奴役，被「經濟力量的無聲強制」所桎梏。

在如此商品化的社會裏，我們得到了什麼？得到數之不盡的廉價且毫無意蘊的商品、看似豐富而自由的多種選擇，以及紛紛擾擾、庸庸碌碌的生命。然而，我們失去了更多。在馬克思（2004b）那裏，商品化社會瓦解了信任。商品經濟將物品演化為商品，把人與人之間的關係蛻變為販賣者與購買者的關係。那些曾經通過內涵深遠的禮物串聯起來的基於信任、依賴與扶持的長久情感關係逐漸減少，轉而成為建立在契約「自由」基礎上的短暫、脆弱而可變的社會關係。在阿帕杜雷（2001）那裏，商品化侵蝕了鄉村互惠的社羣價值，激發了與市場導向有關的個人主義。在中國農村，過去農民娶親嫁女時，還送紅綢錦緞，今天卻變成赤裸又通俗的 50 元或 100 元的紅包隨禮；而在城市，結婚還伴有越來越分門別類的合約。在盧卡奇（1999）那裏，商品化麻痹了人性。服務於市場經濟的科學、技術等元素，割裂了人的主體與其自身的關係，分離了作為人的靈魂與作為商品的肉體。不只是每年數以億計進城務工的農民起早貪黑廉價地出賣自己的勞動力，還有城市許許多多的「上班族」，其實我們每個人，都同樣難逃個體被異化的命運。布希亞（2001）更加悲觀地看到，當商品充斥整個社會、物的靈光消失殆盡時，人卻由於難以從周遭尋求心理能量的釋放而愈發依賴物品。

時至今日，農民再難以回溯通過純粹手工勞作耕種糧食、餵養禽畜的時光，他們離不開拖拉機、挖掘機或者小型電動摩托，他們與土地、作物和自然的牽絆不再經由勞動直接傳遞，而流失於以各種機器和技術產物為中介的人機互動之中。在城市，電子商務的發展日新月異，人們蝸居家中便可購買關乎衣、食、住、行的任意物品。這種易如反掌的購物方式又進一步加劇了人們對物品的依賴程度，致使人們拋棄客觀的社交世界，投身於虛擬而沒有邊界的網絡幻境中。正如鮑曼所言：

> 人們的購買不再是一系列言明的需要，更不是一系列固定的需要，而是一系列的慾望。儘管慾望是一系列連續而短命的物質對象，它是「自戀的」：它把自身視為首要的目標。由於這個原因，它注定是永遠無法滿足的——不管其他的（身體或精神）目標提升到什麼樣的高度。（鮑曼，2006b）

借用韋伯（2004）關於科層制的比喻，身為市場經濟這座不停運轉機器中的小齒輪的我們，「得到」的是各種需求，包括商品需求、發展需求、增長需求、城市化需求、信息化需求、科技需求，甚至是學者的學術需求；失去的，卻是自由！

需求不斷被建構，美德卻漸漸在流失。過去，孔子讚賞顏回清心寡欲、超塵脫俗的處世心境：「一簞食，一瓢飲，在陋巷，人不堪其憂，回也不改其樂。」莊子道：「喪己於物，失性於俗者，謂之倒置之民。」不論是入世的孔孟之道還是出世的老莊哲學，都傳遞了古之聖賢對物的輕視、對寧靜致遠的淡泊心志的推崇。梁啟超曾說過：「苦樂全在主觀的心，不在客觀的事。」當我們回首過往、品味人生，令我們為之追求的，不應是層出不窮、朝生暮死的物品，而是父母之愛、朋友之情，是作為「人」所能擁有的「不以物喜、不以己悲」的豁然心境和「窮則獨善其身、達則兼濟天下」的廣闊胸懷。

行文至此，或許有人會問，「你想回到傳統的生存社會生活嗎？」在論述社會出現之前的善良原始人在自然狀態下的平等生活時，針對這樣的質問——「難道要取消社會，取消你的東西、我的東西，返回大森林和熊一起生活嗎」，盧梭（2009）回應道：「唉！你們這些人啊，沒有聆聽過上蒼的聲音，只知道人除了安度其短暫的一生外，再沒有其他目的。」其實，盧梭十分明白，重返大自然是不可能的，人們應當生活在社會當中，但是，通過對人類生活史的追溯，公民也許可以更好地履行責任，更好地運用各自的天賦來治理好國家。我們同樣不可能返回傳統的生存型農耕社會。同時，對農村商品化進程的反思，更不是要全盤否定商品化和市場經濟在當代人類實際事務中的作用。但是，我們需要思考的是，商品化和市場機制是否應該成為指導人生以及我們一切工作與生活的信仰？

留守的故事

農村被切開的血管

一個人就是一個家，一個人想，一個人笑，一個人哭。我很小的時候父母就出去打工了，不知道什麼是父愛母愛，就連他們的樣子都記不清了。我考試從來都不及格，自信心有多差就不用說了。上期我考了最後一名，這期我不想考最後一名了。（四川省一名留守兒童的作文）

這是四川省青神縣南城中學一名初二男生的作文。這個孩子從小和祖父母一起生活，因父母在外打工很少回家，所以出生後不久便成為一名留守兒童。在他的生活世界中，因為父母長期缺位，所以他很難從日常細節和生活經歷中體悟到慈母情深、父愛如山；在做人做事方面，很少感受到父母的言傳身教、耳濡目染；每逢喜怒哀樂，也無法獲得父母的稱讚、欣賞或百般撫慰。由於祖父母年事已高，他在家的生活幾乎就是一個人的世界。這篇短短的作文也局部映照了他的生活。

城裏人的生活是愛情，農村人的愛情是生活。（湖南省某農村留守婦女語）

這是安徽省太湖縣的一位留守婦女的總結。丈夫在城市打工掙錢、妻子在農村種田持家，這種「男工女耕」式的家庭分工使農村夫妻長年聚少離多。為了家庭生計，他們無暇如城市夫妻那樣花前月下、傾訴衷腸，他們的情感依戀少有語言傳遞，多體現在日常生活中每件具體事情（如丈夫的工作、孩子的學習、田間的勞作、老人的贍養等）的順順利利上。長年生活的艱辛令他們渴望夫妻間的真正相廝相守，正如他們所說，「兩個人在一起喝湯喝水都快樂！」

> 出門一把鎖，進門一盞燈。（江西省某農村留守老人語）

這是很多留守老人孤單生活的真實寫照。因為子女外出務工，農村老年人，尤其是喪偶高齡老人，常常獨自留守鄉村，負責家務維持或農業生產。即使留守老人還負責照顧孫輩，在孫輩上學期間，他們的大部分時間仍然是獨守家院。因此，他們一旦出門即意味着無其他家人看家，故要上一把鎖，而進門也只是一盞燈足已。在當今農村，隨處可見留守老人「落寞寡合的神情和了無生趣的舉止」（穆光宗，2004）。

以上三個例子分別代表了中國現代化發展和社會轉型過程中的農村三大留守羣體——留守兒童、留守婦女和留守老人。在學術研究中，留守兒童是指在被調查時由於父母雙方或一方每年在外務工時間累計超過6 個月，而被留在農村地區交由父母單方、祖輩、他人照顧或無人照顧的農村兒童；留守婦女是指被調查時丈夫每年在外務工時間累計超過 6 個月，而自己長期留守在家鄉的 55 周歲以下的農村婦女；留守老人是指被調查時有戶口在本社區的子女外出務工（每年在外務工時間累計在 6 個月及以上），自己留在戶籍所在地的農村老年人。

關於中國外出農民工的數量，每年均有官方的統計數據。根據國家統計局最新發佈的《2013 年國民經濟和社會發展統計公報》，2013 年，全國農民工總量約為 2.69 億人，外出農民工約為 1.66 億人（國家統計局，2014）。這裏的外出農民工是指在本鄉鎮以外從業 6 個月以上的農民工，也就是說，其農村家庭中的子女、配偶和父母即通常所說的留守兒童、留守婦女（丈夫）和留守老人。

關於農村留守人口，一直以來均缺乏嚴格的官方統計數據，但其數量巨大，已成為社會共識。全國婦聯課題組（2013）根據《中國 2010 年第六次人口普查資料》樣本數據推算，全國有農村留守兒童 6102.55 萬，佔農村兒童的 37.7%，佔全國兒童的 21.88%。對於農村留守婦女的數量，目前採用的主要是中國人民大學白南生教授基於 2005 年農村外出務工家庭數據的估算，約 4700 萬（張俊才、張倩，2006）。而農村留守老人的數據來自中國老齡科學研究中心的估算，2012 年約有 5000 萬（吳玉韶，2013：147）。

國家衛生和計劃生育委員會副主任王培安曾指出，未來 30 年，中國還將有 3 億左右農村勞動力需要轉移出來進入城鎮，將形成 5 億城鎮人口、5 億流動遷移人口、5 億農村人口「三分天下」的格局（新華網，2009a）。因此，流動與留守現象在我國的現代化發展過程中，將長期存在。

中國大規模農村勞動力的鄉城流動始自 20 世紀 80 年代，而由此帶來的農村留守人口現象直到 21 世紀初才真正引起學術界的關注。留守人口的概念最先出現在 1994 年（上官子木，1994；一張，1994），當時主要是指留守兒童，但直到 2002 年才得到媒體、政府、學術界乃至社會各界的關注，此後關注程度逐年增加（周福林、段成榮，2006；江立華，2011）。2004 年之前，對農村留守人口的研究一般只見於零星的研究論文，且主要研究的是農村留守兒童。自 2004 年開始，中國農業大學人文與發展學院、中國人民大學人口與發展研究中心、中央教育科學研究所教育政策研究中心等研究機構相繼開展了針對農村留守人口的大型綜合性研究，且出版和發表了一系列研究成果。這些研究成果的發佈將農村留守人口問題推向了學術和社會關注的前沿。在 2006 年和 2007 年的「兩會」期間，即有不少針對農村留守人口問題的提案。

中國農業大學人文與發展學院「中國農村留守人口」研究團隊十餘年來持續關注勞動力流動與農村留守人口問題，並堅持開展學術研究，積極參與社會討論。自 2005 年出版國內第一部有關留守兒童的研究專著《關注留守兒童》之後，目前已出版專著十餘部，發表中英文文章近百篇。在這些研究成果中，2008 年出版的中國農村留守人口研究系列成果《別樣童年：中國農村留守兒童》《阡陌獨舞：中國農村留守婦女》《靜寞夕陽：中國農村留守老人》獲得較好的學術評價和社會反響。

回顧早期的農村留守人口研究，它們大多涉及對留守人口現象產生背景和原因的分析。對此的解釋主要是，20 世紀 80 年代以來，中國進入了快速的工業化和城市化發展階段，農村剩餘勞動力大規模向城市轉移。這不僅推動了城鄉經濟的發展，也有利於提高農民收入，改善農戶生計水平。然而，由於城鄉分割的二元社會結構和體制還沒有完全被打破，城市並沒有給農民工提供可以實現「舉家遷移」的條件；而農民工也因為自身經濟條件的限制，無法突破體制的限制，從而實現整個家庭人口的轉移。因此，在農民進城務工、實現勞動力轉移的同時，他們家庭的部分成員卻被留在了農村，造就了農村獨特的「留守人口羣體」——留守兒童、留守婦女和留守老人（丁傑、吳霓，2004；段成榮、周福林，2005；呂紹清，2006；葉敬忠、吳惠芳，2008；潘璐、葉敬忠，2009）。

目前，農村留守人口研究的主要內容集中在農村勞動力的鄉城流動對留守人口的影響方面，尤其是負面的影響。研究認為，留守兒童所受影響主要表現為：父母外出務工在一定程度上改善了家庭生計和兒童的物質生活條件；然而，家庭生活的變動給留守兒童的生活照料、學習表現、內心情感等方面帶來的是更深層次的負面影響。父母監護的缺乏、現有監護的不力，讓部分留守兒童在生活中面臨安全無保、學業失助、品行失調等成長風險和隱患（周全德、齊建英，2006；葉敬忠等，2006；王秋香，2007；葉敬忠、潘璐，2008a）。

對留守婦女來說，她們獨自肩負着本應由夫妻雙方共同承擔的生產勞動和家庭撫養、贍養責任，承受着多重生活壓力。「勞動強度大」「精神負擔重」「缺乏安全感」是留守婦女生活的真實寫照。沉重的勞動負擔和家庭負擔使留守婦女不堪重負，使其身體健康受到嚴重影響。同時，由於擁有不同的生活世界，夫妻二人在知識、信息、觀念、價值觀等方面也逐漸顯現出差異。流動與留守造成的長期夫妻分離，使婚姻應有的一些功能也很難實現，使他們的婚姻存在很多潛在的問題（魏翠妮，2006；葉敬忠、吳惠芳，2009；吳惠芳、葉敬忠，2010）。

隨着承擔主要贍養義務的農村青壯年勞動力的大量外流，長期的兩地分離使外出子女無法為留守父母提供經常性的照料和關懷，使家庭養老的基礎受到動搖。這在很大程度上影響到對留守老人的經濟供養、生活照料和精神慰藉。同時，由於子女外出，農業生產、照看孫輩、人情往來等重負都壓到留守老人身上，導致很多留守老人的生活處境堪憂。而目前，中國社會保障體制尚不健全，對留守老人的養老保障能力十分微弱。與社會轉型相伴生的人口老齡化、家庭核心化和小型化、價值觀念的改變等，又進一步增加了留守老人獲取養老資源的難度，使留守老人的養老面臨更大挑戰（杜鵬、丁志宏，2004；周福林，2006；葉敬忠、賀聰志，2009；賀聰志、葉敬忠，2010）。

從對農村留守人口「386199」的形象比喻（杜鵬，2004）以及「別樣童年」「阡陌獨舞」和「靜寞夕陽」這些書名，就可以看出，目前的研究主調還是對農村留守人口的悲情敘事，是對農村勞動力鄉城流動對農村留守人口所產生影響的一種樸素描述。眾多研究成果的確觸動了社會，打動了受眾，讓留守人口羣體贏得了同情和關注。作為參與此研究過程的一員，我自己的心情是很沉重的，因為與城市物慾橫流的生活相比，留守人口在農村的生活是如此艱辛和困苦。為此，我們有時還會使用照片、視頻等形式直觀展示我們在研究過程中所觀察到的留守人口的生活畫面。這也令不少受眾感動，幾至潸然淚下。但是，隨着研究的進一步開展，我越來越認識到，如果繼續聚焦於對留守人口的生活及其所受影響的展示和分析，將難以脫離膚淺的表象層次，研究和解釋的深度還遠遠不夠。對農村留守人口問題的思考，需要我們「後退幾步，繞過那熟悉的事實，分析置身其中的理論和實踐的背景」（福柯，2005：107），需要「超以象外，得其環中」。否則，我們往往會「不識廬山真面目，只緣身在此山中」。只有這樣，我們的研究才有可能從「是什麼」

（即留守人口的生活是什麼樣的，受到什麼影響）推進到「為什麼」（即為什麼留守人口會承受那樣的生活，為什麼會受到那些影響）的層次。為嘗試從政治經濟學的批判視角來解釋中國社會轉型過程中留守人口這一重大社會現象，本文主要從四個方面來反思現代化發展進程背景下的農村留守人口問題。

一、農村商品化與農民的選擇空間

在學術研究中，我們經常會見到這樣的分析，即農民外出務工緣於城市化建設對勞動力的大量需求和農村勞動力的大量剩餘，是這兩方面力量推拉的結果，是農民進行理性和自由選擇的結果，是社會進步的表現（杜鷹等，1997；陳阿江，1997；楊春平，2010）。過去我也一直認為，外出務工是農民出於家庭生計的需要而進行的理性選擇的結果。然而，表面上是農民自由選擇的進城務工是真正自由的選擇嗎？或者說，除了外出務工，他們還有別的選擇嗎？

已有研究指出，始於 20 世紀 80 年代的中國農村政策，其背後其實是一種為了追求現代性的現代化發展主義的意識形態，其相信社會發展必然要走西方工商業發展的道路，認為工業化、市場化和商品化是社會進步的象徵。要解決「三農」問題，農村必須走商品化和市場化的道路。這些信念已經變成一種意識形態，連貧困地區的地方官員也相信發展工業和農業商品化才是脫貧的靈丹妙藥（古學斌等，2004）。

在這種實踐中，農民的生活也日益被徹底商品化，說白了，也就是一切都需要錢買。農民也經常納悶得很，因為一方面手裏的錢越來越多，另一方面又覺得用起來越來越快！對農民來說，這就是變化了的現實。今天，我們已經被無處不在的商品所包圍、所奴役，一切似乎都已經被商品化和商業化，包括嬰兒誕生、老者逝去、祖宗文化、歷史遺產，還包括天災人禍、生活方式、戀愛婚姻……甚至救人撈屍也被商業化了。在此情況下，農民家庭生計中的一切活動都要以金錢為媒介來開展。正如河南省固始縣大覺寺村的一位留守婦女所說，「現在油、糧、菜什麼的全部都要花錢買了，也沒有東西餵豬、餵雞了;蓋房、婚喪嫁娶、人情往來、水電、孩子上學、吃穿樣樣要花錢；蓋房時欠下的債還沒還完，農藥和肥料也都是賒來的，等賣糧的時候再把錢還上，孩子上大學最費錢，到時候肯定還要向親戚借些」（李海濤，2011）。

這一農村商品化進程的結果是，改革開放之初佔中國人口 80% 以上的農村人口，由於生產資料和生活資料的逐步「強制商品化」，而不得不被「經濟力量的無聲強制」「鎖入」商品生產之中，被「鼓勵」加入貨幣經濟體系之中。一度基本上自給自足的農民，只能越來越依賴市場的商品交換，以進行他們的再生產。隨着商品關係的不斷深化，特別是與國際市場接軌之後，農民在世界商品經濟體系中泥足深陷。今天，農民的生活已經被商品化全面控制，他們徹底變成了商品的奴隸，他們從頭到腳，每個毛孔以及生活中的每個空間都時刻閃現着商品和資本的魂靈。在此情況下，農民家庭生計中的一切活動都要以金錢為媒介來開展。因此，他們必須掙錢！在商品化的控制下，留給他們的選擇似乎沒有別的，只有外出務工，通過勞動來獲取現金。

中國發展政策背後隱藏着的對現代化發展主義和新自由主義的盲目追求，歸根結底是一種對現代性的膜拜。而現代性的典型態度就是「霸道」。霸道者之所以霸道，是因為自以為是道，也就是真理的唯一擁有者。這種霸道的一個核心表現就是「唯我獨尊」，表現在人與自然的關係上是剝削自然；表現在性別關係上是壓迫婦女；表現在理性和感性關係上是蔑視感性；表現在科學與非科學的關係上是科學沙文主義；表現在人我關係上就是容不得不同意見（王治河，2005：19）；而表現在城鄉關係上，就是農村應該向城市看齊，就是為了城市化建設和城市人的生活可以犧牲農村和農民的利益。難道不是這樣嗎？農民工的勞動報酬大大讓利給了資本收益（馬國川，2010），這就是「現代化」的現實。進一步研究發現，現代「同一性」思維和「齊一化」概念在我們的現代生活中非常猖獗，以一元吞併多元（王治河，2005：27）。因此，當農民多元的生計方式遭遇現代化和商品化時，其實留給他們的選擇已經不多了，除了外出務工掙錢，以協助全球商品運轉以外，還有什麼其他選擇呢？

表面上農民的選擇似乎更自由了，其實倒不如說現代化只給農民設置了兩條出路：一條是佈滿荊棘的山間小道，另一條就是一道懸崖峭壁。而農民只能選擇前者，並落得個「自願選擇」的名頭。2008 年開始實施的「城鄉建設用地增減掛鈎」政策，為新一輪的資本吞噬農民土地運動披上了合法化的外衣，導致大量農民「被上樓」。這一親善市場的實踐以「自願」之名獲得的土地，其實大多是農民不得已的選擇。在農民的宅基地上寫上一個或鮮紅或煞白的「拆」字，並加畫一個醒目的圓圈，被人們調侃說是個公章，是一個昭然的「圈套」，是一個圈地運動的標誌。這與英國在 15 世紀開始的「圈地運動」幾乎是同樣的性質，甚至有過之而無不及。因為英國的新興資產階級和新貴族還需要自己通過暴力把農民從土地上趕走，用籬笆、柵欄、壕溝把強佔的農民份地以及公有地圈佔起來，只有這樣才能將之變成私有的大牧場、大農場。而在我們的現代化過程中，只要有一位商人能提着一袋子錢去某地，在其還沒有到達之前，當地的機器就早已把地給圈好了，而且路也修了，電也通了，一切免稅等優惠都在等待着大款的大駕光臨！在此過程中，無數農民的房屋被標上了帶有圓圈的「拆」字！

在生活資料被強制商品化後，很多農民因為無法依靠農業和農村經濟活動來維持生計，走上了外出打工之路。這一龐大的勞工羣體在城市建設和國家發展中出售了自己的勞動力，得到的卻是極低的勞動報酬，甚至不足以完全支付家庭再生產。一位在蘇北某城市務工的農村婦女，每天起大早送牛奶，一天只能掙 15 元左右。當被問及這點收入能否支撐家計時，她的回答是「沒法子啊！」在北京務工的一位山西婦女，其丈夫在煤窯務工，談到頻發的煤礦安全事故時，她說：「家裏要錢，別的法子沒有，危險你也得下去啊！」在四川農村調研時，無論是兒童還是老人，大多認為每個家庭裏的勞動力都應該趁年輕時出去「找錢」。「在農村沒有出路」是農村年輕人對問題的最準確的表述（嚴海蓉，2005）。這些大概就是生活和社會高度商品化以後的農民和農村生活的真實寫照。因為一切都商品化了，什麼都要錢，所以，農民只有選擇擠進那半掩半閉的城市大門，蹣跚於那佈滿荊棘的求生小道。而家庭再生產費用的另一部分，還需通過留守在家的婦女、老人甚至兒童的農耕活動來滿足。對大多數農民勞工而言，「強制商品化」令他們離棄了得心應手的農業生產與共享天倫的合家幸福，目睹了橫流於城市的物慾和遍佈農村的偽劣商品，卻絲毫不能減輕他們生存和生活的壓力。一些暴富者時刻沉溺於饕餮盛宴之中，他們的後輩為不知如何炫富而機關算盡；與此同時，對另一些人來說，忍飢捱餓似乎是他們與生俱來的宿命。儘管農村勞動力被加以流動「自由」和勞動「自由」的冠冕，然而，如果他們「選擇」不外出務工以換取勞動報酬會怎樣？他們的家庭生計，子女教育又能怎樣？這種自由的實質無非是「經濟力量的無聲強制」下的「非如此不可」，即：要麼外出謀生，要麼全家捱餓！既如此，我們也許不能說外出務工是農民的自由選擇，也許應該說是農民的其他選擇被不斷封殺後剩下的唯一選擇！

二、在經濟增長與家庭幸福之間

關於勞動力鄉城流動條件下農村的家庭完整問題，存在兩種截然不同的觀點。有的學者認為，中國的國內移民大量採取家庭分離的方式，這是中國特有的，在世界其他很多地方沒有那麼大的流動障礙，可以整個家庭一起流動。而不少學者認為，中國的這種分離不見得是壞事，若看看孟加拉國，那都是舉家遷移的。這兩種觀點在一定程度上是由學科分野所致。雖然前一種觀點在中國目前實現起來不完全現實，因為城市既沒有，也不一定願意為農村勞動力的家庭整體流動做好準備。但是，後一種觀點又似乎在告訴我們，這種家庭分離式流動是好事，而舉家流動會造成像孟加拉國等國那樣的大量貧民窟現象。有些經濟學者願意像這樣，將經濟與社會、政治、文化以及歷史的背景徹底地分離開來，似乎經濟是不分文化、不分歷史的，只要數學模型成立就可以了。也難怪在亞當・斯密等創立經濟學基礎時，開始時都是政治經濟學研究，而後來經濟學的發展越來越變得以自我為中心，越來越唯我獨尊、孤芳自賞，對哪怕是波蘭尼（2007）在《大轉型》中充分論述的「人類經濟一直都嵌入在社會之中」的宣言也置若罔聞。有的經濟學者認為只要有利於經濟的增長，只要保證不出現貧民窟來煩擾城市人的生活，就允許農民做出「自由」的選擇和安排。而只要滿足這兩個條件，其結果便是必然的：為了經濟的增長，農村勞動力需要外出到城市勞動，否則帶動 GDP 增長的道路和樓房誰來建設呢？而為了不煩擾城市人的生活，農民勞動力只能自己進城，而不能「拖家帶口」！因此，為了滿足這些經濟學者開出的條件，農民選擇的安排只有一個，那就是外出——家庭分離式的外出。

「留守」緣於「流動」，而「流動」源於市場和政府對城鄉之間資本與勞動力配置的共同掌控。市場和城市欣喜地看到農村勞動力的流動給出口產業、城市建築業、服務業等創造的財富，卻忽視或無視了隱藏在這些財富和增長背後高昂的社會成本——人性的壓抑、家庭的分離、老人的孤獨、孩子的無助。在由傳統農業社會向物質財富極大增長的現代社會轉型的過程中，這樣的代價是否必需？人們最自然的生活方式所經歷的陣痛是否無法緩解？只要真正以「人」為社會發展的核心目標，這些問題並不是無法回答的。不論對哪個學科而言，研究農村留守人口的意義也正在於把對「人」的關切帶回發展的主題之中。

對農村留守人口，特別是留守兒童的研究中，我們還每每遇到方法論方面的挑戰，即有的學者認為，不能將留守兒童問題擴大化，必須在留守兒童和非留守兒童之間進行科學對比，看看父母外出對留守兒童的影響是否在統計學意義上顯著。另外，留守兒童出現問題的比例很小，只有 10‰（或 1%）左右，因此，不能將留守兒童問題化。這些論點聽起來言之鑿鑿，但我認為，在對農村留守人口，包括留守兒童進行研究時，進行留守與非留守的對比，以及測量出留守兒童出現問題的比例都是枉費功夫、徒勞無功的。需要首先說明的是，我堅決反對將留守兒童問題化的論點。我們既不能低估留守兒童發展過程中面臨的困難，也不要過分地誇大留守兒童出現問題的嚴重性，給留守兒童貼上「問題兒童」的標籤。對留守兒童的研究和關注與有多少比例的留守兒童表現出問題是沒有關係的，因為，對留守兒童羣體關注的焦點是家庭問題，而家庭對兒童的健康成長是至關重要的，對此方面的研究與論述也是汗牛充棟。任何社會學基礎文獻都會講述，家庭是未成年人最重要的社會化媒介，父母的言傳身教和家庭氣氛及生活方式將大大影響未成年人的社會化進程（王思斌，2003：64-65）。費孝通先生在《鄉土中國　生育制度》中論述道：「婚姻關係和兩性關係並沒有絕對的聯繫……男女相約共同擔負撫育他們所生孩子的責任就是婚姻。」（費孝通，1998：125）也就是說，父母締結婚姻、組成家庭的主要功能是對子女的撫育。著名學者陳丹青指出，「如果非要說素質教育，家庭教育才是無微不至的素質教育。那樣的素質教育，再好的大學也教不了、比不了、代替不了」（陳丹青，2007：129-130）。奧地利心理學家阿德勒認為，家庭教育是兒童出現問題的最重要和決定性的影響因素，而且這一因素所造成的問題似乎在學校和社會那裏更容易暴露並激化（毛丹，2004）。而「三歲看大，七歲看老」在中國社會更是人盡皆知的道理。所有這些研究和論述，都說明了兒童的健康成長需要父母的在場和家庭的完整。然而，留守兒童的家庭長期處於不完整和親子分離狀態。因此，對於留守兒童家庭與非留守兒童家庭之間的「分離」與「完整」、「父母缺位」與「父母在場」等差異，還需要進行兩個羣體之間的對比嗎？再者，即使只有 1% 或更少的留守兒童出現心理學意義上的問題，就能說明家庭分離式人口流動對留守人口沒有造成什麼影響嗎？若從物理學「閾值」概念來考慮的話，在沒有呈現可測量出的問題之前，就已經是問題的積累和量變階段了。研究中，對人的關切也許不需要看表現出問題的比例大小以及問題是處於量變階段還是質變階段。

三、農村剩餘勞動力轉移的悖論

在分析農民外出務工的背景和原因時，過去我曾多次幼稚地相信被無數人重複了無數遍的理由，那就是由於農村有大量的剩餘勞動力，因此需要外出流動，也就是說，到城市務工的都是農村的剩餘勞動力。對於學者和政府把農村勞動力往城市流動稱為「農村剩餘勞動力轉移」，嚴海蓉的研究指出，這種說法很有諷刺意味。因為，這些所謂「剩餘」勞動力，大多是農村人口中受過較好教育的年輕人，是新型的農業生產發展最需要的人。在安徽和其他一些省份，勞動力外流導致大量土地被拋荒。這種拋荒已經到了驚人的地步，在有的地方，農戶一年種一季而不是兩季是很平常的事，當地的農業通訊稱之為「半拋荒」或「隱性拋荒」。如果專家學者稱外出的年輕人為「剩餘勞動力」，那麼這些拋荒田該是農村「富餘」土地了（嚴海蓉，2005）。一項針對農村農業生產女性化的調查發現，29.5% 的留守婦女家庭因為丈夫外出而減少了耕種土地面積，7.6% 的留守婦女家庭將距離較遠、土質較差的土地撂荒。同時，由於丈夫外出務工，17.0% 的留守婦女家庭將雙季稻改為單季稻，32.0% 的留守婦女家庭減少了水稻的種植面積比例（吳惠芳、饒靜，2009）。

中國農村留守人口研究指出，農村勞動力的大量流出使農業生產呈現老齡化和女性化趨勢，並可能導致農業發展後勁不足。農村青壯年勞動力的外出導致老年人口成為農業生產的主要維持者。調查發現，80.6% 的留守老人仍下地幹活，其中包括很多中高齡老人；59.9% 的留守老人耕種着外出子女的土地；55.2% 的留守老人家庭的耕種面積不低於 2 畝，部分老人的耕種面積甚至多達 10 畝左右。由於缺少子女協助，很多留守老人的勞動負擔沉重不堪。47.3% 的留守老人認為自己的勞動負擔很重，表示勞動負擔難以承受的佔 18.3%（葉敬忠、賀聰志，2008）。另外，丈夫外出務工後，絕大部分留守婦女從傳統的「男主外、女主內」模式下主要負責家務勞動和家庭養殖活動，轉變為「男工女耕」模式下一人承擔家務勞動、家庭養殖和農業種植活動。留守婦女成為農業生產的主力軍，92.4% 的留守婦女家庭仍從事農業生產。然而，留守婦女在農業生產中遭遇多種困難和問題，62.9% 的留守婦女遇到勞動力不足問題，33.6% 的留守婦女沒有掌握生產技術（葉敬忠、吳惠芳，2008）。農業生產的老齡化和女性化也會造成農業勞動投入不足，影響農業科技的推廣和產業結構的調整，從而導致農業發展的後勁不足。朱啟臻、楊匯泉（2011）的研究指出，依靠婦女和老農民對土地的感情難以維持農業生產的可持續發展，而由此導致的農業粗放經營、復種指數降低和撂荒現象已經成為中國農業安全的潛在威脅。

嚴海蓉（2005）指出，城市的各種資本組合和大小企業正在把數以百萬計的正值青春年華的農村勞動力吸納進它們的血汗工廠，卻沒有福利和保險。作為城市、工廠的代謝，每年數以萬計的工傷殘病勞動力返回到農村老家，依靠最後的福利田活命。在市場變幻莫測的供求關係下，在社會主義市場經濟積累階段的大潮中，在不管什麼企業都想在這個過程中分一杯羹的喧騰中，農村這個「大水庫」不停地放出新鮮的勞動力，並吸收着傷殘病餘人口。所以，每年外出務工的上億農村勞動力並不是剩餘勞動力，留守在家裏的才是剩餘勞動力。

四、農村被切開的血管

曾幾何時，人們還在慨歎中國農村人口太多、農村剩餘勞動力太多；又彷彿一夜之間，農村正值壯年的男人、女人紛紛湧進了城市。似乎到二十多年後的今天，我們才恍然醒悟如此大規模的人口流動對農村、對農村的家庭意味着什麼。當農村勞動力在城市辛苦打拼十幾年之後，終於能夠為孩子上大學、結婚攢下一點積蓄的時候，他們也把自己人生中的黃金歲月留在了城市。完成了家庭重要任務、不再年輕的農村父母最終回到村裏，此時的他們已經很難為家庭、為鄉村創造經濟價值。城市吸納了農村最年富力強的人力資源，農村卻默默承受了這背後的慘淡和無奈。

曾經在外務工的父母漸漸變老的同時，孩子們也長大了。他們中的很多人又會延續父輩的道路進城打工，新一輪的人口流動又開始了。這些生在農村、長在農村、耗盡整個家庭人力資本和物質資本而長大的子女，再一次選擇離開農村，去尋找他們的人生坐標、創造他們的人生價值，農村優秀的人力資本再一次被吸納到城市。或許他們只是城市的過客，最終也要回歸農村，但是和他們的父母一樣，其自身價值的實現、人力資本的轉化同樣發生在城市，卻不是兒時夢中小橋流水、蛙鳴聲聲的村莊。

另外，農村的礦產等物質資源也源源不斷地供應給了城市。在我們長期調研的太行山區的村莊，每天都可以看到一輛接一輛大噸位的載重卡車拉着鐵粉穿過村莊，留下的只是村道上揚起的粉塵。這些鐵粉是由當地山上開採下來的鐵礦石加工而成的，與城市的房地產產業息息相關。城市的高樓日新月異，而含有鐵礦石的太行山早已千瘡百孔。

當城市擴張的空間不夠時，通過官學們科學臆造的響亮名目——「增減掛鈎」，還可以將農村祖祖輩輩傳接下來的宅基地「復墾」成農田。而為達到這一目的，農民也被「善意地」請進了小區，送上了高樓！而當高貴的城市人想縮短兩個城市之間的交通時間時，就要建設高速公路或快速通道。稍有常識的人都會知道，高速公路的目標羣體是城市人口，而農民卻要因此失去賴以生存的土地；一個村莊被高速公路分割為兩半，不但動物沒有了過往的通道，甚至一個村子之內的走親訪友也變成了奢望。

考慮到這些，也許可以借用一部著名作品的標題——《拉丁美洲被切開的血管》，我們是否可以看到某種相似的地方？那就是，為了城市的發展，農村被切開了血管，血液從村莊和農民工的身體裏不斷地流淌向了城市。

面對如偉大母親一般的中國農村，城市所進行的是各種各樣的對血液的監測和排查，唯恐來自農村和農民工的血液中帶有不潔的病毒。北京市在 2010 年推廣了一種村莊社區化管理模式——俗稱「封村」，即通過「建圍牆、安街門、把路口、設崗亭、人車持證出入」等措施來改善村莊環境、管理流動人口、提高治安水平。另外，還要「圍繞社區加裝 18000 個探頭」。正是由於封村，「一條連接兩個村莊的道路上，村委會為實施村莊社區化管理，建起一道十幾米長、三米高的磚牆。新學期開學，這面牆擋住打工子弟學校近 300 名中小學生的上學路，學生要翻十幾米高的土坡上下學」（李超、秦斌，2010；王卡拉，2011）。有的城市還規定，務工人員子女異地中考只能報考職業學校。這樣的報道，每每讓人產生一種擊牆跺腳的心理。一個社區要建起圍欄，一個小區要建起圍欄，一棟別墅也要建起圍欄，那我們每個人還不得都變成裝在鋼套子裏的人？而且，發生在全球化的世界大都市北京的「封村」之舉，與其日夜夢求的現代化目標也不相符啊！現代化要求開放而不閉關自守，連接而不脫鈎，流動而不固守本土。當然從諸如文化交流、羣體融合、和諧社會、公平公正等方面，就更有點站不住腳了！若說是村民的需要，估計更難以令人信服；兒童可能反對尤甚，因為這使得他們上學還要逾牆越舍。

的確如此，農村、農民為城市源源不斷地輸送營養和血液。但是，城市的文化不是接納、肯定和感恩，反而是各種各樣的排斥與不公。其實，真正帶有不潔病毒的不是來自農村的血液，而是飽食終日、生活腐化的城市人；他們擁有太多的財富而不知如何揮霍，甚至需要通過吸毒來尋得刺激。對於農村和農民為城市輸送的營養和血液，最起碼的要求也許是：城市應該認識到並承認這一事實。但現實仍然是另一面。就像一個因事故或治療需要曾經接受過輸血的人，有哪個城市上層精英會告訴別人其身體裏還流淌着表情憨厚、皮膚黝黑的農民工的血液？城市的社區或管理者也不希望接受，甚至試圖遺忘或抹殺這樣的事實：是農民工養活了他們的房屋出租戶。在城市與農村之間，在城裏人和農村人之間，似乎向來都是這樣，前者不太能夠認識到後者之於他們的各種貢獻和付出，即便如此，後者也從來不會改變對前者寬厚和包容的氣度。費孝通先生在《鄉土中國　生育制度》中有這樣一段描述：

鄉下人在城裏人眼睛裏是「愚」的。但是說鄉下人「愚」，卻是憑什麼呢？鄉下人在馬路上聽見背後汽車連續地按喇叭，慌了手腳，東避也不是，西躲又不是，司機拉住閘車，在玻璃窗裏，探出半個頭，向着那土老頭兒，啐了一口：「笨蛋！」

——如果這是愚，真冤枉了他們。我曾帶了學生下鄉，田裏長着包穀，有一位小姐冒充着內行說：「今年麥子長得這麼高。」旁邊的鄉下朋友，則沒有啐她一口，只是微微的一笑。（費孝通，1998：12）

土壤學家說，蔬菜腐爛了，把它放回土壤中去，就能重新成為土壤的肥料。現在我們也越來越認識到，當高度現代的人有問題了，重新回到農業與農村中去，同樣能治好他們的疾病（石嫣，2010）！因此，農民、農村和農業，對於城市人、現代人和我們每個普通人的生活，對我們的社會，對我們的國家，其作用是至高無上的；而農業、農村和農民所孕育和包含的中華民族的博大文化，又是至深無下的。根據葉紫的小說改編的電視劇《星火》，其中的一段話是這樣的：

幾千年以來改變中國歷史的就是農民，中國的城市，其實說到底就是一個農民的聚集地，誰敢說自己不是農民的後代呢？只要扳着指頭數，就能數到，他的祖先肯定是農民，而且是地地道道的農民！（韓毓海等，2005：297）

其中還有一段對農民的描述：

中國農民，這世代在貧瘠的大地上從事着最勞苦的耕作，在世界上最低的生存條件下心滿意足的人，他們溫順、勤勞、幽默、詼諧；他們熱愛生活、渴望富足；他們善於用小小的詭計，贏得姑娘的眉眼、神仙的關照和朋友的仗義；他們不會書寫文字，卻熱愛祖先留下來的方塊字，並且用幽雅的鄉俚小調，吟唱太陽月亮，吟唱巍峨的羣山和河邊的柳絮；當他們要起來抗爭的時候，所爆發出來的兇悍和無畏，足以使所有鄙視這個羣體的人心慌意亂，使所有的哲學家、歷史學家和政治家的，那些自命不凡的侃侃而談，黯然失色！（韓毓海等，2005：298-299）

在充分認識到農村和農民的這種至高無上、至深無下的特質後，我們再回到現實中來，面對的卻是：現代化進程中農民的選擇似乎越來越少了；農民的勞動報酬大大讓利給了資本收益；農民連祖輩留下來的宅基地都不能保住而要「被上樓」等等。這是何等的愴然啊！當我們研究過程中遇到的那些曾經與我們促膝談心、已經成為我們朋友的農民兄弟告訴我們，他們家的房子被拆了，無處可住時，我忽然感覺到作為個體的我們是多麼渺小！同時，我也深刻認識到，農村研究，還任重而道遠！

至此，人們也許會將這些論述貼上「反發展、反經濟增長」的標籤。我想說明，我不反對發展，也不反對經濟。在現代社會中，發展與經濟支配了社會生活的各個方面。但是，我們應該認識到，在發展與經濟增長過程中，還可以從不同的角度對發展與經濟增長過程進行思考；除了發展或經濟學思維之外，人類生活還應該有點別的內容。現代意義上的發展，其特點是：以經濟增長為主要目標，以現代化為主要理論基礎，以工業化為主要途徑，以英美為趕超對象。著名的阿圖羅·埃斯科瓦爾（Arturo Escobar, 1995：4-5）教授的研究指出，這種現代意義上的發展不是人類社會生來俱有的，而只是二戰後的發明；即使如此，這種現代意義上的發展並沒有在世界範圍內帶來理論家和政客們許諾的富足之國，相反，帶來的卻是大規模的欠發達和貧窮，是難以言說的社會不平等，是日益增多的營養不良和暴力事件（Escobar, 1995：24-26）。即使是一般意義上的以經濟增長為中心的發展，也只是 19 世紀才開始的人類動機，而在此之前的歷史裏，人類社會幾乎未把圖利作為行動的有效的動機（波蘭尼，2007：37）。塞林斯的研究也指出，物質財富的積累觀只是現代資本主義社會的產物，並不是原初社會的價值（塞林斯，2001）。而摩爾根於 1877 年在《古代社會》中就指出：

> 自從進入文明時代以來，財富的增長是如此巨大，這種財富對人民來說已經變成了一種無法控制的力量。人類的智慧在自己的創造物面前感到迷惘而不知所措了。只要進步仍將是未來的規律，那麼單純追求財富就不是人類的最終的命運了。社會的瓦解，即將成為以財富為惟一的最終目的的那個歷程的終結，因為這一歷程包含着自我消滅的因素。管理上的民主，社會中的博愛，權利的平等，普及的教育，將揭開社會的下一個更高的階段。（摩爾根，2007：400-401）

本文嘗試超越留守人口的表象來認識遭遇發展的本質，也是在嘗試踐行社會科學研究應該具有的批判性精神。正如吉登斯指出的，社會理論本質上就是社會批判（特納，2006：450）。這樣的批判性思考，有時還會被冠以「解構」之名，經常會遭遇一些反批評，即認為，這樣的研究只解構，不建構；只破壞，不建設；只消極，不積極；只懷疑，無良方等等。但我想說的是，首先，事實未必如此，如馬克思對資本主義社會的批判非常徹底，但同時，他對人類歷史的前景始終保持着積極樂觀的態度。其次，我們必須認識到社會批判對社會建設的重要意義，特別是在共謀和結盟盛行、極力以一元吞併多元的現代社會裏，某一種存在模式往往極力貶低、抹殺甚至吞併其他模式的現代社會裏，社會批判可以使一元主導的社會保持某種張力，使社會能夠向更加健康和更加和諧的方向發展。

針對農村留守人口問題，我也常常被問及「怎麼辦」。我以為，社會問題的根源是人的問題，確切地說，是社會中不同羣體或個人之間的利益與權力關係問題。只要認識清楚社會問題的根源，尤其是其涉及的利益和權力關係，那麼，要應對或解決社會問題，無非是要重新配置資源、調整利益和權力關係。這是政府決策部門最為擅長的行動，且不同部門的行動差異會很大。因此，研究者的任務就是分析社會問題的根源。然而，他們的「獻策」往往缺乏針對性，缺乏實施主體，也每每停留在美好願望的層面。當然，這一認識取向或被曲解為對社會問題的「無解」。其實，對於社會問題，只要思想上解決了認識問題，應對或解決起來真有那麼困難嗎？相反，若沒有解決認識問題，即使得到研究者的「獻策」，又會採納或實施嗎？

留守人口現象的出現，其根本原因在於社會整體以經濟增長為主導目標，以及城市偏向的發展模式。因此，留守羣體現象的徹底化解，從長遠來看，有賴於一個城鄉協同、權利平等、和諧交融，且以「人」的福祉為終極關懷的發展模式。簡單來說，這種發展模式要改變對農村和農民生存資源的擠壓與攫取，還原和重建鄉村的經濟、社會和文化活力。要實現這一目標，首先要停止以「現代化」和「效率」為名對農村土地、人力、資金、教育等各種資源進行汲取，杜絕以政策手段加劇農村社會的凋敝；同時，將財政投入和扶持政策真正向農村地區傾斜，以地方特色和農民意願為前提促進農村地區的社會經濟發展，使農村居民實現本土生活的安定富足。換句話說，需要建立一種更具包容性的發展方式，需要制度干預跳出對市場和資本的依賴，更多側重於對人的關懷。

然而，需要指出的是，目前的農村發展現實是：農村社區越來越失去應有的生機與活力，特別是在城市偏向、物質增長和商品觀念的主導下，農村的社會關係越來越物質化與商品化。這對於家庭和社區支持網的建立、社區信任與活力的重建都是巨大的挑戰。農村中小學佈局調整、農民被迫徵地上樓、教育進城、現代農業和資本下鄉……目前的發展政策仍然在以「現代化」的模式加速對農村共同體的瓦解。在這樣的村莊，很多村民感到的是空蕩、落寞和凋敝。這些村莊遠不是農村留守人口能夠守望相助、獲得支持的宜居家園。

面對沉重的農村留守人口問題，在我們的發展政策、思維意識和日常生活中，也許應該思考的最根本問題是，農村居民真正想要的是怎樣的生活？國家的發展又該還以他們一個怎樣的鄉村？我們能否在鄉村之中為以農民為主體的農業和農村生活留出更多的空間？

學校的故事

為了城市化的農村中小學佈局調整

大學期間，每次假期結束離家前，村鄰常常給我家裏送去雞蛋，每想起這些鄰里幫助，心裏總是暖洋洋的。如今，這些村鄰都已七十掛零，我最願與他們一起回憶過去的村莊生活。兒時，有一位學伴，我們兩家相隔至少 20 戶人家，每天早晨天還不亮，我們中先起牀的一個，就會在自家門前大聲喊醒對方結伴上學，公雞打鳴一般，從未想到會驚吵他人，卻給村鄰留下了抹不去的美好印記。每與村鄰憶及這些往事，他們都歎息道，「現在老百姓最恨的就是把村裏的學校撤了！」（牛涵，2012）

他們所指的是中國自 2001 年開始實施的「農村中小學佈局調整」政策，已持續十餘年之久，俗稱「撤點併校」，即將大部分村莊小學撤併到鄉鎮或縣城，將大部分鄉鎮中學撤併到縣城，目的是實現所謂的教育資源優化整合的規模辦學。關於這一政策的媒體報道和社會討論不計其數，很多關注的是該政策實施的後果。例如，關於撤併的規模，「教育部統計資料顯示，從 1997 年到 2009 年，全國農村小學數量減少一半多，平均每天減少 64 所」（呂博雄、劉承，2012）。而近年頻發的農村校車事故，其背後也經常會浮現「撤點併校」這一根本原因：2011 年 11 月 16 日，甘肅省慶陽市正寧縣榆林子小博士幼兒園一輛運送幼兒的校車發生交通事故，造成 21 人死亡，43 人受傷；2011 年 12 月 12 日，江蘇省徐州市豐縣首羨鎮發生一起運送小學生車輛側翻事故，共造成 15 名學生死亡，11 人受傷（葉鐵橋、陳一村，2011）。很多這樣的涉及農村中小學佈局調整政策的報道，都極大地刺激了讀者的神經。

中華人民共和國成立後，從學校數量的角度來看，中國的農村教育普及事業取得了輝煌的成就。全國小學學校數從 1952 年的 526964 所增加到 1965 年的 1681939 所，普通中學學校數從 1952 年的 4298 所增加到 1965 年的 18102 所，基本形成了「村村辦學、學校辦在家門口、小學不出村、中學不出鄉」的學校佈局結構。統計數據顯示，全國普通小學學校數在 1965 年達到歷史最高峰（1681939 所）；全國普通中學學校數在 1978 年達到歷史最高峰，即 162345 所。此後，基礎教育學校數一直呈下降趨勢（國家統計局，1996）。其中，自 2001 年國務院出台《國務院關於基礎教育改革與發展的決定》（國發 [2001] 21 號）後，農村學校數量下降最快，「撤點併校」以狂風驟雨般的態勢橫掃了中國廣袤的農村（葉鐵橋、陳一村，2011）。

> 因地制宜調整農村義務教育學校佈局。按照小學就近入學、初中相對集中、優化教育資源配置的原則，合理規劃和調整學校佈局。農村小學和教學點要在方便學生就近入學的前提下適當合併，在交通不便的地區仍需保留必要的教學點，防止因佈局調整造成學生輟學。學校佈局調整要與危房改造、規範學制、城鎮化發展、移民搬遷等統籌規劃。調整後的校舍等資產要保證用於發展教育事業。在有需要又有條件的地方，可舉辦寄宿制學校。（《國務院關於基礎教育改革與發展的決定》第 13 條，2001）

2001 年出台的《國務院關於基礎教育改革與發展的決定》，將調整農村義務教育學校佈局列為一項重要工作。同年，國務院召開的全國基礎教育工作會議也將農村中小學佈局調整列為發展農村義務教育要重點抓好的六項工作之一。隨後，各地政府紛紛制定本地區的農村中小學佈局調整規劃，農村中小學佈局調整在全國範圍內大規模地廣泛展開。2002 年，國務院辦公廳下發了《關於完善農村義務教育管理體制的通知》；2003 年，財政部下發了《中小學佈局調整專項資金管理辦法》，進一步推動了農村中小學佈局調整，各地政府也加快了佈局調整的步伐。這一階段的中小學佈局調整是在 2000 年農村稅費改革背景下，在全國提出了科學發展觀和建設和諧社會的背景下展開的。

2010 年，全國小學數為 257410 所（國家統計局，2011），只佔 1999 年 582291 所的 44.2%。楊東平的研究則顯示，從 2000 年到 2010 年十年間，農村小學減少 22.94 萬所，減少了 52.1%；教學點減少 11.1 萬個，減少了六成；農村初中減少 1.06 萬所，減幅超過 1/4（社會科學報網，2012）。全國普通小學學校數下降數量之多、時間之短，為歷史罕見。

一、農村中小學佈局調整的實施

十餘年來，「撤點併校」成為地方政府教育佈局調整的「一場狂歡」（葉鐵橋、陳一村，2011）。儘管中央政府從未提出農村地區「鄉不辦中學，村不辦小學」的規定（教育部，2008），但很多地方政府還是將其作為佈局調整的目標（劉劍虹，2005）。只要以「鄉不辦中學，村不辦小學」作為詞條進行簡單搜索，便可發現百萬餘條的網絡信息，主要是地方政府的工作報道和教育改革經驗的總結，絕大多數是將此作為「惠民工程」的業績展示。很多地方政府公開提出了「學校進城」的口號，部分縣市農村中小學撤併的規模達到 80% 甚至 90%（楊東平，2012）。

在對中西部地區六省農村中小學佈局調整工作進行調查和分析之後，華中師範大學課題組總結了四種佈局調整的模式：「完全合併式」「兼併式」「交叉式」和「集中分散式」（賈勇宏、周芬芬，2008）。根據地方政府在佈局調整工作中所扮演的角色，學者將其對佈局調整的干預類型分為「示範／誘導式」「強制式」和「示範／誘導與強制結合式」三種

（郭建如，2005；范先佐，2006）。而在實際執行過程中，很多地方政府主要選擇示範／誘導與強制相結合的方式，輔以其他方式。由於常常涉及利益衝突，地方政府最終往往採取強制手段以達到佈局調整的目的，「保質足量」地「完成」和「落實」佈局調整目標（賈勇宏，2008；容中逵，2009）。

很多地方的農村中小學佈局調整是以運動的形式開展的，帶有強烈的教育行政與教育政治的特點（范先佐，2006）。許多學者認為，以政府為主體，以運動形式進行的佈局調整忽視了學校佈局調整本身的科學性和規範性。

二、農村中小學佈局調整的結果與問題

在江蘇省某地開展有關農村中小學佈局調整的實地調研時，研究者聽到最多的就是下面這些話。這些話就是村民對該政策實施結果的最直觀評價：

「村小學被砍掉了。」「學校變成牛圈了。」「學校砍了，但孩子不能不讀書啊！」「送出去讀書要多花多少錢啊！」「寄宿在學校多花錢，也不放心！」「孩子太小，走路不放心，路上車太多！」「大人白天多少事兒，接送不容易啊！」「時間都浪費在路上了，早上要送孩子，中午要給孩子送飯，要麼就在街上給他買東西吃，家裏事都沒有時間做，覺得時間不夠用。」「還是村裏有學校方便點，鎮上太遠！」「村裏有學校熱鬧，現在『先生』走了，學生也走了，冷冷清清的。」（孟祥丹，2009）

（一）農村中小學佈局調整的結果

近年來對農村中小學佈局調整研究的興起，很大程度上緣於對佈局調整結果的關注，尤其是各地大刀闊斧的學校撤併給農村家庭、農村學生、農村社區乃至整個農村教育所帶來的影響。在互聯網上，各地政府

和教育部門競相展示農村中小學佈局調整的正面成果和經驗總結，有百萬餘條之多。與此形成鮮明對比的是，在學術研究中，目前只有很少研究肯定佈局調整所實現的目標以及產生的「顯著成效」或「正」的效果。這類研究主要認為，農村中小學佈局調整後，一批「袖珍」學校被撤併，優質教育資源得以共享，提高了辦學效益，促進了農村教育的發展。有學者指出，農村中小學的佈局調整使中小學的服務人口和服務範圍都有顯著增加和擴大，學校規模的擴大更加明顯，以前存在的學校規模過小、佈局分散、資源利用效率低的問題得到相當程度的解決，而這都表明學校佈局調整「取得了良好的成效」（郭清揚、王遠偉，2008）；在撤併了一批條件較差的教學點之後，農村學校規模效益得到提高（何卓，2008）。還有學者從新古典經濟學的規模效益理論出發，論證了農村中小學佈局調整過程中進行撤併是規模經濟的，具有合理性（周春紅，2007）。此外，有的研究認為佈局調整中，對代課教師的清退或規範提高了教師整體素質，起到優化教師隊伍的效果；而在農村學生享受「優質、全面」教育的同時，農村社區辦學負擔減輕，農民家庭不再需要為改善辦學條件而投工投勞等（孫豔霞，2004；柳海民等，2008）。

然而，絕大部分研究帶有問題導向和批判性，且主要從佈局調整的實際效果和影響出發，從不同的學科視角，針對調整目標、過程以及調整所導致的各種問題進行反思和質疑。這些反思性研究最多的是教育領域的學者從教育教學效果和教育財政等方面進行的分析，可歸納為以下幾個方面：

第一，佈局調整的資源整合和優化配置在很大程度上並未實現。范銘、郝文武（2011）以陝西為例，對佈局調整的這一目的進行了質疑，指出撤併後的剩餘資產、校舍、教學設施等被廢棄、私分、亂用等，實際上造成了教育資源的大量閒置和浪費。而為了集中容納更多的學生，各地又不得不投入大量的資金改建、擴建校舍，興建寄宿制學校等，從陝西到全國，調整花費均非常巨大。因此，農村中小學佈局調整並沒有解決教育經費不足的問題，很多學校缺乏後續配套資金，還有學校調整後增添了新的債務（中西部地區農村中小學合理佈局結構研究課題組，2008）。從下面這則新聞報道中可見一斑：

秋季開學前，在山西省永濟市調查發現，農村不少學校挺漂亮的教學樓被棄用，成了空巢。城東區吳村小學是多方籌錢建起來的學校。「花了 32 萬元啊！真可惜……」村民李某說。如今，李某和兩隻大狼狗看管這所學校。雖然人去樓空，但這裏環境幽雅，綠樹成蔭，建成時的捐款功德碑映照在陽光下。離吳村小學十來公里的虞鄉鎮北梯中學則變成了養豬場，大部分教室成了豬圈，有的教室屋頂已露天。農村學校關閉，城鎮學校卻爆滿。在位於永濟市東街的銀杏小學看到，這裏人滿為患。（鮑東昇，2010）

第二，有的實證研究表明，合併前後學校學生成績差異並不顯著，因此沒有證據說明農村學校合併政策一定能夠提高農村的教育質量（東梅等，2008）。而且，更多的經驗事實說明，隨着佈局調整的進行，巨型學校、大班額現象激增，教師工作繁重，教育質量難以保證（龐麗娟、韓小雨，2005）。

第三，佈局調整還增加了農民的教育成本。農民需要額外支出交通費、伙食費、住宿費，並承擔學生走讀帶來的安全風險等，加大了貧困家庭的負擔。表面看來，農村學校撤併後，國家減少了教育經費開支，村教育成本似乎下降了，但實質是政府應承擔的教育投入轉移到了農民身上，這樣的政策損害了部分農民及其子女的利益（范銘、郝文武，2011）。在江蘇省某地的調查發現：

村小撤掉後，學生只能到鎮上或縣城上小學。在縣城，若上民辦小學，每個學生每年要交 2000－3000 元的培養費。若上公辦小學，書本費、學費全免。無論上民辦還是公辦小學，每個學生的食宿費每年也要 2000 多元。另外，學生每天要 2 元左右的零花錢。這樣，一個小學生一

年至少需要3000多元錢。這對一般農村家庭來説，是不小的開支。（李幹軍、孫述俊，2012）

一位小學老師說：「村裏的小學撤掉後，村裏的孩子們最辛苦，到外面上學的路不好走，每逢雨天必須要家長接送，有的家長擔心孩子掉到溝裏，在雨天就不讓孩子來上學了……連續下大雨的時候，那段路分不清哪裏是路、哪裏是溝，因為水溝裏的水都漫到了路上，只能夠憑藉平時的感覺走……冬天的時候，孩子更可憐，要走好幾里路回家，大一點的孩子還好，小一點的根本不會照顧自己，到家的時候鞋子裏都是雪，看着孩子凍得打哆嗦，家長只能乾心疼……」（孟祥丹，2009）

第四，佈局調整引發輟學率上升。學生輟學的原因有很多，但離家太遠、上學不方便以及上學成本增加成為引發新輟學潮的主要原因（袁桂林等，2004；趙丹、范先佐，2011）。這種影響農村學生上學意願和機會的佈局調整，與其聲稱的公平追求背道而馳（王海英，2010）。

第五，佈局調整促進教育均衡發展的目標並未達成。按照范銘、郝文武（2011）的研究，恰恰相反，佈局調整是在製造最大的教育不均衡，甚至是在製造教育的「托拉斯」[1]。在優質教育資源逐漸趨於壟斷的情況下，學生擇校、生源競爭、學校亂收費等問題更為嚴重，農村中小學教育反而在教育壟斷面前愈發失去競爭力，進而失去發展可能性，最終因符合撤併要求而走向「自然」消亡。原本脆弱的農村教育公平受到傷害，農民在優質教育資源競爭中更為邊緣化（周芬芬，2008）。

此外，教育領域之外的其他學科還從農村文化、農村發展等方面，對農村中小學佈局調整的影響和結果進行了研究。很多學者認為，佈局調整政策忽視了學校教育功能以外的其他功能，損害了鄉村文化建設，忽視了文明在鄉村的傳播，加速了農村社會的蕭條（孫豔霞，2004；孟

---

[1] 托拉斯：商業信托（trust）的英文音譯，為壟斷組織的高級形式之一。——編者註。

祥丹，2009；葉敬忠、孟祥丹，2010）。隨着學校消失的不僅是學生，很多年輕的父母也要進城陪讀，很多村莊了無生氣。熊春文（2009）認為，文字和學校已經成為村落不可或缺的組成部分，但農村中小學佈局調整所造成的村落學校突然急速的消失，對村落社會的影響必然是巨大的。這種「文字上移」是「離土中國」在鄉村教育層面的表徵，將給中國的社會文化帶來深遠影響。下面是重慶教育學院任運昌對西部某村莊村委會主任的深度訪談片斷：

「你們村的小學是什麼時候拆的？」

「街上（中心場鎮）寄宿學校修好後就拆了嘛。」

「村民支持拆嗎？」

「支持還是支持。再說，胳膊還扭得過大腿不成？只是拆了大家心裏都空蕩蕩的。」

「為啥呢？」

「有個學校鬧也熱鬧些嘛。」

「原來學校老師跟你們關係怎麼樣？」

「好喲，簡直沒得說！你像（比如）哪家接（娶）兒媳婦嫁女，都是老師寫對聯。」

「現在不行了嗎？」

「啷個（怎麼）行嘛，老師住那麼遠。過去，哪家有鬧家常（家庭矛盾），也是老師改交（調解），哪戶有人在外頭打工出了挺（工傷事故），老師也幫寫狀子。老師經常到院子裏擺龍門陣（講故事），大家圍起一個圈圈聽。」

「過去村民經常在學校參加一些活動嗎？」

「還是參加。看點農業科技片呀什麼的。逢年過節，那些打工的年輕人回來，還去演節目。老年人在兒童節也去看那些娃娃兒唱歌。哦，對了，老師還喊我去給那些學生講過故事。村裏的一個農技員也去教過他們。」

「現在還去嗎？」

「拆都拆了，操場都挖來點麥子（種小麥）了，還去幹啥子嘛。唉——每回過路，那個空蕩蕩的，感覺難受啊！」

「那，那現在村民有空啷個娛樂呢？」

「啥子（什麼）娛樂喲！打牌嘛，有些人娃娃讀寄宿了，沒得事，就連天連夜地打牌嘛。」

「輸錢嗎？」

「呵呵，不輸錢啷個有勁兒呢？」

「學校沒拆時打牌嗎？」

「也打，不過少些，起碼學校周圍的院子少得多。大人要給娃兒煮飯嘛，好多負責任的大人還要檢查家庭作業。沒得時間打。」

「聽說你們村裏還有人搞邪教，是不是？」

（停頓了一會兒）「很少，也是最近才興起來的。」（任運昌，2006a）

（二）農村中小學佈局調整衍生的問題

大規模的學校撤併，對農村教育的影響並不只限於很多直接可見的問題，伴隨佈局調整而興起的寄宿制、陪讀現象以及農村中小學生所面臨的安全風險等衍生問題也引起了多方關注。

2001 年出台的《國務院關於基礎教育改革與發展的決定》在將調整農村義務教育學校佈局列為一項重要工作的同時，指出「在有需要又有條件的地方，可舉辦寄宿制學校」。之後相關部門幾次下文推動寄宿制建設，除了應對「留守兒童」問題、加強對兒童的監管等考慮外（劉欣，2006），其主要目的在於消除農村學校佈局調整的瓶頸。因為大量的「撤點併校」使走讀對於很多學生來說已非常困難或者已無可能，其選擇只能是寄宿或者輟學。諸多研究發現，寄宿制在應對佈局調整帶來的上學距離增加等問題的同時，又衍生出一些新的問題。

第一，很多農村寄宿制學校自身的硬件與管理尚不完善。一些研究發現，農村寄宿制學校普遍條件簡陋，沒有達到寄宿制學校的基本要求；財政和師資本身也構成了很大的障礙，學校普遍存在「大班額」現象，教師「身兼數職」，教學管理難度加大；學生生活單調、枯燥，學習時間長，睡眠、玩耍時間短。農村寄宿制學校寄宿生和非寄宿生在飲食、身體發育和心理發育等方面存在顯著的差距等（葉敬忠、潘璐，2008b；牛泉，2009；楊潤勇，2009；張眉、翟晉玉，2009）。例如，葉敬忠、潘璐的研究發現：

學生每天在學校的活動都在一套規定好的模式之內。每天要上晚自習做作業，沒有娛樂活動；晚上睡覺不能說話、不能外出；看不了電視等等，這些都讓小學生覺得寄宿制學校生活單調。江蘇省某鄉中心中學甚至對寄宿生實行「無聲化」管理，即從晚自習下課到第二天起牀，整個過程中都不允許學生講話。學生說，寄宿制學校感覺就像「集中營」，每天就是上課—自習—上課—自習。（葉敬忠、潘璐，2007）

第二，寄宿制學校造成學生家庭教育的缺失和親子關係的斷裂。作為一種社會制度，學校教育有其自身的使命，也有其自身的限度，而家庭教育、社會教育等形式對於孩子成長是必不可少的，長期寄宿學校對學生健康人格和認知的形成產生非常不利的影響（萬明鋼、白亮，2009；熊春文，2009；邵燕楠，2010）。一些針對寄宿制兒童心理、情感問題的研究表明，親情缺失和單調枯燥的學校生活，導致很多寄宿學生尤其是小學生和初中低年級學生表現出不同程度的想家、焦慮，性格變得內向，從而影響其正常的學習生活，甚至導致他們厭學（葉敬忠、潘璐，2007；王偉，2011）。

第三，具有嚴格規訓特徵的寄宿制扼殺了兒童的天性。正如熊春文的研究所發現的：

農村學校的鄉鎮集中，並以寄宿制為主導形式，使得農村的學齡期兒童不僅從時間上，也從空間上脫離具體的生活世界直接進入抽象系統的封閉式規訓中來。這可能導致他們在認知和人格發展上的先天不足，尤其是他們的社會化將遇到可以預知的困難。這是因為他們從一開始就缺乏鄉村經驗和家庭天倫的滋潤；而生活世界和初級羣體對於人的認知和人格成長的重要性，是社會學的一般常識。（熊春文，2009）

第四，與佈局調整相伴的寄宿制給農村家長帶來了更多的文化空白、更沉重的經濟負擔和精神負擔，低齡學生寄宿引起了鄉村社會的瓦解、鄉村文化傳承的斷裂、兒童青少年社會化與社會環境的隔離以及自身本土性知識的缺失、鄉土情感的淡漠和人格發展的趨同等。這些影響是久遠而不可逆轉的（任運昌，2006b；葉敬忠、潘璐，2007）。很多農村地區在普遍實行寄宿制後，實際上變相剝奪了農民子女對教育的選擇權——要麼就讀寄宿制學校，要麼就無學可上。而農民家庭往往只能被迫選擇更好的寄宿制學校，從而形成了農村基礎教育新的不均衡現象（王遠偉，2007）。

總的來說，目前的農村寄宿制學校不僅在辦學條件、教學管理上有待提高，而且在解決了一些現實問題的同時，又產生了更多的不可逆的負面影響。在強調效率、規模的發展理念下，農村寄宿制學校未能充分考慮人性的基本要求，而與教育的本質和初衷背道而馳。

與中小學佈局調整相伴生的另外一個現象，則是家長進城（鎮）陪讀。對陪讀原因的解釋有多種，有學者將其歸納為三種類型：因父母進城務工而致的隨遷型、因中小學佈局調整而致的被迫型及祈求獲得更高教育質量的主動型（王曉慧，2011）；也有學者認為陪讀現象的出現是家長對學生學習成績的過度關注、對學生自理能力和自制能力的低估、自我不能實現轉移所致的內心不安定感，以及學校推卸責任等造成的（劉彬，2009）。陪讀現象本質上是農村家長在面對城鄉教育巨大差異、教育資源分配嚴重失衡情況下的無奈之舉，而佈局調整政策加劇了城鄉教育的差距，使陪讀現象愈演愈烈。

農村中小學佈局調整之後，學生上學距離的增加也使「校車」成為農村學生往返學校的必要工具。但是，校車的存在也意味着安全隱患的增加。近幾年媒體報道的校車事故讓人觸目驚心、扼腕歎息。農村中小學的安全問題，隨着佈局調整的進行而逐漸突顯出來，並從佈局調整前的偶發性問題演變為調整後的經常性問題。對於這些關乎學生身心健康成長的問題，目前的研究尚處於歸納和羅列問題階段。很多研究呼籲政府在佈局調整過程中要兼顧學生的各方面安全，希望學校及社區加強安全教育管理，但還少有就安全問題的本質及有效應對的機制等進行的分析。

與農村中小學佈局調整政策試圖優化教育資源配置、促進城鄉教育均衡發展的初衷相違背，「撤點併校」帶來的是對農村教育和農民家庭的進一步擠壓，使得城鄉教育更加不均衡，尤其加重了偏遠地區農村家庭的負擔，造成了農村學生上學難、上學貴、上學險的問題，還對農村文化造成了根本性的破壞。現實似乎也進一步印證了這些「撤點併校」的「成果」。例如，全國重點大學中，農村生源比例逐年下滑，如今「寒門再難出貴子」！

做了15年老師的我想告訴大家，這個時代寒門再難出貴子！反觀我們小時候讀書，成績好和家庭條件基本成反比。班上同學讀書好的，家裏都很窮。現在的尖子生，除了家庭教養外，父母都捨得花錢，送各種培訓班，甚至請私人家教，成績都是錢堆出來的。寒門學子輸在了教育起跑線上。（某中學老師）（中國經濟網，2011）

縱觀上述分析，在農村中小學佈局調整政策導致的這些具體問題和直接後果背後，其實是現代社會發展過程中對學校功能的漠視或無知，是將教育與經濟掛鈎的教育產業化思維，是城鎮化至上的發展主義邏輯。

三、農村學校的功能

（一）農村學校的教育功能

通常認為，教育的功能包括文化功能、經濟功能、政治功能、社會功能以及個體發展功能（林崇德，2002）。但是，這樣一種工具性教育理念越來越受到人們的反思和質疑。有學者認為，這樣的教育價值觀念，過分強調了教育功能的社會性方面，而忽略了教育本身在提升人性、發展人自身價值方面的貢獻；在工具性價值下，教育僅剩下「被利用的價值」（馮建軍，2004）。池田大作、阿・湯因比（1985）認為，現代教育陷入了功利主義，並帶來了兩個弊病，一是學問成為政治和經濟的工具，失掉了其本身所應有的主動性，因而也失去了尊嚴性；另一個是唯有實利的知識和技術才有價值，所以做這種學問的人都成了知識和技術的奴隸，由此也產生了人類尊嚴的喪失。甚至在高等教育中，也存在着實用主義和虛無主義兩種思潮。錢理羣（2008）認為，這樣的思潮導致了兩個結果，一是知識的實用化，一切與實用無關的知識都被大學所拒絕，集中體現在高校對就業率的極度重視，要求一切專業和課程設置跟就業率掛鈎；二是精神的無操守，拒絕一切精神的追求和堅守，體現在大學批判精神和創造精神的削弱乃至消亡上。

拋棄作為工具的教育理念，我們應該思考教育的本質，進而思考通過怎樣的教育方法才能實現這樣的訴求。其實，古今中外的教育思想家，早已對這個問題進行了思考，並主張將教育和生活聯繫起來。杜威針對當時美國教育與社會生活相分離、脫離社會與兒童生活的現象，提出「教育即生活」，認為教育應體現生活、生長和發展的價值，應建構一種美好生活，教育要直接參與兒童的生長過程。陶行知（1949）則更進一步地倡導「生活即教育」，反對把兒童與社會生活隔絕的「死的教育」，引導學生直接參與社會和自我生活的改造。盧梭（1978）也主張按照自然法則培養和教育孩子。在著作《愛彌兒》中，他將教育的理想地點選在了鄉村，孩子從一出生，便接受自然的教育。他認為，自然的教育處於超越人和事物的教育的主導地位。從這些思想家的觀點中不難看出，良好的教育必須緊密貼近生活、聯繫自然，在一種自然的狀態下實現人的成長。

現實中，村莊無疑是實現這樣一種教育的理想場所。在村莊中，兒童可以直接接觸到自然萬物和各種社會風俗，並直接與家庭生活相聯繫。他們可以從身邊的草地、河流中感知世界；可以通過參與農活等活動為家庭經濟做出貢獻，更加緊密地與家庭和生活相聯繫，而不僅僅是「被排除在價值生產之外」（Nieuwenhuys, 1996）；村莊中的場所也比城市的車水馬龍更加安全，為兒童結伴玩耍提供了條件。與此形成鮮明對照的是城市中的兒童，他們早已遠離了自然，只能從公園和動物園中觀看到被「展覽」的生物；他們的娛樂生活早已被電視、網絡和電腦遊戲所佔據，那種採菊垂釣、耕植耘耔的田園之趣也只能在「偷菜」中模擬「開心」了；他們也無法通過自己的勞動為家庭做出經濟貢獻，在不斷增加的對長輩的經濟依附中與家庭的矛盾日益增長（White, 2012）；他們的體育活動空間也被壓縮在林立的高樓之間僅存的一片空地上。

而農村中小學佈局調整，恰恰割裂了兒童與自然、兒童與社會，甚至兒童與家庭之間的聯繫。中小學時期，正是兒童的天性需要得到發揮的時期，也是兒童逐漸建立起對自然、對家庭和對社會的認知時期。蘇聯心理學家維果茨基（1994）認為，任何教學都存在最佳時期，對這個時期的偏離往往會對兒童的智力發展造成不良影響。佈局調整使農村的中小學生在很小的年紀，甚至從小學一、二年級開始，就不得不離開熟悉的村莊，到一個陌生的環境中求學。當往來於學校與家庭之間的交通安全問題突顯時，他們不得不寄宿於學校，與自然、家庭和村莊隔絕。陶行知（1949）把學校比作遠離生活的「鳥籠」，把脫離生活的教育稱為「鳥籠子式的教育」。他說：「這好比籠子裏面囚着幾隻小鳥，養鳥者顧念鳥兒寂寞，搬來一兩個樹枝進籠，以便鳥兒跳得好玩，然而鳥籠畢竟還是鳥籠，決不是鳥的世界。」(陶行知，1949) 過早地經歷「鳥籠」式的學校教育，從時間上和空間上脫離具體的生活而接受抽象系統的封閉式規訓，對兒童的成長將會產生眾多不利影響 (熊春文，2009)。此外，以往家庭、學校、社會三位一體的教育模式，在佈局調整的政策下出現失衡：學校和教師承擔了更多的責任和壓力，而作為孩子「第一任教師」的父母鮮有機會與子女進行交流和溝通。由於父母教育和社會教育的缺位，學校又不能完全替代這兩方面的教育，兒童的成長過程中出現了多種多樣的問題。

從更核心的角度看，農村中小學的撤併還損害了教育本身。首先，以改善農村辦學條件、提高農村地區教育質量為目標的佈局調整政策，過分強調了教育的工具性目的，將教育簡單地理解為入學率、升學率等指標，認為學生通過一定年限的正規教育，獲得進入高等學校深造或者進入社會就業的機會，就算實現了教育的功能。這樣的教育動機顯然簡化了教育的本質功能。杜威 (1990) 認為，評判「學校教育的價值，它的標準，就看它創造繼續生長的願望到什麼程度，看它為實現這種願望提供方法到什麼程度」。只有認識到教育在個人成長中所起的作用，注重成長的過程，才不會出現片面強調升學率等指標的弊端。其次，「撤點併校」政策將農村兒童的童年「禁閉」在學校中，隔斷了其與自然、村莊乃至家庭的聯繫，使兒童所接觸到的信息受到局限，也過早地失去了作為一名兒童所應有的好奇和天真。當一名出生於農村的兒童都難以接觸到自然，只能通過書本來了解他們本應在生活中學習的知識時；當他們小學未結束就要離開父母寄宿於學校時；當他們所面對的人除了同學就是老師，連自己村莊的長輩都不能全部認出時，很難想象這樣的教育會塑造出怎樣的人，也很難想象他們會怎樣認知自己出生的村莊和養育自己的父母。因此，將中小學校大規模從農村抽離，迫使農村兒童到更遠的城鎮上學，對教育本身所產生的負面影響，更甚於對教育公平和弱勢羣體的影響。

（二）農村學校的社會功能

農村中小學佈局調整對農村的影響不僅體現在對教育本身的影響上，還體現在其對農村社會的多方面衝擊上。學校在村中的存在絕非僅僅提供一個教書育人之地，而是承載了許多社會功能，如社會整合、活躍經濟、傳遞文化等。村中學校傳出的琅琅書聲和嘹亮歌聲，使學校成為農村社區中最有活力的地方，並且作為文化知識傳播的中心，不斷改善和提升農村文化品質（梅軍，2011：239-240）。曾經是村落中唯一「國家機構」的村落學校，從新中國成立到 20 世紀 70 年代末，還發揮了政治宣傳作用（李書磊，2009）。這都表明，不能僅從教育的角度來認識農村學校對農村社區的意涵。

> 每天早晨都有父母叫醒孩子「上學」的溫馨，每天早晨都傳出學校升國旗的國歌聲，每天都能聽到學校裏琅琅的讀書聲，每天都有兒童在上下學路上三五成羣地嬉鬧玩耍，每天都有小朋友的東家串西家串……這些由於小學校的存在而頗顯活力的村莊社會，在沒有了學校之後，是什麼景象呢？很多村民感到的是死寂、空蕩、沉悶、落寞、陌生和辛酸。（葉敬忠，2010）

留有學校的村莊充滿了朝氣和活力，尤其是在城市偏向的現代化發展進程中，學生使日漸凋敝的農村充滿了生氣和希望。學生的存在也帶動了社區中成人之間的交流。家長之間、家長與老師之間的互動不僅幫助兒童健康成長，也促進了社區成員之間的整合。學校的存在一定程度上還推動了村莊經濟的多元化發展。擁有學校的村莊更容易提供開辦如雜貨店、蛋糕店等店舖的就業機會，甚至診所也能從中獲益。村莊中的學校同樣作為文化的中心而存在。村莊的文化活動、傳統節日的慶祝，通常在學校開展；而學校老師作為知識和信息的載體，也在與村民的交流中將外部的觀念和信息傳播進農村社區。

然而，隨着「文字上移」（熊春文，2009），學校的社會功能逐漸被從社區文化中剝離出來，僅僅成為現代化、城市化過程中向城市源源不斷培養和輸送人才的機械環節之一。在城市中心價值取向的指導下，農村教育不僅走向了與城市教育同質化的道路，失去了農村教育的本體價值，更使農村對城市產生依附，導致了農村在意識形態上的虛空化（劉娟等，2012）。正如陶行知（1981：907）所指出的，「他教人離開鄉下向城裏跑，他教人吃飯不種稻，穿衣不種棉，做房子不造林。他教人羨慕奢華，看不起務農。他教人分利不生利。他教農夫子弟變成書呆子……」儘管陶行知早已指出鄉村教育中出現的弊端，但鄉村教育「離農」的趨勢始終沒有轉變。農村中小學佈局調整進一步加劇了這一趨勢，使鄉村學校不僅在所教授的內容上與傳統社區文化相隔離，更直接從組織上把學校從鄉村抽離。隨着佈局調整而興起的大量寄宿制學校，將學生嚴格限制在特定的空間，使得即使保留學校的鄉鎮也缺乏與學校真正的融合，使學校僅僅作為一種「飛地」嵌入在鄉土之中（李強，2010）。自此，農村中小學與農村社區徹底斷裂。而這一斷裂的後果，就是鄉村社會文化的後繼無人和鄉村社會解組的加速。正如熊春文的研究所指出的：

> 百年來教育現代化進程所造成的村落學校在短時間內突然急劇消失，對於村落社會的影響必然是巨大的。這就相當於將已經長成在身體裏面的器官或骨架突然拿走，對於身體的運行必然是很大的打擊。代表鄉村社會一部分的村落學校的消失，必然導致或加速鄉村社會的解組。而這一過程所帶來的鄉村社會的文化真空，是仍然滯留在鄉村的人口必須面對的。文字上移的趨向表明鄉村教育堅決地摒棄鄉村經驗，一味地向城市化、抽象化、普遍化進發，中國社會因此越發走向一種單面社會，這種社會因為缺乏多面向而將變得很脆弱。（熊春文，2009）

四、佈局調整：城市化的結果抑或城市化的手段？

面對農村中小學佈局調整中所反映出來的許多嚴重問題以及該政策引起的巨大社會反響，中央政府曾多次試圖規範農村中小學佈局調整的實施。教育部分別於 2006 年、2009 年、2010 年印發文件，要求各地避免盲目撤併學校。早在 2006 年，教育部先後發出《關於實事求是地做好農村中小學佈局調整工作的通知》和《關於切實解決農村邊遠山區交通不便地區中小學生上學遠問題有關事項的通知》，要求「統籌安排，穩妥實施。農村小學和教學點的調整要在保證學生就近入學的前提下進行，在交通不便的地區仍須保留必要的小學和教學點，防止因過度調整造成學生失學、輟學和上學難問題」。2010 年，教育部印發《關於貫徹落實科學發展觀進一步推進義務教育均衡發展的意見》，明確提出：

> 地方各級教育行政部門在調整中小學佈局時，要統籌考慮城鄉經濟社會發展狀況、未來人口變動狀況和人民羣眾的現實需要。……對條件尚不成熟的農村地區，要暫緩實施佈局調整，自然環境不利的地區小學低年級原則上暫不撤併。對必須保留的小學和教學點，要加強師資配備，並充分利用現代遠程教育手段傳送優質教育資源，保證教育教學質量。對已經完成佈局調整的學校，要改善辦學條件特別是寄宿條件，保障學生的學習生活。要進一步規範學校佈局調整的程序，撤併學校必須充分聽取人民羣眾意見，避免因佈局調整引發新的矛盾。

2012 年 9 月，國務院辦公廳印發了《關於規範農村義務教育學校佈局調整的意見》，要求「在完成農村義務教育學校佈局專項規劃備案之前，暫停農村義務教育學校撤併……已經撤併的學校或教學點，確有必要的由當地人民政府進行規劃、按程序予以恢復」。

然而，一系列叫停「強行撤併農村中小學」的政策並沒有阻止農村學校的繼續減少，很多地方仍在繼續撤併農村中小學，不斷將學校搬至城鎮。而對於那些已經被強行撤併的學校，也並沒有重建和恢復，仍然任由學生在幼小的年紀就不得不奔波於學校與村莊之間，或寄宿於學校之中。為什麼在面對佈局調整暴露出來巨大問題，甚至中央政府已提出暫緩撤併的時候，地方政府還有如此巨大的熱情來推動農村中小學校的撤併，執意把學校建到鎮上甚至縣城呢？

對於農村學校撤併過程中所暴露出的地方政府問題，現有的解釋多將其歸因於以下幾個方面：地方政府對佈局調整工作的簡單化和片面化；缺乏對農村實際情況的了解；缺乏科學合理的規劃；盲目追求撤併的數量和速度以顯示「政績」;緩解地方政府的財政壓力等（龐麗娟、韓小雨，2005；郭清揚，2008；謝秀英，2011）。這些分析都強調了地方政府在佈局調整過程中所發揮的作用，認為作為一個獨立利益主體的地方政府在佈局調整中所表現出來的行為，都是出於自身政治利益和經濟利益的考慮。從這一思路出發，我們發現，除了追求規模化和形象工程，以及規避財政壓力、獲取專項資金獎勵之外，地方政府積極進行佈局調整的動力還來源於一個更加隱蔽但更為根本的方面，即發展主義追求城市化和經濟增長的深層思維。

許寶強認為，發展主義是一種意識形態，是一種認為經濟增長是社會進步的先決條件的信念（許寶強，1999）。這種信念將「發展」等同於「經濟增長」，再將「經濟增長」等同於美好生活。在發展主義的影響下，發展以經濟增長為主要目標，以現代化為主要理論基礎，以城市化和工業化為主要途徑（葉敬忠，2010）。物質財富的增長成為人們追求的首要目標，以 GDP 為指標的經濟增長則成為地方政府眾多行動的原動力。因此，在地方政府官員那裏，對經濟增長的盲目追求，是一套「數字出政績、政績出幹部」的升遷邏輯。無論是從構建地方發展的幻象，還是從地方幹部謀求個人仕途的角度思考，都要求千方百計地實現以 GDP 為衡量標準的地方經濟增長。

要想快速提高 GDP，城市化無疑是最便捷的途徑。許寶強（2001）的分析告訴我們，GDP 系列指標並不能完全反映「福利」和「生活質量」，尤其是，由於工業化和市場化導致的非貨幣經濟向貨幣經濟轉移，工業化或市場化所帶來的經濟增長被高估了。然而，對於地方政府來說，這樣一種「高估」恰恰滿足了它們對於 GDP 數字式增長的追求。通過城市化，以往農村中沒有被納入貨幣流通過程的產出和勞務，可以重新被發現並計入統計之中，從而實現表面上的、以數字衡量的經濟增長。同時，城市化過程中的基礎設施建設本身也是 GDP 增長的重要來源之一。正是由於城市的擴張和城市化的推進是拉動 GDP 增長的巨大引擎，快速城市化的發展戰略才倍受地方政府的青睞。除此之外，在分稅制改革之後，地方財政收支產生巨大缺口，獲取「土地財政」成為政府的普遍偏好（羅必良，2010）。一方面，政府通過對土地的徵收、開發、出讓，可以獲得大量收入；另一方面，通過土地開發，支持建築業、工業和服務業的發展，可以增加政府的稅收收入。而「土地財政」收入的多寡，與城市化的進程緊密相連。無論土地是用於開發商品房還是用於發展第二、三產業，都需要強大的消費拉動，而如此眾多的消費者又從何而來呢？

這個時候，農村中小學佈局調整的一個隱蔽的功能便發揮了出來。中國的家長歷來重視孩子的教育，古代孟母三遷，就是為了給孩子提供一個良好的成長環境；而當今的家長為了讓孩子在激烈的競爭中佔據一席之地，更是不惜一切代價。聰明的地方政府看到了這一點，因而把農村學校撤掉，合併或重新建在城鎮，或更多的是集中在縣城，還怕你不來上學嗎？重視教育的農村家長但凡有一定的經濟條件，就會將孩子送到縣城的學校就讀，甚至為了陪讀在縣城租房、買房。我們的農村調研發現，很多農民家庭因為孩子上學而在縣城買房、租房。四川農村的一對老人，兒子、兒媳婦外出務工。為了孫子在縣城讀書，這兩位已過耳順之年的老人不得不兩地分居，64 歲的老奶奶在縣城租房陪讀，65 歲的老爺爺在家留守空院。除此之外，農村學生進城上學的消費也將帶動城市的商業繁榮。學生本身需要的文具、服裝甚至餐飲都提供了巨大的商機。當然，如果學生家長跟來陪讀，所需的花費將更為巨大。農村中小學校的撤併，有效地實現了農村人口向城鎮的轉移，更為重要的是，有效地將農村的經濟資本，甚至是幾代人積累的財富轉移到城市，推動了各地政府所期望的城市化進程和房地產等行業的興旺，實現了 GDP 的增長和數字上的經濟繁榮。總之，把學校辦到城裏，對地方政府的形象和官員的晉升有百利而無一害，還能使地方政府和開發商賺得個盆滿缽滿，何樂而不為？這是以教育為產業，教育產業為經濟增長服務的做法，也是所謂的「發展務實派」的做法。由此可見，佈局調整不僅是地方財政實現自我減壓的本能反應，更是地方政府主動推進城鎮化，增加地方財政收入以及推動城市經濟增長的深謀遠慮。正是出於對以 GDP 數字為指標的經濟增長的盲目追求，佈局調整成為推動 GDP 增長的手段，從而成為增加地方政府財政收入和數字政績的來源。

關於農村中小學佈局調整政策設計的目標，眾多研究者給出的主流敍事是：優化教育資源，提高辦學效益（張忠福，2004）；進一步提高教學質量（秦玉友，2010）；提高管理水平（肖正德，2002）；提高教師隊伍素質並有利於解決教師的工資問題（楊力行，2003）。關於佈局調整的原因，也存在很多主流敍事，其中最有代表性的莫過於：農村城鎮化進一步推進的必然結果和計劃生育等政策所帶來的農村生源減少的客觀要求（范先佐，2006）。若用通俗的說法來解釋，即由於很多農村人包括兒童都進城了，再加上農村計劃生育的原因，農村兒童數量變少了，即學生生源變少了，因此應該撤點併校。但實證研究證明，中國農村中小學向城市和縣鎮集中的速度過快，遠遠快於農村人口向城市和縣鎮遷移（指帶戶籍的遷移）的速度（葉敬忠，2012b）。而且，中國農村人口基數較大，農村計劃生育政策較城市寬鬆，農村學齡人口的增長和比重應比城市要大。有研究預測，由於農村婦女的生育水平比城鎮高，到 2050 年農村青少年佔農村總人口比例高於 25%，比城鎮相應比例高出近 17 個百分點。在三億多的學齡人口中，農村學齡人口佔了絕大多數（胡英，1997）。

這裏並非要否定城鎮化的發展導致鄉村人口減少的事實，其實，因為這一因素而進行適當的佈局調整也是可以理解的。但是，在目前的討論中，將佈局調整看成是城鎮化進程的結果，嚴重地誇大了上述事實，也掩蓋了地方政府以佈局調整之名行城鎮化發展之實的做法。

2000 年，《中共中央關於制定國民經濟和社會發展第十個五年計劃的建議》提出：「推進城鎮化條件已漸成熟，要不失時機地實施城鎮化戰略。」這本是國家層面促進國民經濟良性循環和社會協調發展的重大宏觀措施。但是，不少地方隨即提出了農村教育城市化／城鎮化的概念：

> 農村教育城市化的含義，主要是指通過調整農村學校佈局，減少村辦中小學，擴大農村鎮所在地中小學的規模和改善其辦學條件，提高教育教學質量，發揮學校的規模效益。農村教育城市化的動力源自於我國城市化的快速發展。……農村教育作為一項以促進區域發展為主要目標的社會公共事業，在城市化進程中也並非只是被動地受其影響和一味適應，也具有推動和引領其發展的作用和責任。（吳德新，2003；王兆林，2006）

由此可見，對於很多地方來說，農村中小學佈局調整的確被當作推動地方城鎮化發展的重要手段。這並非需要深入的分析才能得出的推論，而是被當作重大理論和實踐創新而大大方方地提出來的。2008 年，廣州某黨校教授到大埔縣講課時，就直言道，「大埔若要發展，就是要把農村的孩子都弄到縣城來」（王宏旺，2009）。一些學者和媒體的調查也揭示了這一現實：

> 2008 年之後，許多地方撤點並校的動機逐漸複雜化。21 世紀教育研究院的調查顯示，有些地方明確通過撤併學校帶動農村人口向城鎮聚集，通過「學校進城」迫使學生進城；有的地方還總結出「小帶大、大帶小」「以校擴城」的經驗，大建「教育園區」和「教育城」，將教育當成拉動城市化的工具和手段。（李新玲，2012）

五、發展的問題化策略

發展的手段主要包括發展政策和發展項目，而農村中小學佈局調整就是發展政策中的一項。發展政策和發展項目的設計、規劃和實施都會採用問題化的策略。所謂問題化策略，就是在發展所創造出的空間中使用發展話語，將某種現象或事物看成問題，進而將這些問題進行操作化，使之成為發展的對象。發展的問題化策略的實踐邏輯是「問題—解決—問題—解決」這樣一種循環和自圓其說的思維路徑（埃斯科瓦爾，2011：143）。

針對農村教育，「條件落後、佈局散、規模小、資源分散、師資缺乏、教學質量低下」「大批計劃外代課人員素質普遍較差、難以管理」等問題被提出，從而為農村中小學佈局調整建構了這樣一種現實：佈局調整是各種現實存在問題的合理選擇、必然結果和客觀要求。然而，對於社會現實的「問題化」建構，人們往往忽略這些所謂「問題」的本質和根源。現實中，農村教育的「問題」往往被認為是農村學校自身資源的缺乏與教育教學質量的低下，而這種被描述的問題並非與生俱來。如趙旭東（2008）所言，在帝制時期的中國，並不存在把鄉村看作問題，也不存在以城市標準對農民進行改造的活動。對農村教育問題的「發現」體現了一種線性的發展觀。一方面將教育看作一種產業，用實用主義和功利主義的思維來看待教育的功能和作用，認為農村教育的效率低下、質量不高，甚至影響到農村乃至整個社會的發展；另一方面將城市的教育看作農村教育的範本，將農村教育按照城市的方式進行改革。在這樣一種城市主導、發展優先的話語下，農村教育已經失去了表徵自身的空間，而依附在城市所構建的強大話語之下，被貼上了「問題」的標籤，成為需要改造和發展的對象。城市則獲得了對農村教育進行改造和支配的權力，因此，對農村教育所存在的「病症」開出藥方並進行「醫治」，也就成了理所應當和自然而然的事情。

在將農村教育「問題化」之後，發展的話語又創造了一個空間。在這個空間裏，只有特定的事物和問題可以被言說，甚至是被想象（埃斯科瓦爾，2011：43）。這在現實中表現為對佈局調整所引起的一系列問題的回應。例如，在面對農村撤點併校所帶來的上學難、接送不便等問題時，發展機器的回應並不是停止佈局調整、恢復必需的學校，而是繼續修建寄宿制學校，將學生徹底從村莊之中搬出，轉移到城市中來；當校車事故頻發，眾多學生每天在上學、放學路上面臨巨大風險時，發展機器的回應是強調校車的安全，並迅速制定向歐美發達國家看齊的校車標準。可以看出，無論是修建寄宿制學校還是制定新的校車標準，發展機器不但沒有對佈局調整所存在的問題進行徹底反思，反而通過此類回應強化了現有的發展模式，即通過寄宿制學校的建設和校車的添置進一步發展經濟，為 GDP 增長添磚加瓦。

在佈局調整政策的實施過程中，除了發展主義話語將農村教育「問題化」，並且不斷收編對它的批判和質疑外，當今社會的「去政治化」趨勢還得到充分展示。汪暉（2007）認為，當代中國語境中的現代化、全球化、市場化、發展、增長等概念的流行，導致人們失去深入展開政治思考的能力。農村教育問題涉及農村與城市的關係、農村人口的權利以及資源在不同羣體之間的分配等等。然而，在發展主義話語下，農村教育的功能被簡化為追求升學率和就業率的提高，教育的成功與否取決於能否促進經濟的增長和個人收入的提高。這樣，農村教育問題就從一個具有政治性的話題轉化為如何提高升學率和就業率、如何培育能夠促進經濟增長的人才之類的技術問題。並且，發展主義話語相信只要處理好這些問題，農村教育的問題就能得到根本的解決。這樣，對農村教育的討論也就被限於農村學校應該有多大規模、學校如何佈局、教學內容如何編排等方面；而與農村教育密切相關的城鄉關係如何、發展農村教育的目的為何，以及佈局調整過程中誰得到什麼、誰失去了什麼等議題，均被排除在討論之外。通過這樣的去政治化表述，城市對農村的支配關係被構建起來。因為恰恰是現代城市才能夠提供現代的教育，並且有能力幫助農村解決所存在的「問題」。

因此，農村學校「問題」的建構，實際上體現了一種權力關係。其結果往往忽略農村教育實踐中的具體情況，無視農村教育的合理性和優點。農村學校雖然規模小，但是分散在各個村莊之中，為農村學生和農村家庭提供了便利，使學生能夠就近安全上學；而且，較小的規模能保證每個兒童充分發揮自己的特點，更有利於學生與老師之間的互動，還有利於學生與自然保持最近的距離，使學生能夠從自然中體悟生命和生活的意義。若捨近求遠，一味追求規模，追求升學率，那也只能使學生變成教育生產線上的一個產品。總之，農村的教育需要有自己的特點；適合城市的教育，不一定適合農村。農村的教育要適應農村的社會文化特點，不能脫離農村的實際生活而盲目向城市看齊，更不能將其與城市教育模式不一致的地方都看作「問題」，並試圖按照城市的標準加以改造。

六、關於農村教育的進一步思考

前文已經對農村中小學佈局調整政策的實施過程、實施結果、衍生問題、城市化動力和問題化策略，以及農村學校的功能等方面進行了反思性分析。除此之外，對農村教育的理論研究和實踐探討還需要進一步思考一些根本性的議題，如教育中的經濟學思維、農村教育的質量問題和城鄉教育公平等。

首先，經濟學思維是否應該主導基礎教育的規劃與實踐？這涉及教育是否存在「規模」與「效益」的變量，「規模」是否能夠帶來「效益」，以及教育是否能夠當作一種產業等問題。在當下的教育討論和教育實踐中，「集中辦學能夠突出規模效益」「農村學校小而散，效益低下」等這樣的話語耳熟能詳，「規模」和「效益」頻頻出現，為地方政府進行學校佈局調整建構了合法性現實。如今，經濟學思維已經深入社會的方方面面，教育乃至文化本身都被當作產業來發展，效益和利潤是這些產業發展的目標。為了發展所謂的教育產業，市場化機制不斷滲入其中，利用教育賺錢成為很多人的目的。正因如此，經濟學中的「規模」「效益」等概念被應用到教育發展之中，人們不斷試圖尋找教育的最大規模，以期實現規模經濟，獲取最大效益。然而，將教育產業化只能使教育變成一種工具，從而失去教育本身的功能和意義。弔詭的是，在「教育產業化」口號滿天飛、教育產業化專著和報告不計其數、教育產業化已大大影響基礎教育時，教育部卻表示，「政府從未提出教育要產業化，各級政府制定教育和經濟政策應避免用教育產業化的概念，不能以教育產業化的思想來指導教育發展，更不能把發展教育作為政府創收、擺脱財政困難的手段」（藍燕，2004；新華網，2004）。這不能不說是一件幸事，畢竟一旦教育中充滿了銅臭，整個教育也就不知變成什麼味了；教育行業只要與 GDP 掛上鈎，那就一定險如「盲人騎瞎馬，夜半臨深池」了。

其次，農村教育質量不高的原因到底是什麼？或許很多人認為農村的教育質量就是不如城市；認為這是一個不爭的事實，而不是社會建構的結果。這裏需要從兩個方面來考慮。一方面要追問教育質量高低的標準是什麼，是誰制定了這個標準。現在所說的教育質量高低，往往只採取簡單化的評價標準，即升學率的高低，或考上重點學校的比例。而這一切都是基於標準化試卷的考核評價，而且目前的標準化試卷主要針對的是城市學生的知識和背景，因此，很難反映出農村學生的綜合素質，以及農村的自然教育、家庭教育和學校教育給學生帶來的綜合影響。另一方面，要考察農村教育條件的落後到底是如何形成的。不可否認，農村教育在師資力量和教學設備上與城市有較大差距，而這也正是很多人認為的問題所在。但是，這兩方面的問題很難解決嗎？其實不然。其一，農村教學設施和設備是一個簡單的財政投入問題。只要投入到位，農村可以建設起更美的學校。其二，即農村師資問題。很多人以好老師不願意到農村學校為由，來說明農村教育質量低是難以改變的事實。對此，我倒是想追問一下，我們採取過切實可行的措施鼓勵好老師到農村學校去了嗎？還是任由城市無聲地汲取農村的各種資源，包括人力資源？我以為，只要在工資待遇、職稱晉升、榮譽評比和獎勵計劃等方面真正用心地向農村學校傾斜，一定會有很多有理想、有追求、有事業心的名師到農村開展教育事業。但是，當發展機器千方百計地把學校進城作為推動城鎮化的手段時，要將發展思維從城市偏向轉變為農村偏向，又談何容易？類似這樣的事情，在我們的社會裏還有很多。我以為，只要敢於改變我們的思維認識，敢於重新配置資源，敢於調整利益和權力關係，很多社會問題會迎刃而解。例如，北京的大醫院每個都人滿為患，而幾千所裝修一新、衛生條件很好的社區醫院卻門可羅雀。為什麼社區醫院不受市民「待見」（師英、劉靜，2006）？因為社區醫院只有設施，沒有名醫。我以為道理也很簡單，只要衛生部門將工資待遇、職稱晉升、榮譽評比和獎勵計劃，甚至科學研究的課題立項等向社區醫院的醫生傾斜，何愁名醫不下基層？

最後，何為真正意義上的教育均衡和教育公平？「撤點併校」以無聲強制的方式將農村學生轉移到城鎮，表面上使農村學生享受到更為優質的教育資源，實際上卻增加了農村學生的上學成本。到城鎮甚至縣城上學，更多時候是農村學生和家長不得已的選擇。因為，他們其實沒有別的選擇——要麼到城裏上學，要麼就無學可上！而佈局調整政策的結果，往往是教育機會和教育資源的進一步分化和更大程度的不平等。因為對於不同的農村學生來說，家庭經濟條件好的會選擇更好的重點學校，甚至私立學校；而家庭經濟條件一般的只能選擇普通學校。如此一來，金錢更加成為是否能夠享受優質教育資源的砝碼。城鎮的優質教育資源很可能將農村弱勢家庭排除在外，甚至使這些家庭的孩子失去上學的機會。其實，真正意義上的教育公平，應該是每一個兒童，無論出身農村還是城市、家庭貧窮還是富裕，都能夠享受到同樣的高質量的教育。正如我們訪問過的農民朋友認為的那樣，「在農村學生與城市學生之間，如果想實現真正意義上的教育公平，就應該讓農村孩子在家門口享受到與城裏孩子一樣的教育，而不是『迫使』他們去城裏上學」。

土地的故事

「被上樓」的農村、農民與農業

隨着中國對發展的追求愈加迫切和西方發展話語對中國的不斷滲透，以城鎮化、工業化和現代化為特徵的發展主義逐漸主導了中國的社會變遷——城市數量不斷增加，規模日益擴大；工業先於農業，經濟蒸蒸日上；GDP 增長成為發展最重要的衡量標準。

在此背景下，越來越多的耕地和農村宅基地轉化為城市用地，農用地與工用地之間的矛盾也日趨突顯。在土地資源總量有限的情況下，為了調和社會經濟發展和耕地資源保護之間的關係，「城鄉建設用地增減掛鈎」政策應運而生（國務院，2004）。然而，在「增減掛鈎」政策的支持下，徵地拆遷再一次席捲全國，引發了一系列極端的社會事件。目前，學界對這一問題的關注和討論大多集中在制度的不完善（陸五一等，2011）和失地農民的安置補償等方面（楊斌等，2010）。但是，問題的根源其實與人們長期以來深信不疑的發展主義思維密切相關。這也正是本文要闡述的核心思想。

一、「增減掛鈎」：尋找土地的「金鑰匙」

近年來，中國耕地保護與城市化用地的矛盾已經發展到非常尖銳的程度，並且還在急劇加劇（張鴻雁，2010）。如何「找地」，以既能滿足城市化發展的需要，又不危及糧食安全所需的耕地，已成為中央和地方國土部門的難題和首要任務。「增減掛鉤」政策一經出台，立刻成為各地破解土地瓶頸的「金鑰匙」。2010 年 7 月，在大連召開的國土資源廳局長會議上，時任國土資源部部長的徐紹史稱，解決地方經濟發展對土地需求迫切的問題，主要方式之一就是「增減掛鉤」試點。「增減掛鉤」從一定程度上滿足了地方經濟發展帶來的用地需求（涂重航，2010）。

「增減掛鉤」的思路最早出現在國務院 2004 年的 28 號文件中。該文件提到，「鼓勵農村建設用地整理，城鎮建設用地增加要與農村建設用地減少相掛鉤」，目的是指導地方進行科學合理的土地利用規劃。2005 年 10 月 11 日，國土資源部下發了《關於規範城鎮建設用地增加與農村建設用地減少相掛鉤試點工作的意見》（國土資發〔2005〕207 號文件），在全國部分省市部署開展了「城鎮建設用地增加與農村建設用地減少相掛鉤試點」工作。2006 年 4 月，山東、天津、江蘇、湖北、四川五省市被列為城鄉建設用地「增減掛鉤」第一批試點。2008 年 6 月 27 日，國土資源部頒佈了《城鄉建設用地增減掛鉤試點管理辦法》，進一步明確了「掛鉤」內涵。2008 年、2009 年，國土資源部又分別批准了 19 個省份加入「增減掛鉤」試點。2010 年國務院發佈的《關於嚴格規範城鄉建設用地增減掛鉤試點切實做好農村土地整治工作的通知》（國發〔2010〕47 號），肯定了「掛鉤」政策的積極作用，但明確要求堅決糾正在試點過程中出現的「擅自擴大試點範圍」「突破用地指標」「循環使用周轉指標」「違背農民意願」等問題。

按照 2008 年國土資發 138 號文件，「城鄉建設用地增減掛鉤」是指：

> 依據土地利用總體規劃，將若干擬整理復墾為耕地的農村建設用地地塊（即拆舊地塊）和擬用於城鎮建設的地塊（即建新地塊）等面積共同組成建新拆舊項目區，通過建新拆舊和土地整理復墾等措施，在保證項目區內各類土地面積平衡的基礎上，最終實現增加耕地有效面積，提高耕地質量，節約集約利用建設用地，城鄉用地佈局更合理的目標。（國土資源部，2008）

這也就是說，將農村建設用地與城鎮建設用地直接掛鈎，若農村整理復墾建設用地增加了耕地，城鎮可對應增加相應面積的建設用地。該文件規定，「增減掛鈎」工作要「以保護耕地、保障農民土地權益為出發點，以改善農村生產生活條件，統籌城鄉發展為目標，以優化用地結構和節約集約用地為重點」，並要求，「掛鈎試點市、縣應當開展專項調查……了解當地羣眾的生產生活條件和建新拆舊意願」（國土資源部，2008）。

總的來看，「土地增減掛鈎」政策的背景是國家為了守住 18 億畝耕地的紅線，而對一定行政區域內建廠子（工業化）和蓋房子（城市化）的用地實行指標控制，如果指標內的土地不夠用，則准許通過將農村建設用地復墾增加耕地的辦法，擴大城市城鎮建設用地面積，即農村「非轉農」土地與城市「農轉非」土地掛鈎。而農村建設用地復墾，主要就是將農民宅基地復墾為耕地。這必然導致農民的「被上樓」結果。因為能夠獲得城市建設用地增加的空間，所以該政策受到官員和地方政府的盛情歡迎。城市土地的開發者以及農民集中居住區的開發者也都賺得盆滿缽滿。

正如一些調查所發現的，在落實中，「增減掛鈎」政策成為地方政府以地生財的新途徑；有的地方違背農民意願，強徵強拆（沈彬，2010）。土地轉化後的增值收益，被權力和資本「合謀」拿走，農民則住進了所謂的「新農村」，過着所謂的「新生活」（涂重航，2010）。中央農村工作領導小組副組長陳錫文指出，和平時期大規模的村莊撤併運動「古今中外，史無前例」，已經演變為一場新的圈地運動。這場運動的實質是把農村建設用地倒過來給城鎮用，如不有效遏制，「恐怕要出大事」（涂重航，2010）。復墾（拆佔）農民宅基地導致的與「土地增減掛鈎」政策相關的極端事件與羣體事件大量見諸報端，且嚴重程度不斷升級，致殘、致死、自殘、自殺、自焚等事件屢屢發生，是近年來社會極端事件的重災區。

二、「增減掛鈎」的實施與影響

在土地增減掛鈎的建新拆舊項目區，增減掛鈎對農村拆舊地塊上的農民來說，意味着祖傳宅基地上的房屋被拆，並且他們「被上樓」，被集中安排居住；對於城鎮周圍建新地塊上的農民來說，則意味着失去土地，並被拆遷安置。因此，土地增減掛鈎不只是造成了被佔宅基地農民的「被上樓」，還導致了城鎮周圍農民的失地。

為了了解「增減掛鈎」政策出台之後中國的徵地拆遷狀況與社會對此關注的程度，我們通過百度新聞高級搜索，以「徵地」「失地」「拆遷」為關鍵詞，將 2008 年 6 月 27 日國土資源部頒佈《城鄉建設用地增減掛鈎試點管理辦法》到 2013 年 12 月作為一個觀察周期，對有關農村土地徵用拆遷的網絡報道進行簡單的統計（未剔除重複報道和轉載等情況），並對報道內容做簡要的概括和總結。表 1 是 2008 年 7 月至 2013 年 12 月，有關網絡媒體對中國徵地拆遷狀況進行報道的數量和主要內容。

表 1　中國徵地拆遷狀況的網絡報道（2008 年 7 月—2013 年 12 月）

單位：篇

時間段	報道數量	主要報道內容
2008 年 7—12 月	273000	徵地拆遷的地方性政策和法規； 徵地拆遷工程的規模、進展和成就
2009 年 1—12 月	786000	徵地拆遷引發的腐敗犯罪問題、社會秩序問題和政府政策問題等； 失地農民生活生產方式的轉變和生計困境； 針對失地農民的安置補貼政策
2010 年 1—12 月	1380000	失地農民權利和利益受損情況； 農民對徵地拆遷採取的應對策略，如上訪、成為「釘子戶」、威脅等； 對失地農民進行安置補貼的政策、指標、力度和實施狀況； 「被上樓」登上媒體頭條

續上表

時間段	報道數量	主要報道內容
2011 年 1－12 月	1570000	「被上樓」農民的生計困境與農民的反抗行為和策略，包括上訪、曝光、自焚、毀壞土地以及自製火炮等； 深入分析引發「被上樓」的政策因素和實踐因素； 專家、學者和中央政府對「被上樓」的嚴厲斥責，並且疾呼速停強徵強拆，政府為此也開展了緊急工作
2012 年 1－12 月	1820000	大量由徵地強拆引發的暴力事件； 拆遷安置工作以及圍繞拆遷補償的討論；圍繞拆遷的貪污腐敗問題； 農民依法維護自身權益的嘗試
2013 年 1－12 月	3400000	強拆與暴力拆遷有增無減、拆遷事件頻發； 關於拆遷補償的透明化和合法化討論； 失地農民的保障問題； 農民依法保護自身權益； 「最強 / 最狠（拆遷）市長 / 女市長」等稱號出現； 中央加強對徵地拆遷違法事件的管控

註：數據查詢時間為 2014 年 7 月 31 日。

從表 1 中發現，《城鄉建設用地增減掛鈎試點管理辦法》頒佈以來，徵地拆遷一直是媒體關注的焦點，每年的相關報道多達幾十萬甚至幾百萬條，並且呈現逐年增多的趨勢。2013 年的相關報道達 340 萬條。

2008 年下半年，各地徵地拆遷工程的進展和成就是媒體最為關注的方面。完成多少徵地拆遷工程，建成多少城市和商業大樓，成為地方政府衡量城鄉建設規劃工作的標準。然而，媒體對失地農民境況的關注和報道極少，以「樓房」為標誌的「發展主義」可見一斑。

2009 年，徵地拆遷的進展與成就依然是媒體關注的重點。同時，媒體也開始關注促使徵地拆遷大規模開展的政策因素和徵地拆遷引發的一些社會問題，包括官商的貪污腐敗、農民的困難處境等，並且將餘光投放到政府對失地農民的安置補貼措施上，但顯然關注度不足。

2010 年，在關注徵地拆遷工程本身的同時，媒體開始報道失地農民的生活生產困境和權利受損狀況、農民的反抗行為和策略，以及針對失地農民的安置補償政策及實施狀況。從 10 月開始，農民「被上樓」充斥各大網站，成為新一輪相關報道的焦點。

2011 年，媒體開始詳細介紹農民「被上樓」後面臨的生計困境以及農民的各種反抗行為和策略，較為深刻地分析了引發「被上樓」的政策因素和實踐因素。此外，媒體還報道了專家、學者和中央政府對「被上樓」的態度和回應。

2012 年，媒體繼續關注大量由徵地強拆引發的暴力事件和圍繞徵地拆遷而產生的貪污腐敗問題。由於大量的強拆事件極大地影響了社會穩定，因此，有關拆遷安置工作和徵地補償的討論逐漸增多，農民也開始更多地利用法律武器來嘗試保護自身的權益。在媒體報道中，「被上樓」這一提法逐漸減少。

2013 年，有關強拆與暴力拆遷的報道出現井噴式增長，拆遷事件頻發；出現「最強／最狠（拆遷）市長／女市長」或類似的叫法。關於拆遷補償的討論，更多集中在補償的透明化、合法化和公平公正等方面。同時，失地農民的社會保障問題引起更多的關注。由於暴力強拆事件有增無減，中央加強了對徵地拆遷違法事件的管控。

可見，媒體逐漸將目光從徵地拆遷的成就轉向徵地拆遷所帶來的問題。圍繞失地農民問題，人們開始直面失地帶給農民的生計困境，並討論徵地拆遷運動的「重經濟」而「輕民生」行為。同時，立場也從提倡徵地拆遷轉向反對強徵強拆。那麼，徵地拆遷對「三農」來說到底意味着什麼？

三、失去土地與「被上樓」的農村、農民和農業

2005 年底提出的社會主義新農村建設的目標，是「生產發展、生活

寬裕、鄉風文明、村容整潔、管理民主」。然而，在發展主義話語霸權支配下的新農村建設，已經越來越被「曲解」為農村城市化。眾多掌握着話語權的官員和學者，將農村的土地利用形態描述為「破碎、凌亂、利用率低」，將農村為方便生產、適宜生活而形成的居民點佈局定性為「散、亂、空、低效」，而對比的參照物就是現代性表徵的城市與工業。通過將農村問題化，人們特別是地方政府相信，農村的發展唯有向城市看齊，農村的唯一出路是城市化與工業化。由此，新農村建設被地方政府的城鎮化、工業化和經濟增長衝動所挾持，拆村並居、拆房建樓也就順理成章了（劉奇，2011），而國家層面「土地增減掛鈎」政策的出台最終使其合法化。正是在「土地增減掛鈎」政策的庇護下，地方政府得以一展改造農村的宏圖偉願。延續了幾百上千年的古老鄉村一夜之間面目全非。在很多農村地區，人們發現，工廠取代了農田，污染的水溝取代了清澈的溪流，機器轟鳴代替了鳥語鶯聲，高牆大樓阻隔了人們往日的親密接觸……古老的鄉村生態被毀，熟人社會被陌生人社會所替代，淳樸深厚的鄉村傳統不復存在，本是「生態家園」的農村似乎變成了「垃圾場」或「醜陋生硬的水泥森林」。

（一）失去庭院的農村

中國大部分農村還是以農業生產活動為主的社區。以村莊為主要形式的農村居民點和以獨立庭院為主要形式的村民住宅，是在長期的農業文明中形成和發展起來的。它們通過漫長的歷史演化與農村居民的日常生活和生產方式之間形成了高度的適應性，包含着深厚的文化內涵與鮮明的民族風格（鄭風田、付晉華，2007）。然而，愈演愈烈的「被上樓」運動，以現代城市規劃代替了長期形成的村莊佈局，用現代城市的生活方式與文化抹殺並清除了長期形成的農村生活方式與農村文化（姜雯，2011）。「被上樓」後的農民雖然依舊是農民身份，卻失去了農民的生活方式與文化特質（李西傑，2011）。原來的豬圈、雞舍、牛棚不復存在了；原來的屋頂、前院等是農民的曬穀場，現在也都沒有了，農民不得不將糧食晾在馬路邊上……農民從過去寬敞而錯落有致的農家宅院搬到集中安置居住的樓房小區，其家庭生活空間被大大壓縮，其生活質量也隨之下降，原有的空間功能分化與合理佈局被迫取消。由於失去了原來進行庭院種養殖的場所，農民的牲畜和家禽等都不得不進入他們的居所；原先在相互隔離的不同空間進行的工作，如做飯、整理農具、存儲糧食柴草等，如今不得不佔用生活空間，農民的生活環境因此變得混亂不堪。空間的壓縮不僅體現在物質上，更體現在心理上。個人與家庭的生活空間、社區與鄰里的公共空間被高度壓縮，各種衝突與糾紛由於缺乏空間與距離的緩衝而突顯和激化。然而，集中居住使生活空間被壓縮的同時，卻又拉大了農民住所與土地之間的距離，增加了農民的生產成本與勞動負擔。可以說，農村的城市化清除了農業生產的環境與條件，也剝奪了農民生計的資源基礎。

另外，中國地域廣袤，不同的村莊具有明顯不同的地域特色和民俗特色，在漫長的歷史進程中形成了古老的鄉村生態。「被上樓」運動不但使很多具有保護價值的地域文化、民族風俗和生態文明被毀，而且讓很多農民失去了親切和寧靜的家園。

（二）「被上樓」的農民

以集中安置強行改變農民原有的生活方式與生活空間，將農民原有的住房、宅基地和土地通過徵用的方式予以剝奪，這些大大損害了農民用以維持生計、擴大生存空間及抵禦風險的各種資源（郎海如，2010；鄭美雁、秦啟文，2008）。在土地被剝奪與農民「被上樓」的過程中，失去土地以及附着在土地之上的各種生產、生活資源的農民，被淨身拋入一個充滿風險與不確定性的世界，顯得異常脆弱。

首先，收入來源減少、生活成本增加以及債務愈加沉重影響着農民的生計。開發商與地方政府在以各種方式低價獲得農民的宅基地並獲得城市建設用地的指標時，卻要求農民自己掏錢購買或集中自建樓房。農民為了湊錢蓋房或買房不得不四處舉債，銀行這時也不失時機地向農民提供貸款。拆遷加重了農民的負擔（姜雯，2011），農民被無端而來的重債壓得喘不過氣來。住進小區樓房的農民失去了作為日常生計重要來源的庭院。菜地、雞舍和畜棚被綠化草坪所取代，原先自給自足且能帶來些許經濟收入的蔬菜、禽蛋之類如今要從市場上花錢購買。農民要自己出錢維護讓他們失去種菜權利的草坪，不准燒自家的柴草卻要花錢買煤氣，住進自己用錢蓋起來的樓房後卻到處都要花錢，如需要繳納垃圾清理費、水電費、煤氣費、物業費（姜雯，2011）。這些滑稽的邏輯將農民的日常生活變成了一種昂貴的奢侈消費。正如山東省諸城市的一位農民所言，「沒了牲口和家畜，做飯暖炕又不能燒柴」。他粗略估算了一下，住樓開支每年至少要多花 5000 元（涂重航，2010）。而且，失去土地的農民，除了極少數能夠進入城市與工業部門外，大部分被城市與資本所拒斥。失地又失業的他們面臨着極大的生計困境（秦啟文、吳爽，2008）。

其次，「被城市化」的農民在失去或離開土地、失去他們所熟悉的生活方式的同時，也喪失了社會資本與文化歸屬。傳統鄉村在漫長的歷史過程中，形成了熟人社會網絡，積累了厚重的文化傳承。這些都構成了農民生產生活中不可或缺的社會資本、情感依託和文化歸屬。從鄉村社區轉變為樓房小區、從瓦舍田園轉變為水泥森林、從雞犬相聞轉變為鐵門相對，居住方式與生活方式的改變使農民生活中最重要的感情交流減少乃至停止。農民與鄉土的聯繫被割斷，原有的社會網絡斷裂解體，文化習俗因失去了生活的土壤而難以為繼。在這樣一個劇變中，農民乃至整個鄉村失去了社會支持與文化歸屬，農民成為無根的漂泊者（姚國宏，2003）。正如李西傑所指出的：

拆掉農民村舍，農村就會失去根，農民就會失去賴以為生的生存之道。村落既是中國鄉土社會的存在形式，又是鄉村社會關係和制度的基礎。鄉村社會的真正意義不在於鄉村本身，而在於鄉村的公共空間以及鄉村公共空間生活培養的社會人文價值。作為共享的集體性的歷史記憶，包括祖先崇拜、宗族活動、安土重遷等民間傳統等，在今天的農村社會鄉村秩序中依然發揮着它應有的作用。（李西傑，2011）

最後，各種幌子下的土地徵用與強制拆遷本身就是對農民公民權利的剝奪。地方政府以無償或給予極低補償的方式徵用農民宅基地，本身就是對作為農民土地承包經營權一部分的宅基地使用權的侵犯（汪華亮、胡啟南，2011）。地方政府部門和村幹部欺上瞞下、暗箱操作，在未經村民同意或村民不知情的情況下處置村民集體所有的土地，無視村民的民主自治權。在徵地拆遷過程中，他們通過各種手段進行脅迫乃至暴力強拆，嚴重損害了村民的人身與財產權利（姜雯，2011）。在現階段中國的社會保障未能廣泛覆蓋的情況下，農民通過土地來實現自我保障，很多農民將土地看成是自己的命根子（李佩紅，2011），而失去土地的農民更加不能享有與城鎮居民平等的社會保障及其他各種待遇（汪華亮、胡啟南，2011），無法實現公民權利的平等。

（三）農業生產與糧食安全

中國是一個農業大國，農業是國民經濟的基礎，耕地是農業發展的基本物質保障，因此保住現有 18 億畝耕地紅線也就成為國家糧食安全戰略的基礎。國土資源部於 2009 年 3 月在全國範圍內部署開展了「保經濟增長、保耕地紅線」行動，堅持實行最嚴格的耕地保護制度，指出耕地保護的紅線不能碰（國務院新聞辦公室，2009）。「土地增減掛鈎」政策的出台，同樣是協調耕地保護與經濟發展之間關係的舉措之一。

然而，在這股狂熱的土地徵用和強制拆遷風潮中，18 億畝的耕地數量到底有沒有保住不得而知；或許 18 億畝這一數字保住了，但只是用草草整理復墾出的宅基地替換那些耕種多年，而如今卻被高樓大廈佔用的肥沃土地；更何況雖然有土地，但耕種土地的農民被搬遷到遙遠的小區。這些無人耕種或農民無力耕種的土地，對農業來說同樣沒有任何意義。顯然，對於長期從事農業生產的農民來說，耕種不便成為「被上樓」後最現實的問題。例如，山東省諸城市的一位農民在集中「被上樓」之後，要拿着鐮刀從三樓的住房走出，要在擠滿農用車的樓道裏找出自己的那輛，再去兩公里外的農田幹活（涂重航，2010）。因此，土地數量的減少和質量的退化，再加上「被上樓」所帶來的額外成本與勞動負擔，嚴重損害了農民種田的積極性。農民因此對農業生產應付了事，甚至將土地棄耕拋荒都是可以想象到的。其實，地方政府在實施「土地增減掛鈎」政策時，到底會在多大程度上真正考慮國家的糧食安全問題，也是值得疑問的。2011 年，歐陽豔琴、陳曉雪的調查發現：

> 河北省香河縣依據城鄉建設用地增減掛鈎政策，拆除舊村莊、置換全縣建設用地指標的「新農村建設」系列工程如火如荼地展開，但結果是耕地見減不見增，約 4 萬畝耕地被閒置或修建廠房、商品房等，其中涉及基本農田。對此，當地的一位官員這樣解釋道：「我們這兒一畝地打 600 多斤麥子，1 塊錢一斤，600 多塊錢。搭上成本旋地 50 塊錢一畝，播種 40 多塊錢一畝，然後還得（施）化肥、澆地，後期的打農藥、收割。在外面打工一天 150 塊錢，你要是拿着口袋收麥子耽誤兩天就是 300 塊。我們縣是傢具城，打工的人多，這兒一般都上班打工去了，一個月掙 5000 塊錢，誰還種地啊！」（歐陽豔琴、陳曉雪，2011）

由此可見，在有些地方政府和官員的意識裏，「土地增減掛鈎」政策遠沒有與國家層面的糧食安全聯繫起來。如果任由這種狀況蔓延，未來中國農業的前途和糧食安全狀況將值得深深憂慮。

（四）利益與風險再分配

對於過度追求經濟增長的地方政府和渴望利潤的商人而言，土地作為市場經濟中的重要資本，蘊含着巨大的利益；而對以土地為生的農民而言，失去土地則意味着他們的生計與生存在面臨風險時將更加脆弱。因此，佔有土地與失去土地的過程意味着利益與風險在不同羣體間的再分配。「土地增減掛鈎」政策下的土地再分配，實現了土地從農民向地方政府與資本的轉移（馮磊，2010）。由此，利益和風險的分配結果也呈現出兩極分化趨勢（李友梅，2008）。

如果說新農村建設和以「保護耕地、保障農民土地權益……節約集約用地」（國土資源部，2008）等為目標的「土地增減掛鈎」政策是以公共利益的名義來推行的話，那麼現實中的徵地拆遷、撤村併居、村民「被上樓」等則是一種變公共利益為部門利益和商業利益的再分配。在這一過程中，地方政府和村幹部以近乎無償的價格獲取土地後，再將其高價出讓以實現土地財政，通過城市化政績和發展指標來獲得政治資本；有的地方通過官商勾結獲得土地並瓜分利益，利用權力來進行尋租（馮磊，2010）。僅山東省諸城市的「村改社」工程（農民的身份不變，但都搬進樓房住）增加的建設用地，就能讓政府每年有兩三億元的收入。在很多地方，農民宅基地轉化後的增值收益，被權力和資本「合謀」拿走（涂重航，2010）。

而伴隨着公共利益被地方政府和資本攫取，風險被留給了失去土地和各種保障的農民。傳統的農村社會擁有很多用於應對自然災害等不確定因素所導致的生存風險的「退卻方案」（斯科特，2001：79-80）。例如，農民可以在地方市場出售土特產品和手工藝品，在庭院種植蔬菜和飼養畜禽，從事捕魚和森林採集等輔助活動來補充生計。並且，土地本身除了可種植糧食之外，也向農民提供着生產生活所不可或缺的薪柴、木材及草藥等資源，還承擔着作為牧地或災荒與人口增長時調劑用的後備耕地與宅基地等功能。以城市化為目的的徵地拆遷和趕農民上樓這些不可逆的干預措施，使村莊和農民失去了退卻方案。缺乏應對策略與資源的農民將更加脆弱，更容易遭受各種風險的侵襲。正如中央農村工作領導小組副組長陳錫文指出的：

> 傳統農村的宅院、村邊、地頭，都是農民創造收入的場所，甚至是大部分的日常生活消費都來自於此。進入新社區，這部分收入沒有了，

而生活費用的開支卻明顯增加，「連喝口水都要花錢」了。如沒有新的就業機會和新的收入來源，能否長期維持就是個大問題。(陳錫文，2010)

四、「增減掛鈎」的發展主義邏輯

「增減掛鈎」或許會被認為是導致目前在中國農村發生徵地拆遷極端事件的直接原因。但是，我們知道，「增減掛鈎」本身是為了人們共同信仰的目標——發展，這是一種「發展主義」思維下的發展。各地規模浩大的拆村運動，均以「城鄉統籌」「新農村建設」「舊村改造」「小城鎮化」等為旗號。這些都是「發展主義」的現實呈現。尤其是，「發展，為了農村的發展，為了農民的發展」，成為農民「被上樓」的宏大敘事（姜雯，2011）。在一定程度上，目前的很多政策設計及政策引發的一系列社會問題和社會事件，都是踐行「發展主義」思維的結果。因此，我們需要反思「增減掛鈎」背後所隱含的「發展主義」邏輯。

（一）發展主義

很多學者對「發展主義」進行過界定、分析和反思。黃平（2003）認為，發展主義以工業化、城市化和現代化為特徵，在向全球蔓延的過程中，通過將「發展」簡單地等同於經濟增長，盲目地追求 GDP 或人均收入的提高；在標榜實現未來「美好生活」的同時，卻在全球範圍內迅速形成了一種不均衡的經濟格局和不合理的交換—分配體系。其對世界各國，尤其對「第三世界」國家產生了極其深遠的影響。許寶強（1999）指出，「以經濟增長作為主要目標，依據不同的手段，產生出不同版本的發展主義學說——自由市場、依附發展或以發展為主導的國家……不論是哪一個派別，多數都不反對工業化是經濟發展的必須（甚至是充分）的條件……這種生產／工業／科技中心論，基本上忘記了經濟活動其實是包括了生產、交換、流通、分配和消費（或使用）等環節，而這些環節都不僅僅是純經濟的活動，當中包含了各類文化、社會和政治因素」。

楊寄榮（2010）也認為，「發展主義指的是一種認為經濟增長是社會進步的先決條件的信念。在這種信念中，發展等同於增長，並成為後發國家所遵奉的現代性話語和意識形態」。

這裏涉及的發展主義，是一種現代性話語和意識形態，在其支配下，發展的實現途徑是工業化、城市化和現代化，發展的衡量指標是經濟增長。很多學者在對發展主義進行深刻反思後指出，發展主義從根本上忽視了發展是一個全面、綜合、複雜的統一體。除了經濟因素以外，發展還應該包括政治、文化、社會和自然等因素，其核心目標應該是實現人的發展。所以，以經濟增長為核心、簡單地追求 GDP 增長和人均收入提高的發展主義及其各種學說，都不可能實現真正意義上的發展（雷龍乾，2007；黃平，2000；許寶強、汪暉，2001；楊寄榮，2010）。正如這些學者對發展主義進行反思時所做的討論，倘若發展主義僅是一種視經濟為準繩的意識形態和霸權話語，那麼如何回應以下一連串的問題（姚國宏，2003）：為什麼要發展？發展的目標是什麼？經濟增長是否等同於社會和人的發展？經濟增長又能否必然改善人們的福利，提高人們的生活質量和自主能力？追求經濟增長的過程，對不同的社羣究竟產生了什麼樣的影響？他們各自又付出了什麼樣的代價？尤其是對貧困人口、失地農民和婦女等弱勢羣體而言，經濟增長是否可以改善他們的弱勢處境，或在多大程度上能夠予以改善？除了現代化、工業化和城鎮化以外，有沒有另類的發展途徑和道路，同樣甚至能更好地改善人們的生活，提高人們的能力，實現政治、經濟、社會、文化和自然的全面健康發展？這些都是發展主義忽略了的重要課題（黃平，2003；許寶強，1999；陳斌，2010；明亮，2010；楊寄榮，2010）。

（二）徵地拆遷的發展主義邏輯

從全國各地發生的強制徵收土地及拆村併居的事件中，我們不難看出，以「強徵強拆」為代表的違規徵用土地和拆遷民居現象，受地方政府、開發商和農民之間盤根錯節的利益關係影響（明亮，2010）。而這種既有違國家章法又有損老百姓利益的越軌行為，正是地方政府在發展主義意識形態的支配下，受到經濟增長利益驅動，以「增減掛鈎」政策為堅強後盾的謀利行為。那麼，在「增減掛鈎」政策的實施過程中，發展主義話語究竟是如何運作的呢？

首先，發展主義以「經濟」因素作為考量一切的標準。從各級政府的角度來說，經濟被簡單化為 GDP，因此它們一味地追求 GDP 增長。在「數字出政績、政績出幹部」的指導下，經濟增長速度成為中國絕大多數地方政府官員努力和奮鬥的方向。從現階段國家發展與城市建設的現實來說，城市和房地產能為 GDP 的增長做出巨大的貢獻（陳斌，2010）。一方面，城市被普遍認為能夠比農村創造出更多的 GDP，所以更能拉動 GDP 的增長；另一方面，近年來房地產業的經濟貢獻逐漸成為地方財政收入的重要組成部分。因此，為了所謂的「城市化」而進行的「農地工用化」和「撤村併居」，以及為了所謂的壯大房地產業而進行的土地財政實踐，都被納入了合理的行政議程。正是由於這種 GDP 迷思和形象過程的作祟，各地出現了「拆了又建、建了又拆」的創造 GDP 的數字遊戲。

在河北省廊坊市，2006 年被評為河北省生態文明村的董家務村，四年後已成一片廢墟，大片新修的村居在鏟車下倒塌，剛修好的「村村通」水泥路被鏟平。在山東省諸城市的鄉間，多數村居是黃牆紅瓦，一排排四合院排列十分整齊，這樣整齊劃一的村居是經過三次農村規劃後形成的，這樣的村子內，基本沒有浪費的空地；但是，這些整齊的村莊，今後都將面臨被拆遷的命運。那裏的一位農民聽人說國家有政策，農村每多出一畝耕地將獲獎勵 20 萬元，但是他不理解的是，好好的院落都拆了，再建新樓，「這不是浪費錢？」（涂重航，2010）

其次，發展主義將農業、農村與農民視為有問題並需要改造的對象，即「發展機器一般採取將社會現實問題化的手段」（葉敬忠，

2010）。針對農村土地，發展機器通過專家學者向社會展現了這樣的一幅圖景，即「農村土地利用形態破碎、凌亂，利用率不高，農村土地經營效益低和農村土地資源浪費嚴重」等。對農村土地的這一問題化呈現，為大規模徵用農村土地奠定了基礎。針對農村民居，發展機器又建構了這樣的社會現實，即「農村居民點『散』『亂 』『空』『低效』」等。這一表面上看來似乎非常客觀化的技術呈現，為拆村併居奠定了基礎。同樣，「增減掛鈎」政策以及其他土地徵用行動，都伴隨着「合理規劃農村佈局」或「合理統籌城鄉建設」的技術化邏輯。其結果卻如陳斌（2010）指出的：「發展主義最可怖的一面就是，利益由權力和資本分肥，代價則由『弱權羣體』來承擔。」

最後，發展主義作為一種霸權話語，構建了我們的現實，也支配了我們的價值。當以經濟增長為主旨的「發展」被寫入政府文件、被呈現於各類媒體、被作為真諦廣泛傳誦時，「如此」發展也就成為國家的邏輯和理性。鑒於國家的價值和理性帶有政權強制力，在這種政權強制下，普通老百姓的價值和理性也受制於這樣的話語表徵。作為「增減掛鈎」政策的實踐行為，徵地也好，拆遷也罷，既然都屬於國家的發展項目，就均被賦予了國家政權的強制力。農民作為被強制的對象，只能接受。另外，發展主義和其背後的現代性的典型態度是「霸道」。霸道者之所以霸道，是因為自以為自己是道，也就是真理的唯一擁有者。這種霸道的一個核心表現就是「唯我獨尊」，表現在城鄉關係上，就是農村應該向城市看齊，為了城市化建設和城市人的生活，可以犧牲農村和農民的利益（王治河，2005：19；葉敬忠，2011a）。正因如此，李西傑（2011）認為，在土地增減掛鈎和拆村併居運動中，鄉村社會被當作現代性的「他者」。這裏的「他者」，表示與現代性社會之間存在一種「異質性關係」。而現代性的「科學合理性」使得人們努力消除「差異性」，並追求「同質化」和「同一化」。在此思維邏輯下，農村生態結構將被徹底改變。可以說，建設用地擠佔農民宅基地的邏輯，是資本這一符號化的現代性對傳統鄉土社會的生產方式與生活方式的徹底瓦解，是現代戰勝傳統的必然。城市對農村的「殖民」是拆村併居運動出現的邏輯使然。城市發展作為一種生存方式，日益滲透到整個社會生活之中。城市文明和不文明的生活方式、生活習慣、習俗，從各種渠道傳入農村以及那些非資本主義的、非工業化的國家和社會之中（李西傑，2011）。

正如發展主義意識形態的一貫邏輯，「土地增減掛鈎」政策將農村土地和民居問題化，並重構了農民應該接受城市化和集中居住的現實，在 GDP 崇拜和現代性霸權之下，大肆展開徵地拆遷，並演變為強徵強拆，甚至引發一系列極端的社會事件。

五、替代發展模式

針對各地強制徵收農民土地、強佔農民宅基地、使農民「被上樓」的行為，在 2010 年「兩會」期間，中央農村工作領導小組副組長陳錫文就疾呼要「急剎車」。然而，真正應該「急剎車」的或許是發展主義思維，是在發展主義邏輯之下對農業、農村與農民的無限掠奪過程。

原本為了公共利益出台的「土地增減掛鈎」政策，在實踐中逐漸演變為農民「被強拆」「被上樓」「被失地」（葉敬忠，2012a）的運動。在發展主義霸權話語的一元支配下，從上到下的行政理念都秉承資本第一、見物不見人的以 GDP 增長為中心的宗旨。這極大程度地忽視了以人為本的社會安全、民生保障和社會公平正義等原則。中國經歷了三十餘年的快速經濟增長期，也產生了諸如社會不公平、生態被破壞、傳統文化消失、羣體事件頻發等一系列社會問題，引起了社會各界的廣泛關注。應對和解決發展進程中出現的這些問題，已經成為中國政府的重要議程，或者說是重中之重；而如何應對和解決這些問題，則需要我們從發展解構的視角來反思和重新審視國家發展的歷史軌跡（葉敬忠，2010）。特別是，是否可以真正扭轉以經濟增長為核心目標的現代發展主義理念和模式，轉而探索另類的發展模式？也許現在最亟須的就是尋求替代發展模式。

需要警醒的是，現代社會普遍存在着「一元極力吞併多元、單一存在模式極力貶低、抹殺甚至吞併其他模式」的現實（葉敬忠，2011a）。在此背景下，對發展主義之外的其他元素、其他模式的關注或探索，無疑具有非常重大的意義。有必要說明的是，扭轉發展主義模式或尋求替代發展模式，並非否定經濟增長，更不是否定發展。然而，物質需求不是人類的唯一需求。這裏所討論的是，在追求經濟增長的同時，需要給社會公平、傳統文化、生態環境等其他方面留以足夠的空間。頻發的羣體事件、空洞的文化生活、惡劣的生態環境等現象已經充分表明，對發展主義的反思與批判能夠使我們更加清醒地認識到唯經濟論的不足。只有經濟、政治、社會、文化、生態等各個方面得到全面協調發展，人類對美好生活的追求才有可能實現。在我們的發展實踐中，當面對諸如「土地增減掛鈎」這樣的公共政策時，無論是對政策的討論還是制定，都應該以普通老百姓的利益為主要出發點，應該從千百萬普通大眾的角度來設計和評價這樣的社會發展政策。這應該成為社會發展政策研究和制定過程中的基本原則。在實施這類涉及幾億農民生計的項目時，我們應該謹記斯科特（2004：475）在《國家的視角》中的建議，一是要小步走，儘可能邁小步，停一停，退後觀察，然後再計劃下一小步的行動；二是鼓勵可逆性，即鼓勵那些一旦被發現有錯誤，就很容易被恢復原狀的發展活動。

面對農村拆遷徵地問題，很多主流學者堅信可以採取合理的經濟補償辦法來解決。針對這一以經濟手段交換生計方式的經濟學思維，下面這個故事或許可以給我們以啟發。

一位老太太帶着她的貓在馬路上散步，突然一個男子開車疾駛而來，把貓給撞死了。男子連忙停下來，抱歉地說：「大娘，我願意補償您。」「那太好了，你捉老鼠的本領怎麼樣？」（《讀者》，2011）

農業的故事

沒有小農的世界會好嗎？[1]

1995 年我在荷蘭學習期間，有一門「農業與農村發展」的課程。第一節課開始時，走進教室的是一位揹着一種類似鐵鏟農具的老師。他就是荷蘭瓦赫根大學的農村社會學教授揚·杜威·范德普勒格（Jan Douwe van der Ploeg），而他身揹的是幾內亞比紹、岡比亞、塞內加爾等西非地區農民在平整稻田時廣泛使用的木鍬（kayendo）。那時，范德普勒格教授給學生的感覺是講課邏輯縝密，但表情嚴肅，不苟言笑，似乎不易親近。此後十餘年，每每研讀他的著作，其在課堂上的形象總會浮現於腦海。2007 年范德普勒格教授來北京參加會議，其間相見，他根本不記得我這個聽過他課的學生了。但自那以後，我們的合作越來越密切。他每年來中國兩次，每次必到我們的研究村莊住上一周，至今已十餘次。在村莊，他同農民一起吃飯，一起下地，一起趕集，一起討論，身上沾滿了泥土，心中加深了感情。[2] 這位來自西方現代農業國家的教授，被中國小農的豐富實踐和無窮智慧所深深折服。他說，假如早些認識中國的話，他關於小農的寫作會更具力量。在研究過程中，我們還見識了與課

---

❶ 本文原是應邀為 2013 年出版的《新小農階級——帝國和全球化時代為了自主性和可持續性的鬥爭》作的中譯者序，這裏做了適當修改。該書英文版參見 Ploeg, Jan Douwe van der. 2008. *The New Peasantries: Struggles for Autonomy and Sustainability in an Era of Empire and Globalization.* London: Earthscan.

❷ 這也是《翻身》的作者韓丁 1948 年在山西省潞城縣張莊工作的場景。

堂上的「一本正經」截然不同的范德普勒格教授。他喜歡說笑，喜歡結交農民朋友，喜歡講述其家鄉——荷蘭北部弗里斯蘭省（Friesland）農民的笑話。他是農民出身，在他的研究和學術生涯中，用他自己的話說，也「始終站在農民一邊」。

2008 年正值世界性的糧食危機發生之時，范德普勒格出版了專著——*The New Peasantries*。在很多學者對世界糧食危機進行事後診斷時，這本專著對當今世界農業的趨勢和特徵進行了深刻的分析。作者以其四十餘年來對第三世界國家和發達國家農業與農民的研究成果為基礎，從農村社會學、農業經濟學、發展社會學以及農學等多學科視角，對農業的總體特徵進行了分析，對過往的小農理論進行了批判，並指出目前世界上主要存在三種農業模式，即小農農業（peasant agriculture）、企業農業（entrepreneurial agriculture）和公司農業（corporate agriculture）。全書緊緊圍繞這三種農業模式的性質和特徵展開分析。在現代農業、工業農業、高科技農業和資本農業主導農業發展話語的今天，范德普勒格關於這三種農業模式的真知灼見告訴我們，若將這些半真半假的宏大敘事作為世界糧食危機和普遍的食品安全危機下的鎮靜劑，那麼進一步的世界糧食危機和食品安全危機還將持續發生，不在今日，就在明天；不在此地，就在別處。

一、小農農業[1]

不知世界上是否還有像當今中國社會這樣如此鄙視小農和決心消滅小農的存在。即使在研究農業與農村的大學和研究所，人們也會用「小農思維」來指代那些所謂狹隘、不靈活、不開放、沒有希望和前途的想

[1] 本文涉及有關《新小農階級》內容和思想的介紹文字，尤其是關於小農農業、企業農業和公司農業的介紹，很多出自原書，但因摘自書中的很多不同部分，且做了歸納和綜合，因此沒有一一標註。

法。個中緣由非常複雜，包括文化的、歷史的、社會的和政治的因素，但是，馬克思和恩格斯的貢獻或許不容小覷。我們社會裏的幾乎每一個人都對馬克思和恩格斯的著作略知一二，中學生和大學生學習得較多，而官員們學習和掌握得就更多了。馬克思和恩格斯的著作充滿了對小農蔑視和譏諷的語言，如認為小農是「舊社會的堡壘」（馬克思，2004b：578），是「日趨沒落的」（馬克思，2004a：57）；小農落後、「保守」「迷信」「偏見」，他們「愚蠢地固守舊制度」，「就像一袋馬鈴薯是由袋中的一個個馬鈴薯匯集而成的那樣」（馬克思，2009：566-568）；他們過着「農民式的孤陋寡聞的生活」（恩格斯，2009b：284）。馬克思和恩格斯還將農村視為「窮鄉僻壤」（恩格斯，2009b：284），將小農生活的地區定位為「野蠻國家」（Araghi, 1995）。在馬克思和恩格斯那裏，小農農業是在小塊土地上生產，不容許在耕作時進行分工，不容許應用科學，因而也就沒有多種多樣的發展，沒有豐富的社會關係。每一個農戶差不多都是自給自足的，都是直接生產自己的大部分消費品，因而他們取得生活資料多半是靠與自然交換，而不是靠與社會交往。他們不求擺脫由小塊土地所決定的社會生存條件，而想鞏固這種條件（馬克思，2009：566-568）。因此，小農生產是「過去的生產方式的一種殘餘」（恩格斯，2009a：512）。

范德普勒格對包括馬克思主義在內的過往小農理論進行了批判性的回應。這些理論主要包括「阻礙發展論」，即將小農視為變遷的阻礙，認為小農是「對發展的阻撓」，是工業化這個「擺脫落後的大道」上的障礙，因此是一種應該消失或被主動移除的社會形態，應該被裝備精良、順從市場邏輯的「農業企業家」所取代；「消亡論」，即在那些現代化工程取得某些成功的地方，小農階級要麼已經轉變成為農業企業家，要麼已經淪為純粹的無產者了，小農階級事實上已經消亡了；「農業內捲化」（Geertz, 1963），即認為將勞動力不斷填充到農業生產中，最終只會帶來適得其反的結果，並造成貧困的再分配；「技術上限論」，即認為小農不可能跨越他們使用的資源中所隱含的「技術上限」；「貧困論」，即小農農業模式就其定義本身來說，正如人們通常所設想的那樣會造成貧困。這些小農理論的局限性產生於對小農和小農農業的諸多誤解，尤其是，以往的小農研究強調的僅僅是小農作為一個既定要素在農業中的介入和參與，對於小農如何參與、如何從事農業實踐以及是否與其他農業實踐方式有所不同等問題卻幾乎未曾觸及。小農的獨特性被主要歸結於他們不平等的權力關係或者他們的社會文化特徵。但是，無論身在何處，小農都以一種與其他農業模式截然不同的方式與自然相聯繫。范德普勒格指出，小農農業中並不存在「固有的落後」，「小農無法養活世界」這一常見觀點是站不住腳的，而且，小農農業模式中勞動主導的集約化並不等同於貧困，也並不必然會造成內捲化。在新古典經濟學的數學模型中，集約化可能有違報酬遞減原理，而在現實生活中，小農對農業發展的組織方式決定了其收入會保持在可接受的水平上，甚至還會提高。尤其是，無論是在祕魯、巴西這樣的第三世界國家，還是在荷蘭、意大利這樣的現代發達國家，目前都出現了顯著的再小農化（repeasantization）趨勢。在范德普勒格看來，小農生產方式中被馬克思和恩格斯等所鄙夷的方面，很多正是其優越的精髓。按照范德普勒格的定義：

> 小農農業模式通常以生態資本的持久利用為基礎，旨在保護和改善農民生計。小農農業往往以其多功能性為顯著特徵，從事農業的勞動力通常來自家庭內部，或者通過互惠關係組織調用農村社區成員，土地和其他主要生產資料歸家庭所有。生產的目的是服務市場以及滿足家庭與農場再生產的需要。小農會通過採取諸多精明的策略，使其農業活動遠離那些市場。（Ploeg, 2008: 1）

20 世紀 80 年代初，中國農村開始實行家庭聯產承包責任制之後，農村一家一戶所從事的農業生產，就是典型的小農農業模式。范德普勒格對小農農業的分析，主要集中在小農的生活方式、驕傲與自豪感、勞動與就業、精耕細作、協同生產、自我控制的資源庫、資源的高效利用、互惠關係、自主性、內源性與地方性、多樣性與多功能性、附加值的創造、匠人工藝與新奇事物、市場遠距化與部分商品化策略、對生物生命的尊重以及勞動過程中的抗爭等方面。小農始終會帶着熱情、奉獻精神堅持不懈地投身於農業生產之中。即使是在荷蘭這樣似乎只有經濟理性才得到認可的高度現代化的社會中，大多數農民仍然鄭重地將他們所從事的工作稱為自己的「愛好」。小農農業關涉到主體性，強調與自然一同工作、相對獨立和匠人工藝所產生的價值與滿足感，以及人們對他們構建成果的驕傲與自豪，體現了人們對自身力量和洞見充滿信心。正如荷蘭奶農莫妮克・范德拉恩（Moonique van der Laan）所言：

身為農民，我擁有自由，我安排自己的工作和時間。我們在戶外勞動，在勞動中有很多身心上的選擇與變化。我們與自然和動物結伴。我們每天都面對着指涉生命的價值。我們為我們的牲畜、產品而自豪：它們是新鮮的、美味的。（Laan, 2006）

在小農農業中，勞動成了關鍵因素，小農將勞動置於舞台的中心，將勞動與自我控制的且部分自我調配的資源聯結在一起，也與前途和未來聯結在一起。例如，在祕魯的卡塔考斯（Catacaos），小農社區的共享價值之一就是「認同勞動是獲得財富的唯一途徑」。正如中國國家主席習近平所指出的，勞動是財富的源泉，也是幸福的源泉。人世間的美好夢想，只有通過誠實勞動才能實現（新華網，2013a）。然而，在現代化席捲全球的過程中，勞動被嚴重削弱了；在資本全球化的今天，無數身強體壯的勞動力和經過正規教育的青年學生，在強大的資本面前淪為了「廢棄的生命」鮑曼，2006a）。值此之際，重拾勞動的價值尤為重要。小農農業中的勞動中心性正與就業密切聯繫在一起，小農農業模式可以比其他農業模式創造更多的就業崗位。因此，科林・圖哲（Coolin Tudge）呼籲道：

> 我們需要再一次將農業視為一個主要僱主，認識到僱用勞動力是農業活動的首要功能之一，這一功能僅次於生產優質食物和維護景觀。然而，現代政策的設計卻是特意要將農業勞動力一再削減、少到不能再少。（Tudge, 2004）

小農倚重的是人與自然的協同生產。自然被用來創建和壯大一種資源庫。這種資源庫又通過勞動、知識、網絡、市場准入等而得到補充。在實踐中，資源庫的擴展和鞏固被視為一種財富遺產，蘊含着驕傲和自豪。小農通過對農業生產季節曆進行縝密的規劃，使所有相關的活動都能夠互相協調、配合，並且與作物的生長周期相適應。小農農業往往表面上看起來略顯混亂，但其背後深藏着嚴密的邏輯，在仔細觀察下會發現非常高的效率和計劃周詳的秩序。正如斯科特（2004：377）所指出的，「作物並不是亂種的，而是按照合適的距離被安排在一小堆土壤上，當下雨的時候，既不會形成澇災，也不會沖刷表面而洗掉表層土壤」。因此，在對小農農業發表意見之前要特別謹慎，不能從本能的保守主義出發，稱小農為傻瓜。

在資源庫的鞏固和擴大過程中，小農還會通過互惠關係組織調用農村社區成員、土地和其他主要生產資料。小農通過創建、再生和發展出一套自發的、自我控制的資源來實現其自主性。這樣，小農就不受任何處於中心位置力量的控制和支配，相反，它是內生的。它不能為地方性的問題提供全球性的解決方案，但是卻正在演變為應對一個全球問題（即對農業的擠壓）的各種越來越多樣化的、地方性的方案。多樣性從一開始就涵蓋在小農農業的概念之中。小農農業的實踐證明，並非只有唯一的一條道路，能讓人們獲得合理的收入、擁有美好的前景。事實上，實現目標的方式有很多種。埃斯科瓦爾（2011：261-264）認為，替代發展的方案可能會湧現在少數民族的經濟和實踐活動中，出現在草根組織對主要發展干預的抵抗中。在范德普勒格這裏，替代方案顯然散佈在小農的各種實踐與行動之中。自 20 世紀 90 年代起，歐洲的農村發展實踐領域已呈現出一個顯著的趨勢，且積極推動了各種新形式的替代性方案，即農業的多功能性。這些新的多功能性實體的創建幾乎總是以小農農業為基礎，並大大增加了小農農業可以創造的附加值。但是，需要指出的是，就在歐洲農業從專業化向多功能性轉變的同時，中國的農業卻正在從歷史悠久的多功能性向專業化轉變。

在小農農業中，農民的算賬方法不是一般意義上的經濟理性所能理解的。例如，當農民用從別處掙來的錢購買種子、化肥等物品的時候，這些物品的的確確是「付了錢的」。它們作為商品被購買，但是之後它們則作為使用價值進入農場生產過程，不再需要按照交換價值對它們進行嚴格的估價。這些資源特殊的社會歷史性賦予了小農足夠的自由，這樣他們就可以按自己認為的最佳方式來使用這些資源。可利用資源的價值正是在農業活動中體現出來的，長期來看，它們可以被轉換為老一輩人手中的養老金和年輕一輩從事農業活動的扎實起點。這裏，我們看到的是一個由社會規範的，並且有制度化根基的轉換過程。這種轉換與資本轉換為利潤，利潤又作為資本進行再投資以獲得更多利潤的轉換極為不同。但是，這種轉換過程並沒有因為這一不同而顯得沒有意義。恰恰相反，無論是從短期還是長期來看，是它激活了農業活動。

小農還利用匠人工藝創造各種新奇事物。小農的匠人工藝在一定程度上可以說是一門無字的語言，是無法以精準、明確和量化的概念來表達的知識。只有經過長期的學徒生涯、訓練和經驗的積累，才能掌握這門技術。在知識的門類中，它顯然是一種經驗性或者實踐性的知識，類似羅伯特·錢伯斯（Robert Chambers, 1983：82））所言的鄉土知識（indigenoous knoowledge）和斯科特（2004：426）提出的米提斯（metis）。利用匠人工藝，小農創造各種新奇事物。這些新奇事物可以是新的實踐、新的製品或者僅僅是改變一個特定情境或任務的定義，但卻代表着對現有規則的偏離。

小農農業模式代表着一種對市場約定俗成的遠距化，這是小農保持自主性的重要策略。小農在組織自己與市場的具體關係時所遵循的原則，是最大限度地實現靈活性、可移動性和自由性。這種對外部關係的組織和安排是為了保證能在適當的時候進行收縮或擴張，避免對生產要素市場的依附，即儘可能避免陷入外部控制之中。正是因為這一策略，小農避免了馬克思的誤判，即「只要死一頭母牛，小農就不能按原有的規模來重新開始他的再生產。這樣，他就墜入高利貸者的擺佈之中，而一旦落到這種地步，他就永遠不能翻身」（馬克思，2004a：678）。市場遠距化不僅限於第三世界的小農，歐洲的農民大多也只是部分地融入市場。甚至，第三世界的小農很可能比歐洲的農民更「充分地融入」市場，而這種高度的「融入」帶來的是高度的市場依賴性，這也恰恰是這些第三世界小農的主要問題。因此，與中心國家的農業系統相比，邊陲國家的農業系統總體上更處於依附地位，商品化程度更高，更加立基於「徹底的商品流通」之上。這一結果正是由「自由市場」發起的，是無數專家學者的「科學」建議，其實質是針對發展中國家小農制度的蓄意破壞，不僅造成了更多的「廢棄的生命」，也嚴重威脅着世界範圍內的食品安全。

小農農業充滿了對生物生命的尊重。在小農邏輯中，「好的產出」處於核心地位並具有重要意義，它指的是每個勞動對象的產量，而且產出要高且可持續；但是就像小農所說的一樣，他們不會用「強制」的方式達到目的，而是在以「精心照料」或「匠人工藝」為特徵的框架中儘可能實現高產出。因此，在小農農業中，一些內部指標起着規範作用。例如，根據一頭牛的生長過程和日常表現來確定最適合的飼料配給量。人們必須精心照料牲畜、作物和大地，如果精心勞作，每個勞動對象的產出就會提高。正如古德曼和里維拉（Gudeman and Rivera, 1990）指出的，小農模型的根基來自這樣一個觀念——地育萬物，量力而出，農民通過勞動「幫助」土地孕育物產。

范德普勒格還深化了小農抗爭的內涵，拓展了小農抗爭的外延。他指出，為自主性而進行的鬥爭呈現出多種形式，不同形式之間往往相互聯繫。它可以通過傳統的「農民戰爭」，也可以藉助較為隱蔽的「弱者的武器」，但是，更常見的、幾乎從不間斷的情形是，這種鬥爭出現在田野、穀倉和馬厩裏，體現在牲畜繁育、作物選種、灌溉活動和勞動投入的各種決策中，可以說無處不在。小農要對生產過程增加控制、進行改善，要按照自己的利益和意願對生產過程加以調整並從中獲得更好的收益。這些目標的實現往往伴隨着漫長而艱苦的鬥爭過程。其中，勞動過程是小農進行社會鬥爭的一個非常重要的競技場，如為改善現有資源、進行細微調試而付出的頑強努力，這些努力會帶來更富足的生活、更可觀的收入和更光明的前景。因此，抵抗發生在大量異質的且日益相互關聯的實踐中，存在於製造「優質肥料」、繁育「良種母牛」、建造「美麗農場」的方式中。小農正是通過這些實踐構建出了自身的獨特差異性。另外，當與消費者之間的聯結被食品帝國中斷時，小農會通過直銷、農民市集、新的農業食品鏈的創造等途徑去積極探索、建立新的聯結。這樣的抗爭表明，既然食品帝國趨向於把一部分小農變成多餘的部分，新的小農也必將開始把自身重新定位為權利不容忽視的公民。

二、企業農業

企業農業是通過擴大規模進行持續擴張的一種農業方式，其生產高度專門化，並完全面向市場。企業農業經營者主動委身於對市場的依賴之中，尤其是與農業投入相關的市場。企業農業主要建立在信貸、工業投入與技術等金融資本和工業資本的基礎之上，它的種種形式往往生發於國家推動的農業「現代化」項目之中，並對勞動過程進行部分工業化改造。（Plooeg, 2008: 1-2）

以中國為例，在農業現代化、農業規模化、農業市場化（這些在人類社會歷史上幾乎未被認為是有效的農業動機）被提升為農業發展的最高標準的今天，對企業農業（包括公司農業）的膜拜或許只有最狂熱的宗教熱情才能與之匹敵。在各種現代化工程和政策的推動下，農業企業家模型已經被人為地奉為真理，它是當今政策制定的核心模型。無論是官員、專家，還是學者教導下的信徒，都在急切地尋找現代化的聖水，並身體力行地推動或直接參與到農業創業之中。當資本在城市已無更多獲利空間的時候，他們真正看重的是資本在農村和農業的廣闊獲利空間，而置數以億計的鄉村小農於不顧，甚至以非經濟強制的方式強奪小農的生命之本。目前出現的各種農業投資主要是以企業農業（包括公司農業）的方式開展的，如各類種植業企業、養殖場、農業科技公司等就是企業農業的例子，甚至近年來在許多村莊以土地流轉之名而組成的所謂專業合作社，其實質也是一種企業農業模式。在這些農業企業中，資本大多來自外部，其生產的目的與國家的糧食安全、食品安全戰略沒有關係，其一切目的就是獲利。范德普勒格對企業農業的分析主要集中在與自然的脫節、失活、效率誤區、規模擴張與內部擠壓、對生物生命的漠視、市場融入與就業、弱自主性、利潤導向與附加值的減少、與自然的分離以及與消費者的斷聯等方面。

在企業農業中，農業活動是與已有的生態資本相剝離的。例如，牛奶生產在很大程度上已經脫離農場中的飼料和草料生產，大部分飼料通過向市場購買獲得；草場生長基本上靠施用化肥，這也和農場中積造的農家肥完全脫離。企業農業的發展側重於與自然的分離，側重於逐漸減少自然的作用，因為「自然」太過變幻莫測，它使勞動過程無法標準化，從而成為生產規模加速擴大的障礙。因此，自然在農業生產過程中的存在逐漸減少，那些保留下來的部分也在不斷地經歷着全方位「人工化」過程的「重構」。在高科技的推動下，人工化過程的擴展已經超出傳統的想象，尤其是通過使用轉基因技術和創建無菌環境，一個新的、人造的「自然」已經產生，這為進一步的工業化創造了條件。於是，那些曾經將農業塑造成一個有機整體的重要循環被打破，這樣，將全球性標準和全球性控制方法整合到標準化的農業實踐中就相對容易。

企業農業的生產目標集中在利潤（剩餘價值）的創造上，它僅僅依靠現有的可用資源來生產附加值。在企業農業中，市場首先是一種組織原則。由於高度整合並依附於市場，生產單位不得不遵循「市場的邏輯」，企業家精神成為調整農業企業內外社會與自然要素的核心機制。在企業農業中，利潤和收入水平可以通過降低勞動投入來實現，從而隨着勞動力的流出而得到提升，因此，企業農業不會力求創造更多的就業崗位，相反，會為了逐利而減少勞動力的使用。企業農業的生產資源並非依賴資源庫的發展，而是高度依賴市場，因此，其自主性程度較低。在這種一味追逐利潤的目標指導下，當市場價格水平嚴重下降，以至於利潤成為泡影的時候，選擇退出並將資本投資他處，是顯而易見的、「合乎邏輯的」企業家行為，因此農業失活（de-activatioon）時有發生。這種農業失活反應還包括向更粗放型的農業轉變，這會使勞動投入大大減少。因此，國家糧食安全之夢期望通過企業農業（包括公司農業）的發展來實現，似乎有些天方夜譚，尤其是當國家還給予優惠的政策扶持和大量的財政支持時，人們不得不懷疑資本是否綁架了政治，或者政治與資本是否在共謀其他的目的。

農業企業往往熱衷於大規模的擴張，而由於擴張嚴重依賴信貸資金的支持，企業債務相對較高。這樣，財務壓力就會轉化成加速生產的需求，利用每一片可用之地獲得儘可能高的資金產出（也就是利潤）來支付利息和貸款本金。因此，牛舍中的每一個可用空間不再是一種使用價值，也不再是可利用資源中明確清楚的一部分，更不是動物生長的場所，在這裏，這個空間首要代表着能創造更多價值的資本。這樣，高產奶牛可能在第三年或第四年被淘汰或者取代，它們承受的生產壓力極可能產生乳腺、生殖和其他方面的健康問題，這也加重了它們的淘汰趨勢。因此，奶牛的壽命本身並不是目的。一旦產奶量逐年遞減，這些奶牛就會被淘汰，因為它們佔用了必須產生最大貨幣效益的寶貴空間。諷刺之處在於，過去一頭奶牛會在畜欄裏生活 10－12 年；而現在，同樣的空間會相繼飼養 5 頭奶牛，每頭奶牛只能利用 2－3 年。這些改變代表着一種將動物貶低為丟棄型產品的趨勢。奶牛本可以多年生產，有些奶牛的生產周期甚至可達 15－17 年，小農往往是這麼做的，但是在企業農業，它們的生產周期被迫大大縮短。因此，人們常常發現，飼養的動物變得更加脆弱，它們被退化為可以隨意丟棄的東西。這就是 2013 年春季上海黃浦江漂浮的萬餘頭死豬奇觀背後的邏輯吧，否則人們怎麼會將死豬視如可樂罐而隨手扔棄呢（中央電視台，2013）？

企業農業根據市場關係和未來前景來組織和安排勞動與生產過程，其中，外部指標成為主要的指示標準，如企業農業會根據牛奶價格和不同飼料原料的成本來確定配給量，而不是根據一頭牛的生長過程和日常表現來確定。企業農業的日常活動都在這些外部指標的指導下不斷地進行着調整。與此相比，小農則會感到非常遲疑或者根本不願意這樣做，因為「這樣做的話你就會毀掉你的奶牛，她們需要最適合自己的東西，也需要連續性」。因此，企業農業對生物生命的漠視以及將農業對象視作丟棄型產品的性質與小農農業的「精心照料」形成了鮮明的對比。因此，當企業養豬場出現死豬時，會隨手丟棄；而河北省某村莊的一位婦女在飼養的豬死了之後，傷心地哭了兩天。

三、公司農業

公司農業也可稱為資本主義農業，它由一張延伸極廣、易於流動的農業企業網構成，其組織和生產是為了實現利潤最大化，其中的勞動力主要是或者說全部是計薪工人。公司農業曾一度在席捲全球的土地改革進程中幾近消亡，如今它又在出口型農業的推動之下遍地重生。（Plooeg, 2008: 2）

公司農業在當代的主要形式就是范德普勒格所稱述的食品帝國（food empire），可以說，食品帝國引發並再造了公司農業，同時，食品帝國還以企業農業作為自己的基礎。食品帝國最典型的例子莫過於「ABCD」四大跨國糧商，即美國阿丹米（ADM）、美國邦吉（Bunge）、美國嘉吉（Cargill）和法國路易達孚（Loouis Dreyfus）。它們掌控了世界上超過 80% 的農產品貿易，還操控了生物種子專利、儲運加工等各環節（周立，2008a）。中國國內的公司農業也在市場和資本的推動下，向着食品帝國的目標闊步邁進，其食品帝國的面紗往往還在初級階段時就由自己主動揭開。這一方面說明了其對帝國的無限嚮往和頂禮膜拜，另一方面也彰顯了其征服與控制的優越感。各類農業和食品公司不滿足於「公司」之名而急迫冠以「集團」之號，就是最好的說明。范德普勒格對公司農業、食品帝國的分析主要集中在食品帝國的征服與控制、攫取與侵佔、逃逸特徵、食品的穿越與退化、概念的再造、對勞動的排斥和對生命的蔑視、與消費者的斷聯以及對消費的重塑與控制、對小農的排斥、發展的幻象等方面。

食品帝國是一種組織方式，是一種將物質資源和制度資源組合到一個網絡之中的獨特方式。食品帝國的結構特徵意味着等級制度，意味着不斷地征服、收編和排斥。它構成了一個複雜的技術和制度網絡，並將自己的定序原則和指令強加其上。因此，食品帝國最關鍵的是以特定的方式來獲取和聚合資源。食品帝國具體表現為持續不斷的擴張。這種擴張是通過對自然、生命、食品和農業的征服而進行的。這種征服以一種特殊的方式重塑社會和自然世界，影響消費模式、健康和消費者的身份。它處處體現着對自然和社會的廣泛干預，認為每一件事和每一個人都是能夠被計劃和控制的。帝國的這一強大組織模式，迫使社會和自然世界的眾多領域服從於新形式的集權控制和大規模的侵佔。食品帝國需要可控性，由土地、農民和動植物組成的完美均衡，不管在可持續性上達到的層次有多高，都是帝國眼中的罪孽。

食品帝國的這種征服與控制，不僅僅是由市場和那只假定的「看不見的手」來支配的。事實恰恰相反：食品帝國掌控着市場，它實際上代表了一種超經濟強制。它在很多領域還採用各種各樣的「非經濟強制」手段，來獲取和集中大量財富，例如，國家干預往往代表的是「服務於市場而不是抵制市場」。國家機器以及它們與「客戶」的關係正日益按照市場的形式來進行構建、安排和組織，國家功能被轉換成了市場代理。與此同時，市場逐漸不再由「看不見的手」所支配；相反，它們服從於形式各異的超經濟控制。

食品帝國在價值創造方面其實沒有做出任何貢獻，它幾乎沒有創造任何額外的附加值，它只不過是榨乾了當地生產出來的財富，並按照自己的邏輯進行集中和再使用。其實，食品帝國只不過是連接或重新連接了已有的資源，它猶如一張蜘蛛網，不斷延展，將鄉村的人力和各種資源納入其中，並將已有資源組合成一種獨特模式，以便於榨取其價值，等榨乾以後，就收網逃走，再到另一個有「獵物」的地方去繼續榨取。因此，那些農業大亨一般不進行固定投資，基礎設施一般按年租用，這樣就可以很容易地捨棄，也就是說，它具備了一個逃逸型產業的所有特徵。

但是，食品帝國的確容易殖民人們的現實，構建財富和發展幻象。其實，在資本和業績的遊戲中，食品帝國未來的績效被轉變成了對當前活動的主要評判依據，這相當於把過去、現在和未來之間的相互關係完全倒置了。在這種對時間的組織中，信任不再構築於歷史之上，而是變為依託未來。這也意味着必須把計劃的績效變為現實。另外，當食品帝國進入鄉村時，給人的第一印象會是一個從無到有的過程，這給人以一種強烈的感覺——食品帝國帶來了「發展」。在此之前，貧瘠的土地會看似一無所出，而食品帝國卻使鄉村變成了綠洲和出口中心。它與周邊小農社區的直觀對比會令人震驚，後者或許乾旱荒蕪、地力貧瘠，食品帝國卻生機勃勃、興旺發達。這就好比一邊是鋤頭和耕牛，另一邊則是重型拖拉機、加工廠和提供着世界市場最新貿易信息的計算機技術。然而，只要仔細觀察，人們就會發現其中存在的排斥和強奪現象，這不僅包括土地，還包括水資源、人力資源、小農生計與生命、政策與資金扶持等。不時見諸報端的農業企業攫取農民土地，甚至農民在承包地內被鏟車碾死的極端事件，無不說明了上述的排斥和強奪現象。食品帝國不再需要小農了，小農注定是多餘的，食品帝國至多是需要小農的資源、土地和水，需要小農被摧毀後的殘餘物，也就是無可替代的廉價勞動力。

在由食品帝國創造和形塑的世界中，所有產品都喪失了身份。食品不再在特定時間、特定地點由特定羣體所生產，也不再通過公眾基本了解或者能夠了解的流通渠道到達消費者手中。食品正在成為一系列「非產品」（non-product），它的原產地不再重要，它在上架銷售前所經歷的時空之旅也不再重要。食品帝國將「特定場所」轉換成「非場所」（non-place），將特定的時間跨度和諸如「新鮮」這類界定清晰的概念轉變成錯誤的信息，因為在這一過程中，食品已經被運輸、轉換、儲藏和配送，而這些並沒有被告知給社會。這樣，食品的生產和消費之間產生了極大的脫節，這種潛在的脫節涉及時間和空間兩個方面。可以說，斷聯是理解食品帝國運作方式的一個關鍵詞。在食品帝國的控制下，食品的生產和消費在時間和空間上的聯繫越來越被切斷，農業生產越來越脫離具體的情境，脫離當地特殊的生態系統和社會屬性。今天，食品帝國正一如既往地、瘋狂地佔領和控制着全球範圍內越來越多的食品生產和食品消費，儘管世界上 85% 的糧食產量是在小區域內以短鏈的、分散的方式流通的。

在食品帝國的控制下，通過被分解成不同的元素並進行不同的處理，現在食品真的能夠實現遠距離的時空「穿越」。例如，牛奶來自哪裏這個問題已經不再重要，它可能來自任何地方，它同樣意味着身份的喪失。關鍵是，牛奶中要包含各種可以科學檢測的成分，人們購買食品時也會仔細檢查食品包裝上標明的各種成分。如此一來，

> 橙汁就不一定非要是橙子榨出的果汁了，它完全可以是橙子中的各種維生素組合，加入科學研究出來的添加劑，再添一點必要的顏色，就可以是「橙汁」了。這種「橙汁」的生產徹底割斷了橙子本身和橙汁產品的關係，也就是說，食品變得非常抽象了。（Ruivenkamp, 2008）

也正是因為科學家堅信食品營養成分的確定性，按此邏輯，「土雞蛋並不比工廠雞蛋更有營養」這樣的雷人語也就不足為怪了。這些極大地改變了食品本身，不只是食品的概念，還包括食品這一物質實體都改

變了。食品帝國推出了「非食品」，它將非食品塑造成食品的形貌，以便非食品在銷售過程中能得到食品一般的禮遇，也就是說，食品帝國在越來越多地生產着「仿真食品」。為了跨越時間和空間距離以及為了獲利，食品不斷被加以「設計構造」，食品行業內的激烈競爭不斷推動企業在全球範圍內挖掘最便宜的原料和最廉價的措施。這導致了食品質量的日趨退化。因此，食品帝國深刻地改變了食品本身，改變了一直以來食品被生產和消費的方式。可以說，食品帝國對人類生活的諸多方面進行了重塑，它們用自己的新科學和新技術重新操控着生活。

食品帝國還往往對食品的概念進行重新界定和不斷再造。例如，鮮奶曾經是一個表述非常明確的概念，但是在食品帝國的干預和重塑下，今天所說的「新鮮」不再是指擠奶之後 24 小時之內完成加工並保證 48 小時之內消費。今天所說的「新鮮」能夠延長至幾個星期，甚至是幾個月。再如，雞肉的嫩度和口感與品種、飼養和管護已經毫不相干，因為它們也可能是胡攪亂拌的結果：也就是向任何品種的雞肉中注水、增加蛋白質、添加軟化劑和香料。雞肉的顏色也不再與品種、飼養、管護、牲畜壓力、儲存和加工方式有任何關係。深色雞肉（可能還散發着難聞的臭味、看上去質量很差）經過粉碎、摻水拌成肉泥以及脫水和烹煮之後，就成了好看的白色（仿真）雞肉片。總之，自然、食品和農業，甚至包括健康、新鮮等都被重新界定，從根本上加以重組和重塑，從而使之服從於不同食品帝國的具體原理。

四、農業！農業！

古往今來，農業一直被等同為將自然或生態資本轉化成食物、飲料和各種原材料，但不能因此被簡化為僅僅是食品的供給。農業代表着社會和自然之間的一個重要聯繫，它總是與自然、社會以及那些親身事農者的情感、利益和前途融為一體。生命的綿延不絕是農業的精髓，農業就是循環不止、生生不息的開始和終結，是永遠的重生（鮑曼，2006a：

15）。農業還體現了一個個生命之間的交往。河北省某村莊的一位農民，用玉米餵雞，將雞蛋送給在城市的孫女。有人建議他乾脆把玉米賣了，到城裏再買雞蛋，這樣既省事又便捷。該農民說：

斷然不可，因為我辛苦養的雞，下的蛋，送給我的孫女，孫女吃了，這表達了我與孫女之間的感情交流。當兒媳婦說「這是你爺爺養的雞下的蛋」時，我感到的是溫暖，絕不是幾個錢可以代替得了的！（一位河北農民語）

然而，目前的農業發展趨勢往往是去社會化和去人性化的，它將社會關係淪落為純粹的物質和金錢的交易。其中工業化、市場化和現代化對農業的腐蝕尤為明顯。當今食品生產與食物消費的工業化過程正在按照一個精心設計的計劃來言說和開展：全球化、自由化、完全成熟的轉基因食品、宣稱全世界從未享用過比今天更為安全的食品。有人甚至聲稱這一計劃將為第三世界的窮苦農民帶來光明的前景。另外，農業還被廣泛理解為企業家式的活動和行為，並因此被視為與其他經濟部門並無二致。如此一來，農業不但能夠而且必須受到市場的支配和控制。再者，「現代農業」建立在一種長期失衡的基礎上，並不停地奔向一個新的未來，它代表着一種驚險的變革。

今天，食品帝國和企業農業所建構的文化攻勢和話語敘事正在改變大眾的現實。2011 年 11 月 23 日，央視節目《誰能玩轉農業？》就 IT 公司是否應該進軍養豬業展開了辯論。辯論的背景是豬肉多年供不應求、價格飛漲，導致不少資本集團對進軍農業領域躍躍欲試。其結果是，「IT 公司進軍養豬業」較「主要由小農養豬」獲得多數人的支持。這在很大程度上代表着目前被殖民了的現實：多數經濟學家鼓吹大幅減少農村和農民數量，高談城市化戰略；小農生產方式落後、規模小、效率低，無從應對諸如食品安全等問題；農業的前途是實現規模化的公司經營。

當主流都在為公司和企業進軍農業而歡呼雀躍時，我們卻重拾小農農業，也許很不入流；當現代農業和規模農業成為國家大策時，我們卻倡導小農的自主性，似乎很不應景；當人們以「小農意識」來鄙視「俗」人時，我們卻譯介小農主義思想，自然會成為少數派。當然，也許有人會質問，「你想回到小農社會嗎？」盧梭在論述社會出現之前的善良原始人自然狀態的平等生活時，預先提出了他人可能的質問——「難道要取消社會，返回大森林和熊一起生活嗎？」盧梭說，自己喜歡預先將這樣的質問提出來，是想讓他人為得出這種結論而感到恥辱。其實，盧梭十分明白，重返大自然是不可能的，人們應當生活在社會當中，但是，通過對人類生活史的追溯，公民也許可以更好地履行責任，更好地運用各自的天賦來治理好國家（盧梭，2009：31，185）。儘管世界各地或多或少地存在着范德普勒格所說的「再小農化」進程，我們必須認識到，我們面對的主流趨勢是普遍的去小農化（depeasantizatioon）進程，但是，這並不能否定對小農與小農農業進行研究的意義，恰恰相反，通過對小農和小農農業的研究，我們也可以更好地思考農業的本質和人類的生活，尤其是可以重新反思當下的現實，重新思考普遍的食品危機之根源，還可以看清食品帝國對生態和社會經濟的粗暴掠奪，以及對自然、農民、食品和文化所造成的毀壞。這可以使我們保持警醒，未來的農業將繼續以一種健康且可持續的方式養活人類，還是養活公司？

在世界普遍的去小農化進程中，我們還應該看到農業大學和農業科研機構裏的那些農業科學家的貢獻。對小農和小農農業的最大詆毀莫過於農業科學家，他們中的大多數倡導的是消滅小農農業方式，減少小農數量。現在，公司正在越來越多地滲透到農業的研究和教學之中，並以研究項目和獎學金等形式綁架農業科學家和青年學生的主體性意識，從而為食品帝國主宰農業和農村鋪平道路。農業研究大多圍繞化學製品、仿真食品、添加劑和轉基因開展，少有真正分析小農的生產和生活邏輯的。由此，農業研究所服務的或許是企業和公司，而不是農民。北京順義的一位農民因為生產綠色食品而受到很多城市消費者的關注。她的產品之所以深受歡迎，就是因為不用農藥、激素等化學製品。她的策略就是遠離農業科學家每每炫耀和宣揚的科研成果。今天，面對中國悠久的小農農業歷史傳統，也許沒有什麼比農業科學家極力蠱惑消滅小農更為諷刺的了，沒有什麼比農業科學家對數以億計的小農之生活境地漠不關心而更無情無義的了，沒有什麼比農業專家聲稱的「食品安全與生活質量」更沒有實質意義的了。

馬克思曾預測小農將會消亡，范德普勒格用第三世界和發達國家的豐富案例明確地告訴我們，小農沒有消亡！不僅如此，甚至越來越多的人正在以小農的方式為實現高質量的、環境友好的和自主的生存而進行着不懈的社會鬥爭。面對世界性的糧食危機和食品安全危機，我們不能只從監管、道德和誠信的角度尋找根源，而應該反思正在不斷推進的公司化、市場化和商品化農業機制。我們應該正視農業的本質和小農農業在尊重自然、尊重生命、尊重健康方面的特徵，正視小農在農業中的主體性特徵，要避免將土地和人民的命運交由市場安排，因為那樣將無異於對他們的毀滅（波蘭尼，2007：113）。

范德普勒格反對將自己說成是民粹主義者，但願意將自己看成是農民，當然他的確是農民的兒子。與他的無數次交往，讓我深深體會到他的後現代農民研究所蘊含的「多元雜糅」的價值觀，特別是真正尊重農民、理解農民的實踐觀。在《新小農階級》裏，我們還可以真切地感受到他對農民的深情厚誼。然而，這種情意或許會遭遇這樣的告誡，即學者的研究不要帶有感情色彩。我自以為，人本來就是感情動物，其一舉一動、一言一行都是帶有感情的，有情有義的人發出聲音怎麼可能不帶感情呢？對絕對理性的盲目追求往往會泯滅人類的感性，甚至很多人尚未經歷感性的體驗就被教導理性至上，尚未學會感性思維就開始理性思考了，也難怪當今的學術作品很多言之無物、索然無味了，它們實不如雞肋，棄之亦不足為惜。當然，范德普勒格的感情作品不是憑空而來，而是建立在扎實的經驗研究基礎之上的。在多學科、多地點和多年的研究基礎上，范德普勒格飽含深情地告誡我們：「一個有小農存在的世界要比沒有小農的世界更加美好！」

糧食的故事

關於饑荒與漲價的悖論

春種一粒粟，秋收萬顆子。四海無閒田，農夫猶餓死。（李紳，《憫農》）

隨着世界範圍內現代化進程的推進，人類正在創造一個又一個繁榮發展的幻象。從表面上看，飢餓似乎正在逐漸淡出人們的視野，大規模饑荒在過去幾個世紀越來越少見。尤其是，在歐洲和北美洲 19 世紀中期以來徹底擺脫饑荒的困擾之後，不少學者更加堅定了饑荒能夠被徹底根除的信念（Vanhaute, 2011）。近幾十年來，「綠色革命」與農業生物技術促進了糧食產量的大幅提高，使人們彷彿看到了曙光。今天，國際發展機構、發展中國家政府和發展專家都認為，可以通過農業技術進步使糧食產量的增速快於人口增長速度，從而突破「人口陷阱」[1]，實現經濟起飛，並最終擺脫貧困，完成對發達國家的「趕超」。然而，在經歷了幾十年的技術進步與產量增長之後，未受飢餓之苦地區的人們或許根本無法想象下面兩個方面的事實。

第一，全世界範圍內的飢餓人口不減反增。2007 年 10 月 16 日「世

[1]「人口陷阱」是指任何超過最低水平人均收入的增長都會被人口增長所抵消，最終又退回到原來的最低水平。人口陷阱理論的基本思想來源於馬爾薩斯的人口理論。新古典發展經濟學理論認為，人口陷阱的存在是發展中國家人均收入停滯不前的根本原因。

界糧食日」那天，聯合國糧農組織總幹事迪烏夫說：「我們的星球有足夠的糧食為所有人提供充足的食物，但今晚仍有 8.54 億男人、女人和兒童餓着肚子睡覺」（周立，2008a）。根據嚴海蓉總結的數據：

> 在過去的四十年裏，世界人口增加了一倍，農業產出是原先的 2.5 倍，但是飢餓和糧食危機卻困擾着當今世界。殘酷的事實是多數捱餓的人口生活在出口糧食的國家，其中 70% 生活在農村。世界 66 億人口中，飢餓人口以前所未有的速度增長，從 2003 年的 8.4 億增長到 2009 年的 10 億多。另有 10 億人營養不良。世界每年有 500 萬兒童因飢餓死亡。（ETC Grooup, 2009; Greenpeace, 2009）

第二，全球範圍內出現糧食危機，糧食價格居高不下。2006－2008 年，一場驚心動魄的糧食危機在全球蔓延，包括大米、小麥、玉米、大豆在內的國際糧食價格在經歷了 15 年的相對穩定乃至緩慢下降之後，在短短兩年內急速暴漲。「世界市場上的 60 種農產品價格在 2006 年和 2007 年分別上漲了 14% 和 37%。玉米價格 2006 年初秋開始上漲，在隨後的幾個月裏暴漲約 70%。小麥和大豆價格在這段時間也一路狂漲，達到歷史最高水平……大米價格在 2007 年漲幅更是超過了 100%。」（Magdooff, 2008）聯合國糧農組織發佈的數據顯示，2008 年 6 月全球食物價格指數（以 2002－2004 年平均價格為 100）比 2006 年 6 月飛漲了 79.81%，其中穀物價格指數更是在 2008 年 6 月達到 273.5，是兩年前的 2.36 倍（如圖 1 所示）。糧食與食品價格的暴漲推動了其他生活必需品價格的上漲。由於無力購買足夠的食物並被日益高昂的生活成本逼入窘迫境地，憤怒的人們走上街頭，表達自己的不滿。2007 年到 2008 年間，有 30 多個國家爆發了抗議食物與生活成本無節制上漲的民眾游行示威，與此相關的暴動、騷亂、哄搶乃至政府倒台引發了更多的暴力衝突與死亡（貝羅、巴非爾拉，2010）。

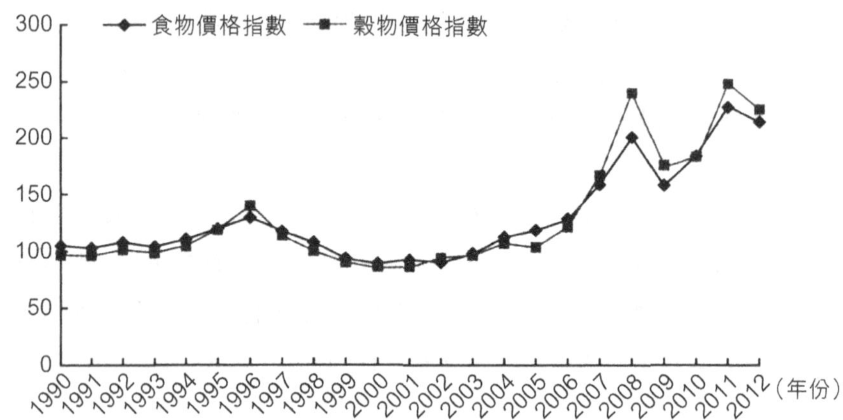

圖 1 聯合國糧農組織食物價格指數、穀物價格指數（1990－2012 年）

註：圖中數據為年度平均值，根據聯合國糧農組織（2012b）發佈的每月數據計算得出。

面對世界上近 10 億人還在忍飢捱餓，以及全球範圍內糧價暴漲的局面，無數專家以極具常識性的思維提供了主流性的解釋。

關於世界範圍內的嚴重饑荒現象，最樸素和最為直接的解釋是由糧荒所致，即因為糧食不夠吃。對此，不同專業領域的學者和不同背景的社會人士給出主旨相近但目的各異的敘事。例如：

- 糧食產量低是食物供應缺乏和飢餓的主要原因。
- 挖掘農業潛力、增加糧食產量是發展中國家解決飢餓問題的唯一可行辦法。
- 解決飢餓不能沒有農業生物技術。多年來，各種作物產量均徘徊不前，產量潛力出現瓶頸，因此，應該通過生物技術的研發來解決世界飢餓問題。
- 非洲需要提高糧食產量對抗飢餓；中國已經解決了 13 億人口的吃飯問題，中國正將自己的經驗搬到非洲，以幫助他們扭轉長期糧食供應不足的局面。

- ☐ 到 2050 年，全球農作物產量必須從目前的水平上增長兩倍，才能滿足全球需求，以阻止全球發生飢餓，確保全球糧食安全。

很明顯，這些敘事將世界飢餓問題看成了純粹的技術問題，認為捱餓就是因為糧食不夠，因此，若提高了糧食產量，也就不會再捱餓了。如此一來，為了發展農業生產，生物技術專家建議政府或財團增加對生物技術研發的投資，栽培育種專家建議政府加大對農業科研的投入，國際發展合作領域的從業者建議將中國農業模式輸送給非洲。如此一來，資本則獲得攫取土地實施現代農業的道德支撐。似乎每個羣體都能從「饑荒乃糧荒所致」的推論和敘事中，獲得一份利益與工作機會。

關於全球範圍的糧食危機和糧食價格暴漲，最樸素和最具常識性的解釋是由供不應求所致，即因為市場糧食短缺，所以糧食價格飛漲。顯然，這一解釋將全球糧食危機和價格暴漲看成了純粹的經濟學問題，認為只有增加市場糧食供給，才能克服糧食危機。遵循這一邏輯的敘事，一直是媒體報道和社會討論中的主流聲音。例如：

- ☐ 糧食價格上漲的主要原因是供不應求。
- ☐ 全球食品漲價誰之過？供不應求是造成商品漲價的直接原因，全球食品漲價也不例外，其中糧食供不應求是根源。
- ☐ 糧食漲價，蔬菜漲價，肉類漲價，農產品都漲價，這是因為供不應求，需求很大，但產量不足。因為國內生產不能滿足需求，還需要從國外進口。

其實，從一千多年前李紳的「四海無閒田，農夫猶餓死」那裏，我們已經知道糧食絕不是簡單的產量和價格問題，絕不是單純的技術性或經濟學問題。雖然真正的糧荒一定會導致饑荒，真正的市場短缺或許會導致漲價，但在當下的全球現實中，「饑荒乃糧荒所致、漲價乃短缺所致」的推論是不需任何智識的線性思維的，其因果邏輯是條件反射式的、想當然的，因此無法掩蓋其悖論的本質。

一、糧食的產量與供給

（一）饑荒與糧荒的悖論

世界糧食產量幾乎每年都會創出新高。新近數據顯示，世界穀物產量 2013 年將增至歷史最高，達到近 25 億噸（中國新聞網，2013）。在中國，2014 年全國夏糧創下新中國成立以來「十一連增」（《重慶日報》，2014）。在城市化高歌猛進的背景下，糧食產量連續十餘年增產，不能不說是一個奇跡。

然而，世界糧食產量的增加並沒有帶來飢餓人口數量的減少。2001－2011 年的十年間，全世界人口總量增長了 13.85%，全球糧食（穀物）產量增長了 22.84%。然而，就是在這種情況下，全球陷於營養不足（飢餓）的人口佔世界總人口的比例卻從 13.58% 增加到 15%[1]。如果從更長的時間來看，在過去的 40 年中，世界人口增加了 1 倍，農業產出增加了 2.5 倍，飢餓和糧食危機卻依然困擾着當今世界（嚴海蓉，2010）。2007 年，世界穀類產出大豐收，比 2006 年增加 4%，達 23 億噸，然而 2008 年世界窮人捱餓的程度卻創了紀錄（Eradicate Hunger and Malnutritioon, 2009）。法國學者西爾維・布呂內爾（2010:9）指出，從理論上講，對所有人來說，食物生產都是充足的，世界範圍內的食物生產總量高於人類所需總量。尤其是，在全球信息手段和預防手段都相當發達的今天，地球上任何地方的食品匱乏都能輕易地得到補充。

然而，更為弔詭的是，盛產糧食的地方往往是饑荒發生的地方，糧食的生產者往往最先成為飢餓的受害者（布呂內爾，2010：30）。這種

---

[1] 綜合聯合國糧農組織、聯合國開發計劃署等機構相關數據計算而成。

奇特的現象並非偶然出現。在 1943 年的孟加拉[1]大饑荒中，有 350 多萬人餓死，2000 萬人受到直接影響，而就在大饑荒之前，還有 8 萬噸穀物從孟加拉出口（席瓦，2006；伯恩斯坦，2011：72）。1875－1900 年是印度饑荒最嚴重的時期，被餓死的人數在 2000 萬左右，同期印度的糧食年出口量卻從 300 萬噸增加到 1000 萬噸，相當於 2500 萬人一年的口糧（麥克邁克爾，2010）。正如阿馬蒂亞・森（2001）所確信的，在實際生活中，一些最嚴重的饑荒正是在人均糧食供給沒有明顯下降的情況下發生的。災難性的孟加拉大饑荒並不是孟加拉糧食嚴重短缺的反映。

麥克邁克爾（2010）的研究發現，從 19 世紀 40 年代愛爾蘭的土豆饑荒，到 1943 年的孟加拉大饑荒，再到最近的糧食短缺，糧食都被轉用於商業目的。同樣的事情也發生在 20 世紀 30 年代的烏克蘭和 20 世紀 90 年代初期蘇丹的饑荒災難中（布呂內爾，2010：67）。而在 1943 年孟加拉的大饑荒中，農民為了生存而保衛自己生產的糧食，抵制地主和殖民政府斂稅官的巧取豪奪。這些農民卻因此被警察逮捕，且被指控的罪名是「非法持有稻米」（席瓦，2006）。

總之，目前的情況是，有充足且不斷增加的糧食供給，用以滿足全世界所有人的需求，且綽綽有餘，但還是有越來越多的人深陷飢餓。現實情況就是如此荒謬，因此，蘇珊・喬治（Susan Geoorge, 1986）以《更多糧食，更多飢餓》為標題對這一現實進行了尖銳的諷刺。

（二）漲價與短缺的悖論

研究發現，至少就 2008 年以來的全球糧食價格高漲而言，其根源不在於缺少糧食的供給，因為糧食的產量與供應量不僅在持續增長，而且無論是絕對數量還是增長速度都高於同期的消費需求。在糧食危機爆發的 2006－2008 年，全球糧食產量增長了 13.34%，糧食供應量[2]

---

❶ 當時是南亞的一地區，現在分屬印度和孟加拉國。

❷ 糧食供應量等於糧食產量加上庫存量。

增加了 8.84%。除了 2009 年產量比上年下降 1% 以外，2006－2011 年的全球糧食產量與供應量始終處於增長之中，其中，糧食產量五年共增長了 16.04%，供應量在五年之間增加了 14.43%，而消費量只增加了 11.77%。2008－2011 年的四年之中，有三年的全球糧食產量和實際供應量高於當年全球糧食消費量（聯合國糧農組織，2012a）。2007 年，世界穀類產出大豐收，達 23 億噸，然而，稻米的世界市場價格在 2008 年的兩個月裏飛漲 75%，而小麥的價格在 2008 年增長了 120%（Pfaff, 2008）。也就是說，我們有充足的糧食供給，但糧食價格卻在飛漲。其實，在現實生活中，不僅糧食價格不能通過經濟學的簡單供求關係來解釋，其他很多問題也是如此。例如，在高房價成為全國人民深惡痛絕的社會問題之時，「鬼城」現象卻屢屢被曝出，難道最近十年房價的高漲是因為市場供應不足嗎？

越南是世界第二大稻米出口國，且擁有充足的糧食供應，但在 2008 年卻出現了瘋狂搶購囤積大米和嚴重通貨膨脹的現象。聯合國開發計劃署駐越南經濟學家喬納森．平卡斯（Jonathan Pincus）指出，越南國內的糧食危機並非因為短缺，而是由於同國際市場價格接軌的國內米價降低了人們的購買力（唐風，2008 ）。因此，對於融入世界市場的發展中國家，當國際糧食價格高漲時，只能或放任高價而使窮人因買不起糧食陷於飢餓，或維持低價而使本應滿足國內需求的糧食流向能出「大價錢」的發達國家。儘管每年在國際市場上交易的糧食只佔全球產量的十分之一左右，卻能夠影響一國內部的糧食供應和市場價格，而且對窮人的影響更大。例如，若世界小麥價格上升 75%，「對美國來說，所造成的差別只不過是一個麵包的價格從 2 美元上升到約 2.1 美元」，在印度卻意味着收入拮据的窮人不得不「從一日兩餐變為一日一餐」（Broown, 2011）。

正如阿馬蒂亞．森（2001）所言，「饑荒是指一些人未能得到足夠的食物，而非現實世界中不存在足夠的食物」。但是，貧窮的人因為無力購買而無法獲得食物。糧食危機與饑荒「說到底是食物的分配問題，而不是擁有問題」（布呂內爾，2010：10）。因此，在考察糧食問題時，我們需要清楚的是：

> 糧食問題從來都不是單純的。只有從歷史的視角看，才能擺脫單純就糧食談糧食、就農業談糧食、就簡單的供求失衡談糧食、就國內外貿易變化談糧食的討論模式，才能進一步挖掘新一輪糧食價格上漲表象的背後邏輯。（周立，2008a）

二、食品帝國

既然我們擁有足夠的糧食，而現實卻是越來越多的人被迫忍受飢餓，那麼糧食都去了哪裏？研究指出，跨國公司掌握着全球大部分糧食的生產、加工、流通與銷售。這些跨國糧食和食物公司，被范德普勒格稱為食品帝國（food empire）。

> 食品帝國是高度集中化的、由大型食品加工與貿易公司構成的、在全世界範圍內運作的經營方式。它是一種正在佔據主導地位的組織與控制方式。在食品帝國的控制下，食品的生產和消費在時間和空間上的聯繫越來越被切斷，農業生產越來越脫離具體的情境，脫離當地特殊的生態系統和社會屬性。今天，食品帝國正一如既往地、瘋狂地佔領和控制着全球範圍內越來越多的食品生產和食品消費。（范德普勒格，2013：4-5）

食品帝國最典型的例子莫過於「ABCD」四大跨國糧商，即美國阿丹米（ADM）、美國邦吉（Bunge）、美國嘉吉（Cargill）和法國路易達孚（Loouis Dreyfus）。它們均有着百年歷史，已經掌控了世界上超過 80% 的農產品貿易，還操控了生物種子專利、儲運加工等各環節（周立，2008a）。在中國，這四大跨國糧商通過各種途徑滲透到糧食流通市場的廣大領域，通過收購或參股國內大型糧油企業，獲得中國大豆 80% 的進口權，導致中國 97 家大型油脂企業中的 64 家被外資控制（蔡恩澤，2010）。2005－2008 年的短短三年間，中國 85% 的大豆壓榨產能已被跨國糧商控制（周立，2008a）。

一項針對某行業中前四家最大企業所共同佔據的市場份額的研究顯示，在小麥加工行業，前四家公司的市場份額從 1982 年的 40% 增長到 2000 年的 61%；在玉米加工行業，前四家公司的市場份額從 1977 年的 63% 增長到 1997 年的 74% ；在大豆加工行業，前四家公司的市場份額則從 1977 年的 54% 增長到 1997 年的 83%（Yoon, 2006）。這充分說明在糧食和食品行業，大企業的集中程度越來越高。此外，國際四大糧商還通過各種方式進軍農業上游領域的生物育種、農藥和化肥生產與下游領域的糧食儲運加工、食品製造和銷售，甚至直接在發展中國家收購土地設立農場，觸角伸及世界各地（馬格多夫，2008），其中也包括轉基因種子和農業燃料產業（貝羅、巴非爾拉，2010）。而在這些跨國公司背後進行操縱的，是隱藏更深、能量更大的壟斷金融資本。美國商品期貨交易委員會指出，「華爾街的投資控制了芝加哥、堪薩斯和紐約商品交易所五分之一到一半的玉米、小麥和活牛等期貨合約。以芝加哥交易所為例，47% 的生豬、40% 的小麥、36% 的活牛和 21% 的玉米長期期貨合約都由華爾街的投資控制」（麥克邁克爾，2010）。

世界上有充足且豐富的食物，問題是：「世界的食物生產是按有支付能力的需求來安排的」（布呂內爾，2010：30）。壟斷資本追逐高額利潤的天性，使其控制下的食物生產與分配將那些最迫切需要食物而又沒有支付能力的窮人排除在外。窮人買不起附加了壟斷利潤的昂貴食物，因此他們被認為「不是消費者，對食物沒有需求」。

三、糧食的政治與戰略功能

國以民為本，民以食為天。能否保證本國人民獲得數量和質量上都有可靠保障的糧食，關係到任何一個國家的社會安危與政權合法性。因此，自古以來人們就從政治的高度來看待糧食與糧食安全。例如，《禮記．王制》提出，「國無九年之蓄，曰不足；無六年之蓄，曰急；無三年之蓄，曰國非其國也」；《管子》認為，「不生粟之國亡，粟生而死者霸，粟生而不死者王」；《商君書．農戰》指出，「國之所以興者，農戰也」「國待農戰而安，主待農戰而尊」。在古代，這樣的論述有很多，都將糧食置於關係國家生死存亡的重要地位。因此，中國歷朝歷代都堅持重農抑商、強本逐末的指導思想，強調農業和糧食生產的重要地位，以防止擁有雄厚資本而追求利潤與壟斷地位的商人剝削小農而威脅到國家糧食安全。此外，中國歷代王朝政權還通過組織修建大型水利工程、興辦漕運、設立常平倉與荒政救濟制度等方式促進糧食生產，保障國內糧食儲備與糧食市場穩定，方便糧食周轉，應對各種天災人禍造成的糧食短缺與饑荒。正是由於認識到糧食的重要政治地位，中國古代長期實行鼓勵糧食進口而限制糧食出口的政策，官府對向少數民族地區和外國出口糧食實行嚴格管制，在明清兩朝更是嚴禁糧食出口（劉玉峰、李維才，2009）。

然而，將糧食作為國際政治中用以控制和脅迫他國，以達到政治與軍事目的，謀求自身利益的一種戰略武器，美國或許是始作俑者。1954 年，美國簽署《480 號公共法案》，即《農業貿易發展與援助法》，又稱「食物換和平計劃」，目的是利用美國的過剩農產品對第三世界開展「糧食援助」（USAID, 2004）。至於援助的效果，該計劃最早的鼓吹者之一參議員休伯特．漢弗萊在參議院一個委員會上是如此大加讚美的：

人們將為了糧食的緣故而依賴我們。我明白，有人會認為這不是個好的消息。依我看，這卻是個好消息，因為人們必須先吃東西，才能幹些事情。如果你想找一種辦法讓人家依靠你，仰賴你，也就是與你合作，那麼，糧食方面的依賴似乎是絕妙的一招。（石如東，1995）

1971 年，智利民選總統薩爾瓦多·阿連德推行包括土地改革和將外國資本控制的廠礦進行國有化等在內的一系列社會主義政策，致使美國壟斷資本在智利的利益受損。美國因此立即停止了對智利的糧食援助。而在受到中情局支持的智利獨裁者皮諾切特發動武裝政變推翻民選政府，實行法西斯獨裁統治，全面取消阿連德的社會主義政策後，美國的糧食援助又恢復了，並且是之前的數倍。對這段歷史，阿連德時期的智利農業部部長賈克斯·孔高爾總結道，「誰控制糧食出口，誰就控制世界」（石如東，1995；周立，2008a）。另一個典型例子是美國對蘇聯的糧食援助。20 世紀 80 年代初期，蘇聯由於入侵阿富汗而遭到美國的糧食禁運，但是在 80 年代末期蘇聯開啟符合美國利益的自由化改革進程後，美國立即在 1990 年美蘇首腦會談中給予了蘇聯為期五年的糧食貿易援助。1990 年 6 月 4 日的《南洋商報》是這樣評論的，這個協定「對於戈爾巴喬夫解決國內經濟改革問題並無助益，但對於戈氏在國內的權威與地位，對於戈氏的體制改革大業，具有象徵意義」（石如東，1995）。

「援助」自然會有人因此受益，像嘉吉這樣的美國大公司，利用政府補貼的食品援助項目向發展中國家傾銷過剩農產品而獲得巨大收益，從此開始成長為國際大糧商。我們由此也可知曉背後推動這一計劃的原動力。然而，跨國壟斷資本不僅僅滿足於用糧食作為籌碼來討價還價，必要時也會直接用武器來排除一切阻擋它們攫取利潤的障礙，就像美國聯合水果公司 1954 年在危地馬拉所為一般。當危地馬拉政府試圖購買聯合水果公司一塊閒置土地，以分給無地的農民時，一個由美國中央情報局支持的入侵行動引發了這個國家此後持續 40 多年、造成 20 萬人死亡的獨裁統治與戰爭。當時的美國中央情報局局長正是曾在聯合水果公司供職的艾倫·杜勒斯。此外，這個公司還因為向哥倫比亞準軍事組織提供資助而受到指控（帕特爾，2008）。

美國斯特拉特福戰略預測機構曾清楚地指出，糧食已經成為地緣政治中的王牌。美國前農業部部長約翰·布洛克也說道：「糧食是一件武器，而使用它的方式就是把各個國家繫在我們身上，那樣它們就不會搗亂。」而美國中央情報局的一份報告指出，第三世界國家缺糧「使美國得到了前所未有的一種力量，華盛頓對廣大的缺糧者實際上擁有生殺予奪的權利」（石如東，1995；周立，2008a）。跨國壟斷資本正是極力藉助它們手中的政治力量來謀求控制全球的糧食，因為正如基辛格所言，「如果你控制了石油，你就控制了所有國家；如果你控制了糧食，你就控制了所有的人」（恩道爾，2008），而「人」在壟斷資本眼中已經被等價於製造剩餘價值的勞動力和提供利潤的市場。

當然，中國政府非常清楚糧食之於國家穩定和國際政治的作用。國家主席習近平多次就糧食問題發表重要論述：中國始終高度重視國家糧食安全，把發展農業、造福農村、富裕農民、穩定地解決 13 億人口的吃飯問題作為治國安邦重中之重的大事（新華網，2014）。我們自己的飯碗主要要裝自己生產的糧食（新華網，2013b）。手中有糧，心中不慌，保障糧食安全對中國來說是永恆的課題，任何時候都不能放鬆。歷史經驗告訴我們，一旦發生大饑荒，有錢也沒用。解決 13 億人吃飯問題，要堅持立足國內（新華網，2013c）。因為糧食價格一旦發生非理性上漲，就會造成巨大的社會動盪。農業部部長韓長賦曾提醒「中國人的飯碗不能端在別人手裏」，這並非危言聳聽（蔡恩澤，2010）。

四、資本對糧食的控制

今天，全世界一半以上的糧食是由第三世界的小農生產出來的（Altieri, 2009），而由跨國壟斷資本推動的國際貿易的糧食只佔年產量的十分之一左右（聯合國糧農組織，2012a），資本是如何將全球糧食分配控制在自己手中的呢？實際上，由工業化與自由貿易推動的資本主義全球化過程，也就是資本對人類賴以生存的食物日益取得支配地位的過程。工業化摧毀了傳統社會基於農民與地方社區的農業生產方式，使資本掌握了糧食的生產過程。新自由主義所推動的自由貿易進一步為資本化的糧食生產開拓市場，從而能夠將生產過程創造的剩餘價值轉化為壟斷利潤。

（一）工業化與糧食生產

資本主義的工業化既包括由資本組織土地、勞動力與機器設備的工業生產方式的建立與擴張，也包括對傳統農業部門的工業化改造。工業部門要求資本與勞動力高度集中，因此掠奪土地並驅趕附着於土地上的農民就成為迅速獲得足夠資本與自由勞動力的捷徑。而通過對農業的工業化改造，建立起單一種植的商業化農業，農業部門便被納入資本主義生產體系中，並為工業部門提供廉價的食物與原材料，成為其附庸。

1. 從「圈地運動」到跨國土地攫取

資本主義的原始積累是一個生產資料從分散、平均配置向資本家手中快速集中的過程。通過殖民掠奪獲得原料與金融資本，通過圈地運動獲得土地與自由勞動力，既是資本原始積累的途徑，也是資本主義工業化能夠快速推進的祕訣。歐洲的圈地運動一直延續到 19 世紀，新興貴族通過暴力方式將農民趕走，將原先為眾多自耕農和佃農耕種的土地大片據為己有，轉變為工業地產或資本主義的大農場。被剝奪土地的農民成為無產者，不得不向資本家出賣勞動力以維生；他們的食物來源從過去的依靠耕種土地自給自足，到後來通過工資來購買。市場由此取代土地，成為大多數人獲取食物的唯一來源。可以說，資本與市場在食物分配中的地位，正是通過強行剝奪農民土地的方式而人為建立起來的。

16 世紀英國毛紡織工業的興盛和大量紡織工場對羊毛的需求成為圈地運動的主要推動力，追求更高級差地租[1]的新興地主將大量過去用於生產食物的土地轉變為牧場或工業用地，從而壓縮了食物的生產能力。

---

[1] 級差地租指租地經營的資本家由於土地質量的差異而向土地所有者繳納的超額利潤，區別於由於土地天然的稀缺性而產生的「絕對地租」。級差地租包括級差地租 I（由於土地肥力或位置的不同而產生的級差地租）和級差地租 II（由於對土地追加投資引起的勞動生產率差異而產生的級差地租）。

並且，那些過去能夠自己生產食物而後來被剝奪了土地的人成為純粹的食物消費者。前提是他們能夠找到工作、賺取工資，並購買到足夠的食物，否則只能餓死。失業人口的大量存在為資本家維持着一個「令人滿意」的低工資水平，而且這個工資水平會隨着資本積累規模的擴大，以及更多更先進的機器代替勞動並擴大「產業後備軍」[1]，而被不斷壓低。用於生產食物的土地與勞動力的減少、大規模的失業和極低的工資水平，帶來無產階級的貧困化、飢餓和革命。於是，對外殖民掠奪便成為緩和與轉嫁國內危機的手段。

殖民掠奪首先體現為人口輸出與土地掠奪。從 16 世紀起，英國對愛爾蘭的殘酷殖民政策，使來自英格蘭的地主佔有了大片愛爾蘭土地。在移民湧入、人口激增和日益嚴重的土地兼併下，土豆成為愛爾蘭農民賴以為生的主要食物來源。而在此後愛爾蘭爆發「土豆饑荒」的七年中，又有 100 萬愛爾蘭人因為饑荒逃亡海外，成為當時歐洲向殖民地輸出過剩人口的主力，也是強佔原住民土地的主力[2]。其次是直接從殖民地掠奪糧食。1846 年，英國廢除《穀物法》，並開放對糧食的自由進口。從此以後，英國糧食對外依存度從 1830 年的 2% 激增到 1880 年的 45%，其中大部分糧食來自英國的殖民地，如當時饑荒日益嚴重的印度。19 世紀的愛爾蘭大饑荒被認為是歐洲歷史上的最後一次饑荒。許多西方學者將此後的歐洲視作人類消滅饑荒災難的「典範」，是深受飢餓之苦的第三世界應當學習效仿的「樣板」（Vanhaute, 2011）。然而，社會學家邁克．戴維斯一針見血地指出：「實際上，倫敦人在搶印度人的麵包吃。」（麥克邁克爾，2010）

---

[1]「產業後備軍」指資本主義社會中經常存在的大量失業和半失業的勞動人口，是資本主義生產方式存在和發展的必要條件。產業後備軍的存在可以隨時調節和滿足資本主義生產周期變動對勞動力的需求變化（馬克思，2004b：707）。

[2] 1845 年，愛爾蘭種植的土豆由於感染病毒而大面積絕收。在當時土豆作為大多數愛爾蘭人主要食物來源的情況下，土豆絕收引發了此後七年的嚴重饑荒。其間，有 100 萬愛爾蘭人逃亡到北美等歐洲殖民地地區（王輝雲，2010）。

可以說，全球範圍內，特別是第三世界愈演愈烈的饑荒與糧食危機正是由工業化國家為應對本國的糧食短缺、防止工人階級反抗，而在全世界掠奪糧食所造成的；而工業化國家內部的糧食短缺恰恰緣於資本佔有了大片曾經用來生產糧食的土地，並為追求高利潤而將土地轉作他用。今天，以應對全球糧食危機、保障糧食安全的名義，「圈地運動」的野火已經蔓延到第三世界，跨國壟斷資本開始在全球範圍內進行土地攫取。據世界銀行估計，2007－2008 年期間有 4500 萬公頃的土地被交易；而樂施會的數據顯示，從 2000 年起，全球參與國內或跨國大宗交易的土地達到 2.27 億公頃（佛朗哥，2011）。這些土地大多位於歷史上飽受食物短缺與饑荒之苦的撒哈拉以南非洲、非洲之角、拉美和東南亞，其中絕大部分是當地居民世代耕種的土地和休耕地、牧場、採集或狩獵場所，如今卻以「荒地」的名義被地方政府與當地精英圈佔，並被出售給本國或國外的大公司。本地居民則從自己的家園裏被趕走。大片土地過去用於生產供當地人消費的食物，如今卻被用於以出口為目的的商業種植，其中也包括農業生物燃料的生產。今天，不僅是「倫敦人」在搶麵包，那些使用生物燃料的「倫敦的汽車」也在從第三世界人民的土地上搶奪糧食。

資本主義通過圈地運動實現了資本的原始積累，並創造出大量的無產階級。其在為自身發展創造基本條件的同時，也摧毀了建立在農民與土地天然聯繫基礎上的自給自足的農業與食物體系，使糧食短缺與饑荒成為不可避免的常態。通過輸出人口和殖民掠奪來轉嫁饑荒、解決資本主義內部的食物短缺，同時也將更大的區域納入資本主義世界體系當中，意味着更多的土地被圈佔、更多的農民被無產化和更多的人面臨饑荒（伯恩斯坦，2011：72）。從圈地運動到殖民掠奪，再到跨國土地攫取，資本勢力的擴張和資本主義全球化就好比一條越吃越長的貪吃蛇，最終難免咬到自己的尾巴。

2. 對農業的工業化改造

資本不僅通過佔有土地的方式直接控制食物的生產，還通過對農業生產過程的工業化改造，將農業強行納入資本主義的市場體系中，結果是消解了農業生產與農民的自主性。這種改造最典型的例子就是所謂的「綠色革命」，即通過運用化學與生物技術的大規模單一種植來提高發展中國家的糧食產量，以應對人口增長帶來的糧食壓力。發展經濟學認為，「綠色革命」更大的意義在於使更多的勞動力能夠脫離土地而進入工業部門，為發展中國家的工業化與經濟起飛創造條件（速水佑次郎、神門善久，2009）。其潛台詞便是將更多的農民變成可供資本剝削剩餘價值的無產者。

在漫長的人類歷史中，小農的家庭農場一直通過對物質的循環利用，在有限資源基礎上生產各種產品，以滿足家庭和所在社區的需求。這種農業模式充分利用自然界物質循環和生物多樣性，擴大可利用的資源，並實現產出的多樣化，從而具有高度的生態適應能力和抗風險能力，是一種多功能的生態農業模式。在許多民族的傳統文化中，人類被視作整個自然界物質循環的一個有機組成部分，自然界和土地被賦予了如母親般神聖的含義，農耕過程本身便是人類與自然界進行物質交換與精神交流的途徑。而經過工業化改造的農業只為單純追求高產，為此而採取單一化的種植模式。它通過大量施用農藥來消除生物多樣性，通過大量施用化肥來代替自然物質循環，一切只為追求產量和利潤的最大化。在這種只追求單一作物產量的農業中，一切都按照工廠的模式來進行，土地就像是一條流水線，各種機器、管道將利用生物技術生產的種子、化學肥料、農藥作為原料不斷傾向土地。這些原料被分解、組合、裝配成一件件高度標準化的產品，最後再由機器來收割（伯恩斯坦，2011：140）。這個生產過程同一切工業工廠一樣，原材料從一端進入，另一端則排出產品和各種廢棄物，如農藥殘留、化肥污染等。

在歐洲殖民者將單一作物種植園引入其他大陸之前，其他大陸當地的農民數千年來一直採用的是產出多樣化的生態農業模式。從農業生產過程的勞動組織來看，傳統農業需要對複雜的農業生態系統進行合理規劃，充分利用各種功能與資源，農民因此需要具備豐富的地方性知識、技藝和對複雜系統進行綜合管理的能力。與多功能農業生產過程高度的複雜性相比，單一種植模式建立在對生態的人為簡單化處理基礎之上。這個過程是通過對自然的強制來實現的，不需要勞動者擁有對自然的豐富知識，而只需要他們執行這種強制命令，因此其勞動過程也是強制性的，如同工廠流水線中工人的勞動過程一般。與工廠中工人被視作機器的延伸、在機器的支配下進行被動勞動一樣，單一作物種植園對勞動者的要求也不過是「會說話的牲口」。因此，歐洲殖民者的種植園中大量採用奴隸作為主要勞動力，而今天的大型農場普遍採用機器或缺少法律保護的外籍勞工。單一種植模式源於對產量、利潤的追求，而非滿足食物的需求。歐洲殖民者通過建立奴隸制種植園等方式，將這種單一種植模式推廣到世界各地，在第三世界形成了滿足宗主國需求的出口作物種植業，如印度的棉花、東南亞的橡膠、非洲的熱帶作物和中美洲的熱帶水果與蔗糖等，從而使這些地區原先滿足自身需求的農業被強行納入世界市場。

20 世紀 60 年代至今的「綠色革命」，以提高產量的名義將這種工業化農業模式向廣大第三世界國家推廣，試圖使其取代第三世界農民原先的多功能生態農業模式。工業化農業由於其反自然的特性而要求通過農藥、化肥、生物技術種子和機械的大量投入，來保證其單一品種產量，因此與使用天然資源而產品更為多樣化的多功能農業相比，要求更多的資金投入。同時，工業化農業產出的單一性，要求必須通過在市場上出售產品來換取其他食物和生活必需品；從事單一種植的農民除了要面對生產過程中的各種風險外，還要面對市場風險。一些農民為了籌集購買種子、化肥、農藥的資金被迫舉債，而一旦生產過程中遭受損失或者市場價格下跌，農民就有可能陷入沉重的債務當中而難以自拔，成為債奴（伯恩斯坦，2011：66）。在印度，大量的棉農通過貸款方式從同一家企業購買雜交良種和農藥。當棉花由於嚴重蟲害和大規模良種失效而歉收時，他們只好服用這些讓自己陷入債務的農藥而自殺（席瓦，2006）。事實上，正是以世界銀行和國際貨幣基金組織為代表的國際壟斷資本，鼓動印度政府和農民放棄糧食生產，轉向用於出口的棉花種植；而向農民兜售種子、農藥和貸款的也正是那些跨國公司（席瓦，2006）。

（二）新自由主義發展模式與跨國資本

從 20 世紀 80 年代起，由發達國家主導的國際發展援助機構，利用發展中國家遇到的暫時困難，兜售新自由主義發展模式，鼓吹通過結構調整、自由貿易和以出口為導向的商業化農業來實現發展。如果說攫取土地和農業的工業化只是將農業與糧食納入資本主義體系當中，那麼新自由主義的發展模式則為跨國壟斷資本控制全球的農業與糧食打開綠燈，使跨國壟斷資本得以位居全球食品帝國的頂端。

1. 結構調整

出於改造殖民主義統治遺留的畸形經濟結構、促進民族經濟發展和維護本國利益的考慮，眾多第三世界國家在獨立後採取了國家主導的發展模式，實行政府對國民經濟的計劃控制，對外國資本控制的企業和土地實行國有化，在農村推行各種促進社會平等與農業發展的政策。但是，由於國內與國際形勢的變化，一些發展中國家在 20 世紀 80 年代遇到了各種困難，主要表現為政府開支居高不下，產生大量的財政赤字和外債。而此時的世界銀行、國際貨幣基金組織乘機以逼迫償還到期債務和暫緩提供財政援助相要挾，迫使這些國家政府接受它們所制定的新自由主義改革措施，包括私有化、取消市場管制和對外資的限制、削減政府開支特別是社會福利支出、單方面開放自由貿易等。這些改革措施被統稱為「結構調整」（structural adjustment）（陳平，2008）。

結構調整政策使發展中國家政府削減了對本國農業的投資，取消了大量對農民的補貼，將農業技術推廣、小額信貸等工作委託給私營部門，甚至將本國的糧食儲備私有化或商業化。私有化過程同時伴隨着國家對市場、外資和國際貿易管制的解除。這樣，跨國壟斷資本便得以大舉進入，並控制這些已被私有化或商業化的部門；發展中國家弱小的民族資本則被排除在外或淪為跨國壟斷資本的附庸。在印度，新自由主義改革使政府將為農民提供小額信貸的工作，交由國際援助機構和國外非政府組織，而後者又委託那些以盈利為目標的金融資本來運作，使農民更難以獲得貸款，從而更容易陷入債務困境（Taylor, 2011）。同時，印度還對本國糧食儲備進行商業化改革，使得本應平抑國內糧價、維護本國糧食安全的糧食儲備部門，反而成為囤積居奇的糧食投機商，在國內糧價飛漲的同時反而向海外出口儲備糧食（帕特內，2010）。

為了保證政府有足夠外匯償還國際發展援助機構和發達國家的債務，結構調整政策要求發展中國家採取出口優先導向的發展戰略，按照本國「比較優勢」參與國際分工。許多發展中國家因此一改過去以滿足國內需求為優先的農業發展戰略，轉而發展用於出口創匯的商業化農業，擴大生產用於出口發達國家的經濟作物、水產品、肉類、水果、花卉等，從「糧食第一」轉向「出口第一」（席瓦，2006）。保羅・哈里森在《第三世界——苦難、曲折、希望》中，描述了第三世界人民為了滿足西方世界的需求，生產用於出口的經濟作物，而自身飽經苦難的過程。他寫道：

> 在發展中國家，大部分最肥沃的土地本應用來種植糧食以滿足國內的需要，現在卻為了滿足西方的需要種上了經濟作物。……在巴西東北部，一片片深綠茂密掛着銀白色花穗的甘蔗林隨風擺動。可是種植和收割甘蔗的工人卻被排擠到大路兩旁一間間狹窄的棚屋裏，四周連一小塊菜地也沒有。由於圈地運動而被逐出家園的英國農民曾經抱怨說「羊吃了人」，而今天在許多發展中國家裏，吃人的卻是經濟作物。（石如東，1995）

世界銀行在印度大力推廣用於出口的棉花種植，並讓農民借貸來購買雜交種子和農藥。這些農藥最終成為那些因為歉收而無力還貸的農民自殺的工具。對蝦養殖是世界銀行向印度等發展中國家推薦的另一個出口農業項目，但那些現代化的養蝦池破壞了沿海的紅樹林生態環境，排放的高鹽廢水導致周邊的水稻田絕收，為了提供對蝦餌料必須消耗大量原本為窮人提供廉價蛋白質的魚類（席瓦，2006）。在亞洲和南美洲，這些高成本的水產養殖基地大多由美國等發達國家投資（席瓦，2006），其他還包括巴西的轉基因大豆、非洲用於生產生物燃料的玉米等。這些產品出口到發達國家供富人消費，利潤由投資這些農場的外國資本賺取，由此造成的資源損耗、環境污染和食物短缺則由發展中國家的人民來承擔。在此情況下，正如席瓦（2006）所總結的，「農民被剝奪了選擇種什麼的自由，而消費者也正在被剝奪選擇吃什麼的自由」。

發展中國家政府對農業投資的減少、農業基礎設施的私有化、外資管制的解除以及出口導向的農業發展戰略，為跨國壟斷資本全面進入並控制這些國家的農業部門掃清了障礙。結構調整政策迫使發展中國家將自己納入由發達國家主導的世界分工體系中。發展中國家的一切生產活動均圍繞着居於核心的發達國家而展開，按照跨國壟斷資本的指揮，為滿足發達國家富人的需要而進行。回顧歷史，我們會發現，這種以滿足發達國家消費需求為目標的專業化出口農業，同殖民主義時期服務於宗主國需要的殖民地農業並無二致。

2. 單方面自由貿易

如果說結構調整政策為跨國壟斷資本長驅直入敞開了大門，那麼單方面自由貿易的結果則是第三世界國家徹底使本國糧食供給仰賴於他人，而跨國壟斷資本也因此實現了「把各個國家繫在身上」和「控制所有人」的目標。

20 世紀 70－80 年代的經濟危機造成美國國內農業生產嚴重過剩，而危機期間大量中小農場的破產或被兼併，也使農業壟斷資本實力劇增。為了幫助壟斷資本傾銷過剩農產品，美國政府一改過去針對發展中國家農產品的貿易保護主義政策，開始在全球推動農產品自由貿易。其成果便是關貿總協定「烏拉圭回合談判」在 1993 年達成的《農業協議》和《與貿易有關的知識產權協定（TRIPS）》（劉元琪，2004）。《農業協議》主要涉及擴大農產品市場准入、降低出口補貼和對國內農業的保護水平。該協議規定各國對農業的保護水平不得高於 1993 年以前的水平。然而，這意味着已經擁有較高保護水平的發達國家可以繼續維持這種保護，而保護水平極低的發展中國家卻再也不可能達到這一水平。最後的事實是發達國家的農業補貼不僅沒有下降，反而從 1995 年的 1820 億美元上漲到 1998 年的 3620 億美元（馬德萊，2005）。《與貿易有關的知識產權協定》更是將種子遺傳資源作為一種知識產權專利，從而將農業技術公司竊取並壟斷種子資源的行為合法化（馬德萊，2005）。

《農業協議》和《與貿易有關的知識產權協定》作為推動全球農業自由貿易的兩個綱領性文件，對各國農業政策的規定明顯偏向發達國家和大公司，使廣大發展中國家的農民在競爭條件上處於不利地位。美國一方面迫使發展中國家開放農業市場、取消國內補貼和保護政策，另一方面不斷加大對本國農業的補貼與支持。扭曲的國際市場價格使美國的過剩農產品得以在全世界大肆傾銷，並將發展中國家的農民排擠出去。這種所謂的自由貿易，只是對控制着全球糧食貿易的跨國壟斷資本的單方面「自由貿易」。菲利普．麥克邁克爾在《全球糧食政治》一文中寫道：

> 全球企業和農業出口大國是自由化的關鍵支持者。事實上，美國在關貿總協定「烏拉圭回合」談判中的原初建議書就是由嘉吉公司的前副總裁起草的，嘉吉公司和大陸公司共同佔有美國穀物出口的 50%。農業跨國公司利用世界貿易組織阻止各國政府的農業計劃，阻礙農產品供給保障，降低各國農產品價格。通過減少各國政府對農產品的價格支持，大公司將它們在世界上的比較優勢最大化，並從全球「自由」市場中獲取最廉價的投入。（McMichael, 1998）

經過結構調整，許多國家大幅減少甚至完全取消了對農業部門的投資，同時大力發展用於出口的商業化農業。這些措施嚴重破壞了發展中國家的農業生產和糧食自給能力。正是在這種背景下，跨國壟斷資本藉助被高度扭曲的國際糧價向發展中國家傾銷本國過剩的糧食，以徹底摧毀發展中國家建立在小農生產基礎上的糧食自給（貝羅、巴非爾拉，2010）。玉米歷來是墨西哥人民的主要食物。作為世界上最早開始種植玉米的地方，墨西哥素有「玉米之鄉」的美譽。然而，由國際貨幣基金組織、世界銀行和華盛頓推動的自由市場政策，卻使墨西哥由「玉米之鄉」變為需要從美國進口玉米之地（貝羅、巴非爾拉，2010）。同墨西哥一樣，菲律賓自 20 世紀 90 年代中期以來，從糧食淨出口國變為淨進口國，並且是世界第一大大米進口國；人口相對稀少的非洲也從 20 世紀 60 年代的糧食淨出口地區變成現在必須依賴糧食進口與援助（貝羅、巴非爾拉，2010）。南方國家過去能夠從農業貿易中獲得 10 億美元的貿易順差，如今為進口食物而導致的貿易逆差已達 110 億美元，低收入國家為彌補國內糧食不足而每年用於糧食進口的花費更是超過 380 億美元（Hoolt-Gimenez, 2009）。幾十年資本主義式的發展和推廣工業化農業生產模式的結果，便是發展中國家小農農業的瓦解，從食物自給轉向一種依附性的食物體系。正如蘇珊・喬治所指出的：

> 第二次世界大戰結束時尚能在糧食方面自給自足的國家——其中很多國家甚至向工業化國家出口糧食——在發展的時代則成了糧食淨進口國。這些國家發展經濟作物，接受西方的低價糧食，順從被跨國糧商統治的農業市場法則。在這些壓力下，它們自給自足的糧食生產能力萎縮，國內飢餓隨之加重。第三世界的人民越來越依賴於國外出產的食品。（George, 1986）

在最近的糧食危機中，這些放棄了糧食自給而轉向依靠國際市場進口糧食的國家，在面對糧價飛漲和糧食主產國出口限制時，顯得異常脆弱。而就在發生國際糧食危機的 2008 年，世界銀行在《世界發展報告：農業發展》中，仍一如既往地以提高生產效率、滿足消費者為名，倡導把所有的農業生產推向市場，把小規模農業生產者納入由農業產業資本和金融資本控制的「價值鏈」中（嚴海蓉，2010）。

為了取代第三世界的那些立足於本地生產、廉價且營養豐富的傳統食物體系，跨國壟斷資本採用了各種廣告宣傳手段，用「科學」「健康」「現代」（類似於過去所說白人的、美國式的）「時髦」等華麗的字眼，來描繪這種消費進口的工業化食品的生活方式。美國的食品公司將作為非洲加納人廉價蛋白質來源的海魚製成罐頭和寵物食品銷往美國（顯然對於食品公司而言，能付得起大價錢的寵物比沒錢的窮人更像消費者），再向那些失去了傳統食物來源的非洲人推銷從美國進口的麥片。當地人花了比過去更多的錢，卻得到更少的營養。而嬰兒食品公司為了向第三世界貧困的母親推銷嬰兒奶粉，不惜編造出「配方奶粉比母乳更加營養」的謊言，引誘那些缺乏安全水源和衛生器具的母親購買昂貴的嬰兒奶粉來代替母乳，結果導致大量兒童感染痢疾或營養不良（周立，2008b）。

正是通過瓦解世界各國立足於本地生產的食品體系，而代之以專業化生產和「國際分工」的世界市場體系，掌握全球農產品貿易的跨國壟斷資本將關係各國人民生存的糧食掌握在自己手中。從「圈地運動」到跨國攫取土地，從單一種植模式的確立到「綠色革命」，是一種資本主導的農業生產方式在作為世界體系核心的歐洲建立，並不斷向外圍進行自我複製與擴張的過程。這個過程是資本主義全球化和世界市場體系構建的一部分。如果說早期的殖民主義旨在建立以宗主國為核心、殖民地為外圍的分工體系與市場體系，那麼今天超越民族國家的跨國壟斷資本，則藉助結構調整和自由貿易，最終建立起了一套涵蓋全球的分工體系和市場體系，並獲得了前所未有的霸權。對此，席瓦總結道：

當一個個小型農場和小農民被推向滅亡，當單一耕種模式替代了多樣性的耕種系統，當農耕產業的目標由提供多種富有滋養力的糧食轉變成替轉基因種子、除草劑和殺蟲劑創造市場機會時，搶奪收成的現象正隨處可見。隨着農民由農業產品的生產者轉變為大企業專利農產品的消費者，隨着地方市場不斷被破壞而全球市場持續擴展，「自由貿易」的神話和全球經濟已經變成了富人竊奪窮人的取糧權乃至生存權的一種手段。……少數幾個大企業控制了整條食物鏈，摧毀了各種替代途徑，使得人們沒有辦法獲得具有多樣性的、安全的、環保的糧食。當地方市場已被完全摧毀，在此基礎上種子和糧食系統的壟斷被建立了起來。（席瓦，2006）

五、製造飢餓

跨國壟斷資本將糧食作為一種戰略武器，通過控制全世界的糧食生產、分配、貿易與消費，驅使人們為資本的利益而服務，而使用這一武器的方式便是製造飢餓。當人類生產的食物已經足夠使所有人免於飢餓的時候，大規模饑荒的陰影卻依然揮之不去，並在世界上的某些地方反覆發生着。在聯合國千年發展目標關於在 2015 年前將全球飢餓人口減少一半的宣言發佈之後的很多年裏，我們看到全世界，特別是第三世界國家中，處於長期飢餓與營養不良狀態的人口數量竟然有增無減。總之，當那些擁有解決飢餓的足夠辦法與資源的人反覆宣誓着抗擊飢餓的決心，並且反覆討論着如何解決飢餓時，飢餓卻日益嚴重。我們可以認為這是一種刻意而為的放任。

資本主義給予我們的許諾是，開放自由競爭的市場能夠降低社會生產成本，並擴大供給，創造出一個「豐裕社會」（加爾布雷斯，1965）。然而，資本的利潤直接來自市場商品的稀缺性，謀求壟斷地位以獲得高額利潤成為所有資本追求的目標。在真實的歷史中，我們看到的是資本不斷聚集的趨勢和資本主義從自由競爭到大公司壟斷，再到跨國壟斷資本掌控世界市場的過程。糧食的稀缺對於生活拮据的窮人意味着生活成本的增加，甚至忍受飢餓；而對於掌握糧食的壟斷資本而言意味着可以乘機坐地起價大賺一筆。因此，2007－2008 年那場使無數家庭陷入飢餓境地的糧食危機，卻為農業領域的跨國壟斷巨頭帶來了一筆橫財。僅在糧食危機剛剛爆發的 2007 年第四季度，美國阿丹米公司的淨利潤便上漲了 42%，美國孟山都公司的上漲了 45%，美國嘉吉公司的上漲了 86%，而嘉吉公司旗下生產肥料的美國美盛公司（Moosaic）的盈利更是暴漲了12 倍（Hoolt-Gimenez, 2009）。

飢餓不僅能帶來利潤，更能帶來權力，使他人屈從於自己的意志。當人人所必需的糧食被商品化而為資本所控制時，人們便不得不聽從資本的驅使。1846 年的英國資本家便是利用愛爾蘭土豆饑荒所帶來的英國國內高糧價，迫使生活日益窘迫的工人階級支持廢除《穀物法》，以達到降低原材料成本和工人工資的目的（馬克思，2004b：524，922）[1]。而在 1974 年孟加拉國因嚴重水災遭受饑荒的時候，美國政府趁機以斷絕糧食援助來要挾孟加拉國政府停止向古巴出口黃麻。為了換取國內急需的糧食，孟加拉國不得不放棄這一關係到本國無數家庭生計的出口產品，而把市場拱手相讓。直到確定孟加拉國停止同古巴的貿易後，美國才「信守諾言」地重新運來糧食，此時饑荒已經差不多過去了（森，2001）。同樣，每當一些國家的人民由於各種原因而面臨飢餓威脅的時候，掌握大量剩餘糧食的美國政府及其主導的世界銀行、國際貨幣基金組織，往往會在此時威脅停止援助，除非滿足它們的各種額外條件（如從推翻將美國公司國有化的智利民選政府到新自由主義的結構調整，再到停止向無地黑人分配土地的津巴布韋土地改革），而這些條件背後都是跨國壟斷資本的利益所在（周立，2008b）。

飢餓的另一個功能是可供消費和觀賞。格勞貝爾・羅查（Glauber Roocha, 1982）將此稱為「飢餓的美學」，因為「當拉丁美洲為它的苦難而悲痛時，國外旁觀者卻正在玩味它的苦難，不是將其當作一種悲慘的表徵，而純粹是他們興趣愛好的美學對象」。與此同時，通過對第三

---

[1] 愛爾蘭饑荒提高了英國國內的糧食價格，工人階級不斷要求提高工資水平，資本家面臨巨大的成本壓力。在當時的英國，以資產階級為主的反《穀物法》同盟擁護者通過蠱惑性的宣傳要工人們相信，隨着貿易自由的實行，他們的實際工資將要提高，他們將得到比從前大一倍的大圓麵包。而且，那些擁護者還拿着兩個寫着有關字句的麵包——一個大的和一個小的——在街上形象地進行鼓動。然而，《穀物法》的廢除並沒有給工人帶來大圓麵包，他們的平均工資水平立即下降了 10% 以上。

世界人民所遭受的飢餓痛苦以及他們艱難維生的生活狀況的一種近乎獵奇式的展示，第三世界被建構成為一個處在物質匱乏之中、傳統而保守的社會，一個欠發達或日不發展的社會，一個無以自立而需要依靠西方發達國家（或者是殖民地宗主國）的幫助與指導的社會（伊斯特利，2008）。在這樣的話語建構中，「對於這種非人道的生存狀態富有強烈同情心」的西方發達國家，擁有了決定並指導第三世界「擺脫貧困而實現發展」的霸權地位（伊斯特利，2008；埃斯科瓦爾，2011；葉敬忠，2011a）。正是通過這種對飢餓苦難的不斷消費，西方主導的發展援助體系儘管在幫助第三世界擺脫飢餓與貧困並實現發展方面建樹無多，卻能夠延續至今，並不斷壯大，最終成為一個匯聚了無數金錢與權力的「發展援助產業」（莫約，2010：20）。然而，在第三世界人民面臨真正饑荒的時候，各種許諾的援助卻總是姍姍來遲。這些廉價進口糧食所發揮的真正作用與其說是拯救飢民，倒不如說是徹底擊垮那些劫後餘生的本地小農和本土農業，為美國剩餘農產品的大肆傾銷掃清障礙（周立，2008b）。

短暫的饑荒可能是由自然災害或地區衝突造成的，但涉及多達 10 億人口的長期的、普遍的飢餓，則是資本主義開始全球擴張以來才出現並日益嚴重的。掌握着糧食的跨國資本通過製造飢餓或以飢餓相威脅，在全世界聚斂財富，並迫使人們屈服於它們。然而，哪裏有壓迫，哪裏就有反抗。面對跨國壟斷資本的大肆掠奪和飢餓威脅，不甘被奴役的人們紛紛起來為自己的「糧食主權」而鬥爭。

六、糧食主權與替代選擇

2007 年，在非洲馬里的一個村莊，來自 80 多個國家的農民、漁民、牧民、原住民、失地農民、農業工人、移民工人、婦女、青年、消費者等組織的 500 多名代表聚集在一起，通過並發表了關於「糧食主權」（Food Sovereignty）的《聶樂內宣言》（Nyeleni Declaratioon）。該宣言反對以利潤為主導而不以人民的利益、健康和環境為主導的公司掌控食物和食物生產體系；反對那些削減我們未來糧食生產能力、毀壞環境和健康的技術和科技實踐，包括農業領域的新老「綠色革命」、漁業領域的「藍色革命」和畜牧領域產業化的「白色革命」，以及工業化的生物燃料基地「綠色沙漠」等；反對食物、公共服務、知識、土地、水、種子、畜種和自然遺產等的私有化和商品化；反對假「援助」之名，行傾銷轉基因食物之實；反對使婦女和其他社會羣體邊緣化的男權體制和價值觀。（嚴海蓉，2010）

（一）糧食主權與全球農民運動

「糧食主權」最初的定義是國際農民組織「農民之路」（*La Vía Campesina*）在1996年給出的，指「人民擁有獲得健康的、符合文化習俗的、通過生態上可持續的方式生產出來的食物的權利，以及自主決定食物與農業體系的權利」（Holt-Gimenez, 2009）。儘管包括聯合國《世界人權宣言》在內的國際法和許多國家的憲法都將獲得食物和免於飢餓列為一項基本人權（聯合國糧農組織，2009），但糧食主權的含義並不僅限於國家和公民個人的糧食安全。除了保障人們獲得食物的權利，反對跨國壟斷資本對全球農業的剝削和掠奪之外，糧食主權還強調整個食物體系從生產、加工、配送、銷售到消費全過程的民主化（Holt-Gimenez, 2009），因此更是一場反抗資本主義霸權體系、要求人民民主的政治運動。

事實上，糧食主權本身就是全球農民運動的一個成果。1993年，由全球小農生產者、分成佃農、農業工人、季節工人、漁民、遊牧民組成的國際農民組織聯盟「農民之路」在比利時的蒙斯成立，並宣佈同代表發達國家大農場主利益的「國際農業生產者聯盟」（IFAP）徹底分道揚鑣。從此以後，農民之路運動便強調小農的權利和第三世界國家與人民對自己的農業政策的自主權，倡導可持續的生態農業、土地改革和公平貿易，致力於同新自由主義主導的資本主義農業體系抗爭，並逐漸成為一個由遍及全球五大洲 70 餘個國家的 150 多個農民組織組成的龐大同盟，也是國際農業政策對話中一支不可忽視的力量。從主導 2006 年聯合國糧農組織農業改革與農村發展國際會議，到成功阻止世界銀行推行市場導向的土地改革方案，農民之路不斷為糧食主權運動擴大政治影響。在 2007－2008 年的糧食危機中，農民之路發表的宣言猛烈地批判了應該對全球危機負責的新自由主義發展模式及其幕後推手——國際貨幣基金組織、世界銀行、世界貿易組織等，並再次要求終結以生產生物燃料和農業出口為目的的土地攫取，譴責以應對危機為名推廣「綠色革命」和轉基因作物的行為，呼籲通過建立民主的、生態可持續的農業來保障人民的糧食主權。如今，以農民之路為代表的全球農民運動網絡已經成為在各國和國際舞台發出農民呼聲和訴求的重要力量，並對各國和國際農業政策的制定發揮着越來越大的影響（Holt-Gimenez, 2009）。

（二）小農與生態農業

糧食主權反對那種以資本為手段剝削農民和生態的工業化農業模式，而主張生態可持續的農業模式。在被資本主義進行工業化改造之前，農業一直採取的是建立在小農場基礎上的生態農業模式。這種模式以高度適應自然的方式，利用當地的土地、水和生物多樣性來滿足人們的食物需求。直到今天，全世界超過一半的食物需求仍是由小農來滿足的，這個比例在非洲超過了 90%。在拉丁美洲，小農提供了當地 51% 的玉米、77% 的豆類和 61% 的馬鈴薯；而亞洲的農民一直通過小規模精耕細作的農業，為佔世界一半的人口提供食物（Altieri, 2009）。同工業化的農業相比，以小農為基礎的生態農業更少地依賴外部資本投入，對本地資源的利用更為充分，在生態可持續性和保護生物多樣性方面優勢明顯，對氣候變化具有更強的適應能力，是保障地區和全球範圍糧食安全的主要力量（Altieri, 2009）。

為了抵抗資本主義對小農的排擠和綠色革命對生態的侵蝕，許多農民組織和非政府組織大力推廣適用於小農場的生態農業技術。這些技術立足於當地農民的知識與資源，包括良種人工選育、土壤改良、水土保持、病蟲害綜合防治等。例如，拉丁美洲的農民互助組織（Farmerto Farmer）和東南亞的農民田間學校（Farmer Field Schools）），通過在農業技術人員幫助下的農民自主實驗和經驗交流，使各種立足於當地的生態農業技術得到迅速推廣；而在非洲，來自不同國家的組織形成了一個分享生態農業知識的龐大網絡，且開發出數百種可用於解決非洲和第三世界農業發展障礙的生態農業技術（Holt-Gimenez, 2009）。當綠色革命讓眾多農民破產或陷入困境的時候，立足於小農的生態農業卻在減少投入、降低環境損害的基礎上，使農業產量有了大幅提高。在生態和功能上更加多樣化的農業模式降低了風險，而農民也因此對整個生產過程擁有更多的自主性。在農民互助組織的幫助下，古巴通過將工業化大農場轉變為生態小農場，並大力發展城市有機農業，從而順利渡過了由蘇聯解體而導致的國內經濟與糧食危機；在非洲，對小農生態農業技術的推廣提高了糧食產量，保障了當地的糧食安全（Holt-Gimenez, 2009）。即使在單一種植與工業化農業的發源地歐洲，越來越多的農村也正在經歷着回歸傳統農業模式的「再農民化」過程（Pretty, 2009）。這一實踐正日益同各國與全球的農民運動相結合，為曾經被忽視的小農生態農業模式爭得應有的空間。

（三）巢狀市場與社區支持型農業

糧食主權不僅強調農民在食物生產過程中的自主性，更強調對食物生產、分配、交換與消費整個過程的民主化，以避免被少數壟斷資本控制。歷史上，作為眾多分散的食物生產者，農民在地方市場出售他們的產品，並換取其他物品，而消費者也直接從生產者那裏購買食物。直接進行交易的農民同消費者之間不可能相隔太遠，小農農場的分佈均圍繞他們服務的消費中心，且均在一定距離之內。農民和購買他們產品的消費者，如蜂巢一樣互鎖、互嵌在一個網絡和體系裏。其中，農民生產者和消費者直接建立聯繫，二者針對農產品質量、生產和消費等問題共享同一套價值標準。該網絡有一個特定的邊界，即並非無限市場，生產者和消費者在其中都很明了誰在為誰生產什麼樣的產品，誰在消費誰生產的產品，雙方建立了深厚的信任。我們稱這樣的地方市場為「巢狀市場」(Nested Market)(Ploeg, 2010；葉敬忠等，2011，2012)。施堅雅在對中國成都平原的研究中，就提出了傳統中國鄉村社會的「基層市場社區」模式，即若干相鄰村莊共同構成一個六角形邊界的基層市場共同體，而集市成為共同體內成員進行商品交易、信息交換和社會交往的重要場所。在這些基層市場中，不僅進行着商品的交換，還有大量信息、情感和社會資本的流動，因此已經超出一般商品市場的單純經濟含義（施堅雅，1998）。

資本對農民的控制，正是通過控制市場、徹底隔斷農民同消費者的直接聯繫開始的。當這個供農民完成「驚險跳躍」[1]的中間橋樑為跨國壟斷資本所把持的時候，農民被資本剝削的命運也就開始了。同時，消費者不得不選擇那些由壟斷資本的食品帝國加工並出售的產品，但對這些產品如何生產出來卻一無所知。整個過程如同被隱藏在一個巨大的黑箱裏。跨國壟斷資本控制的全球食品帝國，迫使消費者放棄自己身邊廉價且新鮮的本地食物，而購買經歷了長途運輸和各種加工程序的仿真食品（范德普勒格，2013：128）。研究指出，美國人餐桌上的食物大多經過了 1300 英里的旅程，而像冷藏、上蠟、上色、薰蒸、包裝等加工過程更多是為了方便這種長途運輸和大規模儲存。這些對食物營養與品質毫無益處的額外加工成本卻需要消費者來支付（貝羅、巴非爾拉，2010）。

為了擺脫食品帝國的控制，實現糧食主權中對整個食物生產、加工、銷售和消費過程的民主化，一些讓農民生產者同消費者直接對接的公平貿易機制正在世界各地建立起來（Ploeg, 2010）。例如，通過建立消費者與生產者之間相互信任的夥伴關係，來共同管理食物的生產過

[1] 馬克思說過，商品價值從商品體跳到金體上，是商品的驚險的跳躍。這個跳躍如果不成功，摔壞的不是商品，一定是商品佔有者（馬克思，2004b：127）。

程，形成利益共享、風險共擔、長期穩定的合作機制，在消費者獲得質量上值得信賴的本地食品的同時，也讓農民獲得應有的經濟回報。在這些新的機制和新的實踐中，「社區支持型農業」（Community Supported Agriculture, CSA）正在全世界迅速推廣。在一些社會組織團體的推動下，包括中國在內的許多國家出現了大量由農民和消費者共同管理、公平交易的合作社或其他農業組織，而各種藉助互聯網與電子商務技術的社區支持型農業模式更如雨後春筍，不斷湧現，蓬勃發展。

食品的故事

小農小生產與工業大生產之禍福

「地溝油、牛肉膏、注水肉、人造肉、假豬蹄、假雞蛋、毒血旺、毒豇豆、毒生薑、毒韭菜、毒奶粉、植物奶油、漂白蘑菇、硫黃薑、化學豆芽、染色饅頭、過期循環麵包、鎘大米、紅色素西瓜、樹膠蜂膠、致癌茶油、殺蟲劑青菜、石粉油豆腐、添加劑料火鍋、染料果蔬、蘇丹紅辣醬、避孕藥海鮮、瘦肉精豬肉、皮革奶、塑化劑、甜蜜素……」現代食品安全事件層出不窮，人們正遭遇着食品安全問題[1]的十面埋伏。面對日益嚴峻的食品安全問題，有些部門和民眾將矛頭指向了小生產者和小作坊。

2012 年，遼寧省寬甸滿族自治縣養牛專業戶于某，因購入鹽酸克倫特羅（俗稱「瘦肉精」）粉劑，對長勢不良的 6 頭育肥牛進行添加飼餵，被判處一年零六個月有期徒刑。該縣動物衞生監督管理局對被告人于某飼養的 31 頭育肥牛依法扣押，並做了焚燒深埋無害化處理（《人民法院報》，2012）。這樣的處理或指責不止一例。2011 年，安徽省鳳台縣李沖鄉農民楊某因使用「瘦肉精」餵養自家的 3 頭牛，被當地法院以生產、銷售有毒、有害食品罪判處有期徒刑 8 個月，罰款 5000 元（《生

[1] 本文討論的「食品安全」主要指涉質量安全。目前，社會上出現的食品安全問題以及民眾廣泛關注的食品安全事件更多聚焦在這個方面。這類食品安全問題大致可歸為以下幾類：制假售假，濫用或非法使用添加劑、微生物或農用化學品污染，等等。

活日報》，2011）。2012 年，河北省昌黎縣人民法院判決一起「瘦肉精」案，被告人秦某因在餵羊的飼料中添加含「瘦肉精」成分的藥品，被以「生產、銷售有毒、有害食品罪」判處有期徒刑三年（中國新聞網，2012）。

不僅小生產者成了食品安全問題的「禍首」，小作坊同樣難逃「厄運」。自 2009 年，山東省在全省範圍內開展了為期兩年的食品安全整頓，以農村和城鄉接合部為重點區域，以小作坊和無證照黑窩點為重點對象，目的是全面提升食品安全水平，保障人民羣眾飲食安全（大眾網，2009）。2006 年，浙江省食品安全委員會辦公室決定，在全省範圍內開展城鄉接合部食品安全聯合專項整治，取締一批無證無照、規範一批證照不齊和超範圍經營的食品生產加工和經營單位（戶），力爭基本消除無證無照生產經營食品和餐飲服務的現象（新華網，2006）。

毫無疑問，「食品安全」是近幾年的一個「熱詞」，人人談其色變。因為食品安全關乎每一個人的生存，所以社會對其訴求聲不斷。然而，政府的應對措施更多的是訴諸對小作坊和小生產者的突擊檢查和整頓。這樣的措施一方面將民眾的目光慢慢轉移到小作坊和小生產者的生產條件上，另一方面通過政府的行動暫時平復了民眾對食品安全的擔憂。然而，這樣的治理舉措未必能夠真正解決食品安全問題。長此以往，民眾對食品安全問題真正爆發的原因或許更感迷惑，進而對政府部門的治理能力產生懷疑。面對這樣的可能性後果，我們不得不拷問：小生產者和小作坊真的是食品安全問題的根源嗎？

2014 年 7 月被曝光的「上海福喜工廠黑幕」，讓人們再一次思考大公司、大品牌的安全問題。

麥當勞、肯德基、必勝客、德克士、全家、星期五，這些洋字號的快餐食品以其衛生、方便、高標準深受消費者的喜愛。因為信賴這些快餐食品背後的大公司，我們很少關心這樣一個漢堡、一塊雞塊的原料從何而來，如何生產。然而，上海電視台新聞中心深度報道組記者化身流水線上的普通工人，深入到這些快餐巨頭供應商的工廠車間內工作多月後，發現的事實卻讓人觸目驚心。

散落一地的麥樂雞、調味牛肉排，而工人們正在把地上的牛肉餅、雞腿——撿拾起來，這樣的鏡頭並非來自小型的食品作坊，而是美國歐喜集團在上海的分公司——上海福喜食品有限公司。

原料已經過期了將近半個月。而此時，工人在現場卻表示：「過期了，沒關係的，搬上去。」……次品添加的產品最終將被用於製作麥當勞的漢堡、必勝客的比薩，消費者看到的是被精心包裝的快餐，消費者看不到的是生產線上的種種添加。……作為一個現代化的食品生產企業，福喜公司內部實行嚴格量化的管理體系，……各個崗位的工人被嚴格限定在指定工作區域，不能隨意走動。以配料的使用為例，配料間的工人只能嚴格按照領料單的要求去倉庫領料，無論過期與否，都必須按照單據上的指示配料。（東方網，2014）

儘管福喜集團（2014）在事件曝光後迅即發佈聲明稱，「本次事件是一起個體事件」，並在隨後的各項通報或報道中將問題縮小化，但我們依然不由想起如在昨日的「三鹿奶粉事件」「雙匯瘦肉精事件」「思念水餃『致病門』事件」「雀巢米粉重金屬超標事件」等。類似這樣的一次次食品安全事件，無不給那些刻意倡導大企業安全、大公司可靠的學者和官僚，以及那些盲目相信大公司、大企業的消費者一記記響亮而沉重的耳光。事實證明，大公司、大品牌並非人們期待的那樣安全。然而，為什麼當前社會將解決食品安全問題的期望放在了這樣的「規模化、標準化」選擇上，而將小生產者或小作坊視為食品安全的「眼中釘、肉中刺」呢？很多 IT 新富更是倡導農業的工業化革命、信息革命，暢想着通過「雲中農業」（雲計算）來解決大地上的問題。

聯想控股的佳沃集團常務副總裁湯捷認為，「農業和食品的安全之所以遇到這麼大的挑戰，主要由中國農業的特徵所決定。中國的農業仍然是小作坊農業、小戶農業，這種模式最大的問題是生產不具備積聚性」。網易養豬、聯想控股種水果、九城建有機農場，近些年農業裏的確出現越來越多的IT角色，他們正在用IT技術、IT思維、IT經營理念來推動農業發展，所建的示範基地不僅可複製從而加速農業的企業化及規模化，還能用現代企業的模式管理農業，提供安全的產品。(陳紹鵬，2013)

食品安全問題的原因究竟何在？研究者從不同的角度進行了探析，並提出了一些建議。例如，食品涉及環節過多，涉及面過廣，監督體系不完善，執行力度不夠（謝敏、于永達，2002）；企業喪失社會責任、社會規範無效及價值觀混亂（李景山、張海倫，2012）；未形成規模的手工作坊充斥整個行業，為降低生產成本而利用劣質原料並逃避衛生檢疫，少設或不設檢測程序（王丹，2008）；食品質量標準較低（張雨等，2004）；等等。總之，當前關於食品安全問題的研究多集中於政府監管、法律和制度規範、技術手段和安全標準層面，所提建議則是指出在此基礎上的「應然」，如應儘快建立健全食品安全法律體系、監管體系、應急處理機制、安全標準和檢驗檢測體系、風險評估評價體系、信用體系、信息網絡體系、中介及研究單位的推動體系等九大體系（張永建等，2005）；加強宣傳教育，提高對食品安全的認識，調整生產方式，規範經營行為，完善民間組織或行業協會的功能，建立統一管理體系，加大監督力度，建立和完善信息、監測體系和預警系統，提高食品安全領域的科技水平，根據國際經濟發展趨勢及市場需求選擇食品產業鏈的發展戰略（張雨等，2004）。

我們認為，此類分析都是在現有食品體系的框架內分析問題，用產生問題的思路來解決問題，沒有跳出產生問題的框框，沒有直指問題的根本。倘若對問題的分析僅停留在此層面，我們便永遠無法真正理解所處的社會環境，無法真正理解所面臨的食品安全問題，所有的應對措施也只能是隔靴搔癢。正如蕾切爾·卡森所指出的：

> 難道只要生活在比環境惡化的允許限度稍好一點點以擺脱困境就是我們的理想嗎？為什麼我們要容忍帶毒的食物？……誰願意生活在一個只是不那麼悲慘的世界上呢？……現在是這樣一個專家的時代，這些專家只盯着他們自己眼前的問題，而不清楚套着這個小問題的大問題是否褊狹。（卡森，2011：12-13）

當前食品安全問題的頻發性和普發性説明它並非一時一地的問題，而是當今社會不得不時時和處處面對的一個問題。有研究指出，對食品的態度由「以使用為目的」向「以交易為目的」的轉變是食品安全問題普遍、頻發的根源（藍志勇等，2013）。然而，「以使用為目的」和「以交易為目的」的背後，又隱藏着怎樣的價值殊異和社會變遷呢？在商品經濟至上的現代社會，工業生產多是以交易為目的，而食品衞生是現代化工業生產的伴隨物，可見，它是現代化自身引致的危險和不安全感（黃旦、郭麗華，2008）。並且，隨着食品供給鏈條越來越長、環節越來越多、範圍越來越廣，食品安全問題的產生也越來越複雜，任何一個環節出現問題都將增加食品風險發生的概率（張衞斌、顧振宇，2007）。食品安全問題的發生有着深刻的社會根源，與現代化的食品體系本身脱不開干係。

從前工業時代到現代，食品的特性發生了根本的改變。這些改變是社會變遷包括生產生活和主流價值觀變遷的縮影，同時也正是這些變遷導致了人們今天不得不面對的食品安全問題。前工業時代食品的自給性、地方性、穩定性、自然性和文化性，決定了食品的生產和消費嵌入了人們的生活世界之中，並與其生活的方方面面相互聯結，共同維護着食品安全；而工業時代的食品因其商品性、全球性等特性，造成人們生產、消費與生活世界的斷聯，為食品安全問題埋下了隱患。從前工業社會到工業化社會的轉變過程中，相應的生產和消費邏輯造成了當前嚴重的食品安全問題。針對目前的食品安全問題及其背後的決定因素，轟轟烈烈的反向運動正在世界各地形成。它們試圖通過替代性食品體系的建立，重新聯結起生產與生活之間的關係。

一、前工業時代的食品

「對供人食用的物質的稱謂通常有『食品』和『食物』。從功能方面來看，食品和食物並無根本性差別，但有人從經濟學的角度對兩者做了一定的區分，將供食用、未經加工（除簡單的分類、包裝等外）的農產品稱為食物，而將經過工業化（包括以營利為目的的餐館、飯店）加工的供人食用的產品稱為食品。」（張志健，2009：1）《食品安全法》第 99 條規定：「食品，指各種供人食用或者飲用的成品和原料以及按照傳統既是食品又是藥品的物品，但是不包括以治療為目的的物品。」

中國古代的食品生產以發展農業為主，兼顧自然資源，適當發展養殖業（徐興海，2008：215）。因此，當時的食品主要具有這樣幾個特點：自給性、地方性、穩定性、自然性和文化性。自給性，即食品生產主要是為了滿足家庭成員的生存和再生產需要。雖然在一些產糧豐富地區和歉收地區之間會有食品的流通，但總體上食品生產以自給為主。地方性，即食品加工在一定的區域範圍內進行，且加工後的食品主要供給附近區域的居民。食品的地方特色明顯，同當地的氣候、水文、地理等條件相關。穩定性，即食品的種類、數量和質量在一定時期內不會有太大變化，包括食品的生產方式、加工工序等均呈現出穩定性。自然性，即食品的生產、加工、儲存，甚至消費皆遵從時令規律。文化性，在前工業時代形成了許多以食品為主題的文化節日，如春節、元宵節、端午節、中秋節、冬至等，並且在日常生活中獲取食物與加工食品的方法也具有一定的傳承性。這種傳承性往往呈現出地方獨特的文化性。

從植物食源來說，人們在春秋兩季採集植物的葉、嫩芽、花果；秋冬則採集果實、挖掘塊根，如竹筍、野芋頭、野薯等（徐興海，2008：39）。不同地域的人獲取生活資料的方式、難易與氣候等條件的不同，產生和累積了不同的飲食習俗，即所謂「一方水土養一方人」，形成了因地域不同而千差萬別的食品文化。例如，青藏高原海拔高，氣候寒冷，人們身體所需熱量大，所以多吃牛羊肉；東北地區冬季嚴寒，缺少新鮮蔬菜，民間多用白菜來腌漬酸菜，用土豆做粉條，因此酸菜粉條燉豬肉就很普遍。此外，醫食同源、藥膳同功是中華飲食文化的一大特點。在中國人的眼裏，食物不但能果腹，而且合理的膳食能養生、治癒疾病。春秋戰國時期，名醫扁鵲就講道，「君子有病，期先食以療之，食療不癒，然後用藥」（徐興海，2008：26）。

自給性和地方性使食品的生產、加工和交換形成了一個相對封閉的循環，有利於其穩定性的形成。食品的自然性更多地與當地的生態環境、食品的營養價值以及人們獲取它的可能方式相關。若比較容易獲得，則可能成為人們的日常普通食材；若較難獲得且因此而稀少，則會成為當地的奢侈食材。這種自然性與穩定性的結合，久而久之促成了當地獨特的食物文化。這種食物文化反過來又可以強化長期形成的食品穩定性，維護人與自然之間的和諧關係。不僅如此，這樣的食品特性與當時小農社會的穩態性也是相互助益的，即前工業時期的食品生產與消費嵌入了當時的小農社會生活中，與小農生活的方方面面相互聯結。正如唐代詩人孟浩然在《過故人莊》中所呈現的，「故人具雞黍，邀我至田家。綠樹村邊合，青山郭外斜。開軒面場圃，把酒話桑麻。待到重陽日，還來就菊花」。從這首膾炙人口的古詩中，我們可以想象出當時的場景，在綠樹青山環繞的村莊，面對着窗外的打麥場（一般是農村的公共場所，類似於城市的廣場），品着農家的「土雞」、黃米飯，邊飲酒邊聊農事，而且吃什麼也是有農時的，如重陽日就菊花。食品、時間、空間、話題、文化等在詩人的筆下，不自覺地以「農」為中心融為一體。

古人云：「王者以民人為天，而民人以食為天。」（《史記・酈食其列傳》）執政者要獲得權力的合法性，就一定要首先保證人民有足夠的食物可以維持生活。正如孟子所言：

> 不違農時，穀不可勝食也；數罟不入洿池，魚鱉不可勝食也；斧斤以時入山林，材木不可勝用也；穀與魚鱉不可勝食，材木不可勝用，是使

民養生喪死無憾也。養生喪死無憾，王道之始也。(《孟子．梁惠王上》)

「王道」是要直接為百姓的「生死」負責。並且，「厭飲食，財貨有餘，是謂盜誇。非道也哉！」(《老子》) 古人認為，保有生存和自給以外的多餘財物在道德上是不合法的。帝王為人民的衣食生計負責，人民則小富即安。兩者相互作用，共同維護着傳統小農社會的穩定性。在這樣的小農社會裏，食品的生產與消費以其特有的方式進行，社會對其有一定的約束作用，因此，並不存在今天意義上的「食品安全」問題。

在傳統的農業社會裏，人們對天地萬物總有一種特殊的信仰，對其始終懷有敬畏之感。「在一些地方，人們甚至相信被人類吃用的只是動植物的『替身』，而其靈魂是永存的。由於其對人類的養育之恩，人們將動植物的不死神靈化為薩滿信仰和崇拜。」(陳蘇華，2013：164-165) 此外，不同的民族用不同的儀式表達着這種信仰與敬畏，如藏族農民在藏曆七月間，糧食豐收在望時，背負經捲繞行田城，預祝好年景（浙江省民族宗教事務委員會，2011)；漢族的普通農民至今在春節前後依然有祭天地的習慣。但是，隨着農業生產方式的轉變，與之並行的傳統文化與儀式在逐漸消失，與食品安全相關的約束力量也在慢慢減弱。正如梭羅指出的：

農事曾經是一種神聖的藝術，但我們匆促而雜亂，我們的目標只是大田園和大豐收。我們沒有節慶的日子、沒有儀式、沒有行列了，連耕牛大會及感恩節也不例外，農民本來是用這種形式來表示他這職業的神聖意味的，或者是用來追溯農事的神聖起源的。(梭羅，2011：137)

二、工業化時代的食品

以「鋼鐵和蒸汽領域中的思想」自豪的英國人忽然發現，他們是在用古代法蘭克人的方法製作「staff of life」(「生命支持物」)，像諾曼人入侵時期那樣。唯一的一項重要進展是藉現代化學之助製作摻假的食品。英國有句古語說，每個人，甚至最好的人，一生都得吃「a peck of dirt」（一斗髒東西）。約翰牛想不到，在最直接的物理意義上，他天天都在吞食一種不可思議的由麵粉、明礬、蜘蛛網、蟑螂和人的汗水做成的 mixtum compositum（混合物）。（馬克思，1974：588）

關於現代食品的溯源問題，沒有一個準確的說法。然而，卡爾．威爾海姆．舍勒（Carl Wilhelm Scheele）對氧和甘油的發現，漢弗萊．戴維（Humphry Davy）對鉀、鈉、鈣等元素的發現，以及約瑟夫．路易．蓋 - 呂薩克（Joseph Louis Gay-Lussac）建立的碳、氮、氧測定方式，可以說為現代食品的生產和發展奠定了科學的基礎（張志健，2009：6）。如今，一些用傳統方法烹飪的食品，如包子、餃子、饅頭、麵條、餛飩、月餅，以及鹹菜和各種醬製品等，都有專門的食品加工工廠；還有一些半成品，如魚香肉絲、辣子雞丁、醬排骨、西湖牛肉羹等，配料齊全，只需加熱即可（徐興海，2008：63）。現代食品在極力為人們提供各種方便、滿足不同人羣各色需求的同時，也為食品安全埋下了隱患。與前工業時期截然不同，工業化時代的食品具有商品性、全球性、風險性、技術（干預）性和（文化）侵略性的特點。這些特點使食品的生產和消費脫嵌於我們所熟知的生活世界，為食品安全問題埋下了伏筆。

（一）商品性

「現代食品的生產不限於一個單位，一個部門，或一個國家，具有跨部門、跨地區、跨國界的商品經濟的屬性。」（徐興海，2008：63）不同於前工業時代食品的自給性，工業時代的食品多是為了交換而生產。馬克思（1974：589）指出，「工業要求大批生產，即大規模生產，是為了商業而不是為了個人消費而生產」。而任何農業現代化的政策和計劃，也都以深化商品關係為基礎來提高農產品產量。其中，重要的是要改進農業技術條件，如良種和耕作方法、施用更多化肥等，即農業的工業化。然而，農業的工業化帶來的卻是更多的生態成本、食物營養價值的下降、食物毒性的增強和由此引發的健康成本等（伯恩斯坦，2011：135-136）。

聯合國糧農組織最新發佈的《糧食展望》報告稱，2014 年國際貿易量有望擴大至創紀錄水平，全球糧食進口費用或穩定在 1.29 萬億美元。生產者面向大眾消費市場進行生產，將大部分甚至全部產品提供給市場，從而獲得市場價值，再用所得收入去市場購買自己所需的食品。純粹的商品性隱藏着極大的安全隱患。生產者與消費者之間互不知情，消費者不了解其所用食品的真實信息；生產者因商品性而深陷市場之中，生存壓力和逐利動機增加。生產者與消費者之間沒有任何道義約束，加之監管體系不到位，食品安全問題極易顯現。一些地方出現了「一家兩制」現象，自家食用的產品和用於市場交換的產品採用不同的生產方式。這是生產者在強烈的商品性衝擊下的一種自保行為（徐立成等，2013）。

（二）全球性

得益於工業化的加工、保鮮技術和發達的物流系統，食品消費實現了全球化。例如，產自智利的樹莓從採摘、包裝、運送到放進商店的陳列櫃裏，僅需 4 天的時間（羅伯茨，2008：56）。然而，我們看似可以更方便地享受到來自世界不同地方的各種食品，事實卻不盡然。首先，適合作為全球性食品的是那些可以大規模種植，且當地種植成本低廉，簡單加工後便可獲利豐厚的種類，如咖啡、甘蔗、玉米、大豆等。這些產品不僅在當地排斥了居民原有的生計方式，剝削當地勞工（加萊亞諾，2001：41、42、60），而且通過超市實現對市場的佔有，在事實上減少了消費者選擇的可能性。其次，一些本地新鮮且品質優良的食品經過遠距離運輸到達他國連鎖超市的貨架上時，往往被標以昂貴的價格，超出一般消費者的承受水平。最後，一些既非大宗消費食品又非新鮮的高檔食品之類，如雞肉等普通肉類食品，只能依靠高度的加工和冷藏技術保證其適合全球市場[1]。

並且，無論是依靠農藥、化肥等生產資料投入的規模化單一種植，還是依賴高度工業化、標準化的工廠食品生產，其對食品安全的影響都是決定性的。如在健康方面，其影響包括「工業化」種植和「工業化」加工的食品中有毒化學成分含量的上升，以垃圾食品、快餐和加工食品為主的飲食結構中營養成分的缺失，肥胖症患者以及由肥胖引發的疾病的增多，等等；在環境方面，其影響包括食品生產、加工和銷售方面的「工業化」過程所產生的能源耗費與碳排放量的不斷攀升（伯恩斯坦，2011：124）。因此，我們看到，全球化是資本和利益向上流通的全球化，同時也是貧困和不安向下擴散的全球化。在看到便捷的食品消費全球化的同時，也應該看到關於食品生產與消費另一面的全球化。

（三）風險性

首先，工業化時代的大部分食品不再是產在本地，滿足當地人的基本生存需要，而是要不斷推陳出新，贏得市場份額。因此，食品的種類和生產方式會不斷發生變化，加工工序也會不斷改進。然而，每一個變化都意味着新的風險可能性。因為，工業的過度生產造成了現代化的風險，其威脅是全球性的（貝克，2004：18）。其次，現代食品從生產者到消費者，中間經過了很長的鏈條，包括收購商、加工商、經銷商、批發商、零售商等，每一個環節的流通都增加了風險的可能性。特別是在監管體系無法得到保證的情況下，每一個環節都可能為了獲得更多利益而弄虛摻假或違法添加其他物質，造成食品安全問題。而且，在今天，文明的風險一般不是被感知的（貝克，2004：18）。最後，新的加

[1] 一個極端的例子是，2013 年 5 月，廣西南寧市警方在一家食品走私窩點發現，一些原材料（雞爪）包裝袋上印製的包裝日期竟然是三四十年前，其中「資歷」最老的雞爪，包裝日期顯示封存於 1967 年（光明網，2013）。

工技術和化學添加技術的應用，使食品製假更加容易並且隱蔽（孫文，2014），難以通過感官經驗直接識別真假優劣，使消費者遭遇食品安全問題的風險加大。並且，面對日益嚴峻的風險遭遇，社會底層民眾往往是最直接和最早的受害者。正如貝克（2004：45）所言，「世界範圍內平等的風險狀況不會掩蓋那些在風險造成的苦痛中新的社會不平等，這些不平等特別集中地表現在那些風險地位和階級地位相互交疊的地方」。

（四）技術性

「現代食品生產不單是通過農業生產來獲取初級食品，更為重要的是利用現代科學技術和工程技術對初級食品進行加工、改造，生產出不同於初級食品的新型食品，以及利用現代新理念、新技術、新資源設計生產全新形式的食品。工業食品是傳統烹飪食品的派生物，是現代科學進入烹飪領域的結果。」（徐興海，2008：63）人們發現，在現代化語境之下，社會工程學家往往將技術作為統治工具，確保人類社會物質化、標準化、功能化以及明確化（葉敬忠、王為徑，2013）。工業化時代食品的技術性主要表現在三個方面，一是初級生產的種養殖領域採用工業化、規模化和化學化的生產和管理方式；二是在食品深加工領域使用各種添加劑，或採用各種人工合成物質取代食品的自然成分；三是為了更容易獲得某些具有特定性質的食品，或為了爭取更多的市場份額而研製、開發和應用帶有安全隱患的技術。所有這些技術方式都在幫助人類使其勞動對象更加明晰、可控。可以看出，「工業革命和工業技術的發展，為食品安全問題的爆發提供了必要的技術基礎」（孫文，2014）。為適應食品全球性消費的儲藏和防腐技術，以及為滿足食品商品性消費的各種加工技術，如使用添加劑、催熟劑、上色劑等，都為食品安全問題埋下了隱患。

（五）侵略性

在北京，能喝豆汁的人越來越少，正宗的北京炸醬麵館越來越難找，而在肯德基、麥當勞快餐店裏排隊等餐的人越來越多；在廣西京族三島上的漁民曾經用高蹺捕魚的方式得到淺海的魚蝦，而目前，在京族的萬尾漁村，只剩下最後 5 個會高蹺捕魚的人（中央電視台紀錄頻道，2014）。被公司和食品帝國把持着的全球食品體系，通過對消費地和生產地兩處的文化侵略，改變着食品的消費結構和生產方式，加深了食品安全危機。

一方面，一個民族的飲食文化傳統來源於對食物長期適應的最佳選擇。它既是一種文化傳承，又深刻影響着食用者生理適應能力的遺傳。輕易改變自身飲食習俗和食物結構，正是產生食源性疾病的重要因素。近 20 年來，中國患心血管病和糖尿病人羣的比率大幅攀升；而因為過量食用垃圾食品，超重和肥胖兒童已佔兒童總數的近 20%（陳蘇華，2013：485）。另一方面，本地食品的遠距離消費以本地食品的大規模、標準化生產為基礎，這勢必造成一種「粗暴的生產」（范德普勒格，2013：150）或對資源掠奪式的開發和利用。在此情況下，傳統的人與自然和諧互惠的生產方式被打破，相關的生產文化也開始斷代、消亡。單一的種養模式，附之以化學化、工業化的管理方式，使食品生產從源頭開始即潛藏着不安全的因素。

三、對食品安全問題的反思

從前工業社會到工業化社會的轉變醞釀了食品安全問題發生的契機，其中的因素有很多。這裏從食品安全標準制定中的政治介入、食品的工業化生產和食品與自然及人類生活世界的斷聯三個方面進行進一步的思考。

（一）標準制定中的霸權

「食品安全問題，已經隨着食品供應鏈的愈來愈全球化而發展成為一個政治問題，甚至上升到了國際政治的高度。」（俞雷，2005）根據譚偉恩、蔡育岱（2009）的研究，2003 年在美國出現的瘋牛病病例讓許多國家限制或禁止進口美國牛肉，導致了美國出口貿易的巨大損失和牛肉產業的衰退。為了改善這一狀況，美國一直設法改變有關瘋牛病的相關規範。2005 年，美國成功地促成世界動物衛生組織通過一項決議，將原本對瘋牛病所指定的 5 項風險分類調整成 3 項，即可忽略的瘋牛病風險、被控制的瘋牛病風險、未能確定的瘋牛病風險。這實際上大大降低了牛肉的市場標準。事實上，在制定一項國際性的食品標準時，發展中國家及其食品產業常常是缺席的。

可見，國際食品安全標準的制定受到霸權國家的控制。科學技術本身即一種霸權話語。正是發達國家的形象展現和話語作用使得科學技術深入人心。發達的現代傳媒和一系列精彩的廣告轟炸，以及伴隨有一定文化氛圍的食品體驗，使多數民眾在文化上潛移默化地接受着西方的飲食標準。然而，在科學技術論盛行的今天，當發展中國家的民眾寄希望於不斷改進的技術以解決他們面臨的食品危機時，發達國家卻緊握着它們的政治拳頭，通過強權改變食品安全的標準，以實現自身經濟發展的目標，而置人類的安全健康於不顧。

（二）工業化生產

「現代食品工業不僅是農業或牧業的延續，它還具有製造工業的性質。」（張志健，2009：6）並且，工業化進程對食品安全的影響是非常深刻的（孫文，2014）。工業化的生產方式對食品安全問題的引致作用主要表現在三個方面：第一，對原初生產基礎的污染和破壞所帶來的食品安全問題，如鎘大米[1]等；第二，生產過程的化學化所潛藏的不安全因素，如 45 天的速生雞和 3 個月的催肥豬；第三，各種生產技術加重了食品安全問題的隱蔽性，如「藍色牛奶」。

---

[1] 2013 年 5 月 16 日，廣州市食品藥品監管局公佈了第一季度餐飲食品抽驗結果，其中一項結果為 44.4% 的大米及米製品抽檢產品發現鎘超標（廣州市食品藥品監督管理局，2013）。

現代工業的發展，使空氣、土壤普遍受到不同程度的污染。現在已沒有一方淨土、一窪淨水和一立方純淨的空氣了，食品的安全日益成為一個嚴重的問題（張志健，2009：485）。中國目前受污染的農田面積達 933 萬畝，30% 左右農戶的蔬菜受到不同程度的污染（李長健、陳佔江，2005）。水體的污染已使魚類普遍受到污染（張志健，2009：485），農產品質量安全正遭受着農業之外的工業污染危害。不僅如此，近幾十年來，因為農藥、化肥的施用，農業源污染已經超過工業排放和居民生活污染，成為中國主要水污染的最大來源（國家統計局，2010）。「第二次世界大戰期間，科學家第一次發現戰爭中使用的神經毒氣可以用來殺死啃食作物的昆蟲。自那以來，農業就越來越依賴於化學產業。農民使用的化學物質越來越多，卻發現效果越來越差，施放到地球表面的農用化學物質每年大約有 300 萬噸。」（古道爾等，2009：32）「在農業成為高污染領域的同時，與之高度相關的食品安全和人體健康毫無疑問面臨嚴峻挑戰。近年來頻發的食品安全問題和日益高發的非傳染性慢性疾病，就是農業污染在社會和經濟等多重層面負作用的顯現。」（溫鐵軍，2011：12-16）質言之，農業種植、養殖領域的源頭污染是目前中國食品安全存在的問題之一（張雨等，2004）。

伯恩斯坦（2011：135-136）指出，農業生產過程的化學化使土壤成為一個純粹的媒介，供植物吸收「流向」它們的化學物。這導致了土壤的貧瘠，也使土壤的毒性增強了。周邊水域同樣如此，生長在土壤中的植物和我們的食物的毒性也增大了。在養殖領域，農業企業多採用「封閉動物飼養法」。這也是一種「直流」系統，其中動物的身體成了媒介，用來吸收濃縮飼料和生長激素，還有高級別的抗生素，以預防因為這種密閉飼養而產生的動物疾病。禽類生產可能是工業化農業中最讓人怵目驚心的例子，因為標準化的雞「工廠」擁有封閉的、可控的內部環境，而且完全是可以移動的。只要有利可圖，任何地方都可以建造雞「工廠」。這樣就可以將資本從土地和當地特定的生產限制條件之中「解放」出來，而這些限制條件自古以來都是農業歷史的典型特徵。化學農法是工業化的農法，它抑制了生命的本能，浪費了環境，使人類吃的東西變得劣質。結果一方面帶來生產力的飛躍發展，另一方面也帶來農村和農業生產環境的惡化，以及食品的劣質化（胡曉兵，2007）。

食品工業化最典型的例子非食品帝國莫屬。范德普勒格（2013：123-125）指出，食品帝國深刻地改變了食品本身，改變了一直以來食品被生產和消費的方式。例如，歐洲帕瑪拉特食品集團的「新鮮的藍色牛奶」項目，就給意大利的食品安全、公共健康和整個乳品行業的生存帶來了巨大的潛在風險。該項目的實施是在諸如波蘭這樣的地區低價收購劣質牛奶，3 個月後將其轉化並作為新鮮的一級牛奶在意大利市場上銷售。「新鮮藍色牛奶」的生產大致上就是將牛奶脫脂，之後對乳脂進行巴氏殺菌和均質化處理，同時將脫脂牛奶加熱並進行微過濾。這樣一來，微生物菌羣幾乎全部被滅除了。下一步，再次添加乳脂，也就是重新製造「牛奶」。在這之後，再次進行巴氏殺菌。相對於生牛奶，通過這種方式再造出的牛奶，其生物物理性質已經發生了嚴重變化，它可以保存相當長的時間。由於各環節之間的遠距離，對整個加工鏈進行質量控制越來越難以操作。食品加工的複雜性和食品供應鏈的延長，使普通消費者無法通過經驗和感官手段對食品的好壞做出直接的判斷。那些隱藏在食品內部的各種問題，只有通過專業儀器和手段加以檢測才能被發現。這就大大地增加了食品安全問題的隱蔽性（孫文，2014）。

（三）斷聯

在現代食品領域，工業化的生產方式與全球化的遠距離消費使食品與自然及人們的生活世界發生斷聯，這是當前食品安全問題所以發生之根本；而且，「斷聯」使人們只追求食品所帶來的經濟利潤，很少顧及可能給他人帶來的危害，因此造成了一系列「明知故犯」的食品安全道德事件。而在前工業時代，傳統的農業不存在生產和消費的分離以及經濟生活和家庭生活的分離（孟德拉斯，2005：91），食品的生產和消費本質上嵌入了小農的生活世界之中，與小農社會的方方面面形成聯結，維護了食品的安全性。

針對生產中可能出現的問題，工廠和小農有着不一樣的解決策略。如在養殖領域，工廠趨向於消滅動物的天性，將許多家禽飼養在「電池農場」（battery farms）[1] 裏。狹小的空間導致禽類經常互啄，於是它們往往在痛苦的拔喙過程中被「修整」；由於其腳爪常常被籠子底部的鐵絲網眼卡住，所以會被切去腳趾末端，以防腳趾生長。當發現有一隻或幾隻雞有問題時，工廠便會對整個雞羣進行藥物治療和預防（古道爾等，2009：57）。在華北村莊的觀察發現，面對同樣的問題，小農會儘量降低家禽密度，像協調者一樣干預其中，將其轟散。甚至在它們天性脆弱時期像家長一樣守護在旁邊，晚上它們擠成堆時，將它們挪開；遇到不可控的疾病感染時，小農盡力去照看，一一掰開家禽的嘴巴餵藥片，以確定每一隻需要治療的家禽真的得到治療。如果治療無效死亡，小農也會傷心地將家禽深埋處理。面對堅強生存下來的雞羣，小農則會驕傲地稱它們是「戰鬥雞」，會自信地誇耀它們的基因好、身體素質絕對強，並相信其後代的基因會是更優的。總之，小農採用一種對動物本身更有利的方式來飼養動物，這種生產本身便是小農生活的一部分；而工廠採用一種暫時滿足人類各種獲利需求的方式來飼養動物，這種生產與人類生活世界本身並無干系，至多算得上是一種為了牟利而不得不進行的工作。

可控性是現代社會崇尚的內在品質之一。工業化的標準生產方式是達到可控性的一個手段，並且一旦有不可控發生，便會被食品帝國建構為一種需要解決的問題，「可控性的創建就成了作為一種組織模式而存在的帝國的核心，這通常需要對社會和自然進行深刻的重構」（范德普勒格，2013：263）。小農在傳統種養殖模式下生產出的產品往往參差

[1] 因為狹小的籠子酷似蓄電池而得名。

不齊，因為它們是順應自然的生產。色澤光鮮、外形美觀的產品只是其產出的一部分，且在某種程度上帶有偶然的因素。當在市場上交易時，人們傾向於選擇這樣的優質產品，因為這些產品的確是同一批產品中的優質品。然而，通過現代技術，食品的外形和色澤等是可以被控制的。並且，一些食品公司通過大眾傳媒等手段不斷建構着食品的生產、選擇和消費標準。不符合標準的產品皆是問題產品，是要被拋棄或改進的。通過選擇標準的建構和現代食品工業技術的應用，現代社會實現了食品生產與消費領域的可控性。在現代食品生產中，為了迎合消費者追求光鮮、美觀的心理，一些有着安全隱患的加工技術紛紛被發明、應用，如使用上色劑、瘦肉精等。這種生產方式之所以可行，並且能夠日益摧垮小農生產方式，主要得益於目前全球化的遠距離消費。消費者不再了解食品的生產過程，而只看重最後產品的呈現形態；他們忙碌的工作使其沒有時間、精力來關心自己所食用的產品，更沒有精力來關心為自己生產食品的人。而生產者呢？在全社會經濟水平和消費水平持續走高的同時，他們亦要為生存謀。因此，為從來也不會關注自己的遠距陌生人生產食品，只是其為生存謀利的手段而已，與其本身的生活世界並無聯繫。在監管體系不完善的情況下，其中的道德風險和安全風險便可想而知。

四、替代性食品體系

人類或許還很留戀那種飽含情誼、人工技藝和歷史記憶等特殊性的獨到食品。人類可以追求現代化的享受，但這種享受不應該割裂人與人、人與自然之間的那種無形而實在的紐帶，否則，人們就會產生一種漂泊和無助感，進而對社會產生不信任，各種社會問題也會隨之爆發。食品安全問題不僅是食品質量不安全的問題，同時是消費者對社會和政府失去信心的問題。逐利型的工業生產粗暴地切斷了人與自然之間的神祕聯繫，自利性的社會驅動力果斷地掰開了人與人之間的道義嵌環，一方面產生了食品質量不安全的問題，另一方面也加劇了消費者對食品市場的不信任。

與食品安全問題相伴的是食品生產環境，尤其是生態與自然環境的嚴重不可逆性破壞，如《寂靜的春天》裏所描述的場景：

> 合成殺蟲劑使用才不到二十年，就已經傳遍生物界與非生物界，到處皆是。我們從大部分重要水系甚至肉眼難見的地下潛流中都已測到了這些藥物。早在十數年前施用過化學藥物的土壤裏仍有餘毒殘存。它們普遍地侵入魚類、鳥類、爬行類以及家畜和野生動物的軀體內，並潛存下來。科學家進行動物實驗，也覺得要找個未受污染的實驗物，是不大可能的。（卡森，2011：15）

「再也沒有鳥兒歌唱」，地球上佈滿「死亡的河流」，人類正為此付出生命的代價，各種癌症和罕見病的發生使人類相信其施與自然的破壞性力量正反過來作用於自身。因此，波蘭尼（2007：258）指出，在盲目「進步」之後，人類正在恢復自己的「家園」，若要使工業主義不致毀滅人類種族的話，就必須讓它臣服於人類本性。

目前，各種替代性食品生產運動正試圖將食品的生產和消費與人類社區生活重新聯結起來。這些運動倡導人類與自然和諧相處的生態耕作與生產方法，倡導在地化消費，減少食物里程；鼓勵生產者與消費者直接互動，減少中間環節，以打破食品帝國的壟斷和價值操縱，追求更多的自主性與可持續性。例如，中國農業大學人文與發展學院正在華北農村地區倡導和開展的「巢狀市場」（Nested Market）實踐，中國人民大學農業與農村發展學院和北京小毛驢市民農園倡導的「社區支持型農業」（CSA），以及各類農夫市集、共同購買組織、消費合作社等，都在理論和實踐層面產生着重要影響。

「巢狀市場」指的是農村地區的生產者和城市的消費者直接對接，共享同一套關於食物如何生產的參照框架。它強調人與自然之間的協同生產，並儘可能少地添加人工生長因子。它有一個明確的邊界，在界限內，生產者和消費者都清楚誰為誰提供了何種產品。它一方面可提高農民的收入，另一方面可保障消費者的食品安全。「巢狀市場」源於一系列的日常抗爭，採取的「並不是組織起來或直接的對抗，而更多是一種平靜的、普通的和細微的方式」(Kerkvliet, 2009)。通過特定生產者生產出的高質量農產品與特定的消費者直接聯結，在已有的市場框架下擴展自己的生存空間。對主流市場進行批判和抵抗的「巢狀市場」的建立，回應了現代農業的廣泛危機，從某種程度上解決了現有的食品安全問題(葉敬忠等，2012)。在「巢狀市場」實踐中的某一次對接送貨過程中，消費者發現自己購買的豬後臀尖上有很多肥肉，便與送貨農民進行了討論。

消費者：「後臀尖怎麼還有肥肉呢？」

生產者：「後臀尖就是連着肥肉一起賣的，在農村我們都是這樣分割的。」

消費者：「超市里的後臀尖都沒有肥肉，看到這有肥肉的都不習慣了。」

生產者：「我們的豬都是家養的，絕對沒有瘦肉精，所以肥肉就多一些。我也不敢保證下次我們的豬會瘦一點。現在人們都喜歡沒有肥肉的，所以人們才開始用瘦肉精。您要是有空，常去我們村裏看看，您就可以了解這些產品為什麼是這個樣子了」

這位消費者認識到，要食用真正健康的食品，就應該鼓勵生產者在尊重自然的基礎上進行生產。這位生產者也表示，通過一些技術處理，消費者的需求往往很容易得到滿足，但食品安全就不能保證了。

對於「社區支持型農業」，美國國家農業圖書館將其定義為：由個人組成的社區，這些個人保證共同支持某一農場，從而使該農場或合法或合情合理地成為該社區的農場，這樣生產者與消費者相互支持，共同承擔農業風險，共同享有農產品收益（鞠海鷹，2009）。社區支持型農業興起的直接原因，是近年來工業化和城市化的不斷推進所引致的一些負面效應，如環境問題和食品安全問題。在國際上，這個概念最早是由日本的一些婦女在 1971 年因關注食品中的化學成分而提出的（Janssen, 2010）。當時，東京等大城市的主婦出於對健康農產品的需求，自發組成消費者團體，到農村包地，通過定單、預付款等方式鼓勵農民生產不用化學品的農產品，並直接與農民協會交易（高瑞霞，2009）。20 世紀 80 年代中期，CSA 被帶到美國。2007 年，美國的 CSA 農場達到 12549 個（Lang, 2010）。並且，在德國、法國、丹麥、瑞士、葡萄牙等地，同種形式、不同稱呼的社區支持型農業也在轟轟烈烈地開展（亨德森、恩，2012：298-312）。

「農夫市集」是指生產者聯合起來，在約定的時間和地點一起售賣自己的農產品。這些農產品多採用生態方式耕種，有着相對固定的消費者羣體。「共同購買」是指消費者聯合起來，支持某個有機農場或某幾戶小農按照一定的方式進行生產耕作，並按照約定價格購買農場或農戶產品的行動。在國內，人們習慣把各類農夫市集和共同購買組織歸入社區支持型農業的範疇。然而，在實際發展過程中，人們可以聯合起來支持任何一種有益自然、有益健康、有益人際和諧的產品和行動（楊寶熙，2014）。

以營利為目的的現代食品工業體系，不僅割裂了人們的生活世界，造成人與自然、人與人之間的斷聯，將其自身的安全風險轉嫁於消費者和生產者，而且置環境保護於不顧。這加重了人類的生存危機和環境危機。在全球範圍內，面對現代食品工業咄咄逼人的態勢，針對食品工業化的反向社會運動從未止息，如慢食運動、素食主義運動、反人造脂肪運動、食物地方化運動、母乳餵養倡導行動、動物福利保護等。作為現代食品政治博弈中對食品工業生產極致化的反向運動，它們通過訴諸「用餐叉表決」的方式，履行着一種有關生命與健康的公民權利（《齊魯周刊》，2012）。

五、食品與生活

西方的現代化和工業化發展戰略及各種功利主義價值觀，使它們在現代「民族一國家」的競爭過程中彰顯出強大的比較優勢。而模仿西方發展道路，追求同樣的發展內容，內化西式的發展思維，成為非西方國家趕超西方發達國家的行動邏輯。在現代化和工業化過程中，食品安全問題映射出了市場的失靈，主要表現在壟斷、外部性、信息不對稱和公共產品性質缺失等方面（孫耀武，2009）。現代社會表面上積極倡導自由市場，實際上不過是要讓其他力量服從並服務於經濟的力量。在現代化之鞭的策引下，政策和話語多鼓勵規模化、信息化、創新等，而規模難道不就是壟斷的孿生兄弟嗎？信息化及在任意方面不斷創新的結果不是信息的更易獲取和更透明，反而是信息不對稱的加劇：強勢一方掌握更多的信息，也更容易利用各種技術途徑收集各種信息；弱勢一方則更容易被人為設置的各種技術壁壘或制度排斥在信息海洋之外。在高舉經濟大旗的當今社會，似乎人人都為私利而奔，正的外部性和公共產品性質被嚴重忽視。目前，社會更傾向於以一種運動的方式，將食品問題的矛頭對準小生產者和小作坊。然而，佔盡規模、信息、資本等優勢的大公司所生產的食品未必就是安全的。尤其是，作為現代食品生產體系中重要的一環，這些大公司與工業化的生產方式、消費方式相互聯結，以一種獨特的方式影響着現代的食品安全和我們的生存環境。

食品本應是人類生活的一部分，是人類生存之基礎。在任一時代，它都不可能單純地作為一種工具性的效用而存在。現代社會亦不例外。食品不可能單純地作為一種商業性的獲利工具而持續存在，並以一種有機成分的角色協助維護社會的穩定發展。關於食品的很多反向運動或替代性選擇，倡導重新聯結人與自然、人與人之間的關係，體現了人與自然的友好相處，並將生產者和消費者直接聯結，重建社會中人與人之間的關係。因為，說到底，食品就是人類生活的一部分。

科學的故事

現代科學技術對農業的規訓

18 世紀英國工業革命之後，人類對自然世界的敬畏轉化為對科學技術的無盡熱誠。在此背景下，哲學家開始將科學技術與人類前景緊密相連，甚至將前者視為企及後者的通達之路。的確如此，在往後的幾百年中，人類高度的物質以及文化生活的需求，都由於科學技術的不斷發展而應接不暇地被滿足着。在此過程中，人類逐漸擁有了相似的命運：如果說文藝復興將人類從中世紀君主專制中解放出來，那麼，科學技術的興盛發展，又一次將人類網羅到幾近相同的歸路中去。

與之相伴隨的是，農業也在現代化的引導下逐漸蛻變。特倫斯・J. 拜爾斯（Terence J. Byres）以全球作為維度，將資本主義背景下的農業轉型分為以下幾類：在英格蘭式道路中，通過土地的商品化，封建制度轉變為新的「資本主義地主階級、農業資產階級和無產階級勞工」三位一體的農業階級結構；在普魯士式道路中，封建領主制的莊園生產被由固定的農業工人進行的商業生產所取代；在美國式道路中，勞動力的相對短缺和較高的工資成本導致了 19 世紀的機械化；在東亞道路中，農業並未轉化成農業資本主義，而是將農業生產中的一部分「剩餘」貢獻給了國家工業化的進程（伯恩斯坦，2011：47）。

儘管各國農業現代化的歷史不盡相同，然而，它們似乎朝向了一個共同的結果：以精進技術為手段，以節省生產成本、創造剩餘價值、減少農業用人為目標，以大規模、集體化且排斥小規模獨門獨戶的生產單位為形式，在機械化、化肥化、信息化及標準化的趨勢中，逐漸突現現代農業。在中國，自 20 世紀 50 年代，「四個現代化」就成為國家的戰略目標，其中包括農業現代化和科學技術現代化。因此，「現代農業」一直是國家發展的宏大敍事，體現在一系列對現代農業科學技術的追逐和對鄉土性、地方性知識的藐視上。例如，在「十二五」期間，國家對轉基因品種的研發支持是 300 億元，而常規育種只有 1.8 億元（王曉慧、林曉，2011）。現代農業尤其強調以西方發達國家為代表的農業科學技術的現代化過程，忽視農業技術自身的特點，而過分依賴農業外部的投入，實際上走的是一條農業技術工業化的道路（胡曉兵，2007）。由於對效率和產出的過分強調，現代農業科學技術在農業生產實踐中出現了前所未有的問題：

第一，從事農業生產的農業人口數量大幅度減少，農業在國民經濟中的相對地位在不斷下降；第二，農業面臨着氣候變暖和水資源匱乏的危機，結果是農業資源遭到嚴重的破壞和退化；第三，大量的「現代」物質投入，使環境原先相對平衡的物質循環受到了破壞，造成了環境的惡化；第四，現代化的生產，產生了與自然生態不相適應的「現代」生產方式，造成了生態的嚴重失衡；第五，現代生物技術和信息技術等高新技術在農業中的運用，產生了不可預計的深層次倫理問題和社會認同問題。（胡曉兵，2007）

伯恩斯坦對農業耕作和畜牧養殖的現代化過程以及由此引發的生態後果，進行了生動而形象的描述：

在過去 150 年裏，作物栽培發生了生態上的變化，即從歷史上的「循環的農業生態系統」急劇簡化成了以越來越多地使用化肥和其他化學製品為基礎的系統，而且這一過程一直在強化。在前一個系統中，土壤、植物化學、微生物之間進行着複雜的相互作用；而在後一個系統中，土壤成為一個純粹的媒介，供植物吸收「流向」它們的化學物質，植物的生長速度因此加快，數量因此增多，產量也因此而得到提高。而這導致了土壤貧瘠，使任何作物的生長都需要越來越多的化學物質。「化學化」的程度更強了，土壤的毒性也增強了（周邊水域同樣如此），生長在土壤中的植物和我們的食物的毒性也增大了。（伯恩斯坦，2011：135）

「封閉動物飼養法」，亦稱集中型動物飼養經營，即在儘可能狹小的空間裏、儘可能短的時間內，生產出儘可能多的牛肉、豬肉和雞肉。確實，這也是一種「直流」系統，其中動物的身體成了媒介，用來吸收濃縮飼料和生長激素，還有高級別的抗生素，以預防因為這樣密閉飼養而產生的動物疾病。禽類生產可能是工業化農業中最讓人觸目驚心的例子，因為標準化的雞「工廠」擁有封閉的、可控的內部環境，而且完全是可以移動的。只要有利可圖，任何地方都可以建造雞「工廠」，這樣就可以將資本從土地和當地特定的生產限制條件之中「解放」出來，而這些限制條件自古以來都是農業歷史的典型特徵。（伯恩斯坦，2011：136）

在農業現代化實踐中，如鮑曼所作的「園藝精神」的比喻，園藝師將一個自然場所加工至一個人為的具有秩序的植物空間（斯科特，2004）。現代農業被嵌入一個標準化的環境之中，以對「效率」的無止境追求作為合法化基礎，利用不斷更新的生產技術作為巧妙的掩護工具，將強大的政治力量注入農業之中，強迫農民遺忘那僅有的一點地方知識記憶與個人自由。

從農業資本主義到工業革命，從「田園城市」（霍華德，2000）的提出，到「燦爛之城」巴西利亞的規劃完成，從「軍團化」的科學林業烏托邦夢想（斯科特，2004：4）的滋生，到中央集權政府干預下的強制村莊化（斯科特，2004：297），發生在近代的一切，無不追求暗含政治或經濟目的的易懂性與透明性、標準性與同質性。社會工程師精心炮製了看似完善、明確、獨一無二的社會秩序與社會前景，創造出一幅幅由「秩序、科技與大規模」帶來的絢爛畫面。他們將社會中那些行將消逝的雜亂與不確定性，通過話語的包裝與技術層面上的棄絕，不知不覺地從人們身邊消滅。最終，這些工程師看似勝利了，但異化也悄無聲息地滲透到世界的各個角落。

一、現代農業科學之於農民、農地與農作

最初，人類對自然飽含同伴般的深情。每一次採摘豐收的果實或狩獵飛禽走獸，都被他們作為接受上天饋贈的純粹形式。從遊牧模式到原始人的定居，農業的出現從根本上改變了人類生活。瓦羅（1981）在《論農業》中曾經這樣描述古羅馬人在收成前的儀式：「在你帶來小麥、大麥、豆物、蘿蔔等果實之前，奉獻上未割過的豬的祭品和一頭母豬。在你奉獻母豬之前，你應該事先用神香、葡萄酒向哲納斯（Janus）、丘比特（Jupiter）和朱諾（Juno）作禱告。」瓦羅還更詳細地記載了在進獻貢品時古羅馬人的說辭。毫無疑問，人與土地的關係並非與生俱來便如現代這般劍拔弩張，我們甚至可以從上述的隻字片語中，讀到人類曾經對自然的敬畏與尊重，以及發自肺腑的歸屬之情。

工業革命的爆發確立了與資本主義相輔相成的科學理性精神，並帶動了科學與技術、生產的普遍結合，使得那些古希臘傳統式的冥想被科學家拋之腦後。與此同時，現代化逐步確立了其對於整個時代的重大意義，並將世界不論從歷史還是空間維度都納入「已知」的領域。從經濟角度來說，現代化衍生出一套「工業發展、經濟增長」的普適標準，並為全球市場的弱肉強食創造了絕佳環境；從社會角度來說，貧富分化、階層固化與社會分工日益加劇；從政治角度來說，現代化體現在全球化多元格局不見硝煙的戰爭中。一言以蔽之，人類包括經濟、政治、文化的方方面面，歷經了以科學技術為動力的一次重大變革。在無處不在的現代性氣息當中，農業科學技術也導致了農業社會的異化，甚至整個農

業社會中包含的所有生產關係，都經由現代農業技術所蘊含的科學密碼而異化了。

第一，現代農業科學技術異化了農民自身。現代農業科學研究建構了農民飽受勞動之苦的現實，因此均以解放勞動力為宏大敘事。伴隨着科學技術的迅猛發展和機械化的普遍採用，農民多年的生活方式和勞動方式無不被摧為枯朽，成千上萬的勞動力被「解放」出來，從事農業的老人、婦女或青壯年突然間「閒」了下來。同時，伴隨着工業化的時代洪流，政治家也開始盤算如何最有效地將小型農場主會聚一堂，通過機器省卻人力，完成人類在土地上反覆勞作了上千年卻從未變更的任務。隨着拖拉機的出現，農業工業化由此開始。馬格林（2001）指出，如果說機械化大工業嚴重剝奪了工人的自主性，那麼，機械化大生產則更加徹底：它使一部分農民不得不離開農村湧向城市，而使另一部分成了地地道道的農業商人。事實證明，數目龐大的被農業技術與設備遣送至工業體系中的農民，因為沒有一技之長，仍然未逃脫被城市拋棄的命運。至於另一小部分幸運兒——那些追趕上現代農業技術腳步的農民，經由資本投入、農業技術推廣、機械與肥料的使用，得以成為農民中的佼佼者，並與政府、資本家和科學家稱兄道弟。「農民」意味着的將生命貢獻於土地以換取生計的那部分意義，在他們看來早已可有可無。土地之於他們不再是賦予生機的大地母親，而僅僅是牟取利益的田野工廠。正如馬格林所言：

> 高科技農業將數目龐大的農民釋放出來，讓他們進入工業領域工作。釋放農民出來是為了什麼？為了工業生產——僅向工人提供一張周末工資支票，換取沉悶、愚蠢，以及最糟糕的是無意義的工作。喪失土地的勞動者，因為與土地的經濟、政治和社會紐帶被切斷，其生存意義也受侵蝕，因而成為第一代「農村無產階級」。（馬格林，2001）

弔詭的是，就在人們為科學技術和機械化解放了勞動力而歡欣鼓舞之時，「就業難」卻變成了全球性的、普遍的社會難題，各國政府都將「創造就業機會」作為執政的口號和目標。當然，具有諷刺意味的是，科學技術在「解放」了很多就業崗位的同時，還常常宣稱創造了多少就業機會。可以說，正是由於科學技術對勞動力的大量和徹底的解放，現今世界上很多找不到勞動崗位的人，已經不再是馬爾薩斯意義上的「剩餘人口」，而是鮑曼意義上的「廢棄的生命」（鮑曼，2006a），即相對於科學技術而言，很多人根本就是多餘和不需要的。在此情況下，人類需要進行整體性的思考——「我們到底需要什麼」。面對眾多「廢棄的生命」，我們更需要的或許是放慢科學技術對勞動力解放的步伐。

第二，現代農業科學技術異化了農地。有賴於 18、19 世紀的生物化學基礎，20 世紀的農業科學技術旨趣越來越帶有生物學的特性。一方面，人們開始研究並改良化肥和飼料。從某種程度上說，這種方法的確促使土地的短期收益激增。但與此同時，這種方法也破壞了土地或植物原有的狀態，如「以越來越多地使用化肥和其他化學製品為基礎的系統」取代了「循環的農業生態系統」（伯恩斯坦，2011：135）。另一方面，隨着科學家對遺傳與演化問題的探尋，基因在農業技術尤其是新品種培育方面起到重要作用，如雜交育種、誘變育種以及轉基因育種。中世紀初期，「為了確保土地的肥沃，男女雙方在土地上滾動，赤裸的男人在莊稼地上滾動，女人在亞麻上滾動」（紹伊博爾德，1993）；而以科學技術為取向的現代社會，正被圍困於農藥、化肥對河流、海洋、土壤、生物乃至整個地球的傷害之中。一部分農民遠離土地及其身份，剩下的農民成了農業工業化機器中的螺絲釘。後者摩精竭慮地思考如何與官僚和知識分子相處愉快，以獲取更多投入或技術，並經由噴灑農藥、機械化耕作，以及向埋頭於實驗室的科學家討教新興農業技術的動作，斷絕了他們與土地之間如同母親與子女、施與受一般的充滿歸屬與感恩的和諧關係。而這種施與受的關係正是農民在千百年的農業實踐中悟出來的人類與土地之間的關係：

小農模型的根基來自這樣一個觀念——地育萬物，量力而出。然而，人類必須通過勞動「幫助」土地孕育物產。人類和土地之間存在一種施與受的關係，這種關係被塑造成了互利互惠。農民也知道，與有機肥料相反，化學產品會「灼燒大地」並「消耗」它的力量。糧食作物從土地中吸取能量，人類轉而又從糧食作物和動物產品中獲得能量和力氣，人類的力量用於土地上，這種耕作勞動會產出更多的力量。（Gudeman and Rivera, 1990）

第三，現代農業科學技術異化了農事勞動。馬克思認為，「最文明的民族也同最不發達的未開化民族一樣，必須先保證自己有食物，然後才能去照顧其他事情」（馬克思、恩格斯，1961）。所以，他將農業領域看作一切勞動部門的自然基礎。馬克思的確富有洞見。宏觀上說，現今整個農業領域的生產，確實承載着每一個國家乃至全球的糧食安全問題。然而，從微觀角度看，耕作作為生計勞動的觀念，已經逐漸消散在現代農民的腦海中。與其說農業勞動本身的異化來自農民的轉變，不如說現代性意識形態重塑了人們對農業勞動的期許。曾經，人類渴望提高糧食產量，以備不時之需。然而現在，生產主義目標貫徹至整個農業領域，上至農業部門下至農民，所有投入產出關係之外的結果都被忽略不計。在過去，土地之於農民所以神聖，或許與其為農民提供生存之道不無關係。這層關係的逐漸消解，意味着包括土壤、水源、農作物質量以及土地歸屬關係等在內的問題，都不再是整個農業領域勞作的重點，除非它們開始影響到生產。而在農民的長期農業實踐中，勞動一直是財富的來源和未來的期望。正如范德普勒格所指出的：

小農階級將勞動置於舞台的中心，將勞動與自我控制的且部分自我調配的資源聯結在一起，也與前途和未來聯結在一起。當與實現進步的其他方式相對比的時候，小農階級的這個勞動核心就會清晰顯現。在小農境地的概念中，進步和發展被認為是自身勞動的結果。（范德普勒格，2013：41-42）

當農民、農地與農作都相較於過去截然不同時，我們可以說，農業科學技術異化了農業。在過去，農業的順利講求天時、地利、人和，缺一不可；現代農業科學技術卻可以運用溫室、人工降雨等操控天氣，以農藥、化肥催化土地，通過專家的判斷和決策直接影響整個農業過程。一切成敗都可以完成於實驗室，一切經過都能夠排除農民而由專家主導。農民不再是唯一的勞作者、收穫者，而被改造為參與者、施行者。換而言之，現代科學技術的出現，導致了農業領域內觀念世界與生活世界的分離，前者屬於農業科學技術的生產者——農業科學家，後者屬於農業科學技術的採用者——農民。事實上，觀念世界與生活世界的逐步分離，並不是僅出現在農業科學技術領域，而是貫穿於整個歷史過程與現代社會的方方面面。20 世紀後，實驗室已被廣泛應用於化學與生物學界。醫學、農業與生物學工業技術，都開始以生物學實驗工作作為研究基礎而發展。在此之後，但凡關乎土地的一切，似乎都被在遙遠實驗室中的科學家運籌於帷幄之中。實驗室方法的出現，致使科學與技術、生產領域開始相互結合滲透。科學家放棄了象徵學術的形而上世界，投身於無止境的產量訴求當中。他們從一個實驗室游走至另一個實驗室，開發着一些將用於土地的那個與他們相隔遙遠的地方的技術。農業科學技術變成聯結科學家的觀念世界與農民的生活經驗世界的中介，實驗室是製造中介的載體。這兩個世界所指向的旨趣截然不同。前者致力於通過更多的指標追名逐利，從而穩固地位、豐富職業生涯；後者的需求，興許才能勉強與土地本身有所關聯。

毋庸置疑，儘管農業科學技術自興起至今已有幾千年的歷史，然而，在現代社會被奉為社會發展動力的科學技術，已經與過去粗糙的手工工具大相徑庭。現代性語境下的農業科學技術，斬斷了曾經的農民與土地之間帶有神性光輝的美好情愫，模糊了農民長達多個世紀的身份認同，將整個農業領域推向現代社會機器化大工業的熔爐之中。

二、去政治化的農業增長與高科技農業的政治性

現代科學技術將農業活動異化為類似工業大生產一般的流水線勞動，使農民作為獨特的個體參與勞動的比重變少，並降低了成本、增加了收益。這一切恰恰符合整個工業革命對增長無限追求的總基調。在發展主義的邏輯中，唯有增長，方可完美呈現權力和財富的存在，其支持者又反過來以權力和資本為工具，邁向無止境的新的增長階段。

20 世紀 30 年代，由於美國對雜交玉米技術的研究日趨成熟，農業科學技術開始在美國走商業化路線，並且，雜交農作物逐漸取代傳統農作物成為市場寵兒。20 世紀 40 年代，農業雜交技術更是經由美國的「玉米地帶」傳至墨西哥，為後來墨西哥發展出各種雜交小麥、創造第一次綠色革命的最大生產成就提供了技術基礎。這項技術也影響了印度與巴基斯坦。20 世紀 60 年代，成立於菲律賓的國際水稻研究所開始改造水稻種子（馬格林，2001）。20 世紀 70 年代，中國的雜交水稻也應運而生，為確保中國糧食安全做出了貢獻，並以不足世界 7% 的耕地面積養活了世界近 1/5 的人口（熊愈輝，2003）。

事實上，第一次綠色革命的形成，不僅始於生物學與農業科學技術領域結合與推廣的訴求，以及當時全球大規模爆發的糧食危機。馬格林（2001）一針見血地指出：「綠色革命是在美蘇兩大帝國較量這種背景下炮製的。」他認為，為了在世界版圖上不斷擴張，美國用食物作為重要誘餌，以幫助第三世界國家消滅飢餓、實現共產主義所提出但未能實現的「美麗的承諾」為理由，醞釀了綠色革命。這場以雜交育種技術為導火索的農業科學技術革命，對發展中國家的意義尤為重大。在印度、墨西哥、菲律賓等多個推廣綠色革命的國家，糧食產量增長達到史無前例的速度。例如，印度的小麥單產從 1961 年的 800 公斤 / 公頃上升到 1990 年的 2200 公斤 / 公頃，菲律賓的大米單產發生了從 1961 年的 1250 公斤 / 公頃上漲到 1990 年的 2800 公斤 / 公頃的變化（熊愈輝，2003）。一時間，由綠色革命所帶來的糧食產量激增，既解決了一批發

展中國家的糧食自給問題，又穩定了全球性的政治格局。

然而，雜交育種技術的蓬勃發展，昭示着人類對自然的又一次挑戰。馬格林（2001）認為，在綠色革命中糧食大幅增加的背後，人類需要付出代價。第一，雜交農作物品種的出現，取代了傳統農作物的植物多樣性，導致前者抗災能力減弱；第二，新品種的培育需要大量水分、化肥和農藥，在此過程中，恐怕難以避免對生態系統的破壞；第三，由於農場物料不再自產自銷，所導致的農村經濟關係變化，可能會引發政局不穩。馬格林總結道:「這三個問題都可歸納到一個大問題之下:可持續性。」

的確如此，綠色革命取得的成果是短暫的，隨後造成的破壞性卻是綿長的。首先，化肥與農藥的大肆施用，致使生態環境持續惡化。如同《寂靜的春天》所描述的那樣，「包括大氣、水體、土壤和作物，進人環境的農藥在環境各要素間遷徙、轉化並通過食物鏈富集，最後對生物和人體造成危害」（屠豫欽，2003）。其次，隨着農業科學技術的提高與研發投入的增加，農產品產量不增反減。早期的農業技術，建立在順應自然規律以及保持人與自然和諧關係的基礎上，因此，農作物產量更多依賴於農民的照顧以及天氣、土壤結構等自然條件。現代農民更加關注種子、農藥、化肥、機械以及新技術的投入，而忽略對土地的呵護。儘管農作物產量會如同在綠色革命的早期一般飛速增長，然而，隨着化肥與農藥的追加，土地逐漸展現疲態，因為過量的人力、物力投入會引起永久性傷害。農作物也由於喪失多樣性而抵抗力漸弱，在負荷超重的土地上受到物理或化學的損傷，最終產量下降。再次，高速增長的人口對高產作物的依賴，造成世界人口抵禦力的普遍下降以及亞健康人羣的增加。最後，不可忽略的是，農業科學技術的持續推廣，對全球能源緊缺的現狀形成巨大壓力。由於機械和肥料的成分來源都是石油或煤炭等不可再生資源，全球各國對於資源的使用難以控制，對於資源的爭奪也愈演愈烈（胡曉兵、陳凡，2008）。終於，人們意識到，以短期的糧食產量暴增作為目標的綠色革命，無益於土地，也無益於農民，更無益於長遠解決全球糧食問題。

此外，由於綠色革命這樣的高科技農業需要信貸、科學技術知識和外部物質投入，而這些條件往往只有富裕農民才能具備，因此，科學技術的實質效益每每被田土面積大和富裕的農民所獨享。如此一來，高科技農業必然會使富者越富、貧者越貧，危害農村社會的穩定。正因如此，馬格林（2001）明確指出，「無論如何，高科技農業的首要任務，似乎並不是要大力改善農民的生活」。

胡曉兵（2007）指出：「工業化的現代農業技術是以機器和化學手段對農業生物進行加工的技術，農業生物變成了可以生產的物質材料，以高產高效為目標，專業化、規模化、連作化、機械化被不斷地推廣和普及。」如同綠色革命一般，現代農業科學技術打着「追求增長」的旗號而來，卻難免暗含着政治或經濟的目的：當自然環境與生態過程中的動植物生長出現不確定性時，化肥、除草劑、殺蟲劑、溫室、基因工程等現代農業技術的組成元素便將自然界改造為流水線工廠；當飢餓和災荒對第三世界國家人民具有威脅性時，各種一攬子的改良育種經由發達國家之手用以獲得更多的政治支持；當無數中小國家或中小型生產單位還在凶險的全球市場中摸爬滾打時，新興大國或全球大型企業的高科技農業成為壟斷資本的最佳工具。

以轉基因技術為例。自問世以來，轉基因技術不僅接受着人類關於其對生態、社會等方面負面作用的拷問，還引發了倫理方面的爭議。轉基因技術會破壞農田的生物多樣性，並有可能通過逃逸現象形成自然界的「超級雜草」，從而導致生物鏈斷裂。從政治角度說，轉基因技術有可能造成技術壟斷問題，以及發達國家對第三世界國家的經濟侵略與農業資源掠奪；從經濟角度說，轉基因食品價格過高，會造成發展中國家的經濟負擔，更在考驗農業科學技術本身的同時，消耗着大量的社會資源；從倫理角度說，食品安全問題在全球範圍內層出不窮，給人類健康帶來威脅（毛新志，2005；楊通進，2006）。

印度著名環境保護運動人士蘇曼．薩哈伊曾說，「基因工程的主要目的是贏利」（胡曉兵，2004）。這句話一語中的，也適用於農業科學技術發展現狀：諸如轉基因技術之類的高端農業科學技術，已經不再流傳於離土地最近的農民的世界中，而是被控制在如官僚、資本家與知識分子等少數人手中。它不再單純是為了農民生計和全球糧食安全，更甚者，不是為了產量本身，而是為了發展的表象背後，少數人進行資源壟斷與技術統治的目標。正如吉多・雷文卡普所指出的：

> 生物技術通過含有獨特信息的種子加速了農業與環境的分離，通過信息化的酶使農業產品與食物產品分離，通過獨特的非食物產品及其組成成分使農業產品和食品質量分離，通過獨特的添加劑及其組成成分使農業和健康分離。上述的一切種子、酶、氨基酸、脂肪酸、乙醇、食物成分、添加劑等都是政治化的產品，創造着新的社會和權力關係。（Ruivenkamp, 2008）

針對高科技農業（雜交玉米）在墨西哥的推廣，曾任美國地理學家協會主席的伯克利加州大學地理系主任卡爾・索爾（Carl Sauer）教授曾指出：

> 美國農業部對於農業發展出一套咄咄逼人的政治哲學，似乎如今這套哲學要延伸到我們的拉丁美洲鄰居了……今天的農業部，首先是一個政治組織。……（農業科學家到拉丁美洲推廣雜交玉米）這種做法只能使我們影響別國，以服務於我國利益。我實在看不出這種做法可以怎樣讓我們了解其他生活方式。影響別國以服務於我國利益也許是有價值的甚至是必須的目標，但這屬於政治，而非研究的範疇。（馬格林，2001）

三、技治發展主義與農民自主性的式微

「發展主義是一種認為經濟增長是社會進步的先決條件的信念。」（許寶強，1999）為了實現經濟增長的目標，可以採取不同的途徑，其

中科學技術的發展常常被看成是最重要的手段。這是一種科學至上的技治主義思維。我將主要依賴於科學技術的發展主義稱為技治發展主義（technocratic developmentalism）。在技治發展主義指導下，農業科學技術與農民的日常實踐越來越脫鈎，農業科學技術在農村和農業上的推廣應用，也導致了農民自主性的式微。

（一）現代農業科學技術世界與農民生活世界的脫離

今天人們對於現代農業技術的強調，絕非指向同一生計目標的全人類的共同理想。且不論農民，哪怕是國家權力機構、大型企業或農業科研人員，都因為各自的動機，對農業科學技術的未來飽含憧憬。迄今為止，國家權力機構對農業問題的簡單化處理，所造成的自然和社會損失事件已經不在少數。但是，全世界的社會工程師和農業專家仍然堅信，農業技術乃至所有科學技術的精髓是：理性化、大規模生產以及實驗室方法。通過應接不暇的國際研討會、技術發佈會或學術雜誌的「在場」，專家遠離農地，在忙碌的知識交流中，把握着農業科學技術的最新走向。與其說他們在為全球人類的糧食安全辛苦奔波，倒不如說官僚機構將農場變為社會工程的新規劃對象，大資本家和小農場農業商人唯利是圖，農業技術研究人員埋頭於實驗室為前程而拼搏。正如斯科特（2004：262）評價蘇聯中央集權背景下的工業化農場時所說的，「農場活動中有 90% 是工程，只有 10% 是農業」。這種以農業科學技術為媒介、政府機構或大型企業為施用主體、社會規劃為最終目標的農業工業化，「在農業上與巴西利亞城市中平整出的工地是等價的」。

早在 1938 年，英國物理學家貝爾納（2003）就清楚地認識到，工業革命後，科學便進入了以營利為目的的新時代。在《科學的社會功能》中，他列舉了影響科研工作者自我增值的部分條件，它們包括：不同等級的科研津貼、從事項目的選拔與機會、研究導師與課題的選取、研究成果類的硬性指標以及科研職業管理體系等。他認為，強求研究成果的數量並用以衡量科研人員的專業性，導致「科學文獻中充滿大量毫無用處的論文」。利奧塔（1997：3）指出，「知識的供應者和使用者與知識的這種關係，越來越具有商品的生產者和消費者與商品的關係所具有的形式，即價值形式。知識為了出售而被生產，它不再以自身為目的」。在拉圖爾、伍爾加（2001）的調查中，實驗室科學家從事實驗活動是為了撰寫論文，或發掘新產品、新技術的潛在商業價值。實驗的選題取向，大部分來源於科學家在交談中的靈光一現、論文期刊的類型訴求，以及政府或企業項目的資金投入偏好，而絕非科學家在生產實踐和生活世界中的累積。

在 2009 年 4 月 9 日《南方周末》刊登的一篇名為《「瘦肉精」背後的科研江湖》（蘇嶺、溫海玲，2009）的文章中，記者呈現了「瘦肉精」由外國進入中國的來龍去脈。這其中牽涉到國內部分科研機構與專家的學術倫理問題——早在 20 世紀 80 年代，「瘦肉精」便初次出現於中國學術期刊，直到農業部將「瘦肉精」封殺，相關方面的研究論文和綜述已有四五十篇之多。然而，在這些學術成果中，相當一部分未提「瘦肉精」的副作用。用一位當事人的話說，「如果在論文中介紹了副作用，我們（的論文）也發不了」。毫無疑問，這個話語所帶有的假設前提，正符合拉圖爾、伍爾加（2001）在《實驗室生活》中所述的科學家的情況：為求名利放棄其他，包括學術倫理道德。總之，作為研發現代農業科學技術的重要主體，科研人員鮮有深嵌農民的生產實踐和生活世界之中，鮮有通過大量對農民需求的考察，確立研究旨趣。正如我們的前期研究指出的：

> 每年中國眾多科研機構的研究課題並不是從農民的需要出發而確定出來的，相反，多數都是研究者自我確定的，或更多的是儘可能地從課題審批機構或某些決策者的意圖和興趣點出發而確定的。而農民所需要的是能解決他們生產和生活中實際問題的農業科學技術。（葉敬忠等，2000）

可以說，農業科研人員中的大多數，礙於科學技術研究本身的桎梏，在實驗室建造了一個科學技術誕生的天堂。在關於科學家和科學技術的討論中，我們頻頻被告知科學家和科學技術都是中立的。相信社會裏大多數人都以為如此，但在很多重大議題上所呈現出來的社會現實引發我們再思這一常識。例如，在有關轉基因的可能風險方面，「具有不同道德觀念和價值取向的科學家，往往會對風險問題做出完全不同的判斷；如果再把他們有時對話語權和經濟利益的訴求也考慮進去，那麼，情況就更是如此」（楊通進，2006）。馬格林也指出：

無論個別科學家意識到與否，科學的應用，都是受到政治和經濟因素左右的；而且在推行綠色革命時起着重要作用的私人基金會，有其制度性的偏頗，而這種偏頗，就是由這些私人基金會所屬的社羣的政治和經濟利益造成的。（馬格林，2001）

斯科特（2004：426）用源自希臘的「米提斯」（metis）概念，解釋了農民通過日積月累得出的與耕作相關的自然、氣候、雨水等知識。這些來自經驗世界的地方化的知識和藝術，才是真正流傳於遠古農民的、為了得到大地母親恩賜且不至於飽受饑荒災害的歷史產物。與農業工程學家和資本家的政治或經濟目的不同，也有異於農業科學技術研究人員受到諸多束縛的研究旨趣，農民在觸手可及的生活世界中，為了生活而勞作。他們經由與人自然的相互給予，創造了「米提斯」，並在與外部世界的現代農業技術、農村現代規劃的博弈中，失去了它。最終，這些創造者和使用者，懷揣着各不相干的願景，被農業科學技術結合到產業鏈當中。當「米提斯」逐漸流逝於標準化社會工程的一次次實施時，農業也就喪失了它絕大多數的獨特與美好之處。

（二）現代農業科學技術禁錮了農民的自由

現代農業科學技術的進步，其表象是農作物產量的增加乃至農業本身的發展，其實質「不僅是掠奪勞動者的技巧的進步，而且是掠奪土地的技巧的進步」（馬克思、恩格斯，1971）。正如馬克思所說，土地早已比過去任何時候，更加召喚着各方權力的角逐。並且，農業科學技術的異化，使農民無法控制工作性質以及生產節奏，並成為機器化大生產中的一個個小零件，在政治參與的舞台上身影漸淡。海德格爾（2008）認為，科學技術產生的一切異化現象，都是因為「把生命的本質交付給科學技術製造去處理」。在此基礎上，所有農業活動都被物化、功能化、標準化與利益化，經由作為科學技術本質的「座架」，「限定」空氣的來源和去處、農民的身份與工作內容、農作物產量的高低等，「強求」土地不再為土地，農業不再為農業，都變成現代農業科學技術的隨從（紹伊博爾德，1993）。馬爾庫塞則提出了著名的公式：「技術進步＝社會財富的增長（國民生產總值的增長）＝奴役的擴展。」（陳振明，1997）法蘭克福學派認為：

> 科學技術的發展在現代社會中已經對人造成壓抑性的統治，如技術把人們束縛在現有的社會體制之中，使人變成了只追求物質利益的人，喪失了追求精神自由和批判思維的能力。同時，科學技術的發展不僅控制了物質生產過程，而且也加強了對人的心理、意識的操縱與控制，人淪為了一個功能性的部件，喪失了自由和人性，成為被操縱的對象和客體。（李培超，2001：42-44）

阿帕杜雷（2001）曾通過印度西部農村的案例，指出現代農業科學技術與其知識系統的入侵，導致村民喪失作為農民的自由而被工具改變勞動內容，喪失自給自足的自由而不得不依賴市場的新技術和新設備，喪失以情感為紐帶的合作互助自由而藉以工具理性進行交往。其實質是，政府官員與專家通過技術推廣和技術壟斷，得以使用技術霸權達到統治目的。

在現代農業科學技術的發展過程中，農民逐漸拋棄了自發育種，選用政府下屬科研機構或大型企業的高科技育種。如此一來，他們只能年復一年地在政府、資本家和科學家的引導下買種。當他們選擇了一定的種子，又需要施以配套的化肥。更甚者，由於土地的日漸受損，化肥的用量必須逐年增加。在此基礎上，他們無可避免地將象徵着知識和技術的人奉上神壇，如飢似渴地接受着政府、企業的項目培訓與「改造」。農民能夠看到的，是自己使用新型育種、大量化肥、各種機械施行他們夢寐以求的規模農業，並因此使糧食產量大幅提高。他們看不到的是，這些多餘的糧食終究流向城市、流向資本聚積的一方，流向遠遠凌駕於他們之上的某處。而糧食產量提高導致的盈利，也隨着物價的提高和「經濟力量的無聲強制」，僅僅成為字面上的數據增長。總而言之，對於現代科學技術的反思，無法忽略的是，它以全新的去政治化的形式，物化了本應生機勃勃、血脈相連的世界構造，禁錮着人類的身心自由。在農業方面，這種技術的統治機制，可以看作這樣一個過程：官僚、資本家和專家，利用現代農業科學技術與裝備的推廣項目，削弱農民和農村社區與相關機構的自主性，踐行其鞏固集中權力的基本邏輯。

（三）服務於發展主義和科學主義的現代農業科學技術

霍克海默、阿多諾（2006）認為，被「工具理性崇拜」佔據大腦的現代人類，蛻變成為只注重追求功能性、生產效率與策略算計，而放棄對人生意義與價值思考的迷失自我、喪失內在靈性的行屍走肉。同樣的觀點也出現在海德格爾（2008）的《詩人何為》中。他通過分析里爾克關於金錢的詩篇，感慨事物的物性已經喪失靈光，全部退化為市場價值。以金錢作為度量單位，土地、動物、農作物等一切事物，都被標準化成可以比較的毫無區別的商業籌碼。物化伊始之時正是世界靈性消失之日，誠如馬克思所說的，「技術的勝利，似乎是以道德的敗壞為代價換來的……甚至科學的純潔光輝彷彿也只能在愚昧無知的黑暗背景上閃耀」（馬克思、恩格斯，1972）。

發展主義與科學主義正是鑽了物化的現代文明的空子，從而扭曲了曾經質樸純粹的農業技術。馬格林（2001）認為，以「綠色革命」為例，其政治、經濟問題，以及長遠的自然環境破壞問題確實嚴重，比這更值得批判的是，一種以「發現問題—解決問題—再發現問題」為邏輯的不可持續性的科學主義，和建立一套鼓勵現代化的知識系統，以達到改造農業方方面面的發展主義的技術推廣方式。但他同時指出，高科技農業並不是一次性的技術方案。科學家一直知道，儘管問題需要解決，但解決問題時又製造了問題。舒馬赫也曾告誡我們：

> 我們的科學家和技術人員曾合成許多自然界所不知曉的物質。自然界面對這些物質毫無防禦能力，也沒有手段將這些物質排除。這有點像土著居民突然遭到機關槍的攻擊：他們原有的弓和箭完全無用武之地。（舒馬赫，2007：7）

在探尋第三世界國家發生的諸如貧富分化、失業率升高、生態災難頻發與自然環境破壞等種種危機時，班努里（2001）抨擊了西方中心論的發展主義道路，指出其實質並非為了將第三世界國家從糧食危機中解救出來，而是單純將西方的「效率至上」理念嵌入第三世界國家的社會發展觀。斯科特（2004：343）在總結東非殖民化項目的失敗時，提到項目設計上的一個致命弱點，即對機械和大規模生產的盲目信心。類似的情況不計其數。更甚者，「官方和專家對未來的積極規劃與農民之間的衝突，被官方歸結為進步與蒙昧主義、理性與迷信、科學和宗教之間的鬥爭」。

迄今為止，在中國，許多國內外援助組織、地方政府、企業或者科研機構，在忙碌地追求着「經濟增長」與「生產率提高」。在標準化的現代性語境中，當「大」和「多」成為唯一的正向追求時，將一切賦予市場價值似乎變得理所當然。一系列看似毫不相關的機構通過農業科學技術實現着各自的目標：援助組織獲得了慈善資本，地方政府獲得了相應的稅收與績效考核，企業獲得了壟斷資源，科研機構獲得了名聲與利益。與此同時，它們固化了現代農業社會結構。該結構由周期短暫且生命脆弱的種子，污染環境且消耗能源的化肥與機械，貧瘠的土地，擁有大量資金、大量土地與高端技術的統治階層，以及隨時會一無所有的農民所組成。

四、全景敞視與規訓農業

在現代化語境的工業社會中，科學技術作為推動社會方方面面前進的動力資源，往往被掌握在少數人手中。在鮑曼那裏，經由科學和技術，少數統治者的時空生命得以解放，他們一邊在遼闊的天地之間自由來去，一邊為無法擁有技術的大多數人製造各種藩籬。在政治上，科學技術是科學技術掌握者削弱對手權力的最強有力的武器；在經濟上，科學技術解決了「增長崇拜」社會所面臨的首要問題；在文化上，科學技術製造了現代社會新的消費美學，以與「利益最大化」的普遍價值觀相互匹配。然而，現代科學技術衍生的一切後果都並非無心之作。更合理的解釋是，最初，人們通過科學技術與其他手段，力圖建造一個具有確定性的、透明的、人人平等的現代社會，其結局是，在統治者擁有一個清晰社會的同時，不確定感卻充斥在其他多數人的世界之中（鮑曼，2001）。

福柯（2001，2003b）認為，在行政框架內，通過統計學對個人的量化，治理術無法抵達家戶內部的困境得以解決；在司法框架內，通過精神病學與法律領域的結合，帶有偏見地定義「不正常的人」；在臨牀醫學框架內，通過醫學領域與教育領域的結合，醫生對病人實現經由各項指標完成的個體分解。上述情況的共性在於，現代社會的每一個領域中，都充斥着大量由數據、檔案或分類系統重組的人。恰恰是他們，在喪失自由和安全的生活情境裏被一覽無遺，與此同時，卻渾然不知地滿足着統治者的種種需求。

現代農業科學技術對農業社會的異化正是諸如此類的規訓。之於農民，它一方面導致了農民內部的不平等，一方面將更多的農村廉價勞動力排擠至城市化工業建設的大潮中；之於土地、動植物，它的出現有助於完成更具操作性、更可控制的自然界臨牀演化過程，更大程度地物化了自然界；之於農事勞動，它以標準化的機械程序或書面化的育種指南，排斥被賦予「落後」標籤的人力耕種，消滅人與自然之間充滿情感及能量傳遞的交流方式，使其轉化為純粹的市場價值創造；之於農業社會與外部世界，它賦予有話語權的科學家、資本家、地方政府以合法性，破壞了市場、資本和科學知識與本土文化互不干擾的和平局面，使農業社會日益脫離自給狀態，成為外部世界獲取廉價資本的絕佳場所。

現代農業科學技術崇尚的是單一的、確定性的、功能性的美學觀念，實現的是農業社會的全景敞視主義。全景敞視通過間隔、差距、序列、組合的機制，揭示、記錄、區分和比較（福柯，2009）農村、農業和農民，提出類似「新農村建設」的農業社會重組途徑，以便整合鄉土資源，普及和倡導具有去政治化內涵的新型農業在農村的廣泛應用，塑造符合現代化、工業化、城市化建設的新型農民。的確，必須承認的是，不論是「新農村建設」還是「新型農民」，都在某種程度上使農民、農村、農業自身，城鄉關係以及國家發展向着更加可控的物質富足的未來前行。並且，這種未來相較於過去，在不斷地試圖解放農民人身自由、縮小城鄉現實差距以及精進農業施行模式。

儘管如此，對現代農業科學技術的反思，需要我們思考一些當今農業仍然存在的問題：在全景敞視下的農業社會，不論是農村、農業還是農民，面對被自上而下地、自下而上地、橫向地甚至自我強迫地「監視」，究竟還有多少自主選擇的空間？全景敞視主義引導下的現代農業科學技術，能否接受除卻普適理念以外的其他農業方式？能否復還一個充分具有多樣性的農業世界？能否面對實驗室與田野之間可能存在的信息不對稱？對現代農業科學技術的反思，倘若不去思考這些，或許將有越來越多人的自由犧牲於政治鬥爭、市場經濟以及爭名奪利的過程中。不僅農業領域，整個現代社會都被整齊劃一的、單調而充滿可見性的空間所籠罩。當我們追問科學技術的內涵為何、質詢發展的進路何在時，需要看到的是，某種致力於完善社會結構功能的宏大敍事，或一系列為了方便生活所發明的文本、檔案、數據庫和歸類系統，是否暗含着規訓的邏輯；需要想象的是，構建一個現代科學技術去中心化的世界，以尊重每種獨特的選擇，以完滿一個圓融的空間。

技術的故事

關於轉基因技術的論爭

伴隨每一次技術革命，人類都會以新的認知方式框構自然。20 世紀以來，隨着生物基因技術的出現，自然呈現給人類的是一幅全新的基因圖景。在技術工具理性的驅動下，人類獲得了打破物種間固有邊界並根據意願重塑生物的能力。轉基因食品就是利用分子生物學手段，通過基因的跨物種轉移和對遺傳物質的改造，使生物體在性狀、營養和消費品質等方面向人類所需要的目標轉變而形成的（羅雲波，2000）。經過商業化推動，以世界上首例轉基因食品種軟化緩慢的西紅柿在市場上出售為標誌，轉基因技術開始走出實驗室進入人們的日常生活。

轉基因作物的大規模商業化種植始於 1996 年，其主要品種有棉花、大豆、玉米和油菜（陳健鵬，2010）。國際農業生物技術應用服務組織（ISAAA）主席克萊夫・詹姆斯（2013）的研究顯示，2012 年全球轉基因作物種植面積已經達到 1.7 億公頃，是 1996 年的 100 倍，種植轉基因作物的國家也從最初的 6 個增至 28 個。就中國的情況來看，轉基因作物總種植面積居全球第六（張雲中，2013），以轉基因棉花為主，其他已獲政府正式批准進行商業化種植的作物有西紅柿、煙草和牽牛花（陸裕良、董峻，2008）。此外，政府還批准了棉花、大豆、玉米、油菜等四種轉基因作物的進口安全證書（于文靜，2011）。以大豆為例，目前中國大豆油市場中，轉基因大豆油佔據了 90% 以上的份額（文靜，2012）。

作為新技術的產物，轉基因食品的安全性因為尚無定論而一直備受爭議。儘管關於轉基因的爭論不曾休止，但轉基因技術的研究和開發在中國一直是政府資助和扶持的重點（葛立羣、呂傑，2008）。2009 年 10 月，中國農業部為兩種轉基因水稻和一種轉基因玉米授予了安全證書（中國生物安全網，2009）。這也讓中國成為世界上首個批准主糧可進行轉基因種植的國家（王佳，2010）。2010 年，針對轉基因技術，中央一號文件提出，應「在科學評估、依法管理基礎上，推進轉基因新品種產業化」。在農業部發佈的《農業科技發展「十二五」規劃（2011－2015 年）》中，「繼續實施轉基因生物新品種培育重大專項」被列為重點任務。由於知識的壁壘，當前關於轉基因議題的主要爭論大多限於部分學者之間，且技術專家話語佔主導地位，大眾聲音明顯微弱。

面對公眾對轉基因食品的擔憂和質疑，科學家的解釋話語大多體現出對科學技術的篤信和信心，諸如「未來人口的增長對糧食安全構成很大的挑戰，發展轉基因技術培育新品種的目的就是確保糧食安全」（張巧玲、許智宏，2010），「轉基因食品是安全的，可以放心食用」（新浪網，2012）。更有學者稱，要讓「轉基因水稻最遲五年內走上中國人的餐桌」（金微，2010）。引領轉基因技術研究的主流科學家、中國科學院院士張啟發則指出：

> 轉基因作物有着巨大的潛在價值，即少投入，多產出，保護環境，減少食品污染，有利於人類健康，減少環境污染，保障可持續發展，維護生物多樣性……為了大力發展轉基因作物，我們應該採用多種形式對公眾進行普及生命科學基礎知識的教育，使公眾對轉基因技術有一個較為科學的認識，主動地接受轉基因食品。（張啟發，2010）

轉基因議題在中國已經引起了廣泛的論戰。在此過程中，技術專家往往將論戰的焦點歸為純粹的技術問題，指責轉基因食品質疑者缺乏基本的科學知識或科學素養；而質疑者的論戰往往涉及政治經濟學以及哲學與倫理學的考慮，懷疑科學家的倫理價值與人文關懷。事實上，轉基因技術在應用於人類食品並進行商業化推廣後，已經遠遠超出純粹的技術範疇，且變成了政治經濟問題，以及哲學與倫理問題。本文首先對有關轉基因食品的主要論爭進行梳理，並在此基礎上對有關轉基因技術的政治經濟學分析和哲學倫理反思進行綜述，最後就如何應對轉基因技術進行人文思考。

一、有關轉基因食品的論爭與實質

關於轉基因食品的爭論最初只聚焦在安全性問題上，後來市場的推廣又催生了有關轉基因食品商業化及標識管理的爭論。

（一）安全性爭論

據葛立羣和呂傑（2008）的研究，關於轉基因食品安全性的爭論主要體現在食品安全和生態安全兩個方面：食品安全方面的討論，主要集中在外源基因在新的生物體中是否會產生毒素、會不會改變食品的營養成分、對人體健康有沒有危害；生態安全方面的討論，主要聚焦於轉基因作物釋放到田間後會不會引起基因污染、產生超級雜草，是否會打破原生物種羣之間的動態平衡、破壞生物多樣性。

學者的態度大體上可以分為兩派：贊同派和懷疑派。

贊同派認為轉基因食品是安全的，判斷依據主要有兩個：一是國際上廣泛認同的「實質等同性原則」[1]。該原則認為轉基因食品和傳統食品之間沒有本質區別，所以安全性應該是等同的（毛新志，2004）。二是「無罪推論原則」（楊通進，2006）。該原則最具代表性的論據是轉基因

---

[1]「實質等同性原則」是由經濟合作與發展組織於 1993 年提出來的。具體內容是：如果某個轉基因食品的成分與傳統的食品成分等同或大體等同，則認為它們同等安全，就沒有必要做毒理學、過敏性和免疫學實驗（毛新志，2004）。

食品商業化十多年來，至今未曾出現過轉基因食品安全事件，因而是安全的（張啟發，2003）。

但在懷疑派看來，轉基因食品的安全問題還存在很大的不確定性。從技術上來看，儘管轉基因作物中所轉外源基因的功能是明確的，但它在「新的遺傳背景中會產生什麼樣的相互作用，就目前的科學水平而言是不能完全精確預測的」（羅雲波，2000）。轉基因食品對人體是否具有長期和潛在影響也難以確定（黃衛平、王洪斌，2010）。由此看來，未出現安全事件並不意味着長期安全。雜交水稻之父袁隆平就曾表示，「轉基因食品對人體是否有傷害，需要非常長的時間來考察，至少需要兩代人才能得出結論」（劉洋，2010）。毛新志（2004）對轉基因食品支持者所擁護的安全評價方法——「實質等同性原則」提出了質疑，指出這種評價原則實際上是一個結果評價法，它簡單地將對轉基因食品的安全評估還原為對化學成分的比較，忽略了整個生產過程的安全性。事實上，「轉基因食品與生態環境和人的健康密切相關，應以有機整體論的思想來分析和思考」。該原則以還原主義的邏輯對轉基因食品進行安全評估，其結果並不足以說明轉基因食品的安全性。

（二）商業化爭論

儘管轉基因食品的安全性並沒有科學定論，但轉基因作物在全球的商業化步伐卻在持續加速，很多轉基因食品也開始潛入人們的餐桌。與此同時，關於轉基因食品的爭論焦點也發生了轉變。具有安全風險的轉基因食品是否應該進行商業化推廣，成為新的討論焦點。總的來看，圍繞轉基因食品商業化的爭論主要存在支持和反對兩種觀點。

支持者常從糧食的供需矛盾出發，指出在當前全球耕地面積不斷減少而人口持續增加的趨勢下，人類將面臨嚴重的糧食安全問題，而目前的「作物產量潛力已經出現了瓶頸」，為提高糧食作物產量、減少飢餓並保證充足的糧食，應「大力發展轉基因技術」，因為它不僅能從量上提高作物生產率，還能從質上改善食品的營養結構，有效促進人類的福利（楊通進，2006；張啟發，2010）。也有學者明確指出，「只有轉基因技術才能解決中國的糧食問題」（黃大昉，2009）。有的則呼籲：

> 農業生物技術是解決未來中國農業的重要手段，是解決未來食品短缺的重要技術，應當大力發展，不能因某些缺乏科學根據的猜測而使這個技術死掉，這會傷害到整個世界農業的發展，尤其是食物短缺的發展中國家。（人民網，2000）

反對者針對上述觀點提出了質疑。除了對轉基因食品安全性的擔憂之外，還有觀點指出，上述糧食供需矛盾說實質是支持者為轉基因食品商業化尋求合法性而採用的一種敘事工具，其背後更多的是經濟和政治利益訴求（皮埃爾、蘇瑞特，2005；恩道爾，2008；周立，2010）。該敘事試圖將糧食安全問題簡化為一個技術問題，以建立自身存在的合理性，然而這種技術化手段並不具備足夠的說服力。首先，「全球範圍的水和土地資源仍能滿足中長期糧食需求的增加，即使沒有農業生物技術的重大突破，未來糧食的供需平衡也很可能實現」（陳健鵬，2010），並且「人類生產的糧食已足夠人類食用」（楊通進，2006）。其次，糧食安全問題並不僅僅是量的問題，利用轉基因技術即便能提高作物產量也並不能確保糧食的獲取權。阿馬蒂亞·森（2001）和布呂內爾（2010：10）在對饑荒的分析中都曾指出，糧食安全問題本質上是關於糧食的分配結構問題，而非簡單的生產供應量問題。再次，轉基因作物能夠增加的產量也是有限的。陳健鵬（2010）的研究分析指出，轉基因作物並不能提高作物的潛在單產，只能通過控制部分雜草損失或挽回蟲害損失，在一定程度上相對提高實際單產，總體對於長期的糧食安全而言意義並不大。

此外，也有學者從技術專利導致利益分配不均入手，對轉基因食品商業化提出了質疑：一方面，轉基因技術發端於私人領域，主要以營利而非公共利益為目的，它的最大受益者將是壟斷轉基因技術開發應用的跨國糧商而非消費者（陳健鵬，2010；周立，2010）；另一方面，由於轉基因技術的研發主要集中在發達國家，轉基因食品商業化對發展中國家的糧食主權將構成潛在威脅，恩道爾（2008）將其視為「一場不為人知的陰謀」。

（三）標識爭論

由於轉基因食品的安全性還存在很多未知因素，商業化生產的轉基因食品在進入市場後是否應該標識以及如何進行標識才能保證消費者的權益，引起了社會的廣泛關注。

據楊昌舉（2000）的研究，一些消費者、消費者組織、環保組織和許多科學家對標識轉基因食品表示支持，認為加貼標識不僅是對消費者知情權和選擇權的尊重，同時還能作為食品安全溯源的監控手段。而反對標識的主要是轉基因作物的種植者，轉基因食品的生產者、經銷商及相關研究開發機構。他們認為加貼標識一方面會增加生產者和經營者的成本，另一方面會向消費者暗示轉基因食品不安全，從而影響轉基因食品的市場競爭力，阻礙轉基因技術的應用與推廣。

標識的主要目的是解決生產者和消費者之間信息不對稱的問題，以便消費者做出自主選擇（姚瓊，2008）。儘管世界各國政府在保護消費者知情權和選擇權方面已達成共識，但由於政治、社會、文化及經濟利益等方面存在差異，各國對轉基因食品所採用的標識類型也不同。目前主要採用的有強制性標識和自願性標識（毛新志、殷正坤，2004）。中國採取的是強制性標識體系，具體實施形式是選擇性目錄標識，即所有被列入農業轉基因生物標識目錄的轉基因產品都必須標識（姚瓊，2008）。

然而，轉基因標識是否能真正賦予消費者知情權和選擇權，學者間也存在爭議。郭於華（2004）認為，消費者自主選擇權的實現需要基於對商品的充分知情和了解，而前提是必須有一個多元開放的社會，以保證各種關於某一商品的信息能夠得到充分傳遞。就中國的情況來看，作為新技術的產物，轉基因食品對很多消費者來說還比較陌生。由於知識壁壘，消費者很難對其形成自己的認知和判斷，標識制度所賦予他們的選擇權也只是一種被架空的權利，處於轉基因食品知識權力場域外的消費者事實上是沒有選擇權的。此外，即使轉基因食品有標識，消費者也會遭遇另一種尷尬。以中國豆油為例，目前市場上的大豆油 90% 以上是由轉基因大豆加工而成。即使消費者熟知這種情況，但由於「市場上大豆油的替代品很少」，所以對他們來說也是「別無選擇」（黃衞平、王洪斌，2010）。

（四）簡要評述

關於轉基因食品安全性的爭論，表面上是對一個科學問題的爭論，實際上更多的是由利益和風險分配問題所引發的。儘管很多國家對轉基因食品商業化持謹慎或反對態度，但為了避免受制於人，也在進行轉基因技術的研發。圍繞轉基因食品商業化和標識管理的爭論，儘管焦點有所不同，但如周立（2010）所述，大部分爭論最終回答的是如何應對轉基因食品的問題，並未對轉基因技術的社會性本質進行追問。也就是說，人們一般並不反對對轉基因技術進行科學研究，但問題的關鍵是，人類是否真的需要轉基因食品？轉基因技術是否真的能夠給人類創造福祉？要回答這些問題，有必要對轉基因技術做進一步的審視。

二、轉基因技術的政治經濟學分析

在里夫金（2000）看來，基因作為一種生命遺傳信息，本是公共生物資源，屬於全人類共有的財富，不應被任何人獨佔。但隨着轉基因技術在全球的商業化推廣，基因開始成為一些跨國公司和政府所爭奪的資源，並被喻為「綠色黃金」。一旦發現具有開發潛力的基因性狀，生物技術公司就會對其進行遺傳物質改造，並申請基因專利以尋求知識產權保護。為壟斷基因資源的使用權，它們還在技術層面採用基因使用限制技術，即「終結者技術」來阻止種子發育，迫使種植者每年都要購買新的種子（里夫金，2000；恩道爾，2008；周立，2010）。由於研發水平不同，轉基因技術在全球的發展狀況極不平衡，壟斷現象嚴重。從知識產權格局來看，大部分轉基因技術專利被發達國家的少數跨國公司所壟斷（陳健鵬，2010）。目前，主要轉基因作物上存在的 9000 多項專利中，44% 集中在四個跨國公司手中（行動援助中國辦公室，2003）。轉基因技術知識產權實質上是一種私有權利，它旨在保護的是跨國公司對世界生物物種遺傳物質的控制，其主要目的是維護技術的壟斷收益（皮埃爾、蘇瑞特，2005）。

然而，轉基因技術在創造收益的同時，也製造了新的價值鏈。在知識產權的保護下，通過科學研究和開發，價值隨着技術的應用也被植入了作物種子中。這不僅為種子商品化提供了基礎，而且重組着圍繞作物生產所形成的社會關係（里夫金，2000；埃斯科瓦爾，2011）。

首先，作為種植者的農民成為轉基因技術設計的目標消費者（里夫金，2000）。由於被整合到新的商品關係鏈條中，農民的獨立性被削弱，對市場的依附程度加大（陳健鵬，2010；伯恩斯坦，2011：82）。傳統農業條件下，農民通過地方知識在實踐中選擇、培育並保留最適宜當地種植的品種，農民相互之間有交換種子的傳統，其中並沒有經濟利益的考慮。而種子商品化之後，農民不僅每年要在市場上購買種子，為保證產量還必須使用相配套的農化產品。種植成本的增加，無疑會給小種植者帶來很大的經濟壓力。無力承擔市場風險的生計型農戶，將面臨更加窘迫的生存境遇。農業生產進入門檻成本的提高，還容易導致種植者之間出現貧富分化，威脅農村社會的穩定。在追求高產、高科技的農業發展理念下，本地種子由於缺乏產量優勢而在逐漸消失。這種情況無疑進一步壓縮了農民的選擇空間，間接強化了農民對市場的依賴程度。此外，在種子商品化過程中，農民之間的勞動合作觀念也發生了變化。過去互惠交換的勞動變成了可以出賣的時間和勞動，取而代之的是小時和工資。金錢開始成為衡量交換勞動的新標準，促使農民之間的社會關係趨於經濟化（里夫金，2000）。

其次，據雷文卡普（2011）和馬格林（2001）的研究，轉基因農業技術使農業生產活動外部化，促使種子培育者和農民之間出現了勞動分工。與此同時，農民所持有的鄉土知識體系和轉基因技術所承載的專家知識體系之間的關係也發生了變化。農業文明誕生以前，人類現有的很多作物品種曾是野生植物，後經人工選擇和栽培而來（皮埃爾、蘇瑞特，2005）。種子商品化之前，作物的選種和培育工作大多是由農民基於經驗知識來完成的。這些知識不僅根植於具體的農耕活動，而且是農民對所處環境形成的獨特判斷。然而，在新技術下，種子的培育工作成為實驗室裏的一項精細工作，需要具備的專業知識和技術設備都超出了一般農民的能力。農民在長期實踐中積累的有關土壤肥力、生態環境以及作物保護等的地方性知識，也開始被一系列生物化學物質所替代。在科學和技術的標準化要求下，農民對於土地、氣候以及地方環境的細節知識也開始變得「不合用了」（馬格林，2001）。

與此同時，有關誰是農業種植「專家」的權力關係也發生了變化。技術推廣機構不斷地向農民傳遞新的技術知識，不僅創造了農民對農業生產系統本身的「無知」和其實踐經驗的「落後」，還使他們被邊緣化並對外部技術機構形成了依賴（雷文卡普，2011）。在專家的技術話語統治下，就連農民自己都表示，「以前我們都靠觀察，憑經驗，視力範圍小，不科學也不標準」，「有的老習慣和老經驗是錯的，種田還是要跟着科技走」（中國農資傳媒網，2011）。

再次，轉基因技術要求的是規模化和產業化的經營種植模式，對勞動力具有一定的排斥作用，容易製造新的貧困。規模化和產業化要求農民必須加大投入、兼併更多的土地，只有這樣才能生存。一方面，這樣的情況提高了農業經營成本，使轉基因農業的實質效益為田土面積大和富裕的農民所獨享；另一方面，它使更多的農民喪失了依靠土地生存的可能性（周立，2010）。而發展中國家的農業是勞動密集型的，它吸納了約 80% 的勞動力。如果在這些國家推廣技術密集型和資金密集型的轉基因農業，很多農民將被迫離開農業另尋出路。如果農村之外沒有足夠的生存空間和就業機會來容納這些改變了生存方式的農民，他們將面臨被驅趕的命運，進而陷入更加貧困的境地（楊通進，2006；周立，2010）。此外，大規模商業化種植的轉基因作物，因為產量及機械化程度較高而具有成本優勢。這將會對本土的傳統農作物生產造成一定的衝擊，不僅會奪取地方農民和糧食加工者的生存空間，還會促使進口國在糧食供應方面形成對出口國的長期依賴（席瓦，2006）。以中國的油料作物大豆為例，「國產大豆出油率不及進口的轉基因大豆，而且是小規模生產，比美國、阿根廷等國家機械化種植的成本高出很多，導致國產大豆在轉基因大豆的衝擊下節節敗退」，很多無法與之抗衡的豆農陷入了破產的困境（黃衞平、王洪斌，2010）。

最後，轉基因技術所帶來的利益和風險分配是不公平的（楊通進，2006）。由於轉基因技術主要掌握在發達國家的跨國公司手中，而絕大多數生物遺傳資源集中在南半球，轉基因種子的推廣不僅會強化跨國公司的壟斷收益地位，還會進一步擴大發達國家與發展中國家之間的貧富差距（里夫金，2000）。轉基因技術過程雖以生物多樣性為發展前提，但在技術收益分配中，承擔生態多樣性主要保護工作的農民，長期在物種培育和管理方面所做的努力和勞動並未得到相應的體現（里夫金，2000；皮埃爾、蘇瑞特，2005）。相反，作為技術的消費者，他們不僅要支付使用費用，還要承擔轉基因技術帶來的一系列風險。在皮埃爾、蘇瑞特（2005）看來，這是另一種形式的殖民主義。再者，轉基因技術帶來的好處只能由當代人來分享，因為轉基因技術存在的安全風險需要「幾十年甚至幾百年才能顯現，到那時，當代人已經不存在，而後代人卻不得不為當代人的福利買單」。這種以犧牲後代人的幸福甚至生命為代價來換取當代人福利的做法，違背了代際正義（楊通進，2006）。

總之，轉基因技術的設計並不以大力改善農民的生計為主要目的，它迎合的只是發達國家少數跨國公司的需要（皮埃爾、蘇瑞特，2005）。印度著名環境保護運動人士蘇曼·薩哈伊就曾指出，「基因工程的主要目的是企業贏利」（胡曉兵，2004）。「如果說生產創造了它力求滿足的需求，抑或需求與生產並肩興起，那就不能再用需求的所謂緊迫性來為生產的緊迫性作辯護。生產只不過是填補了它自己創造的空白。」（奧尼爾，2010）也有學者指出，「轉基因技術極有可能被發達國家用以對發展中國家進行技術資源壟斷和政治控制的目的」，而非為人類的糧食問題提供解決途徑（胡曉兵，2004；恩道爾，2008；毛新志，2011）。

三、轉基因技術的倫理與哲學審視

轉基因技術在農業生產中的應用，通常被認為具有降低生產成本、提高單位面積產量、提高作物的營養價值和提高生態效益等優點（李曉明等，2000）。從技術的角度來看，轉基因技術與傳統育種技術在本質上主要存在兩點不同：一是轉基因技術可打破物種間的界限，將人為選擇的外源基因直接轉入作物體中，實現基因的「跨界轉移」[1]；而傳統農作物一般只能在同一物種內實現基因的自然配合（黃衞平、王洪斌，2010；蔣高明，2012）。二是轉基因技術所操作的基因具有明確的功能，與傳統育種方法相比，目標性更強，能大幅縮短傳統育種所需的時間（胡曉兵，2004）。總的來看，傳統育種以遵循自然規律為前提，每一個物種與生態環境之間的適應關係都經歷過時間的磨合，總體上是一個自然選擇過程；而轉基因育種技術突破了自然規律的限制，並在短時間內完成了對物種的改造，體現的是一種人為干預過程，其生態和社會影響還有待自然的長期檢驗（陳蓉霞，2010）。

在里夫金（2000）看來，轉基因技術是一項「索取型」技術。儘管它能打破生物種間隔離的限制，通過改造作物的遺傳物質使作物表現出更好的性狀，如抗蟲性更好、營養品質更優等，但仍需以具有豐富基因

---

[1] 生物類羣中的界有三大類：動物界、植物界、微生物界。界以下分別是門、綱、目、科、屬、種。雜交多發生在同種、同屬或同科物種之間。在傳統育種方法下，生物間的跨界雜交是「零概率事件」（蔣高明，2010）。

資源的天然種子庫作為原材料。轉基因技術雖然能夠改造卻無法創造遺傳物質，「缺乏基因資源和多樣性的生物，創造新物種只能是無源之水、無本之木」（毛新志，2005）。

從哲學的角度看，高亮華（1998）認為，技術是人類為滿足生存與發展需要，藉以改造與控制自然的操作體系，體現着人對自然的干預，且具有高度目的性。隨着技術的出現和發展，人類對技術的認識也在不斷地發生變化。目前，主要存在技術中性論、社會決定論和技術決定論三種觀點。在技術中性論者看來，技術是實現價值的工具或手段，與技術後果沒有必然的聯繫。這種觀點暗含的理論前提是，技術的創造者和使用者完全理解技術的目的，技術是成為一種善的還是惡的力量，取決於技術創造者與使用者的動機和利益而非技術本身。社會決定論認為「技術不只是解決問題的手段」，更是一種「文化表現形式」，體現着倫理、政治與文化等社會價值（高亮華，1998）。這種觀點較側重社會背景對技術的影響，但針對技術本身並未提出更多的認識。技術決定論把技術看作「一股獨立於社會和人的自我發展，且有着自身的獨立意志與目的的力量」，認為「技術和它的使用之間不存在差別，技術的後果與影響是內在於技術的」，技術自主地控制並決定着社會和人類的命運（高亮華，1998；張鈴、傅暢梅，2005）。由於技術也存在難以預測的潛在影響，且對技術本身和技術應用的區分能為風險性技術的持續革新提供有效辯護，減少公眾對技術過程的影響與干預，所以技術中性論的觀點被斥為具有一定的片面性。此外，社會決定論和技術決定論因為過度誇大技術的社會性和自主性，也招致了很多批評；儘管兩種觀點存在很大的差異，但有一個共同的認識：技術是負載價值的（高亮華，1998）。

高亮華（1998）進一步指出，作為一種負載價值的工具體系，技術也折射着人類看待自然的方式，因為「自然只有在觀念上可以被認識和征服時，才能在現實中被認識和征服」。在他看來，強調人文主義的文藝復興運動，就為現代技術的產生提供了觀念前提。隨着人文主義對人性的弘揚，以近代哲學創始人笛卡爾提出心身說為標誌，人類的主體性原則得到確立，同時出現了一種全新的自然觀。先前原始渾然一體的人與自然，也開始被分置於二元對立的主客體世界中。由此，「人與自然的原始統一消失了，取而代之的是一種人對無意識的客體世界的控制和利用關係。這種人對自然的新的體驗方式，必然要在客觀上導致一種對自然的統治與操縱的現代技術的興起」（高亮華，1998）。在海德格爾看來，技術的本質就是人與自然之間的關係。現代技術展現的是一種挑戰，它迫使事物進入非自然狀態，不同於順應自然的古代技術展現（高亮華，1998）。海德格爾將技術的這種挑戰性稱為「座架」，認為它不僅「限制了人的自由，也遮蔽了自然的真實顯現」（毛新志，2005）。現代技術中，人們只從「技術的需要去對待自然」，把自然界限定在某種技術需要上，「而忽視了自然其他豐富的存在內容」（高亮華，1998）。

里夫金（2000）指出，生物在工業社會以前「被視為是整體的」，之後隨着機械自然觀的出現，「生物被視為由各個組成部分裝配而成的複雜而有效的活機器」。這種生物機械觀打消了人類關於生物的神聖感，「使自然界失去了活力，泯滅了生物的內在價值，為人類征服和控制自然做了心理準備」。進入信息時代之後，技術的工具理性又獲得了新的表現形式。隨着生命遺傳物質的發現，生物不再被視為機器，而是被視為「一束束遺傳信息」。以遺傳資源為原料的轉基因技術開始對生命進行改造，自然開始從遺傳信息上被改寫。在里夫金（2000）看來，轉基因技術就是「人類控制自然的終極象徵，因為它可以隨意按照人類的理想來塑造周圍的生物」。

為了使生命的跨物種設計能夠被接受，將無限複雜的生命簡化為簡單的、決定論的和可能預測的模型，成為轉基因技術設計者的主要目標，也對生物各自具有的固定特徵及物種邊界觀念提出了挑戰（恩道爾，2008）。里夫金（2000）認為，正是在簡化論和還原論的觀念下，轉基因技術「通過使結構分解成功能，再將功能還原成信息流，取消了物種之間的自然界限。所有生物都才被消除了物質特徵，轉變成了抽象的信息。」這個過程同時也為人類對生命進行人工設計，提供了適度的合法化基礎。此外，人類關於物種的認知也受到轉基因技術的衝擊。康奈爾大學化學生態學研究所所長、生物學教授艾斯納博士就曾指出：「作為遺傳工程最近進展的結果，生物物種應當被看成是基因的寄存處，這些寄存的基因有可能發生轉移。物種不僅是自然書庫中的一本硬皮精裝書，同時也是一本活頁書。它的每一頁都是基因，都可以轉移或改造成為其他物種」；對轉基因技術而言，「物種界限不再是一堵分離各種植物或動物的不可透過的牆，而只是便於識別生物關係的標籤」（里夫金，2000）。

轉基因技術的出現不僅改變了人與自然的關係，而且預示着人類新自然觀的形成。然而，這種新自然觀背後充斥的是人類中心主義的思想。在人類中心主義者看來，人類是自然的主宰者，其地位要優越於其他物種，可以按照人類自己的意志對它們進行改造，人以外的存在物只具有工具價值（唐葉萍，2007）。然而，王銘霞（2001）從本體論的角度出發，認為「人與自然是相互平等的兩個自然主體，不存在誰主誰從的問題」。朱俊林（2008）也指出，人類在技術活動中應當尊重自然規律，不能僅把自然看作一個可供操縱的客體，而應把它看作一個與人共存於這個世界的平等主體；作為自然生命共同體中的一員，人類有責任和義務尊重自然整體的演化規律及其他生命存在，不能僅以人類的意志為尺度，使自然的演化朝着人類所欲求的方向發展。

恩格斯早在一百多年前，就曾意味深長地告誡人們：

> 我們不要過分陶醉於我們人類對自然界的勝利。對於每一次這樣的勝利，自然界都對我們進行報復。每一次勝利，起初確實取得了我們預期的結果，但是往後和再往後卻發生完全不同的、出乎預料的影響，常常把最初的結果又消除了。（馬克思、恩格斯，1995）

作為一種高新技術，轉基因技術本身就是「伴隨着巨大風險的不確定活動，存在許多不確定因素和潛在的風險」（胡曉兵，2004）。卡爾．

波普爾說過：「所有的科學都建立在流沙之上。」（吉登斯，2011）在里夫金（2000）看來，儘管轉基因作物在進行商業化之前有一系列的安全風險評估，但轉基因作物一經投入環境中，與其相互作用的便是整個複雜的生態系統，實驗室條件下的監測或有限時空範圍內的大田試驗並不足以揭示轉基因作物對環境的實際影響。可怕的是由於這些作物是能夠在野外自行生長和繁衍的生命，它們一旦產生破壞效應就極易觸發連鎖反應，且整個過程「具有不可逆性」（楊通進，2006）。里夫金（2000）認為，「大田試驗只不過是一場管理上的鬧劇，一個具有科學的合法外衣卻無實際內容的精緻騙局」，「轉基因農業可能是一個沒有路標和參照物的高風險旅程。我們正盲目地闖入農業生物技術的新紀元，期望很大，約束很少，對潛在的後果我們卻茫然無知」，即「我們不知道我們不知道」（毛新志，2005）。而對人類來說，生命只有一次。在強調平等和人權的現代社會，轉基因技術在應用上以犧牲部分人的幸福甚至生命為代價來換取少數人物質利益積累的做法有悖社會倫理（楊通進，2006）。

四、如何應對轉基因技術

對轉基因技術進行科學研究無可厚非，公眾對此幾無微詞。但是，當轉基因技術應用於人類食品並進行商業化推廣後，它已經不再是一個純粹的技術或科學研究問題，而變成了政治經濟問題以及哲學與倫理問題。

從政治經濟學的角度來看，轉基因技術創造了全球範圍的種子與作物的價值鏈條，並將導致一場又一場沒有硝煙的資本戰爭；從倫理與哲學的角度來看，轉基因技術的影響直指全球環境安全與人類健康。正因如此，人類需要積極開展轉基因技術研究，但是應該慎之又慎地進行轉基因技術的應用，尤其是轉基因食品的商業化推廣。

楊通進（2006）對轉基因技術倫理的研究，借鑒了烏爾里希・貝克關於「風險社會」的概念，即 20 世紀中葉以來，人類文明正在從過分追求發展與增長的具備第一現代性特徵的「工業社會」，蛻變為具備反思性現代性特徵的「風險社會」。在此基礎上，「風險生產與分配的邏輯逐漸取代了財富生產與分配的邏輯」，健康、安全和環境等因素也優先於財富，成為社會變遷與人類生命歷程中舉足輕重的要素。在此背景之下，預防原則[1]應運而生，並有必要成為衡量轉基因技術乃至其他新興技術的開發與運行是否具備合法性的根本標準。

預防原則的基本要求是：某項行動，尤其是技術的使用，如果會給人類的健康和環境帶來某種嚴重的或不可逆的潛在傷害，那麼就最好不予實施，即使這種潛在傷害的可能性、嚴重程度或因果聯繫在科學上仍存在着不確定性。其核心內容包括兩點：第一，積極預防原理，即如果有證據表明，被排放的某種物質（或擬實施的某項工程或決策）有可能會給健康或環境帶來傷害，那麼，即使目前的科學證據尚沒有完全證明這種排放（工程或決策）和傷害之間的聯繫，我們也應採取行動以減少或禁止該種物質的排放（或叫停該工程或決策）。第二，舉證責任轉移原理，即那些認為目前的排放行為（工程或決策）不會給健康或環境帶來傷害，或傷害很小以至於可以忽略不計的人，有責任向人們證明其行為的無害性。（楊通進，2006）

需要強調的是，這裏指的是那些與人類健康和環境密切相關的技術。楊通進（2006）特別指出，其對健康與環境的破壞往往是不可逆的，「而且一旦發生，其後果將不堪設想」。因為，人的生命是「一次性的，一旦失去，即不可復得。而那些失去健康的人，則只能在痛苦中體驗人生的煩惱和無奈。以犧牲少數人的幸福甚至生命為代價來換取社會

[1] 預防原則最早出現於 20 世紀 70 年代的聯邦德國，於 1987 年在「保護北海第二次國際會議」上第一次被引入國際社會。此後，預防原則很快被許多國家和國際組織所接受，成為制定與保護環境、技術風險有關的政策的重要指導原則之一（楊通進，2006）。

財富的傳統做法已經很難得到倫理的合法性辯護」。當然，預防原則「既有可能防止一場大的災難，也有可能是虛驚一場，多此一舉」。但那又怎樣？無數的歷史教訓告誡我們，「先破壞，再治理」將釀成種種惡果，而且治理成本將超出獲得利益無數倍。更為嚴重的是，獲得利益的私有化和治理代價的社會化現實，將使社會更加不平等、不和諧。

面對具有潛在的不可逆性風險的轉基因技術的應用，人類應該從歷史悲劇中吸取教訓，而不能陷入對科學和技術的盲目自信中。弗洛姆曾就現代技術前景做過這樣的描述：「如果人們知道現代技術社會所要演進的方向，那麼就會立即採取適當的手段去打斷這種演化的方向。如果沒有意識到，在被驚醒的時候，就會發現他們的命運已不可逆轉了。」（高亮華，1998）因此，「人類只有既面向未來又反思過去，才不至於陷入盲目樂觀或無窮憂慮之中」（胡曉兵，2004）。在對待轉基因技術的應用尤其是轉基因食品方面，我們「必須走『未雨綢繆，防患於未然』的可持續發展的生存道路」（毛新志，2005）。

此外，轉基因食品，尤其是像轉基因水稻這種主糧作物，在毛新志（2011）看來，「屬於重大的民生事情，必須擴大公眾與社會的參與，應該把轉基因作物產業化的信息公開，充分考慮和吸收公眾的建議，提高決策的透明度」。這畢竟涉及 14 億人口的吃飯問題，對於這種重大的民生問題，容不得出現任何問題，否則後果不堪設想。這種公眾討論，理應既包括非「生物技術」領域的人文社會科學的討論，也包括普通民眾的討論。然而，在現實中，人文知識分子的討論往往被看成是「不懂專業」的觀點，普通民眾的看法往往被說成缺乏科學素養。

其實，科學哲學和科技倫理學本來就是人文社會科學的重要組成部分。因此，人文知識分子對轉基因等科學技術的討論實屬分內之事。錢理羣（2008）指出，現代科學專業的劃分越來越細，學習的知識越來越單一，如果眼光完全局限在專業範圍內，發展到極致，就會把專業、技術所涉範疇，看作世界的全部，從而排斥「不屬該專業的」一切觀點。如此一來，科學家也不免變成了魯迅先生刻畫的形象——「咀嚼着身邊的小小的悲歡，而且就看這小悲歡為全世界」（魯迅，2005a：250）。

當轉基因技術應用於人類食物時，作為食用者的公眾，提出質疑無可厚非。然而，科學家往往帶着不屑表情進行種種回應。其實，人民大眾並非一味的科學虛無主義，也很少有人對化學製品、轉基因等技術本身抱有敵意。科學家的態度正反映了他們對自然界和生物體的征服者姿態、對普通百姓的救世主姿態。一方面，科學家仍然懷揣着貴族主義的優越感，保持着「一切他者均為我之客體」的居高臨下、唯我獨尊的泛主體性心態，抱着「改造自然和征服自然」的決心不放，拒絕「尊重自然和敬畏自然」。另一方面，在無法證明科學對人類無害的情況下，科學家往往以「沒有證據表明有害」搪塞一切。這充其量只是一種強權邏輯罷了！

人類不可能沒有技術，但是，轉基因技術不能成為統治、壓迫和奴役我們的異己力量。儘管轉基因技術的發展趨勢不可阻擋，但是在對待轉基因技術時，「不僅要尊重自然，而且要尊重人性」（胡曉兵，2004）。正如楊通進提醒的：

> 面對現代文明這輛在技術化的軌道上越開越快的列車，我們需要冷靜地評估和判斷前面諸多岔道各自所蘊藏的利益與風險，應該認真地思考貝克所提出的那個古老而全新的根本問題：「我們希望如何生活？什麼是應該保留的人類的人性特徵和自然的自然特徵？」（楊通進，2006）

自然的故事

經濟增長中的環境迷霧

在古希臘語中，自然意喻「生長」，生長變化具有確定的趨向，這個趨向就是其內在本性自我實現的要求（吳先伍，2006）。這與中國古代哲學對自然的理解不謀而合。在中國古代，自然主要指天然的、不依人的意志為轉移的、無須人的作用來干預的狀態。此外，原始的自然概念具有神性和對人類的包容性。在許多古文明中，自然被賦予了靈魂，充滿了神明和精靈，是一個生命的有機體，一個既有豐富活力又有秩序和規則的運動着的生命整體。自然的整體性決定了它不能被任意分割和重新拼合，其中人依附自然存在，只能服從自然、看護自然（吳先伍，2006）。從廣義上說，原始的自然概念是指天地萬物之道，與宇宙、物質、存在、客觀實在等範疇同義。而狹義上自然的概念等同於自然界，即人類社會以外的事物的總和；被人類活動改變了的自然界，通常稱為「第二自然」，或「人化自然」。

人們現在對自然的理解，主要是指狹義的自然。而環境的概念大體上與狹義的自然相同，是指不具有神性、不包含人性成分的原初自然。《中華人民共和國環境保護法》對環境概念是這樣闡述的：

本法所稱環境，是指影響人類生存和發展的各種天然的和經過人工改造的自然因素的總體，包括大氣、水、海洋、土地、礦藏、森林、草原、濕地、野生生物、自然遺跡、人文遺跡、自然保護區、風景名勝

區、城市和鄉村等。(《中華人民共和國環境保護法》第 2 條)

在這個概念下，自然被交給了理性和科學，失去了靈魂和神祕，而人類從自然中脫離出來，成為世界的主人。

進入工業文明以來，隨着人類資源開發技術的日益成熟、社會生產力的極大發展，以往對大自然的崇拜逐漸轉化為對自我能力（科技）的迷信和崇拜（謝高地，2009）。短短的幾百年間，地球人口急劇增長，人與自然的衝突和對抗日益加劇，環境污染、生態破壞日益嚴重。全球氣候變暖、臭氧層破壞、水資源危機、能源危機等一系列問題，已經成為全球性的難題，也成為人類社會關注的焦點。各種應對環境破壞的保護理念或行動，不斷被提出並付諸實踐。同時，人們對環境問題產生的根源、環保行動的效果及目的的質疑從未間斷過。環境因何成為問題，它又為何遲遲難以得到實質性的解決？本文試圖通過回顧、梳理和反思當前社會有關環境問題起源和治理的主要觀點，闡釋這樣一個事實：環境在現代化語境之下逐漸成為實現增長的資源，為實現環境保護的諸多理論和行動，其終極目標仍舊是經濟的增長。

一、工業革命以來的環境破壞

工業革命後，科學技術的飛速發展給人類社會帶來極大物質繁榮的同時，也造成了人類與自然關係的異化，從而導致了一系列災難。受這些災難影響的方面有很多，但首當其衝的便是環境。回顧工業革命以來的環境破壞歷史，梅雪芹（2002）劃分了四個主要階段：（1）18 世紀末至 20 世紀初，從英國開始的工業革命建立了以煤炭、冶金、化工為基礎的工業體系，其中煤成為最主要的動力。這場變革帶來了粉塵、二氧化硫、二氧化碳、一氧化碳和重金屬污染等。但是，這個階段只是點源污染，環境破壞尚處於初發階段。（2）20 世紀 20－40 年代，一方面煤炭大量使用帶來的光霧污染等頻頻發展成為公害——如 30 年代的「馬斯河谷煙霧事件」、40 年代的「多諾拉煙霧事件」、50 年代的水俁病事件等；另外一方面，石油、天然氣成為新的動力，大大促進了汽車工業和有機化學工業的發展，帶來了許多新的危害，如有毒煙霧、白色污染等。在這一階段，全球環境危機明顯深化。（3）20 世紀 50－70 年代，環境問題全面爆發。在此階段，世界進入戰後高速發展期，工業化、城市化進程不斷推進，發達國家公害事件頻發，海洋環境受到污染；新污染源——放射性污染和有機氯化物污染出現，並將環境問題推向了更加複雜的境地。在這一階段，環境污染與生態破壞逐漸蔓延全球，同時人類對於環境的意識也開始覺醒（喻澤斌、王敦，2001）。（4）20 世紀 80 年代至今，環境問題以區域性和全球性為主要特點，表現為臭氧層破壞、全球變暖、酸雨、生物多樣性銳減等。環境問題還引發了全球的環保浪潮，國際環境合作、環境資源爭奪等愈演愈烈。

對於環境問題產生的根源，各方觀點不一。國內外學者從人口、科技、經濟及制度、道德、文化等幾個角度，論述了環境問題產生的根源（劉建濤、賈鳳姿，2012）。

在各種說法中，王國印（2008）認為，最有影響的是「經濟發展原因說」和「科技原因說」。其中，「經濟發展原因說」認為環境的惡化與經濟增長相聯繫，是工業革命以來的經濟大規模發展導致了日益嚴重的環境問題。1972 年，羅馬俱樂部發表了著名的研究報告——《增長的極限》，直言環境污染等問題是經濟增長造成的。此外，西方經濟學也常用「外部性說」或「市場失靈說」等來解釋環境污染產生的經濟原因。「科技原因說」從「環境—經濟—科技」的關係來追溯環境問題產生的根源，認為人類經濟活動依仗科學技術，而科技本身是「雙刃劍」。此類研究由科技帶來的負面影響入手，分析環境惡化的根源。

但是，也有一些為經濟和科學技術辯護的觀點，如「階段論」和「代價論」。「階段論」者認為環境污染只不過是階段性的，可以先污染、先破壞，以後再治理，破壞與治理之間的時間差是由人類經驗和知識的局限造成的，經濟和科學技術的發展終能解決環境破壞問題。「代價論」者認為環境破壞是為了增長必須付出的代價。這種觀點認為環境—生態破壞是人類為增長必須支付的代價，這是正常的現象，沒有好處的獲得可以不付出代價的（薛利山，2005）。

在中國，長時間來的積弱狀態以及急於強國的意願，更導致了「豁出生存搞發展」的傾向——尤其是在計劃經濟體制階段。因此，在中國，有學者提出「殘餘論」，認為當前對環境的破壞是計劃經濟體制的殘餘，只要徹底實現了全球化，與發達國家社會體制接軌，一切問題自然會迎刃而解（黃平、李陀，2000）。

但是，這些辯護也遭到質疑，反對者認為許多環境破壞需要長時間的恢復或者根本就是不可逆的，不會有環境恢復的「階段」。而且許多發達國家在污染以後的「治理」之術，就是將污染轉嫁給欠發達國家和地區。以生態環境為代價獲得經濟的增長，無疑是一種掠奪式開發。當許多人已經在因為環境惡化喪失性命的時候，再談「治理」又意義何在？這樣的增長滿足了少數人的舒適和高標準生活，卻將多數人置於危險和惡劣境地，社會正義又何在？在中國，國家長時間的貧窮使發展成為一種政治選擇，但當「經濟建設為中心」的口號演變為一場逐利行動時，那毫無疑問也是一場對自然環境的浩劫（東方海，2000）。而以「代價」言論來平衡增長的利益和危害是不可能的，破壞是客觀事實，不因為 GDP 的增長而泯滅，何況很多時候增長的受益者和受害者並非同一羣體——弱勢羣體更容易處於承擔社會發展代價的位置上。

不管有關環境問題起源的爭論如何，在人類進入工業文明以後，高速的科學技術發展帶來環境危機的事實是人們無法否認的。現代環境問題的出現、擴張都伴隨着現代工業化、城市化的快速發展，尤其是在二戰以後，世界進入了經濟發展的高峰期。到今天，環境問題已成為世界關注的焦點和人類社會發展議題中最為重要的一環。這緣於兩個方面的因素：一是上面所論述的，工業革命後嚴重的環境破壞與人們環保意識的覺醒；二是接下來所要論述的，二戰以後發展主義霸權的建立和對環境問題的構建。

二、環境問題的發展主義根源

發展一詞最常見於二戰後理論家、政治家對第三世界或者欠發達國家和地區的一系列問題的描述上。「發展中國家」「低度發展地區」等都是在此領域常見的概念。而這些概念的背後實際上有這樣一個邏輯：發展實質上就是通過資本、科學和技術等要素的支持，對欠發達國家和地區進行全面的重新構建和變革，以達到物質繁榮和經濟進步，使其複製和採納「先進」社會的特點——高度的工業化、城市化、農業科技化、物質生產和生活水平的快速增長、現代教育和文化價值等（李勝，2008）。這種以西方為中心的發展話語體系，以絕對的霸權統治着人類社會，掌控着人類社會的未來進路。大多數人熱衷於追求發展，且從未質疑過「發展」話語體系存在的問題。

發展話語許諾給人類美好的未來，但發展實踐卻產生了它的對立面——貧困、債務危機、剝削與壓迫、生態惡化等，發展主義的實踐和意識形態日益陷入危機（埃斯科瓦爾，2011：2-3）。對發展主義的批判首先出現在西方內部，尤其在 20 世紀 70 年代以後，後現代主義思想家從文化上對傳統發展主義的理性主義哲學基礎進行了清算，並質疑理性的普遍有效性和合法性。他們「解構」理性，徹底否定作為發展主義目標的「現代性」「現代化」，以及主導了世界現代化歷史進程的整個西方工業文明（周穗明，2002）。美國人類學家埃斯科瓦爾（2011：26, 49）在其著作《遭遇發展——第三世界的形成與瓦解》中，尖銳批判了發展主義的危機，對發展的真正意義進行了探討。他提出，應將發展作為一個獨特的歷史現象和一個被創造出來的思想和行動領域來考察。二戰後早期，發展話語及其一系列策略以解決「貧窮」問題為由而被發明出來，並被不斷強化。由此，「發展」通過發展知識專業化、發展實踐制度化得以展開。他指出，在特定的領域，發展系統地生產了知識和權力，並使發展機器發揮了其功能。這些特定領域就包括了可持續發展。埃斯科瓦爾認為，發展的霸權主義世界觀繼殖民主義之後統治着人類社會，而發展話語的背後實際上是西方中心本質和政治背景（李勝，2008）。第三世界國家的學者也對發展主義進行了批判，如印度生態女性主義學者范達娜·席瓦（Vandana Shiva）就指出，發展的概念是基於西方父權制和資本主義關於經濟進步的概念而形成的。在父權制和資本主義經濟進步的指導下，「發展」是線性的、充滿霸權的概念（安娜，2009）。在中國，隨着物本主義、發展的目的與手段相顛倒、主客體的對立和分裂這三類發展主義的症候在現代社會的展露（楊寄榮，2010），學者對發展主義的批判也日益尖銳。黃平（2003）指出，源起於西歐北美特定的制度環境，並在 20 世紀 60 年代之後逐步擴張成為一種為國際組織所鼓吹、為後發社會所尊奉的現代性話語和意識形態——發展主義（嚴格地說，應該是「開發主義」），通過對工業化、城市化、現代化等的美好許諾，對廣大「第三世界」產生了極其深遠的影響。冷戰結束以後，發展主義更是演變為一種全球化的潮流。這種潮流將「發展」簡單地還原為經濟增長，又將經濟增長簡單地等同於 GDP 或人均收入的提高。

儘管對發展主義的批判已經出現，但毫無疑問，發展的霸權仍是社會主流，人類仍舊堅信發展可以創造一個美好的未來，社會仍在向着這個理想的未來不斷前進。在認識到發展是社會建構的，是歷史的產物，是一種霸權主義世界觀後，再來看看被埃斯科瓦爾定義為「發展主義編造的四大神話」之一的「環境」。日益嚴重的環境問題顯然是阻礙發展的因素之一。一方面，生態資源是社會經濟增長的基礎，生態的破壞造成經濟增長危機；另一方面，生態的破壞也引發人們對發展的指責，產生輿論壓力和信心危機。如生態後現代主義的代表人物斯普瑞特奈克（Spretnak, 1991：12）就明確指出，環境問題本質上是一個現代性的問題。在她看來，「在許多深層意義上，現代性並沒有實現它所許諾的更好的生活」。人們已經逐漸認識到其所處時代面臨的環境問題的嚴重性。現代環境問題多被認為是幾個世紀以前才開始統治世界的西方工業體系所產生的直接後果。

儘管多數人忽視了 20 世紀 60 年代後工業化、現代化背後的支撐力量——發展的霸權，但是，隨着發展對於改善環境、創造美好未來的許諾逐漸破滅，人們對「發展」的絕對信仰也必然趨於瓦解。

此外，隨着現代化對環境的規劃和利用，「環境」本身已經成為一種發展主義體制和話語下的資本和資源，而具有資源價值的自然物在被迅速商品化和市場化的過程中，通過各種本土的或全球的資本一技術的依附關係，逐漸集中到各種權勢集團和資本集團的手中，如全球土地攫取（黃平、李陀，2000）。環境問題已經不再是單方面的問題，它關係到政治、經濟等各方面因素，涉及國家、企業、個人等不同主體的利益分配，因而有關環境資源的爭奪也愈加激烈。

綜上可知，重視環境治理、整合發展與生態的關係成為維護發展話語霸權的必然選擇。而發展話語在建構環境的過程中遵循着這樣的邏輯：首先，大力度宣傳環境問題的嚴峻性和干預的必要性，使人類干預具有合法性，發展經濟和科技以保護和治理環境成為主流之聲；其次，可持續發展理念以及環境資本化的嘗試，極大地緩和了世界經濟增長與環境惡化的矛盾，並深得人心；最後，21 世紀以來氣候變化問題的提出與主流化以及引發的爭議轉移了人們的視線，同時創造了一系列概念，如碳指標等，以保護環境的名義使一些環境領域的概念進入市場，並發展成為一種潮流和經濟形式。

三、應對環境破壞：環保領域的熱點及其實質

人們對日益惡化的生態的擔憂，隨着環境破壞的加劇而深化。環境大規模、高速度的惡化並不是歷史常態，而是近代工業革命後隨着社會發展而出現的問題。「地球退化說」、大自然的病態形象等以環境保護論者、經濟學家和政治學家的專業話語姿態得到散播（埃斯科瓦爾，2011：225）。滿目瘡痍的地球如果不能得到及時的救治，將會走向滅亡，人類也將走上窮途。地球需要專業的、科學的管理，更加合理的規劃能夠解決環境問題，此類觀念的深入人心使地球和地球本身進入理性

話語之中。「管理地球」「人類必須成為地球舵手」的言論甚囂塵上。人們普遍認同不能僅僅靠感情，而是需要科學的介入來保護環境。而且環保運動必須緊跟科學的發展，我們要學會儘可能地少破壞，同時在必要的時候儘可能多地干預（布蘭德，2012）。

人類對自然的干預是通過一系列理念和實踐實現的，如「可持續發展」的概念、環境資本化運營的理論與實踐、近年來被譽為「世界頭號災難」的氣候變暖問題，以及由此催生的經濟形式——如碳經濟、碳交易等。這些理論和實踐體現出了同一個信念：人類能夠通過技術和制度化的進步，有效地治理環境。然而，人類對自然進行干預，即進行「規劃」和「管理」信念背後的預設是：社會和自然可以被人類隨意設計、引導和製造（布蘭德，2012）。「我們」必須管理、規劃好地球。這一話語中的我們，絕非一般大眾，而是指西方科學家、規劃者、管理者，是專業的環境學領域的學者、專家，是國際環保組織。在此狀況下，環境作為一個專業領域被置入了發展主義的話語中，而可持續發展的概念成為這一領域的最高目標和基本原則。

（一）可持續發展：為了環境的可持續還是經濟增長的可持續？

1987 年，《我們共同的未來》的問世為人類社會進程引入了新的戰略——可持續發展。它是指既滿足當代人的需求，又不對後代人滿足其需求的能力構成危害的發展（世界環境與發展委員會，2004）。在多數人眼中，可持續發展是實現經濟和環境可持續發展的最佳理論、最好方法。誠然，可持續發展戰略認識到自然環境對人類社會發展的阻礙，相對於傳統的只顧經濟利益不顧生態環境的發展觀來說進步多了，但是，深入反思可持續發展的理念會發現，其中依然存在着許多問題。從概念本身的矛盾、潛藏的病態邏輯及其體現出的技術樂觀主義和人類中心主義，到它在實際中起到的作用，可持續發展無疑都是服務於發展霸權的、基於技術樂觀主義和經濟效益的淺層方案，不可能從根本上解決環境問題（彭新武，2001）。

從理論層面上理解可持續發展，可發現此概念存在的一些問題。第一，從可持續發展概念的背景來看：

> 可持續發展意識的興起，與形形色色的實踐中的調整有關（比如評估發展項目的可行性與影響，獲取本土知識，非政府組織的發展援助），與新的社會環境有關（自上而下發展項目的失敗，此失敗所帶來的史無前例的社會與生態問題，抗議的形式不斷更新，愈加突出的匱乏問題），與公認的國際經濟和技術因素有關（伴隨生態退化的全球化趨勢而出現的新的國際分工，以及測量生態退化的新技術）。（埃斯科瓦爾，2011：227）

也就是說，可持續發展概念的出現絕非單純的生態意識的復興。第二，從概念本身來說，它並未突出人與自然的關係，而是從人與人的關係出發來定義的。它突出的重點是「發展」的可持續性。環境的可持續性是實現人類發展可持續的工具和前提。僅就人與人的關係而言，可持續發展的概念也忽視了當代人之間的矛盾（彭新武，2001）。此外，「可持續發展是針對人類的無限發展與自然資源的有限性這一矛盾而提出的戰略思想」（羅浩波，2002）。在人與環境的可持續發展中，可持續發展理念無疑是更偏向於人類的發展而非環境。《我們共同的未來》關注的焦點並非經濟增長給環境帶來的破壞，而是環境破壞對經濟增長的阻礙。與其說是為了環境的可持續性提出了可持續發展的概念，倒不如說是為了實現可持續的增長而不得不考慮環境的因素。第三，可持續發展理念潛藏着以未來框架規範現實的非現實主義病態邏輯。可持續發展的定義和側重點，更偏向於「為了實現未來發展的持續功能而去協調現實的有序發展結構」（彭新武，2001），對當下危機的克服只是實現未來發展的工具。這一策略將發展優於環境、優於人類當下的生存問題，肯定是不正常的。從來沒有哪個時代像近現代以來的社會對「發展」如此熱烈追求，對理想中的未來如此渴望，強烈到幾乎忽略了現實和當下（彭新武，2001）。第四，它過多強調的是一種沒有代價的發展。事實上，可持續發展只能將這種代價縮小到一定的範圍內，而不能完全消除。因此，可持續發展理論存在着自身命題上的困境（王禮剛，2005）。第五，可持續發展戰略企圖在不改變現有社會結構、維持發展權威的前提下，依靠現有的社會機制和技術進步來獲得環境治理的有效性。但是人類忽視了，正是發展對世界的統治以及人們對發展的迷信和渴望導致了社會與環境的一系列問題。企圖維持發展的絕對話語、期盼着「發展」能夠解決一切問題，顯然是不可能的。可持續發展理論中體現出的對人類自身能力的崇拜和對科學技術的樂觀主義也令人擔憂（彭新武，2001）。在《我們共同的未來》中，有這樣一段話：

本委員會（世界環境與發展委員會）相信：人民有能力建設一個更加繁榮、更加正義和更加安全的未來。我們看到了出現一個經濟發展的新時代的可能性，這一新時代必須立足於使環境資源庫得以持續和發展的政策。我們認為，這種發展對於擺脱發展中世界許多國家正在日益加深的巨大貧困是完全不可缺少的。（世界環境與發展委員會，2004）

可持續發展理論堅信人類能夠通過技術、良好的治理和管理政策等改善環境，通過預測對可能出現的環境問題加以避免。這隱含着一個可怕的假設，即人類能夠使用技術、工具等控制和改造自然。科學技術與人類前景緊密相關，然而，「科學認識的突破和新的技術也蘊含着不斷增長的危險性」。人類對技術的依賴和對物質的追求，體現了對發展和進步的忠實信仰，同時也可能導致「人」的退化（彭新武，2001）。

而從實踐層面上看，可持續發展在環境治理上存在許多現實問題，其實際效果發揮着維護發展霸權、使環境服務於發展的作用。可持續發展理念在社會發展動力上，難以改變人類對利益關注的「近視」性；在政治層面，難以解決要實現可持續發展而需要的國家間、地域間的合作（湯建龍，2003）。此外，可持續發展缺乏標準和衡量指標，在操作層面難以落實。在實際效果上，可持續發展戰略的提出，不僅為發展話語贏得了許多環保主義者的支持，而且鞏固了人們對發展的信心。對於信仰「發展至上」的人來說，它是一支強心劑，讓他們相信發展本身，相信人類能夠解決環境惡化問題，能夠實現極限的增長。對於環保主義者來說，可持續發展被視為工業社會對環境的妥協。而對於更多以增長為目標的決策者來說，可持續發展是獲取某些支持和利益的良藥。此外，

> 可持續發展就像是一種超級黏合劑，把志趣截然不同的人——從追求利潤為目標的工業主義者和風險最小的維持生存的農民，到追求社會平等的工人、關心環境或保護野生動物的綠色運動分子、以增長為目標的決策者及着眼於某一目的比如拉選票的政治家——聯繫在了一起。（郇慶治、李雲愛，1998）

而這一切實現的根源在於人類對發展的迷信。可持續發展理論將環境問題納入發展的規範框架，使其成為發展的一個特殊領域。可持續發展概念的提出，使得「增長」與「環境」這對冤家化敵為友。此外，在發展的話語中，貧困與環境密不可分，實現更多的增長、消除貧困也就成為保護環境的一種手段。這樣，「環境」表面上得到重視和關注，而實質上還是在繼續被損耗，為增長做貢獻；可持續發展表面上為環境可持續指出了一條明路，實質上路的前方依舊是經濟增長的發展主義霸權。

（二）環境資本化：保護還是更徹底的利用？

如前所述，可持續發展的概念對增長和生態破壞起到調和的作用，而「環境」概念本身也是二者的中介。埃斯科瓦爾（2011：229）認為，環境的概念「源於城市—工業體系的自然觀。所有與該體系的運轉相關的，都成為『環境』的一部分」。現在，越來越多的人認識到，良好的生態就是一種發展的「資本」，甚至可以說是決定經濟發展後勁最重要的資本，環境本身就是一個綠色銀行（穆治輯，2004）。將環境資本化

（也有稱自然資本、生態資本）運作以實現生態效益和經濟效益的統一，是當前受到熱捧的理念。此理念賦予環境以資本的屬性，從而巧妙地將經濟學與生態學相整合，迎合了以經濟為中心的國際競爭趨勢和可持續發展的要求，因而受到各方的讚譽和採納。

那麼，何為環境資本化？環境經濟學認為，資本是能夠得到價值增值的投入，而人類的投資經營活動很大程度上依賴於環境的好壞，當環境作為投資過程的一項投入進入生產過程時，可以帶來更多的商品、勞務並實現增值，因而環境亦屬於資本的範疇（黃愛民、張二勛，2006）。具體來說，環境資本是指「能夠在現在或未來提供有用的產品或服務流的自然資源及環境資產的存量」（Daly, 1996），包括水、土、氣、礦以及森林、草原、濕地、遺跡等自然資源，交通、信息等基礎設施，以及政策、觀念等無形因素。這是對環境資本的靜態描述。從動態的角度來說，環境資本一方面包括了為人類經濟社會可持續發展服務的自然、未受人類干擾的資源，另一方面它也是通過人類勞動或自身功能而實現生態自我還原和自我修復的自然資源和外部環境（林婭、孫文營，2008）。環境資本運營的本質（或目的）是獲取經濟利潤，其手段或途徑是改善環境質量（黃愛民、張二勛，2006）。以前，生態環境得不到好的保護，原因就在於其產權的複雜性和外部性。如果純粹將其視為一種基礎設施，問題反而會比較好解決，「假如我們的基礎設施出現問題了，我們就會想到利用科學、工程以及公眾共識，還要用發行債券或公私合作等方式來解決它，而這些工具實際上對自然基礎設施也同樣適用」（布蘭德，2012）。承認環境有價，也是按自然規律辦事，尊重自然。只要科學經營，尊重環境資本屬性，就能解決長期困擾環保工作的資金短缺難題（黃愛民、張二勛，2006）。

在中國，將環境資本化理念付諸實踐的呼聲非常高漲。郭濤、王海娟（2002）指出，對於人口眾多、經濟發展仍然受到自然資源制約和限制的中國來說，改善和保護生態環境是發展綜合國力的途徑。如在西部大開發中，應保證必要和持續的環境投入，提高環境資本的權重和生態效益，將環境發展目標寓於經濟發展目標之中（李萍、張雁，2001）。在農業發展方面，實現綠色農業生態資本運營，不僅可以實現綠色農業生態資本的經濟價值，還可以使綠色農業生態資本保值和增值（嚴立冬等，2009）。

在環境資本化運營概念出現以後，環境保護和發展的關係逐漸緩和——在此之前，發展與環境保護是明顯對立的，是犧牲環境保發展還是環境保護優先一直是有爭議的議題，而現在，「環境是資本、生態出效益」，保護環境是獲取利益的保障，市場化的推動也使環境治理本身成為一個「有利可圖」的朝陽產業（牛新國等，2003）。

對環境資本化運營的過度吹捧，使很多人相信它能夠妥善解決環境污染問題，卻殊不知這一概念背後存在的問題。學界對環境資本化運營的反思和質疑一直存在。環境資本化過度簡化自然的功能至經濟功能上是十分危險的（李霞，2011）。這也使「環境」一詞的內涵越來越被人誤解。它突出了環境中的某些要素，如自然資源等經濟效益較為明顯的部分，使人曲解了環境的含義。此外，突出環境要素的經濟價值，極易使人們正在形成的科學環境觀發生新的偏差，也易使以經濟價值來衡量環境成為合理的、正常的觀念（曹順仙，2006）。它隱含這樣的生態價值觀：環境的價值在於促進經濟的發展。不僅如此，環境資本化還將導致「資本跟着環境走」，導致更多的基於環境的經濟發展活動，其後果不可能保證一定是環境友好型的。

此外，環境資本化運營表現出的對環境破壞權的瓜分同樣令人憂心。當前，國際上基於此概念提出的環境政策工具主要包括三類：一是政府命令管制或直接提供，二是公眾和私人部門參與，三是利用市場或經濟手段。其中，利用市場或經濟手段是近年來迅速創新並發展的新政策工具，也可統稱為環境經濟政策，是依據市場價值規律，利用財政、價格、稅收、信貸、投資、收費、保險等經濟方式，限制、指導或影響市場主體的行為，以此實現經濟發展與環境保護協調發展的政策手段（陳文昇，2011）。這些政策認可了以經濟補償受損環境的思維。這不單是把環境本身看作一種資本，還把污染環境看作一種可爭奪的權力資源，其實質還是為了實現經濟的增長。例如，碳交易、排污權等政策，看似控制了污染排放的總量，卻將污染環境的權力貨幣化、市場化，使污染環境成為道義上可以接受的事情——只要看是否能夠獲得排污的配額。這些配額引起了各國的激烈爭奪，而在爭奪中，處於弱勢地位的欠發達國家和落後地區必將承受污染的最終後果，且弱勢人羣受到損害的程度將最為嚴重。環境資本化的實質是將污染環境這一舉動社會化、合理化，使環境進一步成為經濟增長的附庸。而近年來中國推行的生態補償政策也是如此，表面上非常公平正義，實質上也是一種以貨幣定價自然、將自然環境納入國家治理和市場交易的形式。

（三）碳經濟：全球的毀滅危機還是環保陷阱？

1. 變暖還是變冷——全球氣候變暖爭議

在可持續發展、環境資本化運營等將人們對自然環境破壞的擔憂和爭議逐漸緩解的時候，另一個有關自然以及人類生存的重大命題逐漸成為關注的焦點，那就是「全球變暖說」。主流媒體、各國政府都傾向於承認：人類活動產生的大量二氧化碳，加劇了溫室效應，從而造成了世界範圍內的溫度上升，導致了一系列嚴重的後果，如北極海冰融化、海平面上升、氣候災害等（北京市林業碳匯工作辦公室，2010；徐春堂，2002）。全球變暖成為當今世界上威脅人類的頭號災難。二氧化碳也成為將人類推向末路的頭號公敵。圍繞減少二氧化碳的議題，催生了碳經濟、低碳生活、碳交易等概念。21 世紀，全球儼然進入了低碳時代，二氧化碳濃度問題大有將其他環境問題以及人類社會的現實問題掩蓋之勢。

支持變暖論者認為，地球溫度和二氧化碳排放量在走勢上非常吻合，呈正相關關係。而且，不斷有研究者證明了人類活動、二氧化碳與全球變暖之間的相關關係。他們相信，人類社會經濟活動導致的大氣中溫室氣體濃度上升是誘發全球變暖的主要因素之一。關於全球變暖的嚴峻後果及其與人類活動之間關係的證據，近年來以日新月異的速度增長，越來越不容置疑，人類活動與溫室氣體排放之間的關係成為氣候變化研究領域的熱點之一（顧和軍、曹傑，2010）。

質疑變暖論者則認為，大氣溫室氣體中，水汽對溫室效應的貢獻率約為 95%，二氧化碳的貢獻率約為 3.62%。而人為活動排放的二氧化碳對溫室效應的貢獻率，只有 0.105% 左右。政府間氣候變化專門委員會（IPCC）過分誇大了人為活動排放的二氧化碳對氣候變暖的影響，沒有充分的科學依據來證明人為活動排放的二氧化碳是導致全球氣候變暖的罪魁禍首（楊新興，2010）。然而，地球上的氣候自始至終在不停地進行着冷暖期的交替變化，所謂的「地球恆溫」是不存在的。而且，氣候變暖並不一定是可怕的，現在的變暖遠沒有被宣傳的那樣嚴重（黃偉夫，2011）。歷史上，地球的溫暖時期被稱為「人類最適宜氣候期」。溫暖的氣候更有利於人類社會的進步和生產力的發展，而不是給人類帶來災難性的後果（楊新興等，2011）。因此，對於氣候變暖，人們不必恐慌。相反，某些人一味宣傳全球變暖則危害很大。一方面，這誤導了人們對冬季生活的必要心理預期與物質準備，使人類失去對「變冷」的應有重視，將會給人類帶來難以預料的災難；另一方面，把環保目標從治理全球變髒轉換成應對全球變暖，分散了環保活動的注意力，使人們不能聚精會神地去抓污染，導致許多地方的空氣、水、土地等污染日益嚴重。似乎只要全球不變暖，污染嚴重也無妨（劉書越，2009）。還有批判者甚至指出，地球並非在變暖，而是在變冷！全球變冷才是真正的趨勢，它背後是地球、太陽乃至銀河系運行規律的大道玄機，這些，根本不是人類所能抗逆的（柳下再會，2010）。

2. 拯救還是陷阱——全球抗暖行動與碳經濟

總體來說，儘管出現了對全球變暖的質疑，但是，多數國家、跨國組織等對全球變暖深信不疑，將減少二氧化碳排放這一行動推上了一個道德制高點。減少二氧化碳排放，從而扭轉全球變暖趨勢，給子孫後代留下一個可持續發展的環境，成為世界各國義不容辭的責任——如果有任何國家或者組織、個人不參與減排的行動，那麼它（他）就是毀滅地球、毀滅人類未來的殺手，將受到非議和譴責（楊槐，2010：8）。第三世界國家也不能逃避承擔減排的義務。儘管多數人能夠意識到，讓工業革命明顯遲於發達國家的發展中國家承擔與發達國家同步或同等份額的減排和限排義務是不公平的，但是，支持變暖說的人相信，對於任何國家而言，如果只顧自身利益，最終都逃不過全球變暖的懲罰。正如政府間氣候變化專門委員會的報告所強調的，無論哪個國家或地區，面對全球氣候變暖，誰都不會成為真正的贏家（張銳，2007）。

從目前來看，全球抗暖主要有兩條思路。第一條，人們相信人類活動是全球變暖的主因，並主張通過大幅減少溫室氣體排放（減排）或限制溫室氣體排放（限排）來遏制全球變暖的趨勢。這一派以《京都議定書》批准國，尤其是歐洲國家為代表。第二條，人們不相信人類活動是全球變暖的主因（雖然他們也贊成全球變暖說），但主張通過本國科技創新來減少能耗和發展替代能源，並主張用高科技來應對地球自身不可避免的變暖問題。這一派以美國為代表（張銳，2007）。不同的抗暖思路，衍生出不同形式的碳經濟——虛擬碳經濟和實體碳經濟。柳下再會（2010）在《以碳之名：低碳騙局幕後的全球博弈》中，對虛擬碳經濟和實體碳經濟做了分析。下面對其觀點做簡要介紹。

虛擬碳經濟主要指碳商品和碳金融。碳商品和二氧化碳沒有物理上的關係，它只是基於「二氧化碳排放權」概念衍生出的虛擬品（柳下再會，2010）。1997 年 12 月，《京都議定書》明確了發達國家各自要承擔的減排指標，建立了一個將排放指標商品化的機制。這個機制確定了五種不同溫室氣體之間的換算關係，促使碳排放指標被賦予商品意義。最初，碳交易以購買配額為基本交易方式。隨後，歐洲氣候交易所推出了與排碳配額掛鈎的期貨，使二氧化碳排放權可自由流通，也完成了將「碳排放權」由特定需求商品向廣普商品的轉化——普通人也可出資購買自己的「碳足跡」。且隨着期貨的推出，一些基金開始到發展中國家開展減排項目合作，然後將獲得的核證減排量拿到市場上出售。2004 年，私人資本開始大舉投資減排項目。此後，政府失去了「碳資產」領域運營上的主導權。碳商品市場由最初的國家間指標交易、政府給企業發放配額，到金融資本大舉介入，碳排放權被完全賦予了商品屬性，交易在社會上普及開來（柳下再會，2010）。

實體碳經濟則主要指綠能技術和碳捕捉技術。長期以來，由於化石類能源的短缺和「環境政治」的影響，歐盟國家一直深耕能源替代技術。目前，它們在綠能技術的研究和應用上處於世界領先地位。碳捕捉技術也受到眾多投資者的青睞。儘管這種技術實質上對解決能源供應無補，於環境改善有害，但是，其意義在於，一旦強制性減排得以國際大推廣，在「碳排放權」被限制，對應傳統化石類能源的使用也被嚴重限制的情況下，人們為滿足能源需求，不得不尋求昂貴的綠能來補充，或者求助於碳捕捉技術減低排放（柳下再會，2010）。

3. 科學還是政治——世界低碳利益格局與爭奪

從上面的分析不難發現，不管是虛擬的還是實體的碳經濟，歐盟均佔據了主導地位，美國等發達國家也從中獲益。而碳經濟不僅是利益分配問題，還牽涉到全球政治局勢。美國麻省理工學院地球、大氣和行星科學系教授林德森認為，「全球變暖」這一命題在科學界根本沒有形成共識，卻已經被某些人在政治上當成了真理，「全球變暖」已變成「科學的政治」（梁海、羅江海，2010）。在 2009 年哥本哈根世界氣候大會上，根據各國對於氣候危機不同的利益關注點，世界低碳利益格局主要分為保生存、保發展和保主導三種，相應地構成了生存體系（低端）、發展體系（中端）和主導體系（高端）三個體系。這三個體系交織於世界低碳利益格局之中，使得世界低碳利益格局更加具有變數，而世界低碳利益格局的形成，與以往的世界格局交織在一起，使得世界利益更加錯綜複雜（陳天林，2010）。減排問題政治化，似乎成了一些發達國家用來遏制發展中國家發展的利器（馮武勇，2007）。楊槐（2010：8）總結到，18、19 世紀，西方憑着赤裸裸的殖民掠奪獲得積累；20 世紀，西方憑着「第三次浪潮」及其高科技發財；21 世紀，西方則以「科學」和「環保」的名義進行「碳交易」而獲得了主導權。

在政治力量和利益集團的爭奪下，「科學政治化」的傾向不可避免，而這無疑是一場災難。象徵着理性、公理的科學精神，不僅不能幫助人類更清楚地認識世界，反而讓人們為此付出代價——「氣候變暖」是不是一個騙局，我們不知道。「碳陷阱」與「氣候升溫」之間是否具有相關性，氣候變暖是不是純屬為政治大謊言服務的「科學大謊言」，我們也難以判斷。然而，碳指標、碳金融、碳稅等卻是實實在在的，且要求我們為此買單。在這個議題的探討中，我們看到政治家、金融家、科學家、技術專家等在各自的立場上大肆宣揚，卻看不到普通的民眾——他們失去話語權，既沒有能力獲得，也看不懂、辨不清那些有關氣候的真真假假的繁雜數據。我們很清楚，全球變暖關乎政治、經濟、宗教和戰爭，唯獨不能確定它是否科學。而自然，則在氣候戰爭中銷聲匿跡。它被運作為一系列概念，這些概念通過炒作又衍生出龐大的市場，養活着一大批的專業人士。自然的命運，似乎天天被人們掛在嘴邊，卻又從來沒有被真正地關注過。不僅如此，世界對氣候變暖的回應還傾向於割斷全球變暖與全球環境危機的聯繫。這無疑是轉移人們視線的一種方式——通過對變暖這一大災難鋪天蓋地的宣傳，使人們憂心於自己的未來，從而忽視整體的生態危機，諸如物種滅絕、海洋環境被破壞、熱帶森林被砍伐、土地沙漠化、有毒廢物排放等問題（福斯特，2009）。

四、以自然之名

原始的自然象徵着事物的總和以及事物的本性，而人類社會是自然的一部分。工業文明時代，隨着人類資源開發技術的日益成熟以及社會生產力的極大發展，以往對大自然的崇拜逐漸轉化為對自我能力（科技）的迷信和崇拜（謝高地，2009）。以西方為中心的發展話語體系以絕對的霸權姿態佔據了人類社會的主流，並帶來大規模、高速度的生態破壞。這種生態破壞直接威脅到發展以及人們對發展的信心。在此背景下，環境問題被提上議程，「環境」概念取代了「自然」，成為人們關注的焦點。而這一概念上的轉變象徵着人類中心主義和對自然的功利主義的合法性的確立，人類從自然中獨立出來，並站到了對立面。

而環境的破壞威脅着經濟發展的可持續性，也動搖着人們對發展話語的絕對信心。在此狀況下，可持續發展理念成為彌合經濟增長與生態保護的良藥。但是，它沒有擺脫對發展的迷信、對技術的依賴和對經濟增長的追求。理論上，其概念的興起與發展的危機緊密相連，是拯救發展主義於危機中的藥方。概念的重點在於維護人類的可持續發展，而非環境本身，或者說，是為了實現經濟的可持續增長而需要環境的持續支持。該理念的邏輯是以對未來的追求規範現世的行為。概念的預設是沒有代價的發展都是病態且不現實的。此外，這一理論對技術、對自身能力的崇拜和樂觀，也是一種人類中心主義的表現（彭新武，2001）。而在操作層面，可持續發展一方面缺乏具體化的技術與標準；另一方面，也正因其模糊性而鼓舞人心，維護了人們對發展的信心，促成了經濟增長與環境保護化干戈為玉帛。

可持續發展的背後仍舊是對經濟增長的追求。環境——或者說，與人類分割開來的自然——是經濟的附屬品。在此理念下，環境資本化的趨勢悄然襲來。環境本身成為資源，成為爭奪的對象。環境資源表現為兩種，一種是環境本身能夠提供經濟發展所需的資本。另一種資源則是污染環境的權力——準確地說應該是合法污染環境的權力。這種權力以被譽為創新的以市場作為環境政策工具進行環境治理的行為，一方面將污染合法化，一方面引發隨之而來的爭奪。

在探討可持續發展、環境資本化運營等理念時，環境被用作經濟發展的幌子，保護環境是為了獲得極限的增長。當氣候變暖成為環境領域關注的主題時，它已經直接從一個環保問題演變為一個經濟和政治的問題。如果說對於普通的環境問題，如水污染、噪音污染等，民眾還可以振臂一揮表達抗議或參與治理的話，那麼在全球變暖這一議題上，普通民眾則完全沒有發言權。地球氣溫是在上升還是在下降，是什麼原因導致的變化，這些本該是現代科學可以通過測量與實驗來言明的事情。

但是，由於過多的利益集團牽涉其中，被操縱的數據使這些原本應該有確定答案的問題變成一團迷霧。碳指標、碳金融等則完全脫離了自然實體，異化為一些對概念的炒作和運作。普通民眾被迫為這些專家創造的概念買單，從而使氣候變成一大產業，無數人據此為生。在這場混亂中，我們可以確定的是，山水污染繼續，空氣霧霾不減，大氣的成分依舊在被人為活動所影響，純淨的自然——無論是概念上的，還是實體的天然純淨的空氣、水、山川等自然物——漸行漸遠。

而深入分析當前有關自然的主要命題，我們不難看出自然在概念和實踐上的潰敗。環境問題的產生以及各種環保理論和實踐背後的價值傾向，都離不開人類對「發展」的迷信、對技術的膜拜和對人類中心主義的張揚。在這樣的實踐中，自然被剝奪了靈魂和話語權。它的實體仍在被污染、被踐踏，在各種環境保護名義下支撐着人類社會經濟近乎極限的增長；它的名義則被利用、被炒作來獲取利益。羅蘭夫人曾感歎：「自由，多少罪惡假汝之名以行！」面對自然真實的故事，面對環境政策與實踐從對「增長的極限」的擔憂向「極限的增長」轉變，我們或許也會感歎這個時代的自然、環境與經濟：「自然，多少罪惡假汝之名以行！」

災害的故事

當重建成為發展的契機

人類對災害現象的觀察、感知和體驗已歷經數千年，並在歷史、文學、信仰等領域留下了豐富的記載。然而，從社會科學角度分析災害現象卻是十分晚近的事。儘管戴恩斯（Dynes, 2000）追溯，盧梭在觀察1755年里斯本地震破壞時，論及減少人口密度和組織有效撤離會降低災害損失，為審視災害提供了第一個社會科學視角，然而，直至20世紀50年代，社會科學家才開始對災害產生積極而持續的興趣。長久以來，自然災害都被認為是超出人類能力的「上帝的行為」。然而，社會科學家的介入改變了人們對災害的傳統看法。因為即便是日常生活中十分常見的現象，一旦被引入學術討論，人們對它的界定就難免存在爭議、不夠明確甚至相互對立，並時常伴隨着對其認知的新舊更迭。災害的概念也是如此。為了將這一社會現象帶入學術語境，災害研究領域的先驅者在災害的概念化問題上彈精竭慮，關於「什麼是災害」的論爭也由此始終佔據着災害研究的歷史舞台（Quarantelli, 1998）。這一切恰恰說明，關於災害的知識也只是不同敍事範式的建構，而以之為基礎的災害應對行動也是權力實踐的場域。歷經幾十年的學術積累和思想更迭，在災害研究領域，可以辨識出兩種演變範式。一種是以災害本身為研究取向，建立在實證主義認識論基礎之上的災害研究的影響範式；另一種則關注災害事件中的社會脆弱性要素，認為社會才是災害研究探討的核心，可以稱之為災害研究的結構範式。這兩種範式共同構成了災害研究的現代性敘事。與此同時，我們不能忽略的是與這兩大經典範式相生相伴的反對聲浪。它們來自社會學、政治經濟學、人類學等重要學科，試圖批判災害研究的現代性旨趣，並建立它的後現代陣營。本文通過回顧當代西方災害研究的學術理路、闡釋其問題表達及終極訴求，呈現災害研究從現代性到後現代的歷史發展，並以此觀照今日中國。

一、技術管理自然反常：災害研究的影響範式

災害研究的影響範式與其發軔時期強烈的應用性傾向密不可分（Quarantelli, 1987）。早期的災害社會科學研究至少可以追溯出兩個相對獨立的學術源頭（Mitchell, 1990；米勒蒂，2008）。一個是地理學家吉爾伯特．懷特（Gilbert White）和他的合作者在 20 世紀 30 年代後期開始的洪災評估。這一先驅性的研究展開了災害研究中對人類社會與生態環境之間相互關係和互動實踐的討論。懷特認為，自然災害是自然和社會兩種力量共同作用的結果，其影響可以通過個人和社會的調整來減輕。追隨懷特這一思想的地理學家至今仍試圖在不斷調查和研究的基礎上，闡明社會對自然災害的適應性，並討論社會通過適應調整而達致緩解災害的原則與途徑（米勒蒂，2008）。另一個更直接促發了針對災害主題研究興趣的源頭，則是第二次世界大戰及之後對核威懾的調查。冷戰時期，美國軍方在「災難時社會秩序的動盪」主題之下，資助了一些有關災害的社會科學研究項目，藉此積累核危機事件中防務方面的經驗，並探尋社會應對災害的行為特徵。這些研究項目所獲得的研究傳統和知識成果的延續與應用，形成了以災害的社會影響、災害事件中個人與組織的行為應對，以及防災減災預警和災後恢復等作為重要命題的災害研究領域（Quarantelli, 1987；Oliver-Smith, 1996；Fischer, 1998；米勒蒂，2008）。

這兩個研究傳統不僅在地理學和社會學的災害研究裏有着各自根深蒂固的影響，還接納了地震、氣象、地質、工程、心理、經濟、規劃、法律、公共政策等學科的加入，並共同為災害研究領域確立了第一個主

導性研究範式——以應用性災害響應和減災為目標，以自然災害本身為中心的影響研究範式。在對災害的認識上，它主要關注的是自然和地理運動的過程。它所概括的災害事件特徵是異常的和極端的，是與日常生活相隔離的（Fordham, 2007）。在災害的應對上，它具有鮮明的行為回應特點，是一種地理學家、地震學家、氣象學家等能夠監測和預測災害的科學家，以及管理學家、經濟學家、政治家等能夠診斷和救治社會的社會精英所支配的官僚—技術專家范式（Hilhorst, 2003）。這一範式中的災害敍事，秉承着突發事件—行為回應—技術官僚決策的邏輯，意味着災害是一個抗擊自然的故事：自然和地理運動過程形成人類居住環境的突然變化，對人類社會造成破壞性衝擊，在社會組織的努力下，失序甚至中斷的社會通過壓力調整得到重新恢復，由此形成一個災害事件從發生到消解的完整周期循環。它的主要研究內容包括災害預警和防災減災技術，災害影響評估與應急管理體系，災難中國家、社區、羣體及個人的反應，減災影響因素和策略措施，災後重建中組織的作用，等等。它在社會科學的災害研究領域，形成迸發展了相應的分支學科體系，如災害社會學、災害經濟學和災害管理學等。

（一）災害：對社會常態的干擾

美國災害社會科學研究的先行者恩里科．夸蘭泰利（Enrico Quarantelli, 1995）曾說，「只有在我們澄清和獲得關於災害概念最基本的共識後，才能夠繼續災害的特徵及其結果等方面的研究」。在災害的影響研究範式裏，這一理想基本得到實現。查爾斯．弗瑞茨（Charles Fritz）對災害的定義被視為經典，並一直為各類主題的災害研究所分享。

（災害是）特定時間和空間範圍內，集中發生的實質性的或具有威脅性的意外的或不可控的事件。在這一事件中，社會或相對自足的社會部分遭遇嚴重的危險，發生人員和物理附屬物的損失，社會結構遭到破壞，社會的全部或部分重要功能受到干擾。（Fritz, 1961）

這一小心翼翼的定義，一方面顯示出追求實證主義所強調的精確性的努力；另一方面具有強烈的功能主義導向，充分體現了社會學的「結構－功能」分析傳統。

如同弗瑞茨的定義所強調的，災害的影響研究範式對災害的認知包含兩個要點。第一個要點是認為災害事件具有「非常態」特徵，相對於正常社會系統，它是瞬間的、突發的、外部的、例外的、突破常規的、不可控的（Oliver-Smith, 1996； Stallings, 2002）。同時，作為意外的干擾，災害事件在時間、空間和影響範圍上都有清晰的邊界。因此，在時間上，災害事件被視作一系列相互關聯的階段，有其自身的生命周期和循環。一個完整的災害事件通常被劃分為災前的防災準備、災害爆發時的社會應急反應以及瞬時災害之後的恢復行動三個階段（歐博文、米爾蒂，2004）。在空間上，則有重災區、一般災區與非災區之分（Porfiriev, 1995）。

第二個要點是強調災害對正常社會系統造成的影響。雖然地理學災害研究同樣強調生態系統在災害事件中的改變，但是，更多災害研究者論及的災害影響，主要分佈於社會系統內部。根據這個邏輯，突然的災害干擾，首先給社會系統帶來死亡和損失，進而造成社會、政治、經濟的中斷和失序，並對社會結構、組織和文化造成全面的衝擊和挑戰。因此，最常見的災害影響模型將其區分為有形影響和社會影響（Lindell, 2011）。有形影響主要是指人員傷亡和財產損失。儘管如此，災害的損失和影響範圍並非不言自明，它依賴災害統計學和經濟學中可用的分析技術與計算模型。20 世紀 50 年代以來，災害研究者對一些災害事件的類型、發生時間、影響區域、影響人羣，以及造成的人員傷亡、財產損失等信息進行了全面的調查採集，以建成區域或跨區域災害數據庫[1]。研

---

[1] 聯合國開發計劃署、世界衛生組織等國際組織以及美國、日本、歐盟等國家和地區都建設了全球或本國／本地區的各類災害數據庫。尤其是美國，不僅建成了全球性的綜合災害數據庫，還建成了包括海嘯、地震等在內的各類專題災害數據庫，如美國國家海洋與大氣管理局－國家地球物理數據中心的海嘯歷史數據庫、美國國家氣候資料中心的美國暴風雨雪災害數據庫、特拉華大學災害研究中心的災害數據庫等。

究者對災害損失的計算，也逐漸從房屋、機械設備或公共基礎設施遭到破壞的直接損失，擴展到災害導致的停產、失業等間接損失（米勒蒂，2008）。社會影響包括的範圍則更加廣泛，如災害會導致大範圍的負面心理反應和個體應急行為；災害可能導致大量人口的死亡、傷殘，並會出現人口的遷移和重新安置，或者產生流民和難民現象；災害襲擊和對災害的反應會促進資源分配，或法律、政策的突生或中止；災害影響中的政治要素既體現在災害過程中的社會動員，也體現在由此導致的國家與地方關係的變化；災害既可能導致受災區域文化的崩潰，也能催生新的災害文化（Oliver-Smith, 1996）。

這一時期的災害定義淋漓盡致地流露出學者對實證主義的信奉，也體現了當時的社會情境與學術主流。弗瑞茨對於災害研究歷史的意義是重大的——他成功地將作為「非常態」的不可控的自然或社會事件的災害，簡化為既可操作又能夠施行措施以控制的災害。對於災害的性質、程度和種類的時空劃分、數字陳列，也將災害幻化為似乎看得見、摸得着，甚至能分門別類的人類足以輕鬆認知的事物。可以說，經由分類、統計等自然技術所表達的災害，是災害研究與現代性的完美融合，更昭示着災害和災害應對將在現代化的道路上越走越遠。

（二）災害研究與災害應對：導向技術與管理

根據災害的分門別類，以及當時災害研究的務實傳統，災害的影響研究範式在災害應對實踐上，一般有三種有效的干預：實施減災措施、提高緊急應對能力和實施災後恢復重建。這三種干預分別對應災害周期中的災前、災中和災後，用於討論如何通過干預減少災害影響。其中，災前減災被視作災害應對中最積極、最有力、最理想的干預措施。它的主要內容包括災害監測預警、防災減災工程和規劃避災，相關研究主要由規劃者和公共政策學者把持。

災害監測預警主要通過對災害風險信息的控制來協調社會應對行

動，其相關研究不僅有與地震學、地球物理學等工程類學科合作的技術和組織研究，也有社會羣體如何響應災害預警信息的研究；防災減災工程致力於通過人造環境限制、防範、降低災害的影響，是典型的技術減災措施，其形式有修建大壩和防護堤，改善建築物的結構，提高建築規範等；規劃避災則代表了工程減災路徑的最完美思路，試圖通過科學理性事先的以及災後重建中的規劃——如人口佈局、土地利用、生態分區、風險源點分佈、建築環境設計、設置避災空間與撤離通道等，達到減災與防災的目的。在這裏，移民安置體現了其行動策略的極致。（米勒蒂，2008）

緊急應對是 20 世紀 50 年代以來災害研究和災害行動實踐所關注的焦點。災害研究探尋這一領域的初衷，是力圖摸索災害中應急反應的變化和調整規律，以尋求災害管理的最佳實踐。這些研究通常藉由劃分社會空間來加以討論。在國家層面，主要是中央與地方政府機構建立和完善應急組織及相關制度體系，如成立應急管理機構，提高官僚體系的緊急響應效率和制定應對預案，消防、警察和醫療機構角色的聯動，救災物資的儲備與運輸，社會動員與社會資源的調用，等等。在社會層面，一些參與災害應對的社會性組織受到關注，如擁有較多與災害應對相關社會資源的社會團體，通信、建築、交通等行業的企業，保險業，新聞媒體，志願組織，等等。儘管有研究指出，對某些技術災害的應對會導致居民的衝突而不是聯合（Picou et al., 2004），但針對社區應急反應的討論常常是強調社區的積極作用。災害發生之後，社區的凝聚力和道德意識都有所增強，災前鄰里之間的衝突也得到緩和或化解，大家地位平等且相互幫助，對社區事務的參與也更加積極和有效（米勒蒂，2008）。此外，突出家庭層面災害應對與防災措施的重要性，使這一領域的災害研究取得重大進展。家庭是災害應對中最為敏捷的社會單元。良好的應急行動對於保障家庭安全尤其是生命安全十分有利。影響家庭對威脅和緊急事件反應的主要因素，包括災害知識、經驗、信息渠道、家庭資源狀況、家庭規模、有無子女以及家庭避災計劃等（特納等，1990；米勒蒂，2008）。個人層面的緊急應對曾長期為「災害迷思」所蒙蔽（Fischer, 1998）。社會管理系統的官僚—技術人員更願意相信個人在危急情況下，通常有盲目的決策和多餘的行動（米勒蒂，2008）。

在災後恢復階段，首先得到重視的是復原性活動，如對廢墟的清理、對物體環境的重建，以及對傷員的關懷和對遇難者的悼念。其中，對物體環境的重建，如對住宅、道路、市政設施等的建設獲得了工程專家的廣泛青睞。他們採用新的建築規範、新的建築材料和新的規劃設計，激發了與災前情形不同的新的重建模式。其次，強調克服災後恢復重建的阻礙因素，如在國家層面要提供有利的重建政策、充足的財政資金，地區層面要做好聯動項目之間的協調、制定靈活有效的恢復行動、促進社區的配合、考慮滿足當地人的需求等（歐博文、米爾蒂，2004；米勒蒂，2008）。

顯然，災害的影響研究范式在豐富的實踐活動中日益趨向於依賴技術和管理。一些近代開始流行的管理手段（如人口控制），一些逐步細化的學科與行業領域的參與，連同從上至下、由國家到社會到家庭再到個人的秩序干預，以及由自然逐漸轉軌到知識、道德的增強手段，無不彰顯了災害技術統治論與管理主義對災害研究的滲透和主導。也許，對影響范式的學者來說，在一個現代社會，現代性是掃除一切的最有力武器。如果災害最多只是一個安全問題和管理機會，那麼面對這一不確定和不可控的極端事件，人類唯有堅持與專業的災害管理一起，死戰到底以控制自然（Hewitt, 2013）。今天在災害應對領域，可用的新技術和新方法包括以計算機為媒介的信息交流、地理信息系統、遙感技術、風險分析、損失評估新模型、新的建築材料、新的工程技術（米勒蒂，2008）。同時，應急管理的職業化體系也已頗具規模。20 世紀 70 年代以來，專職的應急管理人員已經很普遍。他們的職責不再僅僅是城市防禦和災後直接的緊急活動，而是隨着應急管理綜合化概念的產生擴展到減災和災後恢復等工作領域。現在，人們普遍認可災害管理需要專門的知識、技能和訓練。應急管理的專業化催生了一大批經過專業培訓的專家、授予從業資格證書的機構或協會、開設應急管理課程並授予相應學位的高等院校（米勒蒂，2008）。

二、發展消解社會脆弱：災害研究的結構範式

20 世紀 70 年代末至 80 年代初，經驗研究的發現逐漸開始挑戰以自然災害本身為中心的災害研究與災害應對。這一情形主要起源於人類學家對低度發展國家災害應對實踐的觀察和參與。多少年來，被觀察到的災害事件和單災死亡人口持續增加。奧基夫等（O' Keefe et al., 1976）認為地理的和氣候的變化無法解釋這一趨勢，相反，越來越多的觀察表明，這一趨勢意味着人口脆弱性的不斷增加，尤其是欠發達國家和地區。因此，有必要重新思考自然災害事件中自然的要素和社會的要素，並非自然而是社會 - 經濟狀況才是災害事件的主要致因。與此同時，沿襲地理學災害研究強調人類社會相對於自然環境系統的適應與調整能力的思路，維斯蓋特和奧基夫（Westgate and O' Keefe, 1976）指出，界定脆弱性不能不考慮人口承受、應對災害影響以及從中恢復的能力。這一質詢將「社會脆弱性」概念引入關於災害的討論中。此外，20 世紀 70 年代末發表的一些依從文化生態學和政治經濟學視角的災害民族志研究表明，災害的發生具有歷史性，國際和國家的政治經濟發展過程正是災害醞釀、累積、催生和強化的過程。尤其在第三世界國家，災害成為其現代化或發展過程的重要副產品。政府對高風險、高回報的土地管理實踐的鼓勵，引入新技術對自然資源利用關係的改變，促進農業的資本化，帶有偏向的貸款和補助，政府或跨國公司以利潤為導向的活動引發的再分配、徵收和腐敗，以及急劇增長的消費主義需求對農村的不滿，等等，都與這一副產品緊密相關。這種情形要麼直接導致人類生存環境的惡化，要麼將傾向保持其傳統經濟實踐的部落和農民驅逐至海岸犄角、沙漠邊沿和高山斜坡等環境更加惡劣的邊緣棲息地（Torry,

1979）。基於此，他們也得出災害的根源多在於社會而非自然的結論（Oliver-Smith, 2001）。

休伊特（Hewitt, 1983：304）對這一結論的進一步闡釋，則將這種挑戰推向高峰。他指出，與地理上的極端物理運動（如風暴、地震、乾旱等）相比，災害更多的是現行社會秩序運行的後果。正是這一秩序結構下的人與環境的關係，以及更大的歷史結構過程（如殖民主義和不發達等框架）塑造了災害現象。因此，他呼籲一個更真實、更準確的災害概念，這個新的災害概念應該更加關注社會環境而非自然環境。遵循休伊特的觀點，經由布萊基等人（Blaikie et al., 1994）的闡發，20 世紀 90 年代對於災害的新的理解完全包納在「災害是自然災害與社會脆弱性的複合函數」這一虛擬關係所表述的框架之內。與以往幾乎將災害等同於自然災害不同，現在人們開始從自然災害和社會脆弱性的相互作用角度來理解災害，並偏向於強調「硬幣」的另一面——社會脆弱性。在災害事件發生之前，社會脆弱性已經內在於社會結構之中，是正常社會系統中可見的或遭到掩蔽的要素在其他致災因子誘發下的呈現。藉由這一重要概念，災害研究隨之發生轉向，逐漸走出幾乎單一關注災害結果和工程應對的影響範式，而轉向結構範式。20 世紀 80 年代以來，脆弱性在有關災害的書寫中出現得越來越頻繁。在這一範式內提出的災害應對方案，也開始聚焦於社會和政治結構的轉變，如消除或改造這些產生社會脆弱性並維持其活力的制度、結構、文化甚至觀念。這些轉變也成為災害應對的重要目標和評判標準。與此同時，地方知識以及當地人的參與應得到重視的觀點也正在被接受（Chambers, 2006）。

（一）災害：社會結構與社會進程脆弱性的顯示器

「災害是什麼」「災害為什麼發生」「災害造成了什麼樣的破壞」等被認為是定義災害的基本原則（Porfiriev, 1995）。如果說弗瑞茨的定義主要關注的是「災害是什麼」和「災害造成了什麼樣的破壞」，那麼由人類學的研究和政治經濟學的視角佔據着重要位置的新的災害研究範式更關注「災害為什麼發生」。脆弱性概念即提供了一個理解災害發生的社會根源的有效通道。它超越視災害為「一次性事件」以及災害與正常社會相斷裂的觀念，將災害事件和災害應對行動界定為原有社會結構的投射（Hewitt, 1997; Dynes, 2002）。雖然社會學和管理學為了將其指標化和變量化，而沉溺於不停地對脆弱性概念及其要素進行定義（Cutter, 1996），但對這一概念更重要的理解，是在這種可操作化之外的兩個層面。

在第一個層面上，脆弱性概念強調災害現象及其原因都根植於社會結構與社會變遷之中，因此應該從形塑社會歷史的社區、區域乃至國際文化、政治、經濟背景和過程中去理解災害事件（Bolin and Stanford, 1998）。結構范式的學者認為，論及個人和家庭層面，社區或家庭、個體維度的不安全狀態可能與其資源稟賦或文化情境有關（歐博文、米爾蒂，2004）；就國家或區域維度來說，經濟增長方式或土地利用方式也會導致災害後果（Tierney, 1993；沃斯特，2003）；從全球來看，災害同時又是世界資本主義體系中不發達國家附屬性和邊緣性角色的後果。在第二個層面上，這些學者指出，脆弱性概念是理解應對災害風險不平等的社會系統的關鍵，它使一些人和羣體比其他人和羣體更加容易遭受或者需要承受更多災害衝擊。這種脆弱性狀態的分佈與社會成員在常態社會中政治、社會和經濟狀況的等級分層是一致的，並且往往是貧窮的國家和受剝削的社會羣體承受更多。這在很大程度上也是一個社會中權力關係運作的結果（Hewitt, 1997）。

作為一個分析性概念，社會脆弱性假設災害是由於社會系統的失敗而造成社會成員的脆弱性表現，因此非常成功有效地將對災害的分析重點從以往的災時反應及影響等，轉向災前社會情境及災後社會恢復，跳脫了聚焦於災害本身的局限，即真正關注的對象不再只是災害結果，而是自然系統與社會系統相互作用的過程。這種對災害更為複雜的理解，大大拓寬了災害研究的內容與範圍，如古斯塔沃・威爾謝－肖（Gustavo Wilches-Chaux）區分了十一種形式的脆弱性——自然、物理、經濟、社會、政治、技術、意識形態、文化、教育、生態和制度的脆弱性（加西亞 - 奧克薩塔，2011）。災害不再只是失範社會的研究實驗室（Dynesand Drabek ，1994），而是社會進程的顯示器，尤其是揭示那些被掩蔽的社會運行邏輯（霍夫曼，2011）。

如果說，災害研究的影響範式初次將災害作為社會的「反常態」納入人類管理的範疇，那麼，災害研究的結構範式則是將人們對災害的認知與應對由自然系統蔓延至社會系統，尤其拓展至人。受到西方效率優先、科學至上、專家當道的知識體系的影響，災害研究的目的，從過去對於不時給人類帶來夢魘的自然的挑戰，與諱莫如深的涉及人類生存環境的些許要求，變成冠冕堂皇的為了解決災害潛藏的問題及其導致的後果，而進行的對人的改造、對地方知識的消解與對多元文化的扼殺。一種地方事件全球解決的態度得以確立。這種為西方現代精神所貫穿的普世主義，通過「社會脆弱性」的橫空出世，聯結了災害與當代社會進路，主宰了發展背景下的災害研究及其實踐。

（二）災害研究與災害應對：以發展為背景

社會脆弱性概念從連續性視角，反轉了人們對災害，尤其是發展中國家的災害的理解。發展與災害有着十分緊密且複雜的關係已成為普遍的共識，並引起了有關災害與發展、減災行動與發展策略的廣泛討論。維克曼和廷伯萊克（Wijkman and Timberlake, 1984）指出，第三世界許多災害的原因在於難以解決的發展問題；米勒蒂（2008）等觀察到自然災害的損失常常是由不可持續的發展行動造成的；有研究認為災害是對發展的阻礙（Dynes, 2002）；也有學者則反覆申明發展與災害管理都是以消減脆弱性為目的的；而其他一些觀點甚至認為災害為發展提供了機會。總結起來，災害與發展的關係具有四個向度，即發展增加或減少脆弱性，災害阻礙發展或為發展提供新的機會（Fordham, 2007）。但是，幾乎所有的討論最終都指向將災害和發展捏合在一起，因為沒有人能否認，以主動的發展降低和應對災害風險以及以合適的發展避免脆弱性的加劇是正確的選擇。那些被證明是導致災害的發展要素，則被統統歸類為「走入歧路的發展」（Fordham, 2007）。

災害脆弱性視角，也帶來了其通過關注更廣闊的社會經濟結構的調整，從而增強承災能力和彈性，以改善風險狀況的行動目標。與理論上的論爭紛紛不同，災害應對實踐直接埋頭苦幹。新的災害應對模式徑自突破了單一的工程減災路徑，順理成章地轉向基於發展的消減脆弱性路徑。這種結構發展範式不再只是強調耗資巨大的工程建設，而是已經逐漸形成了同時強調綜合性的可持續解決方法（Cutter, 1996）。綜合性原則主要試圖協調減災行動與發展及相關要素的關係。一方面，災害脆弱性與貧困、人口過度、經濟落後、缺乏教育、環境退化等一樣是「低度發展或不發達」的表現，因此應該通過發展來防災減災；另一方面，貧困、人口過度、經濟落後、缺乏教育、環境退化等又同時意味着災害脆弱性，因此緩災減災的過程應該綜合考慮消除貧困、促進經濟增長和普及教育，反之亦然。可持續減災原則是 20 世紀 80 年代後期興起的可持續發展觀念在災害應對領域的具體化。可持續提法起源於自然資源的過度開發引起更加頻繁的災害事件和威脅，以及人們對社會和代際公平的考量。基於發展的消減脆弱性路徑還有一個特點，即強調只有災前和災後的措施，才能有效提高安全性和減少災害風險。1994 年的橫濱會議標誌着國際減災十年向強調社會要素和預防措施的轉變。雖然不能說對知識、環境危險的監測或緊急援助的需求將不再重要，但對脆弱性的強調質詢了之前減災思路對這些的偏重情勢（Hewitt, 2013）。

總之，多學科多視角的努力，使今天的災害應對和災害援助，再調整為主要關注災前的脆弱性消減和災後的可持續重建，並與發展緊密相連。它在指導思想上無可迴避地吸納了災害脆弱性研究成果，並分享了可持續發展原則，尤其體現在災後恢復重建的行動中。20 世紀 70 年代後期以來，全新的災後恢復模式不斷進步和完善，可持續發展原則促使減災觀念融入災後恢復重建之中（米勒蒂，2008）。此前的災後恢復行動往往在清理廢墟之後走上循環性的復原之路，通過修復回歸原有的穩定；而熱衷於描繪和創造未來的規劃者和實幹家更多選擇發展性的重建之路。後者將災後重建的目標界定為：在減少發展不利因素的同時，不斷提高區域經濟實力（Anderson and Woodrow, 1989）。這表明重建並不致力於恢復災前的秩序，而是試圖通過規劃構建新的秩序，重新定義人與自然、人與環境、人與空間，乃至人與人的關係。從美國的芝加哥城到日本的神戶，從唐山到汶川，規劃、發展、移民搬遷、重建成為災後恢復的同義語。宣稱囊括了防災減災要素的發展規劃圖紙，自 20 世紀 80 年代以來一次又一次地在幾乎全球各地的災後廢墟上鋪展開來。

三、權力框構災害話語：災害研究的後現代敘事

現代性的主旋律是知識和理性（Corbridge, 1993）。數十年的演進歷史中，災害研究在取向上歷經了從影響範式到結構範式的更迭，在視角上交織了組織社會學、文化地理學、生態人類學、政治經濟學、發展管理學等多學科檢視，在轉向由無數與災害相關的準則組成的具體路徑時則呈現出更多的差異（Alexander, 1997）。然而，這些都未能逃避以西方為中心的資本主義現代性的籠罩。無論是多元視角，還是範式與具體路徑上的差異，更多的只是災害與災害應對的現代性敘事的多樣性表徵，因為它們持續地依賴於專家知識和現代干預。這一敘事形塑了人們對災害的理解，也形塑了體現在災害場域中有關自然、技術、地方、國家、全球、文化、發展等之間相互關係的討論。源自後結構與後現代思潮的批判性視角介入災害研究之後，不斷地發掘了災害場域中的建構性及其暗含的多重權力關係。

在災害的現代性敘事中，對人類與自然的關係的不同界定往往成為認知範式轉換的基礎。在災害影響範式裏，自然首先是對人類社會施加無情打擊的戰爭對手；在脆弱性視角下，自然活動只是科學與技術能夠補償的生態環境脆弱性要素之一；進入可持續發展話語中，自然又成為客體化的資源和商品。不管怎麼變換，自然世界與人類世界始終是相分

離甚至相對立的。但這並不是從來如此的。班科夫（Bankoff, 2004）回顧說，在西方的描述裏，「熱帶」自然世界曾經是舒適、富饒、寧靜、溫和的，從 17 世紀開始才逐漸被描畫為不安全和危險的，甚至是殘暴叢林。奧立佛 - 史密斯（Oliver-Smith, 2001）梳理了人類學的研究對這種在西方佔統治地位的社會—自然關係模型的稱霸和不斷擴張的過程。在中世紀時期，自然一般被認為與人類有合作關係，人類也被看作自然的一部分；人類的目標是了解自然。在 17、18 世紀，滋生於視自然為墮落和罪惡的基督神學的意識形態，經常喚起充滿野蠻與暴力的大自然形象。這種視野含蓄地將暴力、自然失序與人類文化和文明並置起來。災害也因此被建構成失序，其與人類世界衝突的秩序被中斷或破壞。隨後，對於自然界更為功利性的視角得以更加彰顯，自然被看成是可塑的，人類可以用理性來任意重構人與自然的關係，以操控、馴服、重塑和收穫自然。而鑲嵌於資本主義現代性一般話語之中的可持續發展觀念，進一步將自然作為資源和生態資本予以商品化，並通過專業知識和現代管理進行佔用、使用和控制（Escobar, 1999）。

在當代，對災害的解釋和應對已不再是一個本土性的事務，防災減災、應急響應、社會動員、資源調配、災害援助等都跨越了當地，日益成為地方與一個更大的社會空間的關係互動，並常常受到地方的社會結構及其與國家或國際秩序的關係的先期制約（Oliver-Smith and Hoffman, 2002）。但在災害場域中，外界干預的建構性及其對本土知識的矮化與排斥也越來越為人們所了解和質疑。人類學的研究一再顯示，地方社會在與其獨特的自然環境的長期互動中，積累了環境適應經驗與本土資源、形成了自然資源利用與生計資源管理方式與實踐、構成了災害應對本土組織機制、沉澱了生活習俗與災害文化觀念（Oliver-Smith, 1996），在面對災害事件時具有更強的恢復和適應能力。然而，以科學理性和現代技術為代表的現代性知識與本土知識從未兼容。例如，面對心理治療全球化的趨勢，心理學知識體系內學理上的分類方法並不一定適合實際的當地文化理念，災害心理援助問題的實質是國際心理治療學說與當地對災害的文化闡釋遭遇後發生了衝突（Breslau, 2000）。休伊特認為災害研究一直以西方中心作為整個研究的基礎與前提，包括聯合國減災十年的一些行動機構也總是立足於提供「我們這些富裕國家」所擁有的地理的、技術的和組織的知識給那些缺乏的人口，而當地社區和公眾的行動也很容易被技術專家理解為無知狀態下的盲目操作（Stallings, 2002）。

相反，針對災害、風險感知的研究表明，在一些社會與科學的語境下，災害概念具有高度爭議性。從認識論上說，它們從屬於不同行動方的建構（Oliver-Smith, 1996）。比如，並不是每一次洪水、地震都被稱為災害，在「災害問題是否被納入公共議程」「以何種方式應對」等核心議題上，人們的理解因時代、文化、階層、受災與否的變化而有所差異。從這個意義上講，災害是由人類定義的，而不是由自然定義的。正因如此，有學者將災害概念的定義與使用、災害發生的原因和作用過程、災害影響程度以及減災策略等，皆視為組織「觀點製造」的社會過程（陶鵬、童星，2012）。整個災害研究發展的歷史，就是一個伴隨着學科與專業的介入而不斷界定、不斷「發現」的歷史。斯托林斯（Stallings, 1995）的研究具體分析了地震問題，揭示出地震與科技組織之間存在的密切關係。地震強度、威脅、管理策略等都是由工程師、地理學家、地震專家、私人部門以及政府機構組成的小團體所製造的。對地震問題的社會認知並非一般大眾的認知結果，而是由利益團體所建構的。他將此過程稱為「地震製造」。

從更廣闊的背景來看，夸蘭泰利指出了「問題背後的問題」（Quarantelli, 1995），即一直以發達國家學者為主導的災害討論，不可避免地將研究者的預設投射到研究中，直接影響並形塑了人們對災害的理解。班科夫（Bankoff, 2003）則將脆弱性概念、自然災害概念與發展概念相比擬，指出其同樣是西方發達國家的科學知識與權力霸權對第三世界國家的一種話語建構。沃爾夫岡・薩克斯（Wolfgang Sachs, 1999）更是將災害廣義化，認為現代社會已經被塑造成危機四伏的社會，當全球範圍內的一些地區被劃定為災害的衍生地，這些地區就必須順應先進國家模型，面臨事前改造和事後重建。薩克斯毫不諱言地表示，戰後發展已經過去，一個製造恐慌又杜絕災害的事關「安全」的時代正在來臨。正因如此，所謂對災害的拒斥和對安全的期冀，成為西方發達國家藉用自身標準，干預全球各國尤其第三世界國家問題的冠冕堂皇的理由。於是，災害研究及其實踐無可避免地、越來越緊密地與全球政治、經濟生態相互勾連起來。

在災害跨越當地成為國家事務和全球事務的情況下，災害應對行動同時政治化和全球化了，成為國家、國際地緣政治、國際組織、全球市場藉以控制地方社會的重要路徑和載體。當災害援助的空間形成並開始約束地方災害應對實踐時，路徑控制便開始了。災害援助的人道主義性質一直遭到懷疑，德魯里等（Drury et al., 2005）指出，美國的國外災害援助在「是否援助」以及隨後「援助多少」的決策上，都沒能遠離政治的考量。斯特倫貝里（Strömberg, 2007）的研究表明，富裕國家的災害援助存在明顯的偏好，歷史上的殖民關聯、外交政策和經濟上的重要程度、本國的投資、雙邊貿易額、政府關係，甚至距離的遠近和是否使用共同語言等眾多災害之外的要素，在裁決着誰能夠或不能夠得到災害援助。災害應對中的國際地緣政治和國內政治醜劇還可以展演到更高層次，如被饑荒與飢餓研究所揭示出來的刻意的飢餓政策和人為饑荒、外示饑荒中的捕食邏輯（布呂內爾，2010：22）。埃斯科瓦爾（Escobar, 1995）也指出，從史前的饑荒到 20 世紀八九十年代拉丁美洲的糧食騷亂，飢餓一直是一種強大的社會和政治力量。阿馬蒂亞・森以權利的喪失建立起來的饑荒政治解釋框架，可以推進擴展到基於所有必需品的社會基本控制，即社會安全（Drèze and Sen, 1989）。這也意味着統治階層已經藉由災害和危險，將控制深入最為基本的生命層面。

藉由災害而進行社會控制的另一個方面是強化了國家力量。同發展項目的運作效果一樣，災害援助行動和災後重建也會加強干預力量對受災地區的政治控制（Bankoff, 2004）。自里斯本地震開始有國家干預介入以來，國家力量在現代形式的災害應對與管理實踐中得到彰顯，如國家主導災害規劃和依靠軍事化組織，甚至直接委託於武裝力量的緊急應對。尤其是美國「9・11 事件」之後，一些研究者和實踐者更加關注災害管理中政府的指揮控制模式和從上至下的路徑。這意味着無須通過與處於風險中的社區進行雙邊或多邊談判，就可以將災害管理政策和結構強加其上（Buckle, 2004）。國家力量還往往藉助於媒體宣傳、紀念儀式等，從災害場域中凝聚出社會動員能力和國家意識形態（范可，2011）。

今天的災害應對也日益被嵌入資本主義所框定的獨特模式之中，克萊恩（Klein）稱之為「災難資本主義」。由災害事件造成的休克狀態與資本和暴利的生產機會，在這一模式中得到完美結合。從新奧爾良到伊拉克，從海地到斯里蘭卡，在遍佈全球的災害廢墟上，都能看到新自由主義政策和大資本集團攜手共進、埋頭苦幹（克萊恩，2010）。然而，災難資本主義並不僅僅停留在災後重建階段，而是延伸至包括疾病控制、消防、風險信息管理、戰爭防務等領域。在發達資本主義國家，公共安全和風險管理也日益成為政商財團的獲利市場（克萊恩，2010）。在發展中國家，儘管災害會造成更大的人員傷亡和財產損失，但人們依然越來越多地發現，災後重建更應該被看作一個甚至是難得的發展機會。政府不僅應該動用手中的政策工具幫助災後重建，更應把政策目標定在「好於災前」。阿加里等人（Asgary et al., 2006：3）的研究發現，災後恢復過程常常伴隨着密集的資金投入，以及更多的災後新設項目建設。因此，災區常常在災後經歷一個較快的經濟增長，這又成為政府積極承擔災害應對行動的助力。而災害實際造成的「空白石板」（克萊恩，2010）現狀，無疑為地方政府的各種規劃，提供了更為便利的機會。

這些依循知識與權力路徑對當代災害的現代性敘事及更為廣闊的資本主義背景的質疑與批判，描繪了與現代性敘事截然相異的災害景觀。在這些各不相同的災害故事裏，有太多的內容無關乎災害和災難本身，有太多感覺無關乎災害和災難本應固有的沉重慘痛的悲劇邏輯。或許這已經不只是誤入歧途，而是應和了德波的論斷——當代資本主義社會已經從生產階段發展到一個獨特的景觀階段，在這個階段裏，生活的每個細節幾乎都已經被異化成景觀的形式：「所有活生生的東西都僅僅成了表徵。」（張一兵，2007：7）災害也只是表徵，維繫着災害場域中的景觀一觀眾關係所支撐的資本主義當代社會秩序。因此，災害不再被看作道義上無法容忍和政治上不可接受的事件，相反，與「飢餓美學」（埃斯科瓦爾，2011：119）一樣，災害同樣被框入畫中，成為觀賞和消費的對象。

四、災害應對中國模式：歷史回顧與現狀反思

現代中國的災害研究發端於20世紀二三十年代開始的災荒史研究（艾志端，2011）。20世紀20年代以來，隨着現代性因素的增長和具有現代科學技術的新一代知識分子的產生，運用現代科學技術、現代管理思路以及多學科參與視角來解釋、分析、討論災害和災害應對的研究成果，開始突破傳統荒政模式（汪漢忠，2005）。

20世紀80年代以來，國家對科學技術的高度重視和防災減災工作的實際需要，形成了以自然科學家為主體的多學科綜合協調的災害科學體系，如災害經濟學、災害社會學、災害管理學、災害統計學、災害醫學、災害學、地震學等。這一科學模式在災害研究和減災防災事業中發揮着主導作用（汪漢忠，2005）。同時，對聯合國提出的可持續發展思想和「國際減災十年」倡議的回應，也促使這一體系與國際災害研究的範式相整合。同一時期的災荒史研究，尤其是近代災荒史研究，開始把災荒當作考察中國社會變遷的另一個視角（汪漢忠，2005），從而一方面開啟了災害與中國社會變遷關係的討論，一方面推動了災害的歷史研究。近年來，具有批判性的人類學災害研究（莊孔韶、張慶寧，2009；曾少聰，2010；范可，2011）的興起，則部分得益於這一歷史關注的延續，當然也得益於對西方災害研究視角的梳理和介紹。

縱覽這一歷程，可以發現中國的災害研究與災害應對實踐，從一開

始就與國家主導的發展敘事糾纏在一起。從晚清開始的現代國家建設和推崇科學技術與工業化，到 1949 年後的全面現代化，再到改革開放以來的市場化改革，中國一直在探尋着以發展為元敘事的社會改造歷程。在發展的元敘事話語裏，整個中國社會始終具有脆弱性，「災難深重」與「積貧積弱」共同成為其典型特徵。國家富強、技術進步與災害應對實踐互相印證，如 1976 年的唐山地震後，由於國家力量的不足，直到 1986 年才成立恢復建設規劃組，以推進災後重建（鄭功成，2010）。經由 1998 年長江流域的抗洪搶險和 2003 年抗擊「非典」，中國的災害應對機制在逐漸完善，並在 2008 年汶川地震之後，確立了一個成熟的災害應對機制。在這一機制中，災後重建被視作國家力量推動和主導的發展機會。

自上而下的發展干預行動往往起始於「深謀遠慮」的規劃。針對汶川地震災後恢復重建，中央政府及相關機構制定了一個總體規劃和城鎮體系規劃、農村建設規劃、城鄉住房建設規劃、基礎設施建設規劃、公共服務設施建設規劃、生產力佈局和產業調整規劃、市場服務體系規劃、防災減災和生態修復規劃、土地利用規劃等九個分別針對具體領域的專項規劃。這些規劃不僅設定了災後重建的目標與指向，也選定了災後重建的具體內容，規定了推行災後重建的行動方針，在橫向上囊括了從城鎮到鄉村、從基礎設施建設到產業佈局調整的廣大範疇，覆蓋了社會生活的各個方面。據報道，到 2009 年 5 月，已經完成 39 個地震重災區的縣市區規劃、702 個鎮鄉規劃和 2197 個村莊規劃（新華網，2009b）。在隨後的實施過程中，規劃的任務又轉化為項目建設和投資。大規模的住房、道路、公共設施等建設，土地開發利用，工業園區建設，旅遊開發區建設，社會管理制度建設等，讓整個災區呈現出一派建設和開發的欣欣向榮景象。在設定的三年完成重建任務的節點上，截至 2011 年 4 月底，整個四川災區納入國家重建規劃的 41130 個項目已完工 38803 個，佔重建任務的 94.34%；完成投資 8851.53 億元，佔規劃投資的 92.37%（人民網，2011）。由規劃—項目—投資支撐的災後重建取得了顯著的成效，2010 年底，四川省 39 個重災縣生產總值增速比全省高 1 個百分點，財政收入增速比全省高 12.4 個百分點，城鎮居民人均收入和農村人均收入增速分別比全省高 3.4 個和 4.4 個百分點（中國政府網，2011b）。這一成功在主流的災後重建敘事裏被表述為「災後重建的奇跡」「汶川模式和都江堰模式」「發展型重建」「超越式重建」，「取得全面勝利」「令人驕傲的數據」「災區舊貌換新顏」，「兩年跨越二十年」「辛苦兩三載，進步二十年」「跨越式發展」。

但是，這一模式依然難以迴避其受限於發展敘事的缺陷和質疑。儘管與發達國家和第三世界國家在災害應對實踐中的種種糾葛不同，災後重建「中國模式」同樣面臨着科學技術與自然環境、國家主導與地方社會自治性、專家知識與地方文化、災害應對與資本和市場擴張等相互間的遭遇。如對於汶川地震災後重建中受到極大關注的羌族文化保護問題，許多研究提出了質疑，並指出以民俗旅遊開發保護羌族文化的做法存在着「去本土化」現象。

民族文化重建不能指望縣城重建，因為真正承載羌族文化的不是城鎮而是那些高山深處的村寨。……居民另遷新址，地方知識就會貶值，他們的社會結構和親屬鄰里關係就會瓦解，他們的方言和宗教儀式就會無法延續和傳承甚至滅絕。人們離開家園，就必然會丟掉傳統文化……對於生活在高山村寨裏的羌族人民，我們不能以己度人，認為他們跟城裏人一樣都是單獨的個體，遇到困難只能去找心理諮詢服務。（鄢瑩，2009）

水磨古鎮的重建方式是由政府出資買下各鎮街，並依託廣東省對口援建方重建基礎設施和住房，然後再通過招商引資的方式使外地商戶進入當地從事經營活動，而當地的很多村民則用出售自家住宅的資金去都江堰和成都等大城市購買樓房。當一個全新的水磨古鎮展現在世人面前時，其居民組成已經發生了巨大的變化，商業經營的規則也已經完全覆蓋傳統的羌族文化內核。（辛允星，2011）

在發展元敍事觀照下的災害應對中，這些信心十足、極其肯定的項目、措施和規劃帶來的變化往往是無可逆轉的，一旦導致的是錯誤的結果，除了被動承受再無退路。短期經濟利益的單一考量和對理性、技術的迷戀式信任，使人們忘記了一個準則，即身處一個風險社會，任何進步都只能在試錯性的經驗積累中獲得。而在災害應對場域中，構建、維繫和運轉這一經濟至上和理性至上的發展敍事迷思的，正是一套業已形成的災害應對機制。它能夠將任何輸入的災害事件消化，轉而輸出對發展與理性的進一步癡迷。

面對自然災害事件，它通過國家力量或者災害造成的「休克狀態」，將災害應對綁縛於發展的宏大敍事，推進更為徹底、更為全面的地區工業化和商品化，如汶川地震之後藉由恢復重建而重新啟動的開發區建設，玉樹地震之後迫不及待的高原旅遊開發。面對技術災害，它則將其歸類為技術局限與管理缺陷問題，從而為推進更精進的技術開發和更官僚化的管理體制，以更好地服務發展並開創更大的空間。如甬溫線動車追尾事故、上海膠州路火災事故以及接連不斷的礦難事故等，最終都咎責於技術設備和管理制度上的細枝末節（陳世棟等，2013）。

現代中國社會對無限發展的狂熱引發了一系列的社會問題，如生態環境的極度惡化、城鄉差距的拉大、鄉村社會遭受無限剝削等，也激起了多層面的反思（楊小柳，2009；朱曉陽、譚穎，2010）。而為發展元敍事所框構的災害應對也值得拷問：當災害應對成為配合發展、推動現代化的工具；當災害應對承載着對自然和環境的暴力，承載着知識、權力和資本的侵入，承載着對資源和自由的控制時，我們又何以將自身的安全寄望於它？

慈善的故事

NGO 是草根天使，還是精英代理？

人們懷着熱情和責任，將它鍛造成全民的能量，又帶着懷疑和拷問，見證它的光芒盡失。（趙華文、李雨，2012：4）

2011 年 6 月，有網絡披露，經新浪微博認證的「中國紅十字會商業總經理」郭美美，自稱「住大別墅，開瑪莎拉蒂」。一時間，中國紅十字會的紅色徽標成為輿論攻擊的靶心。這場質疑的風暴從對商業系統紅十字會與多家公司勾連的質疑，逐漸演化到對紅十字會這一組織的官辦性質，以及對中國慈善體制的質疑（馮禹丁等，2011）。隨後，《新周刊》發起的一項調查顯示，82% 的網友表示不會再給紅會捐款（新浪網，2011）。正如《紐約時報》所形容的，郭美美就像一枚「手雷」落在了中國慈善事業，公眾的慈善熱情從三年前「汶川地震」時前所未有的大爆發，猛然降到了冰點（楊繼斌、夏倩，2011）。

事實上，在中國乃至全球，類似紅十字會這樣以公眾特別是草根利益為使命的組織有成千上萬個。在人們心中，它們是公益慈善與非營利事業的載體，是慈愛與善行的播撒者。前聯合國祕書長科菲·安南則稱它們為「人類的良心」（Tvedt, 2002）。寄予其上的，更是其他機構很少能夠企及的大眾信任和信仰。

它們被聯合國賦予了一個共同的名字——NGO（Non-Governmental Organizations，非政府組織）。在二戰後的相當長一段時間內，NGO 數量不多，大部分由志願性人羣組成，主要參與扶貧或幫助社區適應社會變遷（Veltmeyer, 2008）。如果說直到 20 世紀 80 年代末期前，NGO 還只是發展的花絮，那麼此後，無論是在發達國家還是發展中世界，NGO 都如雨後春筍般湧現。它們迅速升級為重要的全球行動者，在社會經濟事務中的可見性顯著增加。當時冷戰的結束、東歐社會主義的崩塌、二戰以來一直佔主導的國家—市場二元對立的結束、民族國家能力的削弱、全球化的日益加深等政治、經濟、技術和文化的變化，為 NGO 創造了需求和發展的土壤（Berger, 2003）。相關統計顯示，世界上各類 NGO 達數百萬之多，其中國際 NGO 超過 35 萬個。在國際上確認的國際組織中，90% 以上是 NGO（穆紫，2008）。而據美國約翰·霍普金斯大學的研究者粗略估計，這些組織僱用了 4550 萬人，相當於全球每 20 個被僱用者中就有 1 個在從事該行業（Heintz, 2006）。這些 NGO 同時還擁有龐大的可支配資源。大量多邊和雙邊援助機構藉助於它們，把各種資源輸向草根（Keese, 1998）。不僅如此，它們的目標也已經從最初的反貧困、改善草根人口的生存質量，擴展到民主、環境、教育、戰爭規則、人權、技術標準、女性權益等領域，並尋求影響公共政策議程和國家行為以及框構地區和全球的法律框架。

在過去 30 餘年的各種文獻中，NGO 被廣泛認為是與公共部門和私人部門相對的「第三部門」、政府和商業社會之外的「第三種力量」、社會財富的「第三種分配機制」（王名，2002；薩拉蒙，2007），其歷史重要性儼然成為那個時代的世界性修辭。時任美國洛克菲勒兄弟基金會主席的斯蒂芬·海因茨（Stephen Heintz）曾給予肯定：NGO 為社會提供了自我組織的機會，通過賦權公眾和推動草根層面的變遷，代表並推進了社會的多元主義與多樣性。這些都是充滿生機的、成功的現代社會的標誌（Heintz, 2006）。約翰·霍普金斯大學的薩拉蒙（2007）認為 NGO 的興起具有重要的歷史性意義，「人們正置身於一場全球性的『社團革命』之中。歷史將證明，這場革命對當今世界的重要性，絲毫不亞於民族國家的興起對於 19 世紀世界的重要性」。類似褒揚性的表述不勝枚舉。根據以往各種支持性的敘事，NGO 可發揮的重要作用主要表現在以下三個方面（Keese, 1998）。

第一，作為福利和服務的提供者，進行「自下而上」的針對性干預。戰後數十年跌宕的發展歷程使人們對國家和市場作為發展代理人的幻想，於 20 世紀 80 年代最終破滅（Drabek, 1987），批判國家主導發展的思潮隨之興起。在此情況下，NGO 在福利提供方面的「優勢」開始出現在發展話語中。它們被認為擁有草根的知識和代表草根的能力，因而可以開展由人民主導和控制的、由人民的需求而驅動的發展，進而改變「自上而下」的福利提供模式，從而成為執行參與式發展的重要主體（Chambers, 1994；World Bank, 1996）。NGO 被置於與國家和市場相對或替代國家和市場的位置，被認為可以填補國家撤退所留下的空白，承擔政府所轉移的各種責任，如提供教育、健康、清潔用水和衛生服務、生計項目等（Veltmeyer, 2008）。

第二，作為社會組織的亞部門和重要行動者，賦權邊緣羣體並表達其聲音，促進民主和善治（Fisher, 1998：17; Keese, 1998; Paxton, 2002）。它們被認為可以在國家和社會之間搭橋，創造能被公眾關注、表達與抗爭的焦點問題，賦權民眾表達訴求；或者代表羣體利益進行倡導，幫助他們伸張公民權利（Fisher, 1998）；可以調節國家、市場與社會之間的關係，成為三者之間的平衡者，以及國家與市場的「監察者」（Lewis, 1998），從而控制和減少資本主義的潛在危害，並使國家更具回應性和包容性（Mitlin et al., 2007）。正因如此，NGO 被描述為民主的力量，甚至被描述為「一種新的全球性意識的超能量」、關注多元問題的「新社會運動」（Veltmeyer, 2008）。

第三，作為替代發展的話語建構者和實踐試驗者、發展變遷的試水者和先行者，通過應對公共部門和私人部門無法面對的挑戰，使試驗和社會變遷成為可能（McCarthy et al., 1992：3；Keese, 1998；AbouAssi, 2014）。斯蒂芬·海因茨指出，不少來自 NGO 的創新被採納為政府政策，很多今天被認為是「最好實踐」的服務模式，正是建立在 NGO 多年試驗和改進的基礎上（Heintz, 2006）。不僅如此，NGO 甚至還可以為挑戰現行統治的替代性話語和計劃提供空間（Keese, 1998）。

正如特韋特（Tvedt, 2002）所指出的，各種關於 NGO 的主流故事，都在向人們展示其「道德善」「人道主義」「有效」和「進步」的一面，似乎這就是 NGO 或跨國社會組織、全球社會組織的全景。然而，現實中的 NGO 在價值、目標、項目、政治議程、資金來源以及操作和捐助國家的背景等方面較複雜，其角色和功能也未必如此。因此，質疑的聲音自 NGO 誕生之日就始終伴隨着它們。在「郭美美事件」之後，《南方周末》對紅十字會給出了如此評論：「在中國，紅十字會已經異化為這樣一種組織——它與權力體系走得太近，又與商業世界結交甚歡。這幾乎讓人們忘了它作為民間組織的中立、獨立的人道主義初衷。」（馮禹丁等，2011）1997 年 12 月，時任南非總統的曼德拉在南非非洲人國民大會（African National Congress, ANC）上公開批評 NGO 對待民族政府的立場，並譴責其執行的是為國外利益代言的政治議程（Tvedt, 2002）。米歇爾·阿吉耶也表達了自己的疑問：

> 他們（人道主義援助者）究竟是不是「排外行為更為廉價的執行者」？（更重要的是）他們是否被當作工具，用來消除他人的焦慮，開脫有罪之人，撫慰旁觀者的不安，或緩和緊迫感和撫平人們害怕意外發生的情緒？把難民交到「人道主義工作者」的手上，不但滿足了擺脫有害人類垃圾的迫切願望，也滿足了人們保持自身道德正義性的強烈要求。（鮑曼，2012：50）

如今，作為發展中的一個重要行動者，NGO 已經從一種使命性和福利性的組織，轉變為發展圖景中的重要部分，被發展中的多種力量所形塑，也在形塑着發展的圖景。如果不從多個維度去詮釋其角色和行動，也就無法真正理解發展。對於被描述為且自我宣稱為公眾特別是草根、弱勢羣體利益代言者的 NGO，本文關注的是，這些組織的存在是否都源於純粹的道德善？其幾十年來的實踐是否真正維護和代表了草根的利益？在其開展的發展干預中，「自下而上」的發展發生了嗎？最終帶來的是誰想要的發展？帶着這些問題，本文將就 NGO 的幾個重要方面，展現 NGO 的多元身份和現實複雜性。

一、慈善與民族國家：NGO 的政治性與合法性

當前，全球輿論已經形成了對 NGO 的支持之勢。對於絕大多數民族國家來說，已經難以拒絕這支日益壯大的力量的存在和發展。然而，NGO 如此多元、複雜，且在政治上高度敏感，無論是在歷史上還是在當代，並非所有 NGO 都單純以慈善和公益為使命，也並非所有政府都對它們開懷擁抱。

從歷史上看，無論是在西方社會還是在非西方社會，傳統的慈善組織往往具有濃厚的宗教色彩，同時容易牽涉政治的權謀。如在 16 世紀的意大利都靈地區，就存在慈善與權力的「曖昧不清」，捐助者建立免費醫院旨在覬覦統治者的地位，許多慈善組織的行動並無「志願」性質。近代西式慈善在非西方社會的傳播，則大多「尾隨」在西方殖民者的炮火之後。在這些 NGO 中，很多是由西方國家的政府及相關機構資助，目的是配合政府行為或補充、代替政府去完成政府不便出面或難以完成的使命，因此被認為是帝國主義用於侵略和統治的工具（趙華文、李雨，2012：33-42）。

冷戰以來，一些國際 NGO 在發展中國家所扮演的政治性角色更加引人關注。布拉頓（Bratton, 1989）指出，NGO 滲透到發展中國家，其重要作用之一就是「種下政治不滿，累積反政權力量，並提供組織支持」。香港《紫荊》雜誌曾載文總結了非政府組織向發展中國家滲透的三大手段：一是資助、培訓發展中國家的各種 NGO 來施加政治影響；二是利用 NGO 的渠道進行軟性滲透，即以所謂人道主義救援、維護人權、推廣民主進程、維護宗教自由和新聞自由等為藉口，進行滲透和培

植親西方的代理人；三是通過 NGO 控制或影響輿論，為西方實現滲透和演變服務。該雜誌還指出，為了消除被援助國政府和民眾對西方政府直接援助的反感，西方國家更擅長通過首先資助西方 NGO，然後通過西方 NGO 間接資助發展中國家 NGO 的方式來實現對外滲透（穆紫，2008）。這些國際 NGO 尤其與美國關係密切，很多在為美國的海外政策服務，並接受美國國務院下屬的國際開發署的指導。回顧歷史，很多美國 NGO 被認為對蘇聯和東歐國家的「顏色革命」和劇變、埃及等地的「阿拉伯之春」等起了推波助瀾的作用，如「自由之家」「開放社會基金會」「民主基金會」「歐亞基金會」「人權基金會」「民主價值基金會」「宗教自由基金會」和「國際共和研究所」等（劉小燕、王潔，2009）。而在這一過程中，「社會組織」一詞被賦予了反對集權國家和「科學社會主義」的意義（Ehrenberg, 1999）。其中的「國際共和研究所」在全球設有多家機構，並為 50 個國家的非政府組織提供資金支持。美國前總統小布什在該所舉辦的 2005 年度「自由獎」頒獎儀式上毫不避諱地盛讚道，20 多年來，該研究所「在 100 多個國家的民主變革鬥爭前沿努力工作。正是由於它的作用，今天的世界才變得安全了、自由了、平靜了」（劉小燕、王潔，2009）。在現實中，NGO 的這些行為遭到許多非西方國家的譴責。因此，今天的發展中國家普遍對國際 NGO 的進入和活動十分警覺，執行社會主義發展政策的國家對其更帶有敵意。

冷戰結束後，一方面，隨着更多國家加入全球資本主義體系，很多國家之間在意識形態方面的對立逐漸弱化。同時，伴隨眾多全球性問題的突顯和對國家角色的重新理解，以及福利國家和發展主導型政府遭遇福利提供的危機，很多政府對 NGO 的管控逐漸鬆動。社會組織逐漸成為一種主流的政治與發展話語。這一趨勢隨着拉美和東歐一波接一波的民主化浪潮而更加顯著，並蔓延到很多發展中國家（Veltmeyer, 2008）。此時的 NGO 更多以人道主義、倫理道德和普世關懷的形象出現，如參與扶貧、賑災、解決勞工待遇問題等，而意識形態的色彩減少了（黎爾平，2006）。但另一方面，自 20 世紀 80 年代中期開始，世界銀行（以及很多北方雙邊援助方）以結構調整為條件，通過貸款援助的方式推動新自由主義的「華盛頓共識」。世界銀行和其他援助機構向發展中國家提供的發展援助和借貸服務都帶着「政治」附加條件和改革要求，如要求發展中國家更加開放、減少干預，並且「佈置」了很多 NGO 組織來提供支持和服務，而 NGO 的工作議程主要由西方援助國家決定（Desai, 1999）。

如今，絕大多數發展中國家對 NGO 十分警惕，尤其關注 NGO 與西方國家或官方援助機構之間的紐帶及對國家安全可能造成的影響。此外，由於很多 NGO 常常與西方民主政治和自由主義的觀點聯繫在一起，且關注人權問題和一些替代性的發展道路，並形成了全球性的網絡，因此，即使沒有顛覆國家政權的危險，它們也會給民族國家的傳統主權觀念、自治能力、社會控制、政策決議甚至立法、國家形象等帶來挑戰和壓力（Smith, 1997; Jalali, 2008）。所以，除賑災等公益性事務外，無論是西方國家還是非西方國家，大多數政府會在理論和文化上接受 NGO，但在現實中並不情願其介入本國事務（黎爾平，2006）。

從對 NGO 的全球管理來看，目前還沒有一個國際的合法性標準，其法律特徵仍然不清晰（Martens, 2002），不同國家在如何利用與規制 NGO 方面存在很大差別。美國等西方發達國家對 NGO 的管理大都是利用多於防範；多數發展中國家由於社會組織發育程度不高、法律體系欠完善、政府缺少治理經驗，尚未形成系統、有效的監管辦法，而普遍採取的是防範為主、適度利用的基本政策；非洲、中東的一些國家則嚴格限制，甚至禁止 NGO 的活動；部分獨聯體國家對西方 NGO 的顛覆活動非常警覺，採取了主動的防範措施（余躍，2006）。為了應對真實存在的或想象中的 NGO 的威脅，各國政府採取的防範措施有很多，如要求 NGO 進行註冊登記；創辦國家機構來替代 NGO ；對 NGO 的募款能力設限；建立官辦 NGO（Government-operated NGOs, GONGO），以搶佔 NGO 的空間；設立會員制的全國性組織或傘形集團（umbrella groups），以協調和控制 NGO；或根據情況，對其進行監視、取締和限制（Heurlin, 2010）。

自中華人民共和國成立直至20世紀90年代，慈善組織被與「帝國主義」相提並論，「披着慈善的外衣」成了那一時期的通用詞語，NGO的活動幾乎被完全禁止，也少有言說「社會組織」之類的話語。直到1994年，《人民日報》發表了評論員文章《為慈善正名》，才算是一個新的開始（王振耀，2012）。如今，NGO已經成為中國社會裏一個不可忽視的行為主體，但其身份合法性依然是一個主要問題。政府對NGO的態度是宏觀鼓勵、微觀約束，但存在「兩極搖擺」的現象，即一方面在某些領域表現出對NGO高度的關注和支持，另一方面又對NGO持高度的政治警覺（王名，2007；俞可平，2008：20-21）。政府具體採用的是「歸口登記、雙重負責、分級管理」的管理體制，但針對NGO的登記註冊門檻很高。根據王名（2007）的保守估計，正式註冊的「合法」NGO不足NGO總數的10%。在實踐操作中，中國政府還採取「三不政策」，即「不支持，不反對，不取締」。很多沒有正式註冊的NGO，其實是在政府的默許下開展活動，處於非常尷尬的「灰色地帶」（葉常林等，2009：174）。

某國際NGO曾於1948年短暫進入中國，由於各種政治因素，1950年退出。直到1995年，它才得以再次到中國開展項目。該組織的很多員工談道，在中國開展工作的合法性是難以迴避的問題，需要隨時注意項目活動是否涉及政治敏感性，「政府不會干涉，但會盯着你。政府不允許國際NGO到第一線、到社區去收集資料，因此只能通過高校或者研究機構去做。作為國際NGO，一定要保持敏感性，要遵守當地的各種制度，不能闖紅燈」[1]。

[1] 摘自作者於2009年對該NGO的訪談記錄。

為了獲得在華開展工作的合法性，一些 NGO 選擇了變通策略：通過工商註冊，或尋找本土合作夥伴，使其在華活動「去政治化」。如上面提及的這一國際 NGO，就選擇了後者，與當地婦聯建立了合作關係。現實中，還有很多 NGO 完全游離於法律框架之外。它們不僅無法享有正式登記的 NGO 所享有的優惠和待遇，而且在人力資源管理、籌資、項目開展等方面受到種種限制，每每自生自滅，難以壯大。因此，一些學者和媒體呼籲給 NGO 鬆綁，給予它們法律上的規範和保護（高丙中，2002；胡敏，2004）。

二、誰的議程：資源依附與 NGO 的獨立性

NGO 無法迴避這樣一個現實，即需要獲取生存和發展的各種資源，並建立起動員和維持資源可持續性的機制。這是草根組織面臨的最大挑戰。由於受到募款資格、本國社會組織發展狀況等各種因素的限制，很多 NGO，特別是發展中國家的 NGO，動員民間捐助的能力十分有限。其資源主要來自三個渠道：國際捐助、商業和政府。霍爾門（Holmen, 2010）提醒我們，捐助者的期望在一定程度上形塑和影響着 NGO 的操作。那麼，依附外部資源的 NGO，能夠對貧弱者的利益保持敏感，並堅守其獨立的使命和議程嗎？這需要從三個方面進行分析。

第一，NGO 與西方捐助者的關係。特韋特（Tvedt, 2002）採用系統的視角，分析了每個國家的 NGO 是如何與全球發展機構和國家權力相連接的。他認為，提供捐助的西方國家或發展援助機構就如同水庫一樣，而不同國家、不同層級的 NGO 如同渠道、支流或分散的小溪一般，這個系統最初由美國政府於 20 世紀 60 年代初推動建成。在最近 30 多年裏，西方捐助者興起了在發展中國家尋找有價值的國內 NGO 的熱潮，並積極尋求與這些地方行動者建立夥伴關係，對之進行裝備。時至今日，這個系統已經發展成為一個龐大的世界性體系，包含成千上萬個 NGO，每年支配數億美元的資金。然而，國際捐助方對發展中國家

NGO 的支持，絕非富裕國家出於道德義務支援貧困國家那麼簡單，它們通常有着自己的戰略重點。在依附於這些外部資源的同時，NGO 也在一定程度上喪失了自主性。在這種捐助關係中，捐助方不僅向 NGO 提供資金，而且提供對問題的定義和解決思路，提供研究、培訓的人力資源，以及其他能夠促進其價值和話語擴散的幫助（Sen, 1999）。同時，捐助方還會根據自身的政治、經濟或宗教利益，來確定捐助對象、捐助方式、捐助條件和優先序等，從而直接或間接地影響 NGO 的行動。胡敏（2004）的調查顯示，在中國開展工作的國際 NGO 中，83% 在計劃新項目時需要獲得總部的認可。一些國際 NGO 的負責人也由捐助方確定。正如特韋特（Tvedt, 2002）所言，NGO 在這一過程中不知不覺地扮演着傳遞西方霸權發展觀的角色。NGO 行動者之間、NGO 和官方捐助者之間常常保持一致的價值，並形成了一種所謂的「NGO 語言」（NGO-speak）。作為對外部資助和快速政治變遷的回應，NGO 的發展編年史也呈現出與西方發展修辭合拍的趨勢：20 世紀 70 年代為合作社；80 年代為婦女組織；80 年代末為環境組織；90 年代為艾滋病組織和「社會組織」……時至今日，仍有成千上萬個 NGO 正在敲捐助者的門，或是作為門外的潛在合作夥伴，等待着加入。為了游說和競爭資源，這些 NGO 會自動跟隨捐助者的興趣，或者自願調整自己去適應並內化捐助方的價值。這不僅進一步鼓勵了全球 NGO 組織在短時間內的制度性同質化（Tvedt, 1998），而且通過散佈於發展中國家各個角落的 NGO 代理人，將西方的發展話語和政治經濟議程出口到發展中國家。

第二，慈善與商業的結盟。自工業革命開始，慈善公益組織發起了一場又一場挑戰市場的「暴力」運動，成為資本主義問題的「收容所」（劉小燕、王潔，2009：42）。在當代各種文獻中，NGO 常常以監察者的形象出現，推動公司去修補資本全球化帶來的環境與社會問題（Laasonen et al., 2012）。NGO 頻頻挑戰和對抗那些剝削邊緣民眾、破壞生態環境的商業活動。國際上曾一度認為，「忽略環境主義者的公司是在冒險」（Hendry, 2003）。時至今日，這種批判性的關注雖然在有關商業與 NGO 關係的討論中仍佔主導，但另外一種趨勢正在湧現（Brown and Kalegaonkar, 2002）。這表現為，自 20 世紀 70 年代開始，商業領域逐漸流行起一種策略，即將公益形象和經濟效益相聯結，以發展社會責任的形式，來證明自己的社會、道德和環境承諾（Burchell and Cook, 2013）。此後，「企業慈善」開始盛行，「企業公民」「企業的社會責任」等成為越來越時髦的話語。進入 20 世紀 90 年代，隨着新自由主義在全球的擴展，政府在公共物品和服務供給中的角色逐漸抽離，企業參與扶貧和環保等全球行動受到關注（陳秀峰、李莉，2008）。1992 年，聯合國環境與發展大會提出，和平、發展和保護環境是互相依存、不可分割的，世界各國應在環境與發展領域加強國際合作，為建立一種新的、公平的全球夥伴關係而努力。這對可持續發展至關重要。20 年後，波特和克雷默（Porter and Kramer, 2011）則宣佈資本主義陷入了危機，全球迫切需要「共享的價值」，並號召商業和社會聯合。

美國作家戴維．伯恩斯坦也在《如何改變世界》一書中指出，能真正改變世界的不是慈善，也不是商業，真正偉大的社會變革需要把兩個看起來完全不同的極端融合在一起，融合成一個圓（趙華文、李雨，2012）。這些倡導模糊了營利組織和非營利組織的界限。對於 NGO 來說，雖然它們曾對企業參與公益的初衷有過狐疑，對是否與企業合作也有過分歧，但 20 世紀 90 年代中期以來，在資源競爭日益激烈和全球商業化、市場化的背景下，NGO 對與企業合作的擁護日盛，且開始主動從商業中動員和尋求資源（Heap, 2000：309）。如今，越來越多的企業與 NGO 已經從單純的慈善捐助關係，變成合作甚至是戰略同盟關係。很多公益基金會直接由企業捐助，如蓋茨基金會、福特基金會等。

當然，這些合作和結盟不乏看起來成功的案例，如聲名遠播的孟加拉國小額信貸項目、巴西商業銀行對 NGO 教育創新的支持、菲律賓的社會進步商業項目等，但 NGO 陷入各種醜聞的數量和可能性同樣在增加（Laasonen et al., 2012）。2012 年，《明鏡周刊》的一篇報道指出，通過對全球影響力最大的環保組織——世界自然基金會（WWF）的近距離調查發現，這家長期致力於倡導保護老虎和熱帶雨林的國際組織，其許多活動順從於合作的公司，並為其工業利益服務，而不是保護環境或瀕危物種（Glüsing Klawitter, 2012）。

總而言之，人們對慈善與資本捆綁的爭議不絕於耳。人們的質疑主要關注兩個方面：一方面指責公司「用他們的美元換取了更多的東西，而且手裏剩下了更多的美元」（倫德伯格，1977），認為商業利益盜用、綁架了 NGO 的公信力，使之成為其「洗錢」「鍍金」、避稅、傳導意識形態和營銷的工具；另一方面對 NGO 面臨的風險表示擔憂，懷疑它們是否還能保持自己的純粹性和對資本的挑戰性。2005 年 2 月 25 日，英國《衞報》在《與企業「上牀」是否值得？》一文中指出，「越來越多的 NGO 開始與企業聯盟，以實現抗爭目的。但環保組織和 NGO 真的需要和大企業「上牀」以改變後者的行為嗎？隨着與企業合作的 NGO 的增多，這真是 NGO 需要面對的一個重要問題」（荷蘭樂施會，2006）。一份關於中國 NGO 的研究報告也指出，企業資源的進入加劇了 NGO 對企業的依附性，企業的理念和資本的邏輯也逐漸滲透到這些組織中，使其越來越理性，甚至可能導致營利化傾向。這種合作還強化了 NGO 的非挑戰性，使其逐漸喪失對企業不當行為的挑戰能力。缺乏獨立性和挑戰性的中國 NGO，並未能承擔起倡導和代言的功能（康曉光、馮利，2011）。艾哈邁德（Ahmad, 2001）甚至認為，許多發展中國家的 NGO 其實應該被視作商業部門的亞部門，而不是社會組織的成員。

第三，NGO 與政府之間的合作。政府與 NGO 開展工作的政治和法律環境密切相關，它影響着 NGO 能夠獲及的資源和發展的空間。在「善治」議程的影響下，包括發展中國家在內的多數國家的政府逐漸為 NGO 提供了更多的政治空間，並加大了資源投入。常見的支持方式有：直接撥款、項目委託、合同外包、政府採購、無償劃撥土地及辦公場所、提供免稅待遇等。而 NGO 為了尋求資源、參與公共政策過程、擴大影響或使項目更可持續，也日益重視與政府的關係。情勢對雙方來說，都看似「春天」的到來。但是，並非二者之間的所有合作和資源流動都致力於或有利於 NGO 目標的實現，因為政府對 NGO 進行支持的項目往往比較傳統，並有選擇性，如只支持服務性組織，排斥倡導性組織；同時政府帶有線性的發展思維，採用官僚性的管理方式。這與 NGO 的觀念、工作領域和工作方式常常存在衝突。某 NGO 的員工就表達了這種矛盾：

很多 NGO 做了很多年才忽然醒悟，在中國做事還是要靠政府的。但我們的工作理念與中國的現實有衝突。我們近期要改變過去只重視硬件不重視軟件的做法。但政府又看重硬的東西，如希望我們能參與中國的新農村建設。我們的上層認識到再做硬件沒前途，但只做軟件又會影響到與政府的合作關係。政府可能會覺得這是「來虛的」，因此不重視、不買賬。（某 NGO 員工）

在與政府的合作中，NGO 常常被置於看不到「政績」的問責壓力中，會因為項目太「軟」而被不屑一顧。這會與其他壓力一道，迫使 NGO「越來越轉型為日常的服務提供者，從而削弱了開發新思想或處理深層的、複雜的問題的能力」（Heurlin, 2010）。

此外，強勢的政府在與 NGO 的合作中往往處於支配地位。以在中國開展工作的一家國際 NGO 為例。在選擇項目區時，與之合作的某政府部門會推薦三個備選，但還有很多地方更適合，最終主要還是由該部門確定項目區。因此，在與強勢政府合作時，NGO 很容易為之左右和操縱。

很多 NGO 屬於官辦 NGO，即 GONGO，如中國的各種慈善會、紅十字會、婦聯等。它們「掛靠」或歸屬於政府的某些部門，代表政府的意志，同時競爭着來自各種渠道的慈善資源，擠壓着草根 NGO 的空間。《中國慈善捐助報告（2010）》披露，2010 年民政部收到的慈善捐款中，近六成流入政府、慈善會及紅會系統中，只有 1.3% 到了慈善會之外的社團、民辦非企業單位和福利院；而在接收 1.3% 捐款的部門中，仍不排除有政府背景的 NGO（鄭遠長，2010）。官辦 NGO 在運作過程中存在大量的不透明、不作為和腐敗行為，對 NGO 的公信力產生了巨大的負面影響。

在與不同捐助者和合作方看似「雙贏」的互動關係中，NGO 絕非簡單的「行善者」，而應該被視為「策略性」行動者（Fisher, 1997）。它們有着自己的組織利益，並會為之打算。當資源掌握在強勢的行動者手中時，在規則制定和實際操作過程中，往往要麼「權力」說話，要麼「金錢」說話，NGO 很難真正代表草根利益、跳出自己獨立的舞步，成為發展的主體，並只能「依附式發展」（康曉光、馮利，2011）。為了迎合強勢行動者的期望，NGO 很容易被規訓，進而偏離初衷，並被異化身份。

三、改善的意願與行善的能力：NGO 發展的內部挑戰

人們往往以為，NGO 更有效率和靈活性，更能親近草根並代表其利益，因此是市場和國家「失靈」時的一劑替代良藥。然而隨着大量資源流向 NGO，NGO 是否真正具備良好的能力來妥善安置捐助者的善心呢？在諸多媒體上，NGO 未能利用好善款的負面報道甚至貪腐醜聞被頻頻曝出，公眾的質疑和問責聲越來越多。與此同時，在公眾視野之外，無數草根組織因「無米為繼」落寞關張。這些現實提醒我們，雖然有慈善的衝動、改善的意願和良好的價值，但並不意味着就有很好的慈善能力。正如趙華文和李雨（2012：116）所指出的，「對於一個慈善組織的建立和運作，其內部建設甚至比一家公司還要繁複」。NGO 的發展面臨着很多內部挑戰。

首先，對於很多發展中國家的 NGO，特別是草根 NGO 來說，一個顯著的弱點就是其業餘性。它們的能力有待提高。在不少國家，NGO 行業起步很晚，組織運作不夠專業；從業者來源廣泛，很多以志願者身份參加，能力參差不齊，缺乏專業人才；人員流動性大，項目管理缺乏連續性；宣傳不足，公眾了解較少；缺少戰略性規劃和管理經驗；項目運

作欠缺可持續性；等等。全球著名管理諮詢公司麥肯錫對中國非營利組織的調查顯示，在近兩萬家登記註冊的非營利組織中，只有 500－800 家從事的事業具有廣泛的影響力（趙華文、李雨，2012：116）。某國際 NGO 的一名基層員工感慨道：「招來的員工都是剛畢業的，沒有社會經驗，也沒有社區工作經驗；員工流動性太大，外地員工一般工作不超過半年，三個月離職的非常多，基本每個月都需要招人；基層員工專業水平不夠，不會撰寫項目報告。」另一 NGO 設在雲南省的項目辦工作人員透露，該組織在昆明市的辦公室只有幾名正式員工，這些員工都沒有扎實的專業背景。平時涉及校舍建設等項目活動，都會有總部派來的義工、工程師一起勘察和決策。而這些義工的背景五花八門，他們在地方會表現出各種「水土不服」，卻時常大膽地對各種牽涉繁深專業知識和當地背景的問題做出定論，並反饋給總部。總部的審批委也有很多義工工作，他們的很多定論在地方人員看來是如此缺乏常識，但地方人員出於對資助方的尊重，只能百口莫辯、無奈氣惱。另外，項目辦工作人員需要多方協調，往往費盡周折，耗時漫長才能最終立項。然而，經過繁雜、多輪的程序後，不少貧困縣、鄉卻最終拒絕來自這一組織的資助項目。在經驗、技能和資金方面都走在前列的國際 NGO 尚且如此，大量慘淡經營的小型草根組織就更不用說了。技能或組織方面的業餘性，會影響 NGO 的執行表現。執行力不足的 NGO 如何能更好地為邊緣羣體服務，又如何能取得公眾的信任呢？

其次，NGO 面臨的更大挑戰是資金問題。在 NGO 剛剛興起的一些國家，公共合法性的缺失會增加它們獲取資源的脆弱性（Brown and Kalegaonkar, 2002）。清華大學 NGO 研究所於 2000 年對中國 1508 家 NGO 的調查顯示，41.4% 的 NGO 認為資金缺乏是最突出的問題（王名，2002：201）。對於國際 NGO 來說，由於受到受捐方戰略調整、捐助國與受助國政治與經濟形勢改變的影響，它們能夠從西方本土募集的資金很不穩定。例如，中國近年來的經濟增長和通貨膨脹就對許多國際 NGO 在中國的工作產生了很大衝擊。因為在不少西方捐助者看來，中國如今強大了，已經是競爭的對手而不是幫扶的對象，所以他們捐助的意願明顯下降。而這類組織又很難在中國獲得合法的公募資格，運作資金日益吃緊。例如，一家原本以建學校為主的國際 NGO，每資助建一所學校就需要百萬元以上。由於能募集的資金越來越少，近幾年該 NGO 的立項數量不斷減少，2012 年的立項數量超過 30 項，2013 年則減少為 10 項左右。該組織不得不考慮將項目戰略調整為軟件建設，但軟件項目又缺乏專業人員支撐，所以一直限於討論，至今未能鋪開。在中國國內，帶有官方背景、獲得政府支持的自上而下的 NGO 在資金方面的壓力相對較小，而絕大部分草根公益組織獲得資源十分艱難。後者多數難以從國內基金會獲得資助，只能依賴境外資金生存。然而，境外項目的資助期限、額度、領域、區域等有很強的不穩定性，且正由單純資助型向項目參與型過渡（宋宗合、周繼堅，2009），使得很多草根組織處於「洋奶」難以為繼或「斷洋奶」，而本土「母乳」供給沒有跟上的困境中。一些草根組織不得不因此關門，或者只能以極低的薪酬養員工（徐永光，2012）。在資源競爭日趨激烈的情況下，為了生存和持續發展，NGO 對各種強勢行動者的依附以及喪失獨立性和挑戰性的風險就不可避免了。

近年來，為了解決資源的可持續問題，NGO 領域開始出現「以商養善」的趨勢，興起了一股 NGO「市場化」浪潮。在西方，這被稱為「慈善資本主義」。當慈善者開始像企業家一樣重視投資，精心考慮資本、貸款、成本、利潤、關係等時，我們不禁要問：「這會不會帶來 NGO 部門內部的犬儒主義和腐敗呢？難道不會引發 NGO 的身份危機嗎？」（Fowler, 2002）本文最開始提及的中國紅十字會「郭美美事件」，在網友的窮追猛打下，王鼎、中紅博愛、心動中基等公司浮出水面，為公眾勾勒出紅十字會的另一副商業面孔。這些依附於紅十字會的公司，利用紅十字會的公益慈善招牌，獲取自己的廣告收益（馮禹丁、陳新焱，2011）。

2007 年，《洛杉磯時報》在一篇題為《烏雲籠罩着蓋茨基金會的好工作》的報道中披露了這樣一個事例：蓋茨基金會使 14 個月大的賈斯蒂斯・艾塔接種了小兒麻痹疫苗和麻疹疫苗，卻又在附近投資了一家石油工廠，致使艾塔不停咳嗽、呼吸困難。該報道進一步指出，「蓋茨基金會投入大量資金持有一些企業的股票或債券，這些公司與蓋茨基金會所宣傳的促進健康、安居和社會福利等目標相牴觸」。另外，許多美國社會研究學者發現，包括蓋茨基金會在內的許多慈善機構沒有把錢用在刀刃上，它們常常選擇在高風險研究或已經富足的項目上投入過多，而提供給更需要得到幫助的項目資金卻很少（趙華文、李雨，2012：200-201）。這些對中國紅十字會商業化的拷問、對蓋茨基金會的質疑，無不彰顯着人們心中對 NGO 標榜「非營利性」卻進行營利性運作的疑慮。

此外，NGO 在對善款的管理和使用中，普遍存在不透明現象和尋租地帶。國內外 NGO 因自身誠信問題而被問責的例子不在少數。「信息透明」也是「中國式慈善」要翻越的大山。目前，只有不到四分之一的基金會有官網，不到五分之一的基金會發佈官網年報（趙華文、李雨，2012：220）。由於內部的監督和問責機制脆弱，一些 NGO 不斷被媒體和公眾曝出問題：「希望工程」被《南方周末》揭露出資金挪用問題；中國民間第一家撫育孤兒機構的創建者因賬目不清被捐助者告上法庭；重慶九龍坡白市驛小動物保護協會、森森孤學院、「綠葉義工」等草根組織均陷入了所謂的「騙捐門」（宋宗合、周繼堅，2009）；紅十字會繼「郭美美事件」後，又被藝術家追問 8000 萬元地震善款去向，並因「天價賬篷」「萬元午餐」、備災倉庫違規出租等被媒體質疑；等等。這些對善款的不當使用和貪腐行為，不僅對 NGO 的公信力造成破壞，也給艱難培育起來的公眾慈善意識和熱情帶來打擊。在這種背景下，出現少數慈善者寧願麻袋裝錢、親自佈施的現象，也就不足為怪了。

NGO 在內部結構、資源等方面存在的這些問題，不僅會在一定程度上削弱其公信力和可持續性，破壞其生存環境和活動空間，也會令人們質疑其存在的價值。

四、改善民眾生活的「觸媒」？
—— NGO範式與草根發展

伴隨着發展理論對自上而下的國家主導型發展的批判，一種強調「參與」「賦權」「將窮人放在首位」「尊重地方性知識」「可持續性發展」等的新發展范式逐漸形成。在世界銀行等國際發展機構的推動下，NGO成為這種發展範式的最初踐行者和關鍵性角色。NGO主導發展的方法被自由主義者認為是，可以通過賦權草根和依託地方知識，促進弱勢羣體的政治參與，進而培育和激發自下而上的民眾需求的發展過程。

儘管不少人歡呼NGO在地方發展中越來越重要的作用，但在很多學者看來，NGO在國際發展中所能扮演的角色被高估了，NGO主導的發展常常是一些沒有新意的倡導，而絕非改善人們物質生活的「觸媒」（Veltmeyer, 2008）。它們在很多情況下並不是所宣稱的那樣靈活而有效率（Tvedt, 1998）。NGO主導的發展工程存在各種明顯的缺陷。（1）國際NGO本土化不夠。很多國際NGO不能很好地實現工作方式的本土化。在開展發展活動時，它們會自覺或者不自覺地將其所在國的一些經濟和社會發展模式移植到當地（趙黎青，2006）。它們會對地方制度、社會和文化帶有偏見或誤解，不能很好地嵌入地方環境。例如，某國際NGO的中國合作夥伴談到雙方溝通的困難時，認為該NGO的員工「說話語氣常常居高臨下」「人情味很淡」，並且常常強求合作夥伴按照自己的規則行事，「在任何場合都要求參與者發言，不發言就認為你能力不行」，而這並不一定是評價中國機構員工能力的合適標準。（2）工作方式的「家長制」和「聲音壟斷」。NGO及其負責人常常代替貧困人口和邊緣羣體決策，尤其是當資源、專家和時間都不充裕時（Brown and Kalegaonkar, 2002）。因此，它們並沒有很好地賦權草根，沒有尊重地方性知識。例如，在中國開展的一個改廁項目中，某國際NGO認為應該「先廁後水」，而當地農民認為應該「先水後廁」，最後只能按照該NGO的意見實施。因為不適用，改建好的廁所大多被閒置了。不僅如此，

NGO 員工在與地方受益羣體進行交往時，常常不能平等對話，往往會帶有一種優越感。NGO 的這些工作方式不僅會「削弱地方合作夥伴的責任心、項目的可持續性以及真正的政治代表性」（Brown and Kalegaonkar, 2002），而且會導致 NGO 與地方行動者關係的緊張。（3）NGO 項目的碎片化。NGO 內部利益十分多元，它們彼此之間或與政府之間的利益常常存在競爭或衝突，導致各自操作的項目缺少協調與整合（Keese, 1998）。因此，NGO 主導的發展項目常常呈現出這樣一幅圖景：成千上萬筆分散的捐助資源，匯聚到各個國家成千上萬個只關注自己小領域的 NGO 手中，再設計出成千上萬個碎片化的小項目，即德賽（Desai, 1999）所指的一個個「發展的孤島」。這些碎片化的項目不僅造成了服務與資源的重復和浪費，而且增加了管理成本。（4）NGO 干預對社區和諧的影響。NGO 項目的資源有限，但要在各種衝突性的人羣和需求中選擇受益者。這種由於競爭而引起的妒忌以及資源的不均等配置，很容易引起社區之間以及社區內部的分化與衝突（Keese, 1998; Desai, 1999）。（5）NGO 項目瞄準的有限性和不可持續性。NGO 的力量總體上還十分薄弱，尤其是在發展中國家，不可能完全彌補國家和市場留下來的福利真空。按照最樂觀估計，世界上所有的 NGO 最多也只能直接接觸全世界 10% 的貧困人口。而中國 NGO 目前可能連中國貧困人口的 1% 也服務不到（《中國發展簡報》，2007）。而且 NGO 的項目資源來自不穩定的外部捐助，項目活動和項目周期在很大程度上受捐助方意願的左右，且存在很大的不確定性和不可持續性。另外，多數 NGO 在方法上存在強烈的問題——（技術）解決導向。這就使其項目更傾向於對短期、可視化產出的關注，而非探尋問題的根源和長期的改變之道。這樣的例子有很多。德賽（Desai, 1999）所批評的婦女生計項目就十分典型。她指出，很多 NGO 會鼓勵婦女通過學習編織、縫紉等技能來增加收入，但該項目沒有考慮更長遠的市場與政府支持問題，結果增加了婦女的勞動負擔，增加的收入卻微乎其微。因為這些產品與工廠化產品相比，沒有競爭優勢，根本就沒有多少市場。

如果說上述這些對 NGO 主導發展的爭論仍然局限在發展主義框架之內，只是對其被假定能超越國家的方法提出的保守批評，那麼，一些新馬克思主義者和後結構主義者則嘗試「超以象外」地審視這場 NGO 革命。他們提出了一些更為激烈的觀點。在邁克・戴維斯（2009：90）看來，這個新的 NGO 世界中的實際權力關係並不同於傳統的代理人制度，在世界銀行的參與式發展轉向中，真正的受益者看起來是大型 NGO，而非當地人民。歷史社會學家萊亞・耶利內克（Lea Jellinek）通過對一個著名 NGO 的長期跟蹤調研發現，這個開始於一個小小草根計劃的組織，逐漸發展成為一個「對其低收入基礎不再有價值和支持力」的「巨大的、複雜的、綜合的和技術導向的官僚機構」（Jellinek, 2003）。有學者指出，這些 NGO 以相同於傳統政治機器的方式壟斷了專家知識和中間人作用，攫取了貧民的話語權（Gazzoli, 1996）。

還有學者通過對 NGO 的深度研究發現，「參與」被簡化為通過一些具體的規則，按照被描繪好的方式，獲取已經被預設好（通常是國家設計的）的發展計劃的過程。對知識和信息的「賦權」，也被局限於提高人們參與國家事務的能力（Jakimow, 2012）。而處於多元利益關係格局中的 NGO，在與其他外部行動者的博弈中，甚至還可能把自己為受益人代言（自封）的立場當成一種資源，從而置身於「剝奪」後者的位置上（Desai, 1999）。

NGO 提供知識和信息的能力、改善地方貧弱者生活狀況的效果，也被認為是十分有限的（Keese, 1998；Jakimow, 2012）。吉塔・維爾瑪（Gita Verma）指出，「除了用一些印刷精美的創造性標語將標籤從『問題』改換到『解決』外，沒有多少超越」（Verma, 2002: 151）。然而，儘管 NGO 無意識地與國家在一些問題上處於對立關係，其活動和干預卻被認為具有另外兩個顯著的效果：一是為新自由主義「打前站」，充當西方將發展中國家整合進新自由主義全球體系的工具。對印度 NGO 進行長達近 30 年研究的政治學家科塔里（Kothari, 1986, 1993, 1997）指出，NGO 可被視為新自由主義最熱心的代理人，它們可以在政府機構或私人部門都難以滲入的鄉村腹地進行操作。世界銀行和其他國際機構推動 NGO 先期前往發展中國家，進行活動，隨後，它們便對民族國家施壓，迫使其對外資開放，並加強與外國資本的合作，逐漸將其整合進全球資本主義體系。這些機構還使本土 NGO 在發展過程中屈從於國際 NGO，從而鞏固發展中國家走向全球化的驅動力。對 NGO 資助的增加，事實上正是收編 NGO 領導人的一種手段（Kothari, 1986, 1993, 1997）。二是作為精英和國家官僚機構的治理術，調和國家、市場與社會的關係，消弭資本與市場擴張帶來的秩序危機。NGO 通常以問題為導向而不以階級為基礎，更關注具體的利益羣體和問題，如環保、婦女賦權、人權、教育、災害以及其他形式的救助、緊急援助或扶貧（Veltmeyer, 2008）。絕大多數 NGO 作為發展的「中間人」，散播了知識和信息，播撒了維繫精英統治的主導性話語和意識形態，成為維持統治和持續性依附的工具，從而喪失了尋求替代性發展選擇的挑戰性和創新性（Fisher, 1997; Jakimow, 2012）。

詹姆斯·弗格森（James Ferguson, 1990）在其著作《反政治機器》中，以解構發展的視角分析了世界銀行資助的非政府組織在萊索托開展的綜合農村發展項目。他指出，這些發展「裝置」看似以非政治的技術手段診斷和治療不發達的病因，實際上卻是一套將世界貧困問題去政治化的機器。這套機器的運作效果不在於減輕貧困，而是在一系列中立的、技術化的使命掩護下，促成了國家官僚權力的擴大和加強。因此，發展機器雖然效率不高，卻持續運轉。孟買住房行動主義者達斯（Das）對貧困窟導向的 NGO 做出了尖銳批評：

> 它們通常的努力是破壞、蒙蔽和腐化人們，使他們遠離階級鬥爭。它們利用和繁殖對恩惠、同情和人道立場的乞求行為，而非喚醒人們對其權利被壓迫的意識。事實上，這些機構和組織體系化地介入，以防止人們採用過激方式來贏取他們的要求。它們經常把人們的注意力從更大的帝國主義政治罪惡轉移到僅僅是當地事務上來，混淆人們區分敵我的界限。（Das, 1996）

如此說來，如果大部分 NGO 可以被稱為「馴服」的社會組織（Kaldor, 2004：145），那麼，它們的存在則發揮着「馴服」草根組織、消解變革的作用。

五、從虛幻的「烏托邦」到變革的力量

在經濟日益全球化、各種棘手的發展問題層出不窮的當今時代，人們期望 NGO 作為一支全球性市民社會的力量，給草根帶來希望。現實充斥着關於 NGO 的各種樂觀、興奮的修辭，國際發展機構和各個民族國家也為其提供了重要的政策議程。人們期望 NGO 不僅可以有效而靈活地播撒福利，而且可以成為一支重要的政治力量，來制衡國家與市場，並「賦權」草根，激發「自下而上」的發展，開創替代性發展路徑，引領人類社會邁向進步和光明。然而，無論是從發展主義框架之內，還是超越發展主義框架來審視 NGO 在現實中的角色和實踐，我們都發現，NGO 並不是一個和諧的統一體，關於 NGO 的各種修辭與現實之間存在巨大的斷裂和衝突，它或許只是一個虛幻的「烏托邦」，而非各種敘事所建構的「進步的創造」。

事實上，慈善並非簡單的慈善，其背後暗含着政治、經濟、文化乃至宗教等各種力量的博弈；NGO 也非只為了純粹的公益，而是多樣化的、多面的、有着自己利益和衝突性身份的行動者。在資本日益全球化的時代，NGO 在外部既受到社會、市場和制度性土壤的限制和形塑，又受到各種跨國力量的鉗制；在內部則無法迴避混雜且流動的從業人員結構、資金等資源的匱乏和不穩定，以及管理的無序等各種挑戰。這些多元而複雜的連接和交叉因素，共同製造了 NGO 在發展中的不佳業績。即便有改善的意願，NGO 在服務和福利提供方面也未必就有超越國家的顯著優勢。而且，由於存在合法性困境和資源依附性，NGO 很容易被強勢的政治權力和資本力量裹挾，從而失去獨立性。在現實中，NGO 似乎要麼被邊緣化，很難為草根爭取政治空間；要麼攫取慈善資源和草根之

聲，成為精英利益的工具和代理人，喪失其應有的挑戰性。NGO 主導的發展工程也沒有帶來所描繪的「自下而上」的社區發展，其改變草根處境的作用十分有限，有時反而推動了資本的「高歌猛進」，維持、固化或強化了社會與經濟的不平等。

上述批判性分析，並非要得出 NGO 已經失去存在價值的結論。相反，我們需要 NGO，需要回歸本來面目和本來性質的 NGO 在新自由主義橫行全球、國家權力普遍削弱的全球化時代，為抵禦市場和資本向社會無底線的擴張，我們的社會不可能沒有「反向運動」（波蘭尼，2007）。成千上萬個散佈於全球各個角落、正在進一步孕育壯大的 NGO，是市民社會的重要元素，是「反向運動」的潛在力量。如今，一些 NGO 已經作為反資本主義和反全球化的力量，正在努力捍衛貧弱者的土地權、食物權、分配權、公平貿易權等；有些 NGO 運動的影響力已經越來越大，並開始透出變革的曙光，如巴西的「無地農民運動」（MST）、強大的「農民之路」（La Vía Campesina）等。正如克澤（Keese, 1998）所言，NGO 可以成為建構和推進替代性話語的工具，為發展帶來更積極的改變。

不僅如此，我們還需要重新審視市場、社會和國家之於人民福祉、人類生活的作用和意義。在追尋公平正義的進程中，我們不但要為 NGO 重新創造獨立行動的空間，以彌補其他社會制度無法提供的產品和服務，而且要發揮 NGO 在價值倡導和社會運動方面的作用，以使市場、社會和國家回歸以人為本，以每個人為本，並使其以此為準則來承擔其應有的責任。

援助的故事

救窮抑或為己？

第二次世界大戰之後，飽經戰爭創傷的西方國家積極尋求全面重建和經濟恢復。而受戰爭衝擊較小的美國，首先開展了對歐洲國家的經濟援助，旨在幫助歐洲重建經濟、恢復發展。此後，歐洲國家等也加入了對外援助的行列，與美國一道開展對發展中國家的援助。近年來，金磚五國等逐漸壯大起來的新興經濟體也開始從受援國轉變為援助國。援助早已成為國際交往中一種常態化的互動形式。一些專門從事援助的國際組織也活躍在國際舞台上，包括國際多邊組織，如聯合國系統、世界銀行、國際貨幣基金組織等；雙邊組織，如美國國際開發署、加拿大國際開發署、英國國際發展部等；非政府組織，如樂施會、世界宣明會、世界自然基金會等。

回顧近百年的世界發展歷程，可以發現，國際援助一直處在不斷的變化之中。尤其是，在冷戰之後，不僅援助的主體、客體和性質發生了變化，而且援助的範圍和力度在不斷增大。例如，在國際援助宣稱其使命為人道救助、經濟建設或國家發展時，我們往往看到主導國際援助過程的是其他方面的因素，如政治戰略的考慮，表現為援助國是否對某受援國實施援助並不取決於受援國是否存在客觀的需求，而在於援助國是否認為有必要。美國前總統小布什曾解釋道：「我們必須將更多的援助與政治、法律和經濟改革捆綁在一起……要把這些資金投給那些治理公正、投資人民和鼓勵經濟自由的國家。」（張華，2000：347）

另外，援助國在援助過程中的主導作用明顯增強，表現在兩個方面：一方面增加了援助資金。聯合國於 2002 年 3 月在墨西哥蒙特雷召開了第一次以國際發展籌資為主要議題的會議，要求各國增加在發展方面的國際金融和技術合作。從 2002 年起，世界主要援助國普遍增加了發展援助撥款，年均增幅在 100 億美元以上（李小雲等，2007）。另一方面改變了援助領域。從初期的農業發展和工業基礎設施建設，到中期的人力資源開發、基礎教育、公共衛生、環保、婦女發展等，最後轉向意識形態和上層建築領域，如在立法和司法、良治和民主以及人權對話等方面出現了大量的政策諮詢項目（周弘，2010）。援助國主導權的增加帶來的是受援國自主性的縮小。多年來，國際援助項目在表面上呈現出公益性、帶動性，甚至是無償性，而令人難以察覺的政治性、經濟性，甚至是軍事性的目的，卻隱藏在這層薄薄的面紗之下。國際援助的結果是否真正服務了受援國，也廣受質疑。

埃斯科瓦爾（2011：2-3）指出，在美國等西方發達國家主導的國際援助開展 40 多年之後，那些國際發展援助的理論家和政客許諾的富足之國並未出現，相反，援助戰略帶來的是大規模的欠發達和貧窮，是難以言說的社會不平等，是日益增多的營養不良和暴力事件。這些是霸權式發展戰略和現代性思潮失敗的標誌，第三世界的人民羣眾對發展援助也越來越牴觸。埃斯科瓦爾認為，在國際援助背景下，西方現代化發展話語在廣大的受援國成為不言自明的通用真理：現代化是唯一能夠摧毀陳舊的價值和制度的力量；工業化和城市化被看作通往現代化的必經之路；而欠發達地區的貧困人口被看成是愚昧無知的。此時，西方現代化發展戰略成為將世界標準化的工具（埃斯科瓦爾，2011：43）。因此，一切圍繞現代化發展話語的國際援助注定都是「雙面人」，必定忽隱忽現地體現着援助國的價值和意圖。而這種意圖並非發達國家在「有史以來最盛大的一次國家首腦聚會」上所承諾的「消除貧困，推動人類尊嚴與平等，實現和平、民主以及環境的可持續發展」[1]（伊斯特利，2008：7）。事實上，雖然國際發展援助的規模不斷壯大，世界受援地區的落後、貧窮、飢餓卻未見改觀，發展中國家的狀況也未見好轉。今天，非洲的貧窮與飢餓、中亞的衝突與難民、拉丁美洲的災難與疾病，無不向我們提示着國際援助中未曾為人所知的一面，無不促使我們深入思考國際援助的真實本質：國際援助是否會如理論家言說的那般無私地幫助生活在水深火熱之中的平民百姓，還是會將他們進一步推向深淵；是否會如政治家許諾的那般光榮地帶領發展中國家的人民走向一條通向美好生活的陽光大道，還是會給他們製造新時代的困苦生活；是否會如外交家誇耀的那般純粹地為了與落後地區窮苦兄弟的友誼，還是會覬覦那些未被開發、未被攫取的土地和資源呢？

一、國際援助的歷史

援助誕生於一種軍事意義上的支援，是鄰近地區之間的相互幫助和支持（林曉光，2002）。現在所說的援助，伴隨着世界現代化進程，附加了許多新的意涵。在內容上，過去的純軍事援助逐漸削弱，而經濟、技術、環境、治理等方面的互動不斷增多；在範圍上，地區的限制被超越，而跨地區之間的合作更加頻繁，國家之間的援助更成為普遍現象。在這種情況下，國際援助一般又被稱為發展援助；為了表示援助國與受援國之間的平等合作和互利共贏，國際發展援助又常被稱為國際發展合作。因此，現在的國際發展援助一般是由發達國家或新興經濟體向廣大的發展中國家提供資源，包括資金、物質、智力等，以受援國的經濟增

[1] 這是指在 2000 年的聯合國千年首腦會議上，世界各國領導人就消除貧窮、飢餓、疾病、文盲、環境惡化和對婦女的歧視，商定的一套有時限的目標和指標，即千年發展目標（MDGs）。

長和地區發展為名，以發展項目為主要形式，對這些資源進行配置，並以此調整國際關係（林曉光，2002）。

本部分對國際援助歷史的回顧，主要參考了莫約（2010：8-20）在《援助的死亡》中所做的清晰而系統的梳理。據她考察，大規模的國際援助可以追溯到 19 世紀。1896 年，美國提供了以食物救濟為形式的海外援助。隨後，根據每個時段的政治形勢和經濟狀況，國際援助經歷了不同的階段。1929 年，根據《殖民發展法案》（*Colonial Development Act*），英國政府對窮國的基礎設施項目給予了贈款。雖然「發展」這個詞至少從 1929 年的這個《殖民發展法案》時起就存在了，然而，早期的「發展」概念與二戰以後它所表達的意思截然不同（埃斯科瓦爾，2011：270）。早期的援助除了在一定程度上顯示出援助方的慷慨外，還表現出它們對殖民地領土的政治控制。之後，1940 年的《英國殖民地發展與福利法案》將援助項目擴展到資助社會部門的活動（莫約，2010：8）。

現代意義上的國際發展援助計劃開始於二戰後期。1943 年，為了應對戰爭帶來的破壞，聯合國善後救濟總署（UNRRA）成立。該組織成為第一個國際性多邊援助機構，主要為歐洲六百萬戰爭難民提供重新安置服務（李小雲等，2009：24）。自那以後，國際發展援助經歷了 20 世紀 40 年代的布雷頓森林體系、50 年代的馬歇爾計劃、60 年代的工業化、70 年代的抗擊貧困、80 年代的結構調整、90 年代的民主與治理（莫約，2010：8），以及 21 世紀初的資源攫取。可見，20 世紀國際發展援助的重點逐漸由戰後恢復向經濟建設，再向政治改革轉變，每個階段都具有顯著的時代特徵。

（一）20 世紀 40－50 年代：布雷頓森林體系與馬歇爾計劃

第二次世界大戰之後，全球國際貨幣體系分裂，各國貨幣價值波動和競相貶值造成了操縱貨幣組織間的惡性競爭。美國尤其面臨着種種急切的需要：保證資本主義制度中現有核心國家的團結和發展，以及資本主義的持續擴張；為美國在戰爭期間積累的剩餘資本尋找投資方向；確保美國對原材料來源的控制，以及對市場和消費者的享有權（埃斯科瓦爾，2011：81）。在此背景下，布雷頓森林體系的建立形成了多邊貿易體系和全球範圍內具有國際通用效用的經濟合作框架。通過對戰後歐洲國家重建的經濟支持等措施，美國等核心國家將生產過程與它們的政治機器和新興的國際金融組織融合在了一起（林曉光，2002）。

根據布雷頓森林協定，國際復興開發銀行（即世界銀行）於 1945 年成立，其目的是促進資本投資以推動重建。與世界銀行相類似，國際貨幣基金組織在維持全球經濟秩序的穩定和戰後國家重建上發揮了重要作用。國際貨幣基金組織於 1947 年開始運行，承擔着促進和加強國家之間貨幣合作並預防任何可能的全球金融危機的責任。到 20 世紀 40 年代末，以援助為主導的經濟框架穩固地建立了起來，但直到之後十年裏才出現大規模的政府對政府的援助（莫約，2010：10）。在成立之初，即布雷頓森林體系建立之初，這兩大組織的目的都在於支持戰後重建，維持全球經濟的穩定。隨着援助資金的注入，元氣大傷的歐洲國家逐漸走向恢復。

1947 年，美國國務卿喬治・馬歇爾提出，美國應該提供一攬子高達 200 億美元的援助資金，來拯救遭到戰爭蹂躪的歐洲（莫約，2010：9）。這便是馬歇爾計劃。該計劃的最初目的與當時的國際環境緊密相關。二戰後，資本主義陣營和社會主義陣營對立，美蘇爭霸的冷戰格局不斷加劇。為了壯大陣營、爭取更多的擁護國，美國提出了援助歐洲 14 國復興的馬歇爾計劃。該計劃從 1948 年到 1951 年中期，援助歐洲資金約 130 億美元，其中 34 億美元用於輸入原料和半製成品，32 億美元用於購買糧食、飼料以及肥料等，19 億美元用於進口機器、車輛和重型設備等重工業品，還有 16 億美元用於輸入燃料（財政部亞太財經與發展中心，2011）。

眾所周知，馬歇爾計劃在歐洲經濟重建中取得了巨大的成功。但是，在該計劃實施期間，世界銀行和國際貨幣基金組織中本應運用於戰後國家重建的資源被閒置了。此時，人們在思考，既然該計劃在歐洲取得了如此成功，那麼援助為什麼不能在世界其他地區發揮作用呢（莫約，2010：10）？於是，越來越多的注意力轉向了如何幫助欠發達地區進行經濟發展這些遠程問題上。隨之，世界銀行和國際貨幣基金組織的工作重點逐漸轉移，將布雷頓森林體系原初設立的致力於戰後國家重建的目的，轉移到對落後國家的發展上，即援助的重點和客體發生了轉移，曾經的西方殖民地——非洲順延成為援助對象。1949 年，美國杜魯門總統著名的「第四點計劃」也是在這種轉向中出現的。該計劃是一個通過技術援助落後地區的計劃，是實施於西歐的「馬歇爾計劃」的補充（埃斯科瓦爾，2011：39）。另外，在冷戰的國際背景下，非洲也是美蘇擴大陣營、爭取同盟的對象，援助也就成為資本主義和社會主義開展競爭的工具（莫約，2010：11）。可以說，對非發展援助計劃是多種利益綜合驅動的結果，是西方國家的一種帶有工具性和實用性的舉措，而非向世界和非洲呈現的優美唱詞。

雖然馬歇爾計劃式的國際援助也被用於非洲之外的其他地區，但非洲一直是國際援助的重點地區。因此，下面的歷史回顧主要考察的是對非援助的歷史。

（二）20 世紀 60－80 年代：針對性援助

在這一階段，援助的主體、客體徹底發生了轉變：歐洲由過去的援助客體逐漸成為援助主體；非洲則在援助歷史和發展中一直扮演着援助對象的角色。在援助內容上，援助國猶如導演一般，根據自己的口味、愛好、需求，不斷調整援助劇本；援助客體如木偶般受到不同程度的挾制。在這個過程中，劇本裏的台詞（援助計劃、宣言、演講）只是一種幌子，其背後的政治和經濟驅動力才是真正的劇情。在這一階段的援助歷史中，非洲的援助地位愈加受到援助國的重視，逐漸成為主要援助對象。此外，援助所側重的領域在 30 年中經歷了三次變化。

20 世紀 60 年代，國際援助的重點是基礎建設，其目標在於實現非洲的工業化。這一階段的資金主要用於大規模的工業項目，如交通、水利等基礎設施。跨越贊比亞和津巴布韋的雙曲面水力發電拱橋卡里巴大壩，就是這一時期建設起來的。到 1965 年，撒哈拉以南非洲差不多 50 個國家中，已經有一半的國家獲得獨立，受援助資金達到 9.5 億美元（莫約，2010：11）。

20 世紀 70 年代，以工業化為目標的援助並未能實現經濟持續的增長。工業化的援助雖然幫助一部分地區改善了最基本的生產和交通條件，但處於生活底層的人民受益十分有限。因此，國際援助的重點逐漸向消除受援國的普遍貧困問題轉移（莫約，2010：12）。儘管如此，為了工業化的基礎設施援助還是佔了援助資源的大部分。但需要指出的是，多年來以實現工業化為目標的發展援助在受援國中傳播了一種現代化理性（埃斯科巴，2001：86）。這種理性讓經濟話語成為發展中國家的一種主要意識形態。人們越來越依賴經濟增長來實現發展，並認為要實現經濟發展，就必須依賴工業化，而工業化的實現又依賴於資金和勞動力的大量投入，因此，外國援助、貸款、投資是必不可少的。在此情況下，非洲越來越依賴於西方發達國家的援助、借貸，其債務累積也越來越高。與此同時，儘管援助是為了減貧，但受援國（如贊比亞）的貧困程度反而加重了，且經濟增長率暴跌（莫約，2010：12）。

20 世紀 80 年代，受援國已經無法承受「援助之重」，非洲的債務額從 1975 年的 20 億美元升至 1982 年的 80 億美元（莫約，2010：13）。於是，世界銀行與國際貨幣基金組織開始在第三世界強制實施所謂的結構調整政策。與此同時，新自由主義思想得到發展，尤其是得到美國總統里根和英國首相撒切爾的採納。新自由主義和結構調整的目的都是鼓勵更大的貿易自由，並通過一些手段減少結構和制度的僵化，強制要求窮國若接受西方的財政援助，則必須首先贊同自由市場解決發展問題的方案，並儘量減少政府的干預和支出，將國有企業私有化（莫約，2010：15）。牛津大學的結構調整專家弗朗西斯・斯圖爾特（Frances Stewart）對非洲結構調整的經驗做出這樣的判斷：國際貨幣基金組織和世界銀行所倡導的穩定化和調整政策在非洲的絕大多數國家中，並沒有成功恢復經濟增長；實際上反而往往帶來持續的經濟惡化。此外，從許多方面來看，這種政策正在推動非洲經濟偏離其所希求的長遠的經濟結構，特別是因為它使一些非傳統的農業和工業部門喪失了比較優勢（貝羅等，1994）。

（三）20 世紀 90 年代至今：援助的疲勞與新興經濟體的參與

在經歷了三輪有針對性的重點援助之後，尤其是 20 世紀 80 年代的結構調整政策後，非洲受援國背負了更加沉重的債務。事實上，龐大的借款額和無法良性運轉的資金渠道，導致了援助資金在非洲窮國猶如畫餅和梅林一般，留下了無限的想象，卻無法真正解決非洲的資金飢渴。20 世紀 90 年代，非洲經濟增長嚴重下滑，貧困程度不斷提高。於是，援助方將非洲經濟的苦難歸咎於政治領導人的腐敗和糟糕的制度，並提出將援助的理念集中在善治和民主建設方面。但這或許是西方援助者對非洲援助有所疲倦的推諉手段，因為這一階段對非洲的援助資金顯著減少。但是，在這一階段，私人資本逐漸成為援助的新主體，並在多方面、多領域形成援助計劃和發展實踐（莫約，2010：18）。

進入 21 世紀，對非援助似乎重新吸引了人們的眼球。各行各業——搖滾明星、電影明星、新興慈善家，甚至教皇逐漸成為對非援助的倡導者，大力呼籲減免債務，籌集更多的資金投向非洲大地（莫約，2010：19）。與此同時，新興經濟體，尤其是金磚五國，正逐漸加入援助國的行列。然而，很多學者指出，這些新興經濟體的對非援助主要是本國的工業化和現代化發展的資源所需，在一定程度上是為了本國的糧食安全和工業化生產而進行的土地攫取、資源攫取和產品市場開拓，因此是一種新的殖民主義。

針對 50 多年來的國際援助，莫約回顧道：

> 過去 50 多年來，有超過 2 萬億美元的援助從富國輸往窮國，非洲是最大的接收方。然而，不考慮援助的動機——經濟的、政治的或道

德的——援助想要實現經濟可持續增長和減貧的承諾落空了。……事實上，已經沒有什麼令人信服的理由可以證明援助能擺脫貧困循環的怪圈並實現經濟可持續發展了。盧旺達總統卡加梅評論道，「1970 年以來，有超過 3000 億美元的援助流入非洲，但幾乎沒有什麼可以證明這些援助實現了經濟增長和社會發展」。（莫約，2010：20）

二、國際援助的性質

在過去的半個多世紀，國際援助設定了無數美好的目標，做出許多華麗的承諾，在每個發展階段都高喊「拯救」的口號，扮演着人類救世主和保護神的角色，並依據相應的時代背景不斷調整援助話語、理論、計劃和措施，但最初設定的，也是受援國迫切希望實現的目標依舊可望而不可即。在一些受援國，援助不但沒有消除貧困，反而帶來了更多由貧困而產生的社會不平等、民族衝突等社會問題。我們發現，在很多時候，國際援助的實際效果不但沒有讓受援國獨立行走，反而加強了受援國對援助的依賴程度（孫同全，2008）。或許，援助本來就誕生於援助國的「熱情」。也就是說，援助之所以產生，是因為援助國認為受援國需要幫助。這種強烈的主觀性也就決定了援助計劃的出發點和落腳點不是由受援國的現狀和發展願景，而是由援助國的「認知」所決定的（周寶根，2009）。現實主義大師漢斯・摩根索（Hans Joachim Morgenthau）一針見血地指出，「援助政策與外交、軍事、宣傳等沒什麼區別，它們都是國家『軍械庫』裏的武器裝備」。發展援助也是其中之一，援助的目的從來都不單是，甚至不是「救窮」（黎文濤，2009）。

（一）國際援助的政治性質

1949 年，美國總統杜魯門在其就職演說中陳述道：

全世界半數以上的人口正瀕臨悲慘的境地，他們食不果腹、疾患纏身。他們的經濟生活原始落後、滯緩不振。……人類有史以來第一次掌握了能夠解除這些人苦難的知識和技術……我認為，為了幫助各愛好和平民族實現他們對美好生活的願望，我們應該使他們受惠於我們豐富的技術知識儲備……我們構想的是一個以民主的公平交易的概念為基礎的發展計劃。（Truman, 1964）

這樣的慷慨陳詞對於數十億處於溫飽線之下掙扎的人來說，如同甘露一般，令人激動、嚮往。然而，經歷了 60 餘年的援助之後，一些貧困國家依舊處於貧困甚至更為貧困的狀態，一些已經獨立的民族國家似乎重新經歷着對外來力量的抗爭。著名的發展經濟學家托達羅在談到國際援助時指出，「援助國提供援助基本上是出於其政治的、戰略的或經濟的自我利益」（郭擁軍，2002）。

1. 援助的冷戰背景

無論援助國如何強調為受援國服務，採取何種措施幫助受援國擺脫貧困、蕭條狀態，都無法忽略實施援助時的國際背景。這也是援助宣傳和申辯中無法彌補的巨大漏洞。援助在形成之初所倡導的是幫助歐洲國家重建，其外衣之下已經潛藏了政治目的。除了在軍事、經濟上的競爭之外，美蘇爭霸還表現在對同盟國和擁護者的爭取上，援助則成為資本主義和社會主義兩大陣營展開競爭的工具（彭雲，2008）。這也就不難理解，援助國在制定計劃和措施時，所考慮的不是受援國受益與否、需求是否得到滿足，而在於將受援國拉攏到資本主義陣營，使之成為自己強有力的支持者。如此一來，援助就必須考慮一個新的問題：不是一個國家的情況或其領導人的性質，而是絕望的貧瘠國家在獲取援助時的意願——將自己置於這個陣營還是另外一個陣營。管他是仁慈的領導人還是殘暴的獨裁者，只要他們選定了陣營，才無所謂呢。（莫約，2010：11）

同時，並不是每一個貧困國家或是在戰亂中遭到重創的國家都能成為受援對象。這種資格的劃定，依據的是該國站在哪一個陣營中。西歐國家一直是美國所代表的國際組織的援助對象，而西班牙是唯一一個在 20 世紀 60 年代沒有參與馬歇爾計劃的西歐國家。當時的西班牙處於弗朗西斯科·佛朗哥的統治下，所採取的恢復策略是自給自足的經濟政策，並嚴格控制貨幣發行，堅持配額制度。這引發了美國對西班牙地位的重新審視，使西班牙被排除在受援國之外（徐藍，2002）。雖然在之後的十餘年裏，西班牙獲得了一部分援助資金，但與其他西歐國家所獲得的援助額無法相提並論。這主要還是歸結於西班牙的「蘇聯色彩」沒有完全消失。

由此可見，「冷戰期間，發展援助與軍事援助一樣，成為美蘇爭霸的工具，它和地緣政治博弈、意識形態緊密聯繫在了一起」（黎文濤，2009）。對拉丁美洲的援助也是如此，美國對拉美的經濟援助也是一種戰略工具。只有在拉美地區的國家出現了蘇聯支持的強硬的反美力量，並對美國在西半球的安全構成威脅時，美國才會考慮向這一地區提供大規模的經濟援助（郭擁軍，2002）。否則，美國會充耳不聞、視而不見。

2. 殖民的延續企圖

20 世紀五六十年代，在西歐國家逐漸走上經濟恢復的發展軌道之後，一些第三世界國家迎來了民族解放的高潮。20 世紀 40 年代末 50 年代初，中國、印度尼西亞、韓國等亞洲國家紛紛走上民族解放、國家獨立的道路；20 世紀五六十年代，非洲有 31 個國家獨立；20 世紀 70 年代，葡屬殖民地獨立，結束了長達五百年的被殖民統治；20 世紀八九十年代，津巴布韋和納米比亞的獨立標誌着在全球範圍內的殖民統治的結束（劉㯖，2002）。面對獨立浪潮，歐美國家不會如此大度地允許其擺脫自己的掌控，也不會容忍歷經百年所建立的殖民體系如此迅速崩塌。雖然在此過程中，西方國家進行了一定程度的積極改革，但是白人對黑人的控制慾和佔有慾並不會徹底消失。詹姆斯·穆勒（James Mill）曾說過，「為了印度人的利益」，英國人不能「讓他們放任自流」（伊斯特利，2008：19）。正如賀新元（2007a）指出的，「二戰後，隨着第三世界國家民族獨立解放運動的蓬勃發展，西方發達資本主義構築的殖民體系分崩離析，西方變換了對第三世界剝削與控制的手法，援助便是其中極為巧妙的一種。……援助主要是為了自己而不是為了被援助者」。

對於西方援助第三世界國家的性質，岡納·繆爾達爾（1991）在《世界貧困的挑戰》一書中說，「一團語義的陰雲籠罩在美國援助計劃的上空，使人難以看清其廬山真面目」（賀新元，2007b）。國際援助以資金、物品、技術等物化的方式，出現在受援國的視線當中。這些資金用於工廠的建設、交通道路的完善、醫院學校等民生設施的普及；這些物品分給當地人民改善生活質量，解決基本的溫飽問題。然而，隱藏在援助美景背後的卻是一套權力關係。它通過一系列附加條件，將西方國家的勢力滲透到受援國中，建立起一種新的殖民主義形式（孫同全，2008）。西方正是利用世界銀行、國際貨幣基金組織等國際援助組織，來管教和「重新征服越來越難以管理的第三世界」（賀新元，2007a）。

（二）援助的經濟性質

美國著名思想家諾姆·喬姆斯基對馬歇爾計劃做出如下的評價：

> 馬歇爾計劃常被稱作「不可思議的行善」法案，但那是誰的行善呢？當然是美國納稅人的行善。所有馬歇爾計劃中的130億美元中，有20億美元直接落入了美國石油公司的腰包。……再來看看馬歇爾計劃的其他部分。那筆錢幾乎沒有離開美國，只是從一個口袋轉移到另一個口袋……因此馬歇爾計劃是援助與收益的結合：美國既援助了西歐又從中獲得了豐厚的回報。（顏劍英，2004）

也就是說，馬歇爾計劃是拿美國納稅人的錢向西歐「行善」，結果卻肥了本國資本家的錢袋。賀新元（2007a）的研究指出，在西方國家主導的國際秩序中，它們往往藉助國際貨幣基金組織、世界銀行等國際組織或本國的對外援助機構向第三世界提供援助資金，結果往往是援助資金進入那些非常富有的西方資本家和當地的官僚資本家的私囊。法新社1993年9月19日的報道披露，美國每提供1美元的援助，就可以得到

4 美元以上的出口效益；第三世界國家每年購買 2000 億美元的美國出口商品，就為美國創造了 400 萬個就業機會（賀新元，2007b）。這種對第三世界的侵蝕往往是以附加條件來實現的，正如一家德國報紙所說，「沒有無條件的援助」，所有的援助都是有條件的（賀新元，2007a）。

針對世界銀行與國際貨幣基金組織實施的「結構調整計劃」，曾任世界銀行首席經濟學家的約瑟夫・斯蒂格利茨指出，這是一個冰凉的世界，經過四個步驟，國際貨幣基金組織將帶你去地獄。第一步是私有化，更準確地說，就是腐敗化。第二步是國際貨幣基金組織和世界銀行的「拯救經濟計劃」——資本市場自由化。理論上講，就是對資本市場解除管制，即允許資本自由流進流出。第三步是價格市場化——一個糧食、水、燃氣價格飛漲的時期，緊接的就會是騷亂。第四步是「消滅貧困計劃」，即自由貿易，但這是在世界貿易組織和世界銀行統治下的自由貿易。這種貿易自由化可以看作是以金融和財政手段進行的鴉片戰爭（張文海，2001）。可見，國際援助背後帶有強烈的經濟掠奪的性質。

1. 限制性援助

限制性援助（Tied Aid）是指援助國在向發展中國家提供贈款或低息貸款的援助時，設置了特殊的限制性條件，尤其是要求受援國必須採購援助國的產品和服務。對此，受援國只有接受或拒絕的義務，卻沒有討價還價的權利。2006 年，全球 58% 的官方援助是限制性的（黎文濤，2009）。下面，以美國的對外糧食援助為例：

> 美國糧食援助佔國際糧食援助的 50%，但其 99% 的糧食援助都是限制性援助。…… 美國政府平均以比市場高 11% 的價格來採購本國公司的農產品，收購玉米的價格更是高出 70%。這些高價的農產品最後又以援助的方式低價賣給受援國。美國還規定，75% 的糧食援助必須由美國船隻來運送，價格比國外同行高了 76%。最終，美國 40% 的農業援助預算都花在了運費、存儲和行政事務上。美國的農業援助模式被國際社會指責為「變相的農業補貼」。（黎文濤，2009）

這樣做的結果是，發展中國家無論是以少量的贈款還是以大量的貸款形式獲得的西方發達國家的糧食援助，都必須是西方國家的農民生產的，再加上昂貴的運費，到達受援國後，無論成本高於還是低於當地的糧食市場價格，都會對受援國本土的糧食市場造成衝擊，而受影響最大的，就是那些急需幫助的糧食生產者——小農。這充分暴露了二戰後美國等西方國家對外援助的實質，即為了滿足它們面臨的急迫需要：為它們的產品和服務尋找出路（埃斯科瓦爾，2011：81），因此以對外援助為手段，來採購它們的產品和服務，並輸送給發展中國家。一位負責援助工作的美國官員坦率地說：

> 關於外援計劃的唯一最大的誤解是說我們把錢送給國外。我們並沒有這麼做，外援包括美國的設備、原材料、專家服務和食品，所有這些都是提供給那些我們自己考察並贊成的特殊發展項目。……援助資金的93% 直接用來購買美國的東西。（托達羅，1992：439）

糧食援助之外的其他援助也是如此，其所需要的物質設備、技術服務等，很多都要求必須是援助國的企業或諮詢公司生產或提供的。例如，法國投資或援建的項目一般不允許受援國的企業或外國企業進入，醫院、學校、農業灌溉設施的建設大都由法國自己的公司來完成（黎文濤，2009）。再如，自 20 世紀 90 年代初開始的德國援助造林項目，在中國的林業外援中佔了半壁江山，先後在中國近 20 個省（自治區、直轄市）實施開展，屬於財政援助類項目。項目中，約 20% 的經費是技術諮詢費，但項目規定，只有德國的技術諮詢公司才有資格競標並組織提供技術服務。這部分項目資金最終也是從德國資助機構，直接匯入中標的德國諮詢公司。

2. 資本與市場擴張

埃斯科瓦爾（2011：81）指出，二戰後，美國面臨的最急迫需要就是：為美國在戰爭期間積累的剩餘資本尋找投資方向，而國際援助是最好的手段。首先，限制性援助本身就要求只有援助國的公司和資本，才有資格為援助項目的實施提供產品和服務。這為援助國的公司企業和私人資本進入發展中國家的市場創造了強制性的條件。其次，以新自由主義思想為指導、以結構調整為條件的國際援助，本身就要求受援國允許資本自由流動，實行自由貿易，開放商品市場，開放私人投資領域，減少政府干預，對國有企業和社會服務實行私有化，等等。這些為西方發達國家的資本和企業大舉進入發展中國家，創造了合法性基礎和有利的條件。如美國國際開發署向拉美國家實施援助的前提條件就是：受援國的政府調整其宏觀經濟政策，減少干預，放鬆對外貿和外資的管制，消除對外貿易壁壘，以便於美國的商品和資本的自由進入（郭擁軍，2002）。最後，由於西方發達國家的市場發育更為成熟，其生產技術條件更為先進，當第三世界的地方市場遭遇西方發達國家主導的世界市場時，二者必然是在不平等的基礎上進行交換和博弈，其結果也必然是第三世界的本地產品因為勞動力投入高、現代技術含量少而被現代市場所打壓。這樣，西方發達國家的資本會取得越來越多的市場份額。就如「一個巨人和一個侏儒在同一條路上行走，每走一步都會增加他們之間的差距」（盧梭，2009：121）。尼日利亞國際事務研究所所長埃澤表示：「開放市場就像是讓一個孩子和一個成年人來 PK，歐洲人總是在我們一個口袋裏放入 1 美元時，從另一個口袋裏掏走 10 美元。」（黎文濤，2009）

發達國家的資本擴張帶來了發展中國家的開放市場，而發展中國家市場的開放反過來進一步促進了發達國家的資本擴張。發展中國家開放的市場將援助資金一部分回流到援助國，另一部分由當地官僚和權勢集團所佔有。而處於底層、最需要幫助的貧苦人民，並沒有從援助資金的來來往往中受益。相反，援助過程通過價格手段和貿易策略從受援國帶走更多的資源。可以說，資本與市場擴張本身就是西方國家援助政策和援助計劃中刻意設計的、必不可少的重要目標。正如有關資料顯示，美國國際開發署明文規定：援助應當附加條件，即必須推行新自由主義政策，必須用來幫助第三世界私人企業的發展以削弱其政府的作用（馬也，2003：427）。美國國際開發署的一份文件明確指出這樣做的好處：隨着拉美國家「發展更加市場導向的、開放的經濟，美國私人企業應當從需要投入的新市場獲利」（郭擁軍，2002）。正如美國學者亞當斯所說：「80 年代美國的援助政策也反映了在拉美從事活動的美國公司的私人利益。私人企業倡議為這些公司創造了新的機遇……貿易和投資壁壘的拆除也為美國公司在這一地區擴大了市場機會。」（Adams, 2000：88）

二戰後，美國面臨的另一種急迫需要是確保其對原材料來源的控制（埃斯科瓦爾，2011：81）。因此，美國等西方國家以援助為名，大力投資於第三世界國家的自然資源開發，目的是為西方國家持續的工業生產源源不斷地提供原材料。這也是發達國家進行更大程度的資本與市場擴張的手段和保證。正如賀新元（2007a）指出的，西方國家以援助之名在第三世界國家大量修路、開礦、築水壩、建核電站，並非完全為了發展當地的經濟，更多是為了掠奪那裏的資源和剝削那裏的人民。

3. 公共事業的私有化

隨着結構調整政策和新自由主義思想的進一步推進和滲透，援助國會要求受援國進一步開放更多領域的市場，對更多領域進行私有化改革，其中包括水、電、氣、交通等公共事業領域。這些都是關乎國計民生的敏感領域，是受援國正常運行、人民正常生活的基礎。一旦這些領域落入援助國的操縱範圍，並實行私有化和市場化，則可能變成國際大資本的囊中之物。這樣，受援國在一定程度上就會失去定價或討價還價的權力，並很可能變成國際資本的新的傀儡，其人民也只能忍受不斷漲價帶來的生活壓力（莫約，2010：14）。例如，國際貨幣基金組織和世界銀行曾施壓並以償還所欠國際債務為要挾，要求印度把國營水利私有化，並把水權出售給指定的水業跨國公司。水資源私有化是全球環境和人類生活質量不可逆轉的損失，而且，這種現象不僅發生在印度，也發生在越來越多的其他第三世界國家（賀新元，2007a），包括中國。

三、國際援助的結果

從布雷頓森林體系的建立到 21 世紀新興經濟體的參與，援助歷經半個多世紀。如此漫長且不斷更新援助計劃、調整援助戰略的發展實踐，是否讓第三世界國家逐漸走上了遠離貧困、安定富足的道路？當然不乏學者總結了援助的積極作用，認為外來資金的投入帶動了受援國的就業、消費和出口等，提高了人均生產率，使其跳出了貧困陷阱、學習了國外先進技術。在發達國家的幫助下，它們甚至充分發揮了自己的「後發優勢」（周寶根，2009）。

但是，大量研究質疑了國際援助的實際效果。首先，援助國在考慮援助對象時，衡量的標準並不是誰最需要援助，而是誰具有經濟發展潛質和償還能力。例如，撒哈拉以南非洲國家中，一些受內戰影響和被西方國家認為經濟改革不力的國家（如科特迪瓦、幾內亞、肯尼亞、尼日爾和多哥等國）的受援額大幅度下降，而另一些被認為改革較有成效的國家（如坦桑尼亞、烏干達、贊比亞）的受援額上升（麥沛然，2002）。或許一些本身具有發展潛質的國家跳出了貧困陷阱，真正在陷阱中掙扎的國家則依舊處於貧困境地。對於它們來說，援助所產生的作用並不是雪中送炭，而是錦上添花。其次，援助對某些國家的幫助，形成了不同等級羣體之間的不公平分配。政府部門掌握大部分援助資金，而需要資金的貧苦大眾往往排在最後，甚至是被排除在外的「受益者」。有時，援助的功能僅限於為少數精英提供另一條腐敗渠道，使富者更富、貧者更貧（賀新元，2007a）。最後，西方國家所強調的「後發優勢」，只不過是受援國在援助國資金和技術支持下形成的依賴型發展，是一種新型殖民。其實，受援國的後發優勢為援助國提供了一個更廣闊的市場和原料基地，很容易在更為強大的發達國家的技術、資金侵蝕下迅速瓦解，產生一種援助的反作用力，帶來更深的依賴和剝削（孫同全，2008）。

莫約（2010：20）指出，大量證據表明援助不起作用。若看看現在非洲的經濟狀況，很難說出哪些增長可以直接歸功於援助。實際上，經過 50 多年的援助，我們看到的恰恰是相反的結果，即緩慢增長、嚴重貧困以及離開經濟正常發展的軌道。伊斯特利（2008：3）指出，在過去的 50 年裏，西方將 2.3 萬億美元用於國際援助，卻無法為孩子買到價值 12 美分的藥品，以減少全球一半的痢疾死亡；無法為貧困家庭提供 4 美元的蚊帳；無法為每位新生兒母親提供 3 美元的補助，來預防 500 萬嬰幼兒的死亡；無法使大量學齡兒童上學。很多抓人眼球的「善舉」每天都在上演，結果卻令全球人民失望而痛心。

非洲在援助歷史上長期扮演着受援國的角色。隨着歐洲各國逐漸復甦並加入援助國的行列，針對非洲的援助者也隨之增加。但是，非洲不但沒有在各國「友愛」幫助下走上民族復興和經濟大發展的潮流中，反而處於經濟零發展，甚至是更加貧困的狀態。例如，伊斯特利對 22 個非洲國家的考察發現，這些國家在 1970－1994 年的公共投資花費了 3420 億美元，而國際援助提供給這些國家的政府 1870 億美元。不幸的是，相應的生產率卻沒有提高（克里斯托夫，2007）。或許可以說，援助的到來不但沒有緩解「旱情」，反而加重了非洲國家的「缺水」狀態。

由於很多援助國在提供援助時帶有明顯的「為了本國經濟」的目的，國際援助的結果往往是貧國更窮、富國更富，形成了惡性循環。而且，受援國得到的援助資金越多，失去的資源和市場也就越多；經濟發展越緩慢，對外部援助的需求和依賴也就越強烈。援助國通過市場手段和其他附加條件，來控制受援國的商品流通和商品價格體系（嚴啟發、林罡，2006）。這樣的援助，不僅促使援助資金回流，還帶走受援助地區所存在的微弱購買力，將更多的資金聚集到援助國或受援國的私人集團手中，致使受援國政府無力償還借款，底層人民所享受的或所擁有的資源極為有限，最終還要為替政府還債而節衣縮食，從而陷入更加貧困的狀態（汪淳玉、王伊歡，2010）。

此外，西方國家對第三世界的援助帶有很強的實用性。已經實現工業化的西方國家所追求的不僅是高額的利潤和低廉的成本，對本國自然資源和生態環境的關注也成為它們斟酌援助的砝碼。首先，西方國家通過對第三世界國家的資金和技術援助，開發落後國家的資源。這些資源為西方國家的工業生產提供了充足的原材料，從而保護了西方國家自己的環境狀況。其次，西方發達國家將一些不需要的物品，以援助為名「丟棄」給第三世界國家。它們或以援助的形式將生活、生產垃圾輸送到第三世界，或將這些廢棄品當作援助物資換來當地的市場和原材料。因此，第三世界不但是生產初級產品的場所，也是承接西方國家有毒工業廢棄物的擺放地和有害工業的擴散地（賀新元，2007a）。最後，西方發達國家還常常將對本國資源環境產生負面影響的企業遷至受援國。援助國對受援國的資金和技術援助，考慮的往往是本國的經濟和政治利益，而不會考慮這種行徑會給受援國帶來什麼樣的後果——水土流失、農藥污染、土壤沙化等。世界銀行首席經濟學家拉．薩莫斯在 1992 年提交的《世界發展報告》備忘錄中，曾露骨地認為：

> 世界銀行應當鼓動更多的「骯髒產業」轉移到欠發達國家，理由是：第一，南方國家人的平均壽命低和收入低，由疾病和過早死亡造成的生產和收入損失較低。第二，那些還沒有被污染的國家比北方國家有更多的容納有毒工業廢物的環境容量。北方國家面臨的環境壓力已經十分沉重，污染的邊際附加費也極其昂貴。第三，窮國環境受到破壞時，其費用估價並不很高。（賀新元，2007 a）

這表明，西方國家對第三世界的援助計劃，以自身的經濟價值和社會價值為標準，以低成本和快發展為藉口，以發展援助為形式，實現環境污染的地域轉移，讓這些「後發」國家來承擔發達國家發展所造成的環境破壞的後果，而它們繼續享受發展的成果。1994 年生效的《聯合國氣候變化框架公約》中提到：發達國家不承擔具體削減義務，但承擔為發展中國家進行資金、技術援助的義務。這再次為歐美發達國家肆無忌憚地轉移污染源，而第三世界國家承擔環境污染後果，提供了冠冕堂皇的藉口。

除了上述經濟和環境方面的影響外，國際援助還往往對受援國的社會秩序產生影響。援助不僅沒有消除貧困，反而帶來一系列的社會問題。在一些地區，為了爭奪更多的資源、市場，尤其是在歐美國家力量的干擾下，社會矛盾不斷加劇，甚至引發了地區衝突。援助物資、技術的引進，並沒有在當地形成資源與發展的良性結合，而只是機械地注入、產出，造成受援國對援助物資的高度依賴，而無法形成外來資源與內在自主性的結合。例如，1947 年以來，僅印度的國際援助開發工程就使 2000 萬人流離失所。美國《波士頓環球報》1994 年 7 月 14 日發表的《世界銀行和國際貨幣基金組織宣告失敗，窮人為之付出代價》指出：50 年來的大量證據表明，這些機構不是在幫助第三世界國家，它們所持的項目和實行的政策，大大加劇了全球貧困和債務的增加，所從事的開發工作是不民主、不公正和危害環境的（賀新元，2007a）。

四、國際援助的過程分析

毋庸置疑，西方國家不乏熱心於公益事業的個人或組織。他（它）們獨立於政府的意識形態控制和跨國集團的組織利益，為消除世界貧困開展捐助和扶持工作。但也不能否認，在經歷半個多世紀的發展援助之後，貧困問題依舊存在。從購買力的角度看，全球有將近 30 億人的日消費額不足 2 美元，8.4 億人沒有足夠的食物。每年有 1000 萬名兒童死於可輕易預防的疾病，300 萬人死於日益擴散的艾滋病，10 億人喝不上潔淨的飲用水，20 億人用不上基本的衛生設施，10 億成年人是文盲；不發達國家中有四分之一的兒童尚未小學畢業便輟學在家（伊斯特利，2008：6）。援助計劃設定的無數美好目標並未能實現，反而在一定程度上加深了第三世界國家的貧困落後狀況。這其中除了上面已經分析的政治和經濟等方面的原因外，還有諸多涉及援助計劃本身的設計、規劃、實施和監測過程的原因。

（一）缺乏對援助複雜性的認識

國際援助大多為了幫助貧困國家的人民走出貧困，過上富足的生活。為此，國際援助機構規劃了無數個種類繁多的扶貧項目。在規劃這些扶貧項目時，信奉技治主義的那些技術官僚一般將貧困看成一種簡單的、線性的技術問題。其實不然，扶貧是一個涉及經濟、政治、社會、歷史、制度和技術等多因素的複雜問題。

貧困問題的存在，其實並不是給予資金幫助便可以解決的。資金可以暫時提供食品、水、藥品等基本物品，可以幫助貧困人口滿足當下的生活需求，但並不能自發地形成持久的生產力。只有將援助資金內化成受援國的內部增長動力，才能推動受援國的脫貧和經濟增長（岡納・繆爾達爾，1991）。但從目前的經驗現實來看，援助資金還不能形成受援國的增長（Doucouliagos and Paldam, 2009）。此外，大量外援進入受援國後，對受援國制度的影響之一是致使宏觀經濟失衡。這種失衡類似於荷蘭病，即援助資金在令某一個初級產品部門突然繁榮時，使其他部門競爭力減弱，以及出口、增長和就業機會減少。這一結果受到多種因素的影響。這些因素在援助項目的計劃中很難全部被考慮進去（汪淳玉、王伊歡，2010）。

另外，對於援助國所提供的援助資金或物資，很重要的一點是如何分配的問題。但是，在計劃的制定過程中，援助國並未充分認識到這一環節的重要性和複雜性。而援助資金或物資的分配，與受援國的「軟環境」有密切關係（World Bank, 1998）。良好的制度會使援助資金或物資得到有效公平的使用和分配，而不規範的制度會使援助資金或物資向某一羣體聚集，並迅速地強化這種制度的不規範性。例如，在 2005 年的達沃斯經濟論壇上，布朗、克林頓等各界名流都看好給窮人送蚊帳的主意，認為經過殺蟲劑處理的蚊帳可以有效保護睡眠中的人們不受蚊蟲叮咬而感染痢疾。莎朗・斯通則直接為坦桑尼亞捐助了價值 100 萬美元的蚊帳。但不幸的是，這批蚊帳並沒有送到需要的人羣中，反而流向黑市，成為牟利者手中的漁網或面紗（伊斯特利，2008：11）。因此，對於受援國來說，國家內部的制度體系、權力結構、精英意識對援助資金或物資的分配有重要影響。而在援助計劃的制定過程中，援助國很難認識到受援國的複雜國情和相互作用的權力階層。

從微觀層面看，在計劃和執行扶貧項目時，人們還會面臨目標羣體的不確定性、扶貧目標的不連續性、利益相關者的利益競爭與衝突、項目過程的非線性和多元性等（葉敬忠，2008）。以扶貧項目設計中的目標羣體瞄準為例，首先，扶貧項目設計過程中涉及許多在知識與信息、利益與價值、權力與資源等方面不一致甚至截然相對的行動者。這些具有各異生活與思想世界的行動者，其實很難達成對扶貧項目目標羣體的一致與認同。此外，在目標羣體識別過程中，不同的利益行動者也難以在瞄準的標準體系方面達成共識與統一。再者，即使有了一個標準體系，我們也許根本就不可能真正獲得每一個指標的數據和信息。除此之外，縱使確定了某些目標羣體，但在扶貧項目實踐過程中，農村社區的行動者也會利用各自的信息、社會網絡和權力與權威等來發揮自己的能動性，從而使目標羣體產生偏離（葉敬忠，2008）。

基於這些分析，也就不難看出在缺乏複雜性認識的同時，那些投入巨額資金的國際援助項目為什麼多年來以失敗而告終了。但是，聯合國千年發展目標主管、哥倫比亞大學教授傑弗里・薩克斯（2010：6）在《貧困的終結》中卻極度樂觀地表示：結束貧困的時候到了，並確定了到2025年為止的時間表。他以醫生自比，將世界看成病人。他診斷了這個世界，並將以自己的工作來治療這個世界。因此，他認為成功走出貧困陷阱，遠比看上去要簡單得多。

（二）計劃者的成功與調查者的失敗

在國際援助計劃過程中，伊斯特利（2008：2）區分了計劃者和調查者兩種角色。他認為，在傳統的援助路徑中，計劃者是援助機構派來的高高在上的使者，俯視着下面的貧苦人民，大聲呼喊着美好計劃，說着高調措辭，告訴俯首的人民他們會怎麼做，窮人該怎麼做；計劃者似乎自己便是上帝的選民，來拯救貧苦的人民，幻想着美好計劃帶來的結果，也帶動受援國的人民幻想他們的美好生活。調查者則是尋求別樣解決途徑的人，他們是外來的服務者，在受援國尋找需求，解決問題。

> 計劃者高呼良好意願，卻沒有鼓勵人們付諸行動；調查者探究行之有效的辦法，並因此獲得成功。計劃者吊着人們的胃口，卻不去滿足它；調查者卻可以對自己的行為負責。計劃者決定供給什麼，調查者卻在尋找需求。計劃者試圖與國際接軌，調查者考慮本國國情。高層計劃者對基層知之甚少，調查者則去探究基層的現實情況。計劃者從不去了解按計劃行事是否達到了目的，調查者則去落實顧客們是否滿意。（伊斯特利，2008：4）

無奈的是，在援助歷史中，計劃者的誕生早於調查者，並往往操縱着巨額的援助資金，在援助過程中帶有官方色彩。具有民間色彩的調查者，雖然能夠提出和制定有效的解決方案，卻鮮有在援助實踐中發揮優勢的機會。此外，計劃者強調援助對受援國的影響，但並沒有注重或分析援助國是通過何種途徑對受援國進行何種程度的影響。調查者是援助現實的見證者，但是他們卻鮮有機會向高層、向公眾呈現出調查結果。有失公允的官方調查結果使得計劃者不能從事實出發，僅僅是根據受援國的表現來做決策。這也就導致了官方調查結果和現實之間的差異。「表現不好」的國家可能正是非常需要外國援助的國家；而那些「表現較好」的國家很有可能無須進一步的援助，便可以實現經濟的持續發展。計劃者對現實的磨滅、制定標準和項目計劃的失誤，強化了不同受援國之間、需求與供給之間的差距。

（三）缺乏反饋和問責

消費者通過購買或者留言簿來告訴廠家，某個產品值得購買或者完全沒有購買的價值，這樣產品才能不斷改善，以具有市場價值；選民通過選票或正常的溝通平台來告訴政治家，是否應該贏得這個選票或者在哪些方面應當進行改進。同樣，只有通過反饋，才能了解受援國或者援助對象對援助的認可與否。而在援助實踐中，很少存在基層人民對於援助的反饋，國際高層無視分散在世界各地的援助代理機構所進行的努力。這樣的層層忽視、層層消音，加上援助國對美好計劃的高聲宣揚，致使反饋的聲音和信息完全被吞噬和磨滅了。

可以說，缺乏反饋是國際援助最大的不足之一。尤其是，越是援助應該瞄準的窮人，越不能將自己的需求反饋給援助機構；相反，越是社會既得利益羣體的富人，其需求越能得到滿足。這是因為，富人可以將自己的需求反饋給調查者，還可以追究調查者的責任；而窮人沒有錢也沒有政治權利讓別人了解他們的需求，也無法讓別人為滿足他們的需求承擔責任（伊斯特利，2008：14）。

援助機構也應為制定的援助計劃和提供的援助物品負責。問責的缺乏，使得援助機構完全沒有承擔責任的意識、受援國沒有追問責任的意識。例如，聯合國於 1990 年提出，在 2000 年前完成對初等教育的普及。早在 1977 年，聯合國還提出在 1990 年之前，實現全人類使用潔淨飲用水及衛生設施的目標。然而，多年過去，從來沒有人對這些未能完成的目標負過責任（伊斯特利，2008：8）。

反饋和問責機制的缺失，反而會強化計劃者的「成功」和調查者的「失敗」。計劃者會更加毫無顧忌地宣傳自己的美好計劃；調查者則缺少了存在的價值，其所反饋的真相不為上層所知，其所揭示的過失主體不會受到懲罰。

（四）援助產業自身的目的

發展援助已經成為一項產業或生意，涉及各種國際多邊組織、雙邊組織、非政府組織、智庫、中間商和諮詢公司、援助國和受援國的大學和科研機構等。其中的從業人員從事着與國際援助有關的各種管理、調研、實施等工作。據統計，與發展援助相關的行業人員數目龐大，如世界銀行約有 10000 人，國際貨幣基金組織約有 2500 人，聯合國相關機構約有 5000 人，各種非政府組織約有 25000 人，再加上私人慈善基金會和各國援助機構人員，大約有 50 萬人。發展援助儼然已成為他們的「衣食父母」（黎文濤，2009）。

為了維持這些機構的運轉和這些人員的高收入，每個機構每年都需要申請大量的經費，而經費大多是作為項目預算中的一部分。因此，沒有項目，也就不可能獲得經費保障。在此情況下，發展援助產業的許多機構和工作人員往往將第三世界國家貧困人口的需求放在第二位，而把「確保獲得項目」以維持機構的運轉和人員的工資作為第一位。如此一來，只要能夠有項目，那些窮人的切實需求便往往會被忽視。此外，援助產業非常熱衷於組織各種會議，援助官員和專家也都熱衷於在五星級酒店討論第三世界偏遠落後地區忍飢捱餓的窮人問題。援助產業的這些利己行為，在一定程度上削弱了國際援助的有效性和公信力。

五、讓窮人的生活改變一點點

經過半個多世紀的努力，經過世界銀行這樣的世界級援助機器的運籌帷幄，經過包括超級大國在內的全世界最有權力的政治家的無數次對話和合作，經過世界頂級學者和專家的智力諮詢，經過成千上萬名一線實踐者的勤奮工作，落後國家的貧困狀況似乎並無消減的跡象。哲學家卡爾 - 波普爾認識到社會、政治、經濟的複雜性。這種複雜性決定了任何企圖終結全球貧困的大計劃都無法成功，也沒有哪個富國通過大計劃來終結貧困的（伊斯特利，2008：13）。在此情況下，我們或許應該放下自己的身段，客觀思考我們的能力，暫時擱置那些全球性的宏大夢想，而聆聽中國的一句古訓：「天下難事，必作於易；天下大事，必作於細。」從小事做起，從身邊做起，從你我做起，從現在做起；凡事做到實，凡事做到位，凡事做到人，凡事做到好。

面對過往宏大的全球扶貧戰略的不成功，我們需要對貧困問題進行再分析和再思考。此時，我們曾經習以為常的立場和學科視角或許需要進行倒置和反轉（reversal）（Chambers, 1983）。在國際援助扶貧實踐中，人人都可以成為調查者，都可以深入受援國的現實世界，進入窮人的生活世界，傾聽底層人民的聲音和訴求。在我們將要幫助窮人之前，可以像調查者那樣提出問題：國際援助到底能為受援國的人民做些什麼？

伊斯特利（2008：9-10）指出，我們認識到援助機器無法消除全球貧困，但與它們口口聲聲宣揚的大計劃相比，其實可以做許許多多有益的小事情，去滿足窮人的迫切需求，以帶給他們新的希望和機會。例如，援助機構可以給埃塞俄比亞的家長提供現金支持，以使他們的孩子不再被迫輟學。這可比什麼「發展」埃塞俄比亞的宏圖大志要實用得多。這種對貧困家庭直接「發錢」的做法並非沒有成功的先例。但是，很多國家的政府，尤其是技術官僚和學者專家都極力反對這一做法。他們常常以頗似高深的理論功底，振振有詞道，這是養懶漢的做法，這是輸血型的扶貧，而我們需要的是造血式的扶貧。殊不知，若將這些理論家和技術專家置於同樣的環境和現實中，誰能說他們會比那些偏遠落後地區「沒知識、沒文化」的窮人生活得更好呢？又有誰會想到他們反對扶貧「發錢」，是因為擔心自己失去在扶貧計劃中「貢獻智識」的工作機會呢？

國際援助需要做的是結束那些烏托邦式的藍圖，從大計劃、大推進中抽離出來，清晰地認識到援助過程涉及多元利益主體和複雜的發展需求。對高高在上的援助機器來說，或許大的是美好的；但對那些急需幫助的第三世界人民來說，「小的是美好的」（舒馬赫，2007）。因此，援助應該擔負起更加切實的責任，盡力去為窮人提供切實的、具體的幫助，如提供糧食，修築公路，改善衛生設施、飲水和醫療條件等（伊斯特利，2008：19）。對於第三世界的人民來說，與所謂「全球共享的」大氣層和生物多樣化問題相比，他們更關心與自己的生存利害攸關的土壤沙化、毒性垃圾和農藥污染、水土流失等緊迫問題。然而，在世界援助體系內，這些現實問題卻少有問津（賀新元，2007a）。

伊斯特利（2008：25）的思考或許更富有深意。他認為，「唯一的大計劃就是放棄大計劃，唯一的全盤答案就是根本沒有這樣的全盤答案」。他呼籲道：

> 世界的理想主義者、行動主義者以及發展機構的工作者們，除了烏托邦的鐐銬，你們別無所失。讓我們給予那些已經在為發展而工作的調查者更多的權力和資金吧。你們無須即刻消除全球貧困、帶來世界和平或者解決環境問題，你們只需適度地進行必要的工作，讓窮人的生活變得不同。（伊斯特利，2008：24-25）

項目的故事

發展干預的權力滴流誤區

在國際發展領域中，發展干預被定義為為了某預定發展目標而進行的改變現狀的人為的努力，是啟動和實現發展的主要手段。發展干預的主要形式包括發展政策與發展項目。其中，項目是最為常見的、最為直接的發展干預形式。一個國家的發展活動，主要是以發展項目的形式來開展的。例如，中國國內統稱的「支農項目」就是農村發展干預的形式。

雖然會有「某某項目按既定目標提前、超額完成」之類的報道，但項目實施過程中出現目標、設計的受益人口等發生重大偏離的現象也屢見不鮮。此時，常常有人會發問，「為什麼項目以及國家的好政策在實施過程中總會走形？為什麼總不能像設計的那樣讓老百姓受益？」

一、個案：發展項目

（一）畜牧養殖扶貧項目

2007 年 7 月 13 日，新華社播發消息，《甘肅 114 萬扶貧項目通過驗收　只見三牛棚一頭豬》（劉東亮、馬國順，2007）。根據甘肅省天水市麥積區甘泉鎮胡溝村 53 戶村民的聯名反映，從 2006 年 3 月到 2007 年 3 月，甘肅省扶貧辦和麥積區扶貧辦下批扶貧項目款 114 萬元。其中，扶貧辦支付了國家專項款 50 萬元，信貸款 40 萬元，自籌 24 萬元。項目當中清晰地說明，給村上買牛 220 頭、種草 330 畝、新建設牛棚 40 座、扶貧戶 150 戶、培訓農民 500 人（次）、人畜飲水工程 1 處。然而，對於這項已被相關部門認定驗收合格的項目，村民連一根牛毛也沒見到，培訓的事情更沒有聽說過，見到的只有三座未曾使用的牛棚。此項目涉及以下相關方：

1. 農民

很多農戶圈養了牛，但農民都說是自己花錢買的，與政府沒有關係。在整個村莊只找到三座牛棚，其中一座堆滿了雜物；另一座的頂部已經破爛不堪，裏面堆放了一些柴草、一輛架子車，還有一頭豬；第三座自從建設好，就一直閒置着。村民稱沒見過牛棚裏有牛。

2. 區扶貧辦

麥積區扶貧辦介紹，該項目於 2006 年立項，按照國家要求年底必須完成；項目採取的是先建設後報賬的方式；該項目已經通過驗收，驗收合格後麥積區扶貧辦將 50 萬元資金全部劃撥到鎮政府。值得一提的是，220 頭牛和牛棚全都是驗收合格的。在《天水市麥積區 2006 年第一批財政扶貧資金項目計劃》中，針對該項目的麥扶頒發〔2005〕6 號、天麥水發〔2005〕101 號文件的記錄上明確寫着：增收項目 29 萬元，其中養牛 22 萬元（含牛舍 4 萬元）、種草 1 萬元、種養業貸款貼息 2 萬元、科技扶貧項目 4 萬元。

3. 驗收部門

項目一般是由省級單位抽查驗收，市級和區級單位則必須現場驗收所有項目。麥積區扶貧辦工作人員稱他們採取了張榜公佈的方式向村民徵集買牛意見。然後，區財政、審計、紀檢、扶貧等四部門組成聯合驗收組，在見到基礎建設部分和村民簽字的花名冊後，將款項全部劃撥給鎮政府，責成鎮政府督察農民買牛。這樣就完成了驗收。

4. 鎮政府與建設商

甘泉鎮政府稱扶貧項目中的款項已經全部到位，考慮到整村搬遷的情況，先建設了一部分牛棚。至於 220 頭牛的問題，鎮政府說，根據村民的意見，等搬遷後每家補助 1000 元，但由於搬遷意見不統一，估計到下一年才會有結果。鎮政府還介紹，在公開、公正的基礎上，村上對牛棚建設進行了招商投標，最終以每平方米 440 元的價格承包給建設商，總投資 12.3 萬元。220 頭牛的預算資金是 22 萬元，已經用了 30 多萬元。驗收合格後，資金被劃撥到鎮政府的賬面上。然而，村民說他們從來沒簽過字，更沒見過補助的 1000 元。對於項目中提到的 220 頭牛，村民連一頭都沒見到，對此，他們無法接受。

5. 省扶貧辦

省扶貧辦稱，如果胡溝村的扶貧項目準備通過向每個農戶補助 1000 元扶貧款以代替養牛，則必須向市一級扶貧辦申請變更項目，否則程序上可能存在違規；如果該項目通過了驗收，項目本身卻嚴重不到位，那麼其驗收程序、驗收質量將受到質疑。

（二）洋芋種植扶貧項目

古學斌等（2004）在《地方國家、經濟干預和農村貧困：一個中國西南村落的個案分析》中，介紹了另一個試圖通過調整種植結構而實現扶貧和發展的項目案例。在雲南省東北部的一個壯族山寨——凹寨村，因為水利資源較好，村民主要種植水稻、玉米、大豆、旱穀，以及經濟作物生薑、油菜、熱帶水果等。2001 年，上級政府在全鄉推廣種植洋芋（即土豆）。每個村必須向上面彙報洋芋種植面積。村幹部分別到每家每戶，要求羣眾自己報栽種面積，然後按上指印。由於受到村幹部的動員和威逼，農戶害怕，不得不報種植面積。結果，鄉上按照村委會報上去的種植面積，給凹寨村拉去了 13 噸洋芋種子，但幾乎沒有農戶去領。上級政府下達的洋芋種植規劃面積是全鄉 2000 畝，劃分到凹寨村是 300 多畝，40 多噸種子。該項目涉及如下相關方。

1. 農民

首先，村民不願意種洋芋，主要是因為政府的洋芋種子價格貴，要 0.95 元 / 斤，而當時市場價格只有 0.4 － 0.6 元 / 斤。故村民認為這是政府在賺農民的錢。其次，村裏已經有兩年種洋芋失敗的經歷。再者，對於政府或外來老闆承諾的包銷合同，村民不再信任，因為他們有過多次被騙的經歷。1997 年種甘蔗，當時政府也與老闆簽了合同，糖廠老闆也承諾了收購，鼓勵農民種甘蔗，還定了保護價 0.25 元 / 斤。但到了收穫的時候，由於資金問題，糖廠沒有建成，老闆跑了。政府的甘蔗收購價只有 0.10 元 / 斤，結果只能給農戶打白條。1999 年開始，政府又鼓勵農戶種洋芋，定的收購保護價是 0.70 元 / 斤，但政府又失信，結果收購時價錢只有 0.40 元 / 斤，很多村民因此虧了本。2000 年，政府再次推廣種洋芋。一開始，農戶不肯種。當時的村主任為了完成上級的任務，向村民謊報說洋芋種子是政府的扶貧項目。村民信以為真。結果，0.90 元 / 斤的保護價不能兌現，村民只有忍痛以 0.45 元 / 斤的價格賣出，再一次賠了。

2. 農業技術員

村農技員百般無奈，帶着怨氣到村寨去動員村民領取洋芋種子。農技員對種洋芋意見也很大，並抱怨說：「上面每次讓我們換種新品種，我們都會欠債，我們會更窮……」他特別提到近幾年種洋芋把村民坑苦了，原來小春時村民種兩畝多油菜可得 300 元左右純利，而現在種土豆，不算肥料、人工費用，兩畝多地要倒貼 300 多元。他覺得自己都不願意種土豆，還要讓別人去種，有點說不過去。

3. 村幹部

村支書說，當時他們在動員農民報栽種土豆面積時，採取了誘導加威脅的方法。譬如，他對農戶說：「你們不報土豆就得不到免費的蠶豆種子，而且即使種了別的，我們也會給你們鏟掉。」儘管如此，村幹部還是不斷向鄉幹部反映推行栽種洋芋的困難。村支書說前兩年他們已經失敗了兩次，已經不敢再試驗了。村組長老董就直接指出，「不種洋芋不借錢，種了洋芋反而缺錢，陷入貧困。洋芋把凹寨村民害苦了，而且幾乎所有人都負債累累。明擺着虧損還要種植，農戶怎麼敢種？」

4. 鄉幹部

鄉幹部對村裏的工作很不滿意，並指責村幹部沒有積極做思想工作，沒有宣傳種植洋芋的好處。鄉幹部說，政府推廣洋芋是為村民好。一位副鄉長認為，現在農村已經不存在吃不飽肚子的問題，而是吃不好的問題。農戶與工廠的工人一樣，也需要圍着市場轉，市場需要什麼，就供應什麼。該副鄉長解釋道，根據本鄉的氣候、地理優勢，可以種洋芋為主，實行產、供、銷一條龍。他認為農民擔心種出來賣不出去是多餘的，因為這次有一個上海老闆與縣政府簽訂了協議，保證收購洋芋。該副鄉長還生氣地批評道，在落後的地方，部分農民想不通;少數農民，只要是政府要辦的，就有意見；凹寨是壯族鄉，意識落後，貧窮；女孩子失學多，讀初中的很少，男孩讀初中的多一些；農民知識學得少，科技意識弱，傳統耕作的思想嚴重。

5. 縣政府

在縣委的牽頭下，各級黨委、政府決定對全縣海拔較低的三個鄉實行產業結構調整。其中，一是改種優質稻，二是小春時種植洋芋。

二、全景：發展干預的現狀

2004 年 6 月 21 日，審計署公佈了對 50 個縣財政支農資金的審計調查報告。結果顯示，一些地區在財政支農資金投入總額增長的同時，在資金管理和使用上存在諸多問題。其中，財政支農資金「空投」和被擠佔挪用現象突出。最讓人感到吃驚的是擠佔挪用支農資金的分佈範圍，因為其範圍之廣已經達到觸目驚心的程度（《中國青年報》，2004）。

2004 年，新華社記者的一項調查表明，財政支農兩千億元，農民受益「毛毛雨」。作為政府扶持農業最為重要、直接的手段，每年全國財政支農投資規模為 2000 多億元，但支農資金的「支農率」很低。國務院發展研究中心的調查表明，財政支農資金有 70% 左右未用於農業生產本身，而用於農業行政事業單位事業費。除了「養人」因素外，支農資金還存在使用分散、擠佔挪用現象嚴重的問題，導致支農「效益遞減」。擠佔挪用財政支農資金的主要辦法包括虛擬工程成本、虛列工程項目、虛報工程量、把招待費等費用開支列入工程費等（劉健等，2004）。

有些地方的支農項目在實施過程中，為了騙取財政資金、應付上級檢查驗收，採取「一女多嫁」「一塊地裏插幾塊牌子」的手法，即利用一個項目重複申報資金、應付多家檢查驗收。如一座農橋，既可以申報水利口子的農村公益設施項目，也可以申報農業綜合開發及世界銀行口子的項目。更有甚者，當年實施的項目以後年度還進行申報，項目資金被騙取、擠佔挪用的情況時有發生（《江蘇經濟報》，2004）。

國內大型項目中出現的諸如此類問題，已不再是什麼新鮮事。假如對國內支農項目的經濟、社會、生態等多方面效益進行審計，結果可能會更加令人失望。社會各界普遍認為這些問題暴露了財政監管體系存在的漏洞，並有針對性地提出一系列解決方案，但主要集中在加強審核、加強監督方面。其實，對於支農項目不支農的現實，主管部門很清楚。某省財政廳負責人分析說：「在不少農區，縣級財政支農資金 90% 左右用來『吃飯』，地市級財政支農資金中用來『做事』的最多不超過 20%。」某市財政局負責人估算：全市下屬 9 個縣（區、市），縣本級安排的財政支農資金最多有三分之一用於農業生產（劉健等，2004）。

縱觀各類國內發展項目與發展政策，乃至世界銀行等機構制定和實施的國際發展戰略與發展項目，其執行和實施的結果遠不盡如人意。甚至可以說，很多農村發展干預行動以失敗告終。正如前述洋芋種植扶貧項目那樣，「各種各樣的發展政策不一定能帶領當地民眾走出貧困，有的政策甚至使得本已經脆弱的農業經濟面臨破產，民眾的生計受到威脅」（古學斌等，2004）。弗格森（Ferguson, 1990：254-256）對世界銀行在萊索托開展的農村發展項目進行了深入的分析。他指出，若與原本設定的目標相比較，項目無疑是失敗了，但項目產生了其他方面的重要結果，包括：國家官僚權力的進一步鞏固與擴大，民眾權力的削弱，貧困的固化，農村社會關係的重整，西方現代化影響的加深，各種問題的去政治化等等。斯科特（2004：393）的研究指出，多數農業現代化國家項目的背後暗含了未公開的邏輯，就是要鞏固中央的權力，並削弱農民和他們與國家機關相對的社區自主性。每一種新的物質實踐都會改變現存的權力、財富和地位分配（古學斌等，2004）。

三、項目的「爭」與「跑」

在中國40餘年的快速發展過程中，「招商引資」「跑部錢進」是所有地方政府採取的最為優先的發展策略。有些地方政府要求所有行業部門，甚至學校、醫院、公檢法部門等均參與招商引資，並給定任務，考核獎懲。我們每每遭遇這樣的一些話語：「誰影響投資環境一陣子，我就影響他一輩子」（地方標語）；「一切服務於項目，一切讓位於項目」（地方政府工作報告）；「不管啥時候都要顧大局」……可見，項目在地方政府工作中具有至高無上的位置。因此，「爭項目」和「跑項目」成為地方政府所有工作的重中之重。2014年8月2日，江蘇省崑山市中榮金屬製品有限公司發生特別重大爆炸事故，由此引發了人們對地方政府招商引資的深度思考。從崑山的招商引資宣傳語，可以看出當地的招商引資工作實在無底線可談：

> 「崑山人民歡迎您來投資，你們來剝削得越多我們就越開心」「來幫我們投資的是恩人，來投資我們的老闆是親人，能打開招商局面的是能人，影響投資環境的是罪人」。崑山法治環境的目標是：「老闆怎麼安心怎麼辦」；服務環境的目標是：「老闆怎麼開心怎麼辦」；人文環境的目標是：「老闆怎麼舒心怎麼辦」……（搜狐網，2014）

2008年，國際金融危機席捲全球之後，中國提出兩年內投入4萬億元作為應對措施，以拉動內需。此消息一經發佈，各地政府伺機而動，圍繞這塊大蛋糕的分配，不惜代價，使盡招數。可謂盡心盡力，志在必得。

北方某地級市的歷屆管理者一直夢想擁有一座機場。當國家宣佈4萬億投資計劃時，該市的管理者們彷彿看到了希望，於是一支名為「大項目辦」的隊伍在副市長的帶領下進駐了北京。副市長說，「提出想建機場的那個市長已經離休快20年了，當聽說國家要投入4萬個億時，老市長半夜給我打電話，興奮得說話都有些顫抖……」2008年11月8日，市委書記在聽了簡短的彙報後，當即批示：馬上組隊，準備充分，儘快出發。在接下來不到三天的時間裏，國土局完成了機場佔地的所有土地審批手續，交通局完成了設計交通流量、建設航站樓等文字材料，而設計勘察院則完全用3D動畫模擬了一套機場設計圖。三個部門的二十幾名工作人員聯合辦公，用了70多個小時，完成了正常情況下需要百餘名工作人員接近一個月才能完成的工作。(《城市快報》，2008)

由於各地均認為這是千載難逢的機會，因此爭先恐後赴京跑「部」，使得國家發改委門庭若市，一夜之間「京城紙貴」。附近的一個打印店老闆說：「11月13日那天，店裏突然來了很多人，大多西裝革履，操着各地口音，打印數百張『政府企劃書』之類的文件。小店哪招得住這架勢，很快紙張和油墨都用完了。」(《國際先驅導報》，2009)

在各地開展的圍繞「4萬億」蛋糕的爭奪行動中，項目是唯一的由頭與手段。很多項目是如前述案例中的一班人馬一樣編製出來的。但我們不禁要思考，地方政府的原始動機是資金的獲取，還是確實需要的發展項目？也就是說，是為了爭取資金而策劃項目，還是為了項目而去爭取資金？二者有本質區別。現實大多屬於前者，即項目為「爭錢」服務。因此，要看什麼樣的項目容易批准，不一定是當地優先需要的，但必須是上級領導或決策部門看得上的。即使如案例中的那樣，先有項目再去爭取投資，這樣的項目的指導思想一般也是當地領導的指示，而領導的指示大多出於經濟增長與政績工程的考慮。當然，這一考慮也必須以項目能夠得到批准從而爭取到資金為基礎。否則，再好的項目若得不到投資，那也是瞎折騰。一言以蔽之，為了爭「4萬億」蛋糕而編製的發展項目，要麼符合地方領導的指導思想，要麼符合上級領導的指導思想。古學斌等研究發現：

很多貧困縣在財政問題的困擾下，在申請扶貧項目時，從增加縣財政收入出發，過多地申辦工業項目，而不是解決一般農民的溫飽問題。扶貧項目遂成為為地方政府解決財政問題的靈丹妙藥，與一般貧困農民的生活完全沒有關聯。有些扶貧項目成為地方政府領導樹立政績的途徑。扶貧項目不一定是適合地方自然資源條件的生產項目和普通民眾願意參與生產的項目。地方政府領導只追求短期的政績；只要扶貧貸款在任內申請成功就行了，調升後扶貧項目的失敗與否已與己無關了。投資失敗的話，就由下任領導來處理那些棘手的問題，由農民來承擔債務了。（古學斌等，2004）

因此，「我們常常看到的是國家的干預不是真正考慮當地民眾的需要、幫助當地民眾脫離貧困，而是為了達標、為了政績、為了與商人合作從中贏利，這樣使本來已是非常貧困地區的民眾更加陷入貧困的狀況」（Luk, 2001）。

四、發展干預中的社會行動者

發展干預主義者堅信，任何發展干預形式都涉及一系列的「利益相關者」（stakeholders）。所謂的「利益相關者」，是指那些在發展干預中存有興趣的人、羣體或機構（Laws et al., 2003），而且他們都對項目所要解決的問題感興趣，並都希望項目成功實施。如在一個農村衛生項目中，農民、直接提供服務的醫療機構、衛生主管部門、農村權威人士和宗教領袖等，都對農村衛生問題感興趣，都是項目的利益相關者。而在前述畜牧養殖扶貧項目中，農民、區扶貧辦、驗收部門、鎮政府、建設商和省扶貧辦是該項目的利益相關者；在洋芋種植扶貧項目中，農民、農業技術員、村幹部、鄉幹部、縣政府和上海老闆是利益相關者。

雖然發展干預的利益相關者也許會對項目針對的問題以及實施過程有不同的觀點，但他（它）們對問題的關注以及項目成功的預期是毋庸置疑的。因此，發展干預中利益相關者分析（stakeholder analysis）方法的目的，是確定如何才能使各利益相關方在發展干預的設計和實施過程中相互協調。

但研究發現，發展干預中的羣體利益相關其實是想象中的利益相關與現實中的利益競爭甚至利益衝突交互並存（葉敬忠，2005）。發展干預中的利益相關者之話語很容易導致利益連續的假像，容易使發展干預實踐者在工作中以線形思維幼稚地從事各種各樣的工具性工作。其實，發展項目中涉及的個人、團體或機構之間的利益不連續，以及由於利益不連續而導致的利益競爭與利益衝突才是常態。這種不連續性在農民與農民之外的其他羣體之間表現得尤為明顯。以農民的農業實踐與科學家和政府倡導的現代科學農業之對比為例，斯科特在《國家的視角》中指出了農民與科學家及官僚機構在很多方面的不連續性：

大型官僚機構所必然帶來的簡單抽象無法充分地表示出自然或社會過程的複雜性。……農業技術推廣和農業研究中簡單的「生產和利潤」模型在很大程度上不能反映真實的農民，以及他們在社區中複雜、靈活和洽談達成的目標。……農民對來自於任何方面的知識，只要能夠服務於他們的目的，都非常關注，而現代農業規劃者接受任何其他途徑知識的能力卻很差。……農民在農業實踐上是崇拜多神的，他們能從正式科學的認識論中迅速採用任何看起來有用的內容。但是，農業研究者都是受一神論的訓練，因此無法吸收非正式試驗的實踐結果。……即使在最好的情況下，農業實驗室的結果和研究站小塊試驗田的數據與它們最終要達到的人類和自然環境也是相去甚遠。……農業研究站的試驗田不可能包括農民大田中的多樣性和可變性。研究人員的工作只能建立在關於土壤、農田耕作、雜草生長、降雨、氣溫等標準和正常範圍的假設之上，而實際上每塊農田的環境、所採取的措施和結果之間的聯繫都是特殊的，有些（土壤結構）可以預期，有些（天氣）任何人都無法掌握。……農業的實際邏輯是對多變環境的富有創造性的、實踐中的反應，科學農業的邏輯則相反，它是改變環境使之儘可能地適應集權和標準化的公式。（斯科特，2004：357, 360, 396, 407, 412, 416-417）

鑒於此，我建議在發展干預中使用「社會行動者」（social actors）的概念來取代「利益相關者」的概念。提出以行動者為導向之方法（actor-oriented approach）的發展社會家諾曼・龍（Norman Long）對「社會行動者」的概念是這樣定義的：

社會行動者指所有具備能動性（agency）的社會實體。他（它）們能夠產生知識，能夠辨識困境並形成「恰當」的回應。雖然人類能動性的精髓似乎體現在個體的人上，但是不僅個體能夠完成決策、行動和「監測」結果，公司、官方機構、團體及宗教組織等也都是社會行動者，因為它們也有其決策和行動的方式。可見，行動者可以以多種形式出現，如個人、非正式羣體、人際網絡、組織、團體以及「宏觀行動者」如政府、國際組織或者是宗教組織。（Long, 2001）

不同的社會行動者在其生活世界、社會屬性或社會組織程度等方面，存在巨大的不連續性。這種不連續性表現為價值體系、興趣、知識與權力等方面的異質性。在圍繞發展項目的互動過程中，社會行動者的各種不連續性相互遭遇，產生社會行動者之間的對話、談判、融入、調適，並導致互動各方不斷塑形與形塑的結果。這一互動過程不是簡單的知識與意義在不同社會行動者之間的線性傳遞，而是社會行動者之間知識與意義的多元的、動態的轉化過程。任何一個社會行動者，都會充分調動其知識、權力、能力和社會資源，使其他社會行動者在更大程度上進入自己的「項目」，即努力使其他社會行動者進入自己的價值與社會規範體系。這種進入需要通過該社會行動者的「過濾」，「過濾」的標準是該社會行動者在社會與文化等方面的認知、規範和價值體系。與該社會行動者不能融合的方面，將通過他（它）們之間的互動過程而被形塑。也就是說，在社會行動者的互動過程中，任何社會行動者都會儘可能使其他社會行動者轉化和改造自身的生活世界、社會屬性與社會組織程度體系，以實現對其最大程度的形塑，從而努力為自己創造更大空間來實施自己的「項目」（Long, 2001）。

五、農民與其他社會行動者的權力關係

在各種組織中，掌握某種資源（財富、機會、強力等）的一方，把意志強加於受其行為約束的一方，這種力量被稱為權力。權力的實質是一種價值控制和資源控制，即權力主體控制着價值和資源的支配權，它是實現權力主體意志、目標和利益的工具和手段（公丕祥，2002）。在社會行動者的互動過程中，行動者的「行動」邏輯與權力概念聯繫在一起。行動本質上包括運用「方法」以獲得結果。這種結果是行動者直接介入事件過程所帶來的。而在這些事件的過程中，「有意圖的行動」是從屬於行動者的有所為或有所不為的子範疇。「權力」代表了能動者調動資源建構那些方法的能力。「權力」是互動的一種特性，並且可以被定義為確保獲得結果的能力（吉登斯，2003），即權力是社會行動者用以為自己創造出更大的變化空間的能力。

在任何農村發展項目中，我們都可以區分出農民以及農民以外的其他社會行動者，如技術部門、基層機構、精英網絡、公司等商業團體[這裏將他（它）們統稱為「其他社會行動者」]。如在前述畜牧養殖扶貧項目中，其他社會行動者包括區扶貧辦、驗收部門、鎮政府、建設商和省扶貧辦；在洋芋種植扶貧項目中，除了農民（含村農業技術員和村幹部）以外的其他社會行動者則包括鄉幹部、縣政府和上海老闆等。從前面的案例可以清楚地看出，其他社會行動者憑藉和利用他（它）們對

資源的控制，實現了使農民服從其意志的一種特殊力量或影響力。

在農民與其他社會行動者的互動過程中，雖然從理論上來說，農民與其他社會行動者都會各自為自己創造空間；但現實是，其他社會行動者掌握着各種資源、機會與強力；而且在很多情況下，這些其他社會行動者高度地組織在一起，往往採取集中統一的行動，從而可以形成更強的合力。而相對於強大的其他社會行動者來說，農民對資源、機會與強力的擁有基本上可以忽略不計（數學上可以稱為無窮小）。特別需要指出的是，在與強大的其他社會行動者互動時，農民是以一個個弱小的個體形式出現的。也就是說，其他社會行動者與農民的互動是兩大權力極不平衡的社會系統之間的互動。其中，其他社會行動者是強勢權力集團，而農民是無權集團中的一個個個體。因此，其他社會行動者必然會創造出巨大的空間，來實現他（它）們的幾乎全部的「項目」目標，即他（它）們的興趣、需求與期望將得到充分的滿足；而個體農民所能創造出的空間小得幾乎使他們無法自由地活動，小得使他們的活動受到束縛，小得使他們難以實施自己的「項目」。故他們的興趣、需求與期望難以得到滿足。在一定程度上，農民的空間主要取決於其他社會行動者在滿足自己足夠的空間基礎上的主動「賜予」。

雖然斯科特（2007：35）對馬來西亞一個村莊的研究發現，農民會採用「偷懶、裝糊塗、開小差、假裝順從、偷盜、裝傻賣呆、誹謗、縱火、暗中破壞」等形式的「弱者的武器」來反抗，但是也正如他所指出的，如果將「弱者的武器」過度浪漫化會導致很大的失誤。它們僅僅能對各種剝削農民的方式產生邊緣性的影響。農民的目標通常在於「讓制度的不利達到最小」。他們可能非常有限地減輕了剝削，他們可能促成一次關於撥款限制的再談判，他們或許可以改變後來的發展過程，但他們極少能夠帶來制度的改變。另外，倫斯基的研究指出，為了減少罷工、怠工和破壞事件，社會精英也許會與弱勢羣體共享一部分的經濟剩餘，但不至於多到影響他們的權力與特權（謝弗，2006）。

此外，那些勢力龐大的其他社會行動者還能夠憑藉自己的經濟實力和政治特權，影響政府當權者的經濟和社會政策，甚至是法律制度，使之產生對他（它）們有利的行為趨向（韓紀江、胡星，2003）。正如詹姆斯・布坎南（James Buchanan）指出的，在公共決策中，並不存在根據公共利益進行選擇的過程，而只存在各種特殊利益之間的「締約」過程。結果是，公共政策作為政府輸出的、最重要的公共物品，本該由集體選擇，並最大限度地增進全社會的利益，卻在這場政治交易中變成了一種無效率的制度安排，偏離了它最初設定的公共性目標（陳國權、付旋，2003）。顯而易見，其他社會行動者處於明顯的優勢，他（它）們的行動對政策的選擇產生重大影響，而農民這樣的社會行動者可能在政治機器這個龐然大物面前表現出束手無策和無足輕重。這樣的權力差序必然會導致不平衡的政策取向，從而使公共政策只能代表那些其他社會行動者等強勢集團的利益（李成貴，1999）。在實踐中，農民面對一般來自城市的其他社會行動者（包括技術機構人員、官員、研究人員、高收入羣體以及相關的組織和部門），只能無奈地接受自己社會空間的日漸縮小；其他社會行動者也不願意個體的農民組織起來形成可以與之逐漸抗衡的組織。正是由於農民與其他社會行動者之間的這種不平等的權力關係和不均衡的互動結果，任何農村發展項目和政策在執行過程中一定會走樣，一定會跑偏。

但在發展干預實踐中，我們總會聽到由其他社會行動者所主導的話語，即他（它）們會保護農民的空間、權力和利益。這種對其他社會行動者與農民之間的權力關係的思維，恰如經濟學中的滴流效應假設。

六、經濟學中的滴流效應假設

1958年，赫希曼（Hirschman）在其代表作《經濟發展戰略》中指出，在經濟增長空間傳遞過程中，存在着兩種效應——「滴流效應」（trickling-down effects）和「極化效應」（polarization effects）。這兩種效應分別與1957年繆爾達爾（Mydral）提出的「擴散效應」（spread effects）和「倒流效應」（back wash effects）相對應。

「滴流效應」有時還被譯作「涓滴效應」或「涓流效應」，指的是隨着經濟增長，國民收入的新增部分將會逐漸地、自動地向貧困階層擴散，進而使窮人分享到發展的成果。但是，許多發展經濟學家認為，發展中國家戰後經濟發展的實際情況表明，經濟增長所積累的財富非但沒有通過「滴流效應」自動地傳遞到貧困階層，反而使富者越富、窮者越窮。因此，期望經過一段時間的不平等增長之後，社會就會進入具有較大平等的增長期，其前景十分渺茫（李琮，2000）。這使不少發展經濟學家對這一理論提出批評。有的經濟學家還認為，現代部門的擴張將會通過「涓流效應」給傳統部門帶來同等的繁榮。但是，即使是二元經濟模型的創立者劉易斯，也曾經提出以下警告：沒有理由認為傳統部門可以從現代部門的擴張中獲益（王紹光，2002：213-214）。

「滴流效應」假說的實質，是使窮人和落後地區的發展掌握在富人和發達地區的手裏。實踐證明，窮人和落後地區的發展不能依靠富人和發達地區的「滴流」，否則，富人與發達地區不但無法幫助窮人和落後地區，反而會影響、制約或阻礙後者的發展。因為在多數情況下，窮人和富人、落後地區和發達地區是權力懸殊的不同的利益集團，他（它）們之間的不連續性（利益、興趣、社會與文化屬性等方面）遠遠超過往往是人為虛構的所謂的「利益共同體」。例如，中國長期以來所謂農業產業化經營的主要組織方式——龍頭企業，被冠以「公司＋農戶」之簡稱，還常被美其名曰農村發展與扶貧的制度創新。其實，自其從學者的虛幻世界中誕生那天起，就難以擺脫其以農民利益來緩衝缺乏能力的企業主的經營風險的本質。其結果只能是企業在滿足利潤最大化的前提下，把額外的微薄利益以水沫星的形式濺給農戶，為的是使分散的農戶死心塌地地圍繞在企業的周圍。而在企業經營不善時，損失只能而且必然要「違約地」轉嫁給農民。在公司出現違約問題後，面對強大的龍頭企業，毫無組織性和經濟力量薄弱的農民很難在對簿公堂時獲勝（孫新章，2004）。在某些地區的農業產業化過程中，還誕生了更為畸形的「公司＋地方政府＋農戶」和「地方政府＋公司＋農戶」的模式，其設計可以說是匠心獨運。因為在這種模式中，地方政府的作用是擔當企業與農戶的中間人：當公司違約時，地方政府代表農戶與公司談判；當農戶違約時，地方政府又替代公司來強制農民履行合同。在這種設計中，農民不僅受不到保護，有時公司與地方政府還會聯合起來損害農民的利益，如公司的強行徵地。除此之外，農民還要承擔地方政府人員對公司的權力尋租成本。也許，「公司＋農戶」的唯一「成功」之處，是企業獲得了政府在稅收、資金等方面的大量支持。據《北京青年報》報道，2004 年河北省石家莊農村出現的「鮮牛奶倒進臭水溝」的所謂「怪事」，正是「公司＋農戶」模式中農民必然受損害的結果。

因為乳製品行業供需矛盾加劇，因此企業限量收購，壓級壓價。正如一家奶站的工作人員說：「關鍵是奶多了！企業用不完，檢測標準就嚴了。企業不收購，只好倒掉。是不是質量不合格，這個不太好說。如果企業需要鮮奶 100 噸，奶農只能提供 80 噸，那怎麼檢驗都合格；如果你交來了 150 噸，那最後總要有幾十噸不合格。」一位散養戶說：奶源緊張的時候，當地乳品企業不准他們將牛奶賣給別人，可現在奶多了，當地企業用不了，就提高檢測標準。他弄不明白：「一樣的養殖場，一樣的牛奶，怎麼今天是一級奶，明天就變成了四級？」還有奶農抱怨：同樣一桶奶，在不同的收購點檢測，結果也不一樣。河北省社會科學院農村經濟研究所所長彭建強研究員認為，「公司＋農戶」看起來是一種合作組織，實際上雙方只是一種買賣關係，而沒形成真正的利益共同體，作為企業，肯定是以利潤最大化為目標。他呼籲，分散的奶農要與企業對等合作，必須組織起來。（《北京青年報》，2004）

七、權力滴流效應誤區與參與式發展理論

長期以來，發展干預中其他社會行動者與農民之間的空間競爭關係往往被虛幻的權力關係和諧所掩蓋，很多官方主流話語想說明其他社

會行動者與農民在利益上的一致性。因此，發展干預實踐者、研究人員都在烹製諸多現象與理論，來說明農民的權益只有其他社會行動者才能加以保障。這是利用資源和研究的手段強化和控制主導話語的過程。其實，前面的分析已經證明，其他社會行動者和農民是利益不連續的羣體。如果指望處於弱勢地位的農民羣體的權益由與其處於利益與空間競爭關係的其他社會行動者來保障，則必然會陷入權力「滴流效應」的誤區。因為這種構想與設計存在天生的邏輯謬誤，所以，只要是按此思維範式設計發展項目和發展政策，其結果必然是越陷越深，問題變得越來越多、越來越大、越來越不可收拾，農民也必然會受到損害。這樣的例子時時發生、處處可見。

本文前面展示的發展項目案例和發展項目全景現狀，正是權力滴流效應誤區導致的必然結果。其實，國家的支農項目有明確的改善農民生計與收入的目標，因此規劃了各種支持農村基礎建設、農產品生產、農村環境與能源建設、農村醫療衛生改善等內容。然而，地方的一些機構和部門打着「支農」的旗號「跑部要項目」，在很大程度上是為了它們的「養人」「吃飯」、購車、建宿舍等需求。為了實現這些，它們必然會採取各種變通的方法來創造方便的空間，同時還得想盡辦法對付上級的檢查與審計。結果只能是農民的利益受到損害，「支農項目」必然不支農，反而成了「支官項目」。面對這一問題，有的主管部門費盡心機、想方設法來制止「項目支官」的違規做法，卻忘記了支農的本來目的。或許在有關部門和官員的內心深處，支農的意識本就十分薄弱。例如，民政部在《關於規範特大自然災害救濟補助費分配管理的通知》（民發[2002] 127號）中就規定：

民政部、財政部將對各地中央救災資金管理使用情況進行監督檢查。不及時下撥和違規使用中央救災資金的省份，如再發生特大自然災害要求中央補助時，民政部、財政部將不予補助或減少補助數額，並予以通報批評。（《關於規範特大自然災害救濟補助費分配管理的通知》，2002）

從事農村發展的官員、實踐者和學者也逐漸認識到，在目前的社會政治結構與權力關係中農民的弱勢地位，特別是當農民在農村發展中的主體地位被極大削弱時，農民產生了越來越強烈的牴觸情緒，同時地方機構或部門的形象工程在沒有農民陪襯的情況下將失敗得更為明顯、更為迅速！因此，他們認識到農民在場的重要性，所以，在近年來的農村發展實踐中，不斷烹製出強化權力滴流的思路與理論，如從以往官員與技術人員完全主導的不考慮農民的需求與興趣的農村發展，到「目標羣體需求為導向」（target group needs based）的發展、參與式發展（participatory development）、「目標羣體權利為基礎」（target group rights based）的農村發展、賦權（empowerment）理論等。其中，「參與式發展」備受國際發展組織的膜拜，幾乎成為國際發展項目和發展工作者的紅寶書。

參與式發展的目的是讓農村發展的主體——農民，在農村發展的問題分析、目標制定以及項目設計、實施、監測與評估過程中，全面地參與決策與項目過程，從而增加農民對發展的擁有感與責任感，同時獲得對資源的可及性與控制，進而分享發展的利益。世界銀行在《2000/2001年世界銀行發展報告：向貧困開戰》中認為，貧困意味着無權、沒有發言權、脆弱和恐懼等。其反貧困的建議主要集中在三個方面：機會、賦權和安全。在賦權方面，減貧策略是強化窮人對與他們生活有關的決策的影響能力，消除基於性別、種族、民族和社會地位的歧視。扶貧項目中的參與式發展方式強調的就是賦權，就是要使弱勢羣體能夠參與發展決策。

在經歷20世紀90年代參與式發展的風靡之後，西方學者很早就開始了對參與式發展的反思（Cooke and Kothari, 2001）。威廉斯（Williams, 2004）認為，過於強調和依賴參與式的實踐方法能否實現「上」與「下」之間權力關係的實質變化，使處於「下」位的真正草根階層成為發展的主導者？從很多地方的農村發展實踐來看，這種設想至少是有些理想化的。參與式發展過度強調個體的參與和變革對社會變遷的作用，而忽視了社會結構中不同羣體間的政治衝突與對抗；強調和塑造了一個「社區」共同體，而模糊或掩蓋了地方權力結構中的差異性，虛化了社區環境中動態變化着的分化與分層。

應該說，諸如參與式發展等所謂的現代發展理論的演變，標誌着其他社會行動者向農民進行權力滴流的不斷升級，但永遠擺脫不了滴流效應的本質與框架誤區。因為，這些十分耐聽的「參與」「賦權」等方面的理論，其實歸根到底還要取決於社會強勢羣體（其他社會行動者及發展研究人員與實踐工作者）在多大程度上容許農民的參與；多大程度上願意賦予農民以權力，即農民的參與和賦權最終取決於其他社會行動者的權力滴流。可以說，這些理論只是學者幫助模糊或掩蓋事物本質（滴流效應誤區）所縫製的漂亮外衣，目的是尋找一種更有效的話語解釋和話語統治，其最終結果根本無法保證農民不再受到損害。

八、後參與式發展——農民組織

在與其他社會行動者的互動過程中，農民在空間競爭中處於不利地位，在政治上處於受支配地位，導致在文化上處於從屬地位（認為受到損害是既成事實，就該那樣），在經濟上處於弱勢地位。權力滴流效應的誤區使不少人堅信，農民從來都需要別人來替他們說話。這是典型的話語權控制在別人手中的思維。

自 2005 年底，在轟轟烈烈的新農村建設討論與行動中，我們聽到的幾乎都是來自專家學者和政府官員等農村外部羣體的主張和建議，而農民作為新農村建設的主體和最終受益者，卻在這場關乎自己家鄉建設和自身利益的新農村建設中集體失語了（葉敬忠，2006）。在農民「話語權」喪失的情況下，很多地方所進行的新農村建設，不是違背農民意願的「拆舊房、建新房」，就是把大規模的人力、物力投放到修公園、建廣場、美化村落等村容整治的「顯績工程」上。而大多數有幸被選中的試點村，其建設也是「越肥越添膘」，只能成為地方政府應付上級檢查的「形象工程」，不具有推廣性。儘管農民對中央提出的新農村建設充滿了期待，但在這些由政府代辦和強制進行的新農村建設中，農民卻只能充當旁觀者或被動接受者，大量的資金也被浪費在了偏離農民真實需求的達標競賽等政治遊戲中（歐陽靜，2006）。雖然農民在理論上被一致認為是新農村建設的主體，但當前的現狀是學者和政府成為他們建設家鄉的「代言人」（葉敬忠，2006）。

其實，對於任何社會行動者來說，真正能保護其權益的人應該是自己，即只有農民自己才能保障他們的利益。但是，單個的弱小農戶沒有足夠的能力來維護其在社會、政治、經濟與文化等方面的權利。因此，只有農民以一定的形式成立自己的組織，才能夠逐漸地與其他社會行動者形成較為平等的權力制衡。當代衝突理論學家相信，人類本性傾向於爭奪稀有資源，如財富、身份與權力（謝弗，2006）。孟德斯鳩（1961：162）說過：「一切有權力的人都容易濫用權力，這是萬古不易的一條經驗。有權力的人們使用權力一直到遇有界線的地方才休止，要防止濫用權力，就必須以權力制約權力。」

假如農民沒有自己的組織，那麼在單個農民與強大的其他社會行動者互動的過程中，單個農民的權力制衡基本上可以忽略不計，而其他社會行動者可以對農民為所欲為。大丘莊的禹作敏[1]絕不是一個特例，而是一種現象。他是個人權力在權力制衡真空條件下得以施展後的必然表現。很多農民對有的基層幹部不僅是敬，更重要的是畏（孫新章，2004）。再如，向農民提供生產資料和各種金融、銷售等所謂「服務」的部門壟斷力量太強，壟斷轉化為各種名目的收費（溫鐵軍，2004），進而損害農民的利益。在常常被曝光的退耕補貼糧款不能真正完全發給農民的情況中，地方部門之所以敢於大肆侵吞退耕補貼糧款，主要原因

[1] 禹作敏，天津市靜海縣大邱莊原黨支部書記，任職期間大力發展當地工業，將其打造為盛極一時的「天下第一莊」，他也儼然成為大邱莊的「土皇帝」。1993 年，禹作敏因濫用職權、貪污受賄等罪行被判處有期徒刑 20 年，大邱莊也一度陷入困境，經過鎮政府一段時間的整頓才恢復正常。——編者註。

是農民位微言輕，又沒有代言組織。

學術界已充分認識到，目前中國的農民缺乏自己的經濟利益的代表者，缺乏與農業政策決策機關直接進行溝通的機制和渠道。此外，農民缺乏有效的組織來與其他產業階層進行直接的經濟交涉、談判與抗爭。因此，農民難以擺脫被人壓制和擠壓的弱勢羣體地位（張同林，2004）。作為市場自由競爭中的弱勢羣體，農民本來最需要的就是團結合作。如果尊重農民的選擇，就應該尊重農民團結的意願、自我教育的意願（韓德強，2004）。可以說，提出應該成立農民組織的學者已經做了很多深入的論述。長期以來索取式的和先求穩定後求發展的農村政策表明，在讓農民組織起來方面的步伐還很緩慢（孫新章，2004）。不過，政府推進的農民專業合作組織的發展，或許是一個很好的開端。

我們的故事

遭遇發展與發展研究 [1]

人們在憧憬未來時，常常高唱「主動選擇，把握人生」的豪言壯語；在回首往事時，卻又每每發出「人在江湖，身不由己」的感慨歎息，因為很多時候個人其實沒有多少選擇的餘地。原本學習自然科學，幾經輾轉，又入了社會科學之門，但在 40 餘年的人生路途中，我的生活世界似乎一直沒有離開「發展」二字。小學時的每篇作文都以「為實現四個現代化而奮鬥終生」結尾；在「學好數理化，走遍全天下」的科學至上主義指導下，大學進入自然科學領域學習土壤化學，為的也是以實際行動投入國家的現代化建設；碩士階段學習的是發展經濟學的「孿生兄弟」——發展規劃，即如何制定發展政策和實施發展項目，隨後便投身於在中國實施的大量國際發展合作援助項目中。有着這樣的成長經歷的一個人，也許怎麼也不會對現代化發展道路產生半點疑慮。即便是在博士期間學習發展社會學，我也沒有脫離發展干預這個主題，只是在以往關於發展的線性思維中加入了衝突的視角，認識到不同的社會行動者在發展干預過程中的不連續性。其間，雖然知道著名學者埃斯科瓦爾的《遭遇發展》（*Encountering Development*），但由於語言和理解能力所限，未能給予

---

[1] 這裏的「我們」是指與發展實踐、發展研究和發展教育相關的所有實踐者、研究者、教師和學生等。本文原是作者應邀為 2011 年出版的《遭遇發展：第三世界的形成與瓦解》作的中譯者序，這裏做了適當修改。該書英文版參見 Escobar, Arturo. 1995. *Encountering Development: The Making and Unmaking of the Third World.* Princeton and Oxford: Princeton University Press.

太多關注。直到 2007 年與作者相遇，並正式投入該書的中文翻譯工作，我才發現所譯內容竟是對自己以往所形成的發展思維和發展工作經歷的徹底顛覆。震撼之餘，我深為作者的思辨深度所折服。作者令我為譯著作序，我自知力所不逮：作者深諳人類學、哲學和政治學，即便是受過系統社會科學教育的科班譯者，也得費上一番功夫，遑論一個教育經歷雜亂無章的人了。然而，既然自稱是用心移譯，或許可以摘下幾滴學習筆記[1]和心得，待與讀者求異存同。

另外，就在《遭遇發展》中文版即將付梓之時，國際發展界的一件大事發生，即以 GDP 總量為標準，中國在 2011 年 2 月正式超越日本，成為僅次於美國的世界第二經濟大國，實現了百年復興，大國之夢。在國人歡欣鼓舞、大慶增長盛世之時，推介《遭遇發展》，似乎有點不應時、不應景。但是，也許那時正是出版《遭遇發展》的最佳時刻，因為很多國家的發展歷史告訴我們，一般與經濟的繁榮相伴相隨的是日益擴大的社會矛盾和危機。在中國的輝煌和風光背後，也有不斷湧現出來的社會不公平、貧富懸殊、資源耗竭、管理危機、社會風險、貧困固化、生產不安全、羣體事件頻發等一系列尖銳問題。因此，越是在享受饕餮盛宴之時，越應該保持冷靜與清醒的頭腦，正所謂「居安思危，思則有備，有備無患」。

一、發展的誕生與普世化

在今天這個世界上，無論哪一個國家的政府，也許都不會不說自己是在發展的道路上奔跑，雖然有的慢些，有的快些，但對旅途的選擇和前進方向均認識一致，也算得上志同道合了。這種發展的特點是：以經濟增長為主要目標，以現代化為主要理論基礎，以工業化為主要途徑，

---

[1] 本文涉及《遭遇發展》內容和思想的介紹文字很多出自原書，但因摘自書中的不同部分，且做了歸納和綜合，因此沒有一一標註。

以英美為效仿和趕超的對象。中華人民共和國成立以來，我們的選擇並無二致。特別是改革開放以來，中國社會的物質生產積累迅猛，經濟建設成就斐然，發展速度舉世矚目。雖然人們對國家發展政策和發展計劃有各種討論，但是我們發現，無論是農業支持工業，還是工業反哺農業；無論是城市化道路，還是新農村建設；無論是又快又好，還是又好又快；這些討論的話語場域均為發展，不同的只是不同的社會行動者會倡導不同的發展罷了（葉敬忠，2010）。人們對現代化發展的選擇堅信不移。

然而，埃斯科瓦爾通過對二戰後的世界發展戰略進行知識考古學分析發現，發展並不是解決全球問題的常識性手段，發展是被發明出來的，是一項歷史和文化特異的計劃。在二戰結束後初期，亞洲、非洲和拉丁美洲大規模的貧困現象才開始被西方「發現」。按照西方的標準，這些地區成為「欠發達」的第三世界。「欠發達」和「第三世界」的概念在 1945 年之前根本不存在，它們是二戰後衍生出來的話語產物。而發明這些概念的西方國家將此視為重新界定自身以及世界其他地區的工作原則，其目的是將窮人和第三世界變成其知識和管理的對象。全球貧困的問題化帶來了制定符合西方發達國家理念與標準的新戰略的需要。特別是 1949 年馬歇爾計劃（Marshall Plan）在歐洲經濟重建中取得巨大成功之後，西方國家越來越多的注意力轉向如何幫助欠發達地區解決貧困之類的遠程問題上。新戰略認為消除貧困的方法就是經濟增長，因此，發展就成了不言自明的通用真理，現代化是唯一能夠摧毀陳舊的價值和制度的力量，工業化和城市化被看作是通往現代化的必經之路。人們對資本和科學技術頂禮膜拜，而欠發達地區的貧困人口被看成是愚昧無知的。北美和歐洲的工業化國家不容置疑地成為亞非拉地區仿效的榜樣。此時，發展戰略成為將世界標準化的工具。1949 年，美國總統杜魯門所提出的美國全球戰略的「第四點計劃」（Point Four Program）就是這種新戰略的具體體現。二戰後，這種為了西方發達國家特殊利益而產生的特定歷史產物，被當成世界人民分享和平和富足的夢想。世界各國也都爭相擁抱這一夢想。但其後 40 多年的發展結果是，發明這些新戰略的理論家和政客許諾的富足之國並未出現，相反，發展戰略帶來的是大規模的欠發達和貧窮，是難以言說的社會不平等，是日益增多的營養不良和暴力事件。這些是霸權式發展戰略和現代性思潮失敗的標誌，第三世界的人民羣眾對發展戰略也越來越牴觸（Escobar, 1995：3）。

作為發展戰略的一部分，西方國家通過發展的專業化過程，在第三世界引入專家知識和西方科學，通過一套技術、策略和學科實踐來生產、確認和傳播發展知識，包括學科專業、研究和教學方法、專業標準以及多種專業實踐。發展的專業化是通過發展科學和分支學科的繁衍擴散而實現的。在發展專業化的影響下，發達國家的大部分知名大學開設了有關發展研究的課程項目，第三世界國家也以此為條件創辦或調整了大學結構以適應發展的需要（Escobar, 1995：44）。在中國，農村區域發展以專業的形式於 1998 年被正式引入了高等教育體系中。這是發展的專業化過程在中國的具體體現。

二、發展的「社會轉型說」「干預行動說」和「西方話語說」

在那些設有發展專業的大學裏，面對如飢似渴的求知者，人們經常需要面對這樣一個問題，即回答「什麼是發展」。根據安迪·薩姆納和邁克爾·特賴布（Andy Sumner and Michael Tribe, 2008: 11-16）的總結，「發展」有三種定義。

定義一，發展是指長期的結構調整和社會轉型過程。這可簡稱為發展的「社會轉型說」。這一定義看似價值中立，其實質卻離不開冷戰期間的一種「元敘事」和社會轉型的宏大藍圖，即對現代化的渴望和對「欠發達」地區的解放。對於新獨立的國家來說，尤其是指它們選擇的通向工業化社會的路徑。截至 20 世紀 80 年代末 90 年代初的實踐證明，這種元敘事的結果不盡如人意。很多倡導現代化的政治學家、經濟學家和政治家使用這一定義。

定義二，發展是指為了實現短期或中期目標的活動。這可簡稱為發展的「干預行動說」。這一定義顯然較窄，帶有鮮明的技治主義（technocratic）思維和強烈的工具性。例如，為了實現聯合國千年發展目標（Millennium Development Goals, MDGs）的反貧困行動均屬於這裏所稱的發展。這樣的發展，其目標往往偏離廣大民眾的期望，而變成政府官員和技術官僚的需要，真正的目標人口常常不能從發展中受益。尤其是，這種脫離歷史背景的技術專家統治的發展，迴避了財富積累和分配的社會過程，從而達到了弗格森（Ferguson, 1990: 254-256）所稱的「去政治化」（depoliticization）的效果。國際多邊和雙邊發展組織、非政府組織、發展項目職業工作者（基層實踐人員、技術專家等）和為了發展項目的行動研究者多使用這一定義。

定義三，發展是指西方現代性的統治性話語。這可簡稱為發展的「西方話語說」。這一定義與前兩種具有根本性的不同，它是指將西方中心主義的發展觀強加給第三世界或欠發達地區，因而導致了第三世界和欠發達地區發展狀況的進一步惡化。很多後現代的理論家和反全球化的行動者堅持這一定義，包括埃斯科瓦爾、沃爾夫岡・薩克斯、馬吉德・拉納瑪（Majid Rahnema）和范達娜・席瓦等，而埃斯科瓦爾對這一定義做出了最為重要的貢獻。《遭遇發展》就是他對這一定義最為全面和最為徹底的詮釋。

三、對「西方話語說」的理解[1]

二戰後，發展的本質一直是有關亞非拉地區的討論的主題，尋求一種可以解決這些地區的經濟和社會問題的發展是理論家和政客的重要議程。整個社會對此深信不疑，即使是反對主流的資本主義發展方式的人

---

[1] 本部分內容主要出自《遭遇發展》。

也承認需要發展。人們可以批評某個既有的發展模式，對它做出修正或完善，但發展本身以及人們對發展的需要從未被質疑過。各國政府都在規劃和實施雄心勃勃的發展計劃，各類機構在世界範圍內的城市和農村實施各種發展項目，各類專家都在研究欠發達現象並創造理論。對此，埃斯科瓦爾心存疑惑。

當代法國最光彩奪目的思想家、哲學家和思想系統的歷史學家米歇爾·福柯（Michel Foucault）在 20 世紀 60 年代後期提出的話語分析方法，使人們可以對這類「現實殖民」（colonization of reality）進行分析。面對人們從未懷疑的、司空見慣的現實，話語分析可以使研究者「後退幾步，繞過現實，去分析它置身其中的理論和實踐的背景」（福柯，2005：107），從而可以「超以象外，得其環中」。話語分析工具恰好是為了對這樣的一個事實給出解釋，即某些表徵（representation）如何佔據了支配地位，如何永無休止地形塑着現實被構想和被作用的方式。對社會現實表徵中話語和權力的分析，尤其有助於揭示某些機制。通過這些機制，某種話語秩序能夠生成一些被允許的存在與思維方式，同時壓制甚至抹殺其他方式。愛德華·W. 薩義德（Edward W. Said）、默丁比（V. Y. Mudimbe）和錢德拉·莫漢蒂（Chandra Mohanty）分別將福柯的這些思想與分析方法運用於對東方主義、非洲主義和女權主義的研究，取得了大量著名的學術成果。這些成果表明，我們的社會現實已經被話語所殖民，我們對周圍被建構的存在不再懷疑，我們生活在被殖民了的社會現實的桎梏與束縛之中。

埃斯科瓦爾則將福柯的話語分析方法運用到了發展研究領域，對控制和統治社會的發展體制進行了最為徹底的剖析和批判。埃斯科瓦爾指出，應該將發展看作一種話語、一種歷史的產物。當西方的專家和政客開始把亞非拉地區的某些情況看作問題，將其中大部分問題視為貧窮和落後，並將亞非拉地區按照西方的概念和標準表徵為第三世界和欠發達時，一個新的思維和行動的領域，即發展，就誕生了。因此，應將發展作為一個獨特的歷史現象和一個被創造出來的思想和行動領域來考察，對發展的分析就是對其表徵體制（regimes of representation）的分析。只有通過分析描述發展的知識形式、控制發展實踐的制度和權力體系，以及由發展話語所創造出來的主體性形式，才能釐清發展的含義。也就是說，發展首先是作為一種話語開始運行的，它創造了一個空間，在這個空間裏，只有特定的事物可以被言說，甚至是被想象。

埃斯科瓦爾對二戰後主導了結構調整和社會轉型路徑的經濟學，特別是發展經濟學，進行了文化批判和話語分析。他指出，發展經濟學的出現不是由於認識、理論、制度或者方法論上的進步，而是由於某一個歷史局面改變了經濟話語的存在方式，從而為新目標、新概念和新方法論的建立創造了可能性。我們應該清楚地認識到，發展經濟學遠不是實踐者所預想的客觀而普世的科學，它就像任何一個全球的或本土的模型一樣，只是對世界的一種建構，而並不是關於這個世界的無可爭議的客觀真理。發展經濟學的話語始終處於不斷製造現實的動態變化和轉型過程中，但萬變不離其宗，其本質永遠是為了西方發展話語的整體需要，是為了維持西方發展體制的霸權主義支配體系。例如，二戰後初期，配合着對「欠發達」的第三世界貧困問題化的需要，「將貧窮國家的人民從水深火熱的貧困之中拯救出來」這樣的「貧困與經濟發展的經濟學」「欠發達的經濟學」吸引了很多人的關注，成為發展經濟學的主題；而到了新自由主義興起的 20 世紀 80 年代，「親善市場的發展」（market friendly development）則變成了世界銀行在 1991 年的《世界發展報告》中大力擁護的改革戰略。而在發展經濟學向新自由主義正統回歸的過程中，理論家宣揚，不要為人民的生活標準下降到史無前例的最低點而擔憂，這只是進行結構調整時暫時需要付出的代價。此時，人民的福利被認為可以暫時放在一邊，哪怕成千上萬的人可能會因此付出生命的代價。另外，經濟學從古典主義向新古典主義轉變過程中，拋棄了增長和分配這些概念，摒棄了勞動價值論，剔除了分配問題以及階級和財產關係的問題，將完全競爭和完全理性視為包治百病的靈丹妙藥。再者，在處理市場這隻看不見的手和政府這隻看得見的手的關係問題上，經濟學家根據權力集團的統治需要，翻手為雲，覆手為雨，對知識和科學工具的運用揮灑自如，游刃有餘，唯有是否心手相應令人生疑。埃斯科瓦爾指出，發展經濟學的一切話語和話語形變完全是為霸權階級的利益服務的，尤其是美國在二戰後所面臨的種種急務形塑了發展經濟學的性質。而第三世界的決策者也急於喝到經濟知識的聖水，好一勞永逸地讓他們的人民達到文明的程度，從而實現統治的目的。

雖然理論家研究了發展理論形成中的各種因素，如資本、技術、人口、資源、財政、產業、教育、文化、組織等，但發展不單是對這些要素加以簡單綜合的結果，而是這些要素、機構和實踐之間建立了關係後的結果，是將這些關係系統化為一個整體的結果。發展話語能夠系統地形成它所講述的事物，並以某些方式將這些事物分組安排並賦予它們整體性。正是這些要素之間建立起來的關係體系，使對象、概念和戰略的系統化建立成為可能，並決定了在發展的範疇內什麼是可以思考的，什麼是可以言說的。這些關係建立起了一個話語實踐，為遊戲制定了規則：誰擁有發言權，從哪些角度發言，具有什麼樣的權威，根據什麼專業標準來判斷。人們必須遵循這些規則來認識問題、建立理論、對事物命名、進行分析，並最終使之轉化為一項政策或計劃。因此，人們，特別是各類專家，不斷地發現問題，不同類別的需要服務的對象開始出現。發展正是通過話語生產了對象的領域和真理的儀式，發現和製造了「異常」(如「文盲」「欠發達者」「營養不良者」「小農」「貧困婦女」)，從而令世人堅信需要對這些「異常」進行處理和改造，也就是使他們變成發展計劃和發展項目中「被發展的羣體」。然而，其中隱含的正是第一世界凌駕於第三世界之上的一整套話語組織和不平等的權力關係。

埃斯科瓦爾將國際組織和國內機構為了實現短期或中期目標而規劃和實施的各種發展計劃和項目（亦稱發展干預）作為載體，分析了發展話語通過實踐得以運用的過程，特別是發展話語通過實踐進行的擴散以及發展干預行動所生產的相互關聯的知識類型和權力形式。在發展干預過程中，發展機器通過將理性技術、專業知識和制度實踐有機地結合起來，實現了各種類型的知識和權力的組織，進而將政府官僚、各類專家和第三世界的「受益人」聯繫在了一起。通過特定的話語組織、制度實踐和文檔現實（documentary reality）的創造，發展機構的日常實踐大多被認為是合理的而不為人注意。但是，這些日常實踐並非是完全理性或中立的。事實上，比發展干預本身更為重要的是，發展機構的日常實踐促進了社會關係、勞動分工和文化形式的形成，並有效地製造了不為人覺察的權力關係。通過文檔實踐與標籤化等表面上理性、實質上政治的知識過程，「被發展者」被發展機器和發展專家所建構，並按照發展機器和發展專家眼裏的世界再造一個世界。

可以說，發展干預就是一種官僚政治，因為它致力於管理並轉變人們對生活的認識和組織的方式。所以，那些貌似理性和中立的發展話語體制，其實是現代世界權力實踐的一部分。發展機器正是依賴這些實踐，實現了對第三世界人民的支配和統治。

在發展干預最為常見的農村發展、婦女與發展和可持續發展領域，發展話語通過全景敞視（panoptic gaze），將農民、婦女和環境置於發展機器的有效凝視之下，從而使農民、婦女和環境成為展覽品，成為發展要服務的對象。世界銀行、聯合國機構等發展組織的話語實踐，見證了建構農民、婦女和環境表徵體制的基礎，展示了表徵和權力之間的關係。在這些領域的發展干預中，規劃師和專家運用表徵，並通過表徵，使發展被賦予可見性。在此過程中，發展話語創造的可見性與權力行使緊密地聯繫在了一起。就像福柯談到的監獄，它在實現改造犯人這一明確的目標上是失敗的，但它卻成功地生產出一個規範化的、規訓了的社會。發展話語將人們定位在一定的控制坐標上，其目的不僅是馴服一個個個體，而且要將人們的生活環境轉變為一個高產的、標準化的社會環境，簡言之，即創造出現代性來。在此意義上，發展機器通過技術化凝視（techno-gaze）呈現出顯著的生產力：它不僅進一步穩固了國家的地位，而且將它應當解決的很多問題去政治化了，使之變成了純粹的技術問題，從而可以託付給發展專家來進行理性決策和管理。

發展話語在二戰以後操控了亞洲、非洲和拉丁美洲許多地區的表徵政治和身份政治，成為核心的、無處不在的話語。而宣稱為真理的各種發展話語與創造並控制社會生活的各種實踐和符號相聯繫，通過知識和權力的結合，創造、控制並統治着「欠發達」地區以及那裏的人民。發展構造出一系列具體的因素和力量，新的發展語言從中找到依靠和支撐，這就是發展取得的成果。

埃斯科瓦爾對西方中心主義的發展話語所進行的解構和批判可謂淋漓盡致。他告誡人們不能被西方發展話語擦在表面的盜名欺世的粉脂所涯騙，其實，發展話語一直最排斥的，也是發展應該圍繞的中心，是人。它把人和文化看作抽象的概念，看作在「進展」這個圖表中可以上下移動的統計數字。發展成了第三世界文化的毀滅者，更為諷刺的是，它竟然打着為了人民的利益的旗號。

在對發展話語進行解構和批判的基礎上，埃斯科瓦爾探討了發展表徵體制的轉型問題。他指出，改變話語秩序是一個政治問題，需要社會行動者的集體實踐和對既有的真理政治的組織進行重構。對於發展來說，這尤其需要從發展科學中抽身出來，以及部分地、策略性地脫離常規性的西方一般認識模式，以便為其他類型的知識與經驗騰出空間。例如，在現代性危機下，拉丁美洲等地區出現的「混雜文化」（hybrid cultures）應該成為文化肯定（cultural affirmation）的模式。

而對於替代方案，埃斯科瓦爾認為，我們不應該期冀尋求宏大的替代模式和替代戰略，而需要考察在具體環境中可能的替代表徵和替代實踐，尤其是，這些替代表徵和替代實踐存在於混雜文化、集體行動和政治動員的背景之下。而對替代方案的探索歸根結底在於文化差異，文化差異包含了改變表徵政治的可能性和改變社會生活本身的可能性。從混雜文化或少數民族文化以及第三世界人民的實踐策略和抵制發展干預的多種形式中，可能會湧現出建設經濟、解決基本需求問題以及組成社會羣體的其他方式。可在此基礎上，構想一個具有多元性、差異性和混雜性特徵的後發展時代。

四、「社會轉型說」「干預行動說」和「西方話語說」之間的聯繫

以上用了較大篇幅展示埃斯科瓦爾在《遭遇發展》中對「發展」的第三種定義的詮釋。現在，我們應該再次回到「發展」的三種定義上。在學習埃斯科瓦爾論述的「西方話語說」之後，我們發現，這三種定義並非相互孤立的，而是彼此之間具有深刻的歷史和利益淵源。可以說，「社會轉型說」是現代性的特殊變體，是二戰後各國對北美和歐洲（西方）工業化發展的價值選擇，其中包含了「人性解放」和「生產力解放」的元敘事。而「干預行動說」是「社會轉型說」的幫手，就如發展經濟學與發展規劃一樣，從一開始就是孿生兄弟，是將理論家和政治家的社會轉型藍圖具體化為社會實踐和具體行動的過程。「西方話語說」則是建立在對「社會轉型說」和「干預行動說」的研究和分析基礎上的。正是對二者的解構和批判，才形成了「西方話語說」。因此，若沒有此二者，「西方話語說」也就成了無源之水、無本之木。在這一意義上，可以說，「話語說的發展定義」本身就是一個自相矛盾的用語。

從前面對《遭遇發展》內容的介紹可以看出，埃斯科瓦爾對發展的發明和經濟學學科變遷的分析，正是對「社會轉型說」的有力批判；而對綜合農村發展、婦女與發展和可持續發展計劃的分析，以及對世界銀行、聯合國組織等發展機器日常實踐的制度民族志（institutional ethnography）分析，正是對「干預行動說」的徹底解構。

在社會學和哲學意義上，我們可以將「社會轉型說」和「干預行動說」看成是結構功能性的，是現代性的發展主義（developmentalism），強調的是有計劃的社會變遷以及對社會的支配和控制；而「西方話語說」是後結構主義的，是後現代的後發展主義，強調的是去中心的多元混雜模式的共存和各種形式的抗爭。這三種定義可以同代並存，但我們不能將它們僅僅看成是一般的學派之爭，而應該看到這三種定義背後的知識體制與權力運行，以及分別倡導這三種定義的知識分子的性質與價值差

異。按埃斯科瓦爾的分析，「社會轉型說」和「干預行動說」正是發展話語的發明和運用的結果，其真正關注的並非「貧困」「欠發達」和那些被置於全景敞視下的「被發展的羣體」，其真正的目的是種族中心主義，通過催生技治主義思維而將社會問題去政治化，從而維護並擴張已處於中心的西方進一步的權力霸權。「西方話語說」的權力取向則是對現代性霸權和中心主義的抵抗，以為差異政治和文化肯定爭取空間。福柯（2003a）指出，知識分子本身就是權力制度的一部分。就分別倡導這三種定義的知識分子來說，他們除了從事不同的事業領域並參與權力生產之外，其認識論與價值也代表着不同類型的知識分子的性質。倡導「社會轉型說」和「干預行動說」的知識分子（若還可以使用知識分子一詞的話）一般屬於葛蘭西所指的有機知識分子、福柯所指的特殊知識分子，或國內習慣所稱的體制知識分子；而倡導「西方話語說」的知識分子或許更接近於葛蘭西所指的傳統知識分子（薩義德，2002：11）、福柯所指的普遍知識分子（福柯，2003a：206, 441-442），或國內的非體制知識分子（黃平，2005：9）。若進一步思考，我們也許會發現，倡導前兩種定義的學者不一定接觸過或了解第三種定義，其主要原因不一定在於受知識面的限制，更多在於他們對於現代性的唯我獨尊和不開放態度。除此之外，也許不乏昏睡未醒者。相反，倡導第三種定義的學者一定對前兩種定義的內涵已然洞曉，埃斯科瓦爾當然就是一個最好的例子。

學者的思想與其人生經歷常常是密不可分的。《遭遇發展》的思想在一定程度上是埃斯科瓦爾對自身經歷的不斷反思和不斷否定的結果。他於 1975 年在哥倫比亞瓦萊大學獲得化學工程學士學位，於 1978 年在美國康奈爾大學獲得食品科學與營養專業理學碩士學位，於 1987 年在美國加州大學伯克利分校獲得發展哲學與政策計劃專業博士學位。我雖然不能與埃斯科瓦爾比肩學術成就，但是也許可以「精神勝利一點」的是，我與他的經歷原來如此相似。若以我之思想變化來揣度，至大學，埃斯科瓦爾的世界觀也是技術與工程至上的技治主義和現代化思維。這與發展的「社會轉型說」應該是一致的。他畢業後留校工作了一年，此後獲得 PAN/DRI（國家糧食與營養計劃 / 綜合農村發展項目）獎學金，學習食品科學與營養專業，回國後還為國家糧食與營養計劃工作了 8 個月的時間。這段經歷正是當時的國際發展新戰略背景下的發展專業化的結果[1]。可以說，他對發展的「干預行動說」也具有親身的經驗和體會。因此，在博士學習之前，他恰好經歷了發展的「社會轉型說」和「干預行動說」的思想歷程。而這種切身的體悟，是他在思想上和世界觀上進行自我反思和自我否定的基礎。這與他對發展的發明和發展干預的分析一樣，構成了其「西方話語說」的理論基礎。

五、後發展主義與混雜模型

在《遭遇發展》中，埃斯科瓦爾將二戰後的發展戰略、經濟學、發展干預行動和發展機器解構得支離破碎，並在最後提出要摧毀發展，構想一個後發展時代。我認為，他所批判和要摧毀的是一整套的發展話語體系，包括發展話語所控制的表徵體制、發展話語所生產的真理體制、話語實踐所製造的秩序體制、發展話語體制所實現的對發展對象的客體化凝視，以及發展話語所實現的西方對第三世界的軟殖民和霸權性統治體系。因此，埃斯科瓦爾指出，摧毀發展意味着與過去 40 年話語實踐的決裂，想象着有那麼一天，我們將不再接受，甚或不再言說那些造成 40 年間極度不負責任的政策和項目的思想。需要說明的是，我們不能把埃斯科瓦爾對發展的批判狹隘地理解為對經濟增長和財富積累的排斥，甚至是置第三世界人民的生活福祉於不顧。事實上，他所批判的發展話語

---

[1] PAN/DRI 獎學金的經費來自聯合國和世界銀行。作者從中國農業大學本科畢業後留校工作了三年，後獲得 CIAD（中德綜合農業發展項目）獎學金（經費來自德國技術合作公司，簡稱 GTZ），前往德國多特蒙德大學學習區域發展規劃與管理研究生課程（簡稱 SPRING）。該課程由德國技術合作公司資助，自 1981 年開始設立，目的是為第三世界國家培養發展規劃的人才，目前仍在繼續。埃斯科瓦爾參加的美國康奈爾大學食品科學與營養研究生課程也是在國際發展新戰略背景下的發展專業化的組成部分。

體系，以發展之名義，打着為了人民利益的旗號，所導致的結果卻是少數特權羣體的財富飛速增長和社會不平等的進一步加劇。

在後發展時代，埃斯科瓦爾十分強調多元模型的共存和混雜模型（hybrid model）的出現。與現代性一樣，發展主義的典型態度是「霸道」。霸道者之所以霸道，是因為自以為自己是道，也就是真理的唯一擁有者（王治河，2005：19）。而且，「同一性」思維和「齊一化」概念非常猖獗，極力以一元吞併多元（王治河，2005：27）。發展主義試圖建立一種普世的發展模型，並忽視或壓制本土模型。

埃斯科瓦爾指出，不管是本土的還是普世的，任何一個模型都是對世界的一種建構，而並不是關於這個世界的無可爭議的客觀真理，如發展經濟學。因此，我們應該提倡多元模型的並存。只要打破普世模型和宏大戰略的烏托邦桎梏，給豐富多彩的本土模型以存在的空間，那麼我們也就不需要為替代方案而發愁了。因為一方面，各式各樣的本土模型就是要尋找的替代方案；另一方面，在多元並存的後發展時代，替代戰略本身就是一個偽命題。

例如，農業生產中的小農模型來自這樣一個觀念，即地育萬物，量力而出。人類必須通過勞動「幫助」土地孕育物產。人類和土地之間存在一種施與受的關係，這種關係被塑造成了互利互惠。農民認為需要「愛撫」土地，要跟土地「說話」，等等。這樣的本土模型是構成人們世界的基本部分。我們應該尊重民眾自創的這些本土模型。這一認識不單單是一種政治上正確的態度，而且，它構成了一個完美的哲學和政治選擇（Gudeman and Rivera, 1990）。這就要求後發展主義對他者始終保持一種開放的心態，即要「使差異擁有立足之地」（Cobb, 2002：50）。

但是，這些本土模型不是以單純的狀態存在的，而是存在於與「主流」模型共同構成的混雜體中，有時甚至會賽博化（cybernetization）。這裏，需要拋棄要麼一概擁抱現代，要麼一意固守傳統的二元對立思維。例如，有些地區的農民已經形成一種既不受現代農業的邏輯控制，也不受傳統實踐邏輯支配的混雜模型。再如，在文化方面，今天的拉丁美洲既沒有悲感地根除全部傳統，也沒有得意地邁向進步和現代，而是處在複雜的文化混雜化過程中，包含着形形色色、各式各樣的現代和傳統。這一混雜化過程體現在城市和鄉村的文化之中。無論是城市文化還是鄉村文化，都是一種社會文化的混合，且難以辨清。在這種觀點下，傳統與現代、農村與城市、陽春白雪與下里巴人之間的差別失去了明顯的棱角和必要性（Escobar, 1995：218）。

然而，雖然文化政治學需要對處於統治地位的發展話語和第三世界保留下來的多元本土模型一視同仁，但在現實中，我們不能幼稚地忽視這樣一種事實，那就是，在世界上很多地方，就在此時此刻，發展仍在埋頭苦幹、專心破壞。發展話語仍將繼續它的元敍事，即發展仍會是一個自上而下的、種族中心主義的、技治主義的方法，仍會被看作一個幾乎放之四海而皆準的技術干預制度，以給「目標」人羣送去「急需」的產品（Escobar, 1995：44）。

在這裏，我們可以發現，埃斯科瓦爾對發展主義的批判和對本土模型的倡導，與利奧塔（1997）對現代性知識的批判和對小敍事的支持不謀而合、殊途同歸。現代人普遍把科學知識、思辨理性和人性解放當作人類的救星，而利奧塔對現代社會的現代性以「科學知識」「思辨理性」和「人性解放」為標誌的「大敍事」或「元敍事」，及其合法性提出了質疑和批判。他指出，西方社會追求普遍性的救世方案，結果不但沒有救世，反而成了迫害人性的工具。西方的現代社會儘管自我標榜為自由民主的社會，但仍然存在大敍事壓抑小敍事的現象。大敍事把自己視為「正統」，對小敍事加以排斥。其結果是抹殺了差別性和異質性。利奧塔站在許多小敍事一邊，對大敍事進行質疑。但是這並不意味着大敍事會就此卻步，也不意味着小敍事會代表歷史發展的新方向。

為了進一步認識和理解埃斯科瓦爾的後發展主義，我們還可以參考後現代與現代的關係，從而得出這樣的判斷，即後發展與發展並非是在時間上的前後序列關係。這裏，後發展的「後」既不表示後發展與發展是一刀兩斷的關係，也不意味着發展之後的階段或嶄新的歷史時代，而是表示對發展主義的深刻的再反思（張慶熊等，2001；夏光，2003：13）。這樣，後發展也許可以看成是發展的一個部分（利奧塔，1997：138；賀旭輝，2006）。

六、中國的發展與發展研究

《遭遇發展》對發展話語體制的霸權統治和發展主義的反思和批判，對分析和思考中國的發展現實具有重要意義，特別是在中國已經成為 GDP 總量意義上的世界第二經濟大國時，如何清醒地面對增長的成就和繁榮背後的危機，對中國讀者來說，也許可以拓寬許多思考和分析的視角。若將發展的「話語說」運用到中國的發展研究中，在面對發展所加劇的城鄉間的差距、羣體間的不平等、地區間的不平衡、經濟與社會的斷裂以及人與自然的對立等問題時，我們或許可以打破思維的禁錮，在那些習以為常的技術思維之外，[1] 將關乎人民大眾的發展問題再政治化（re-politicization）。此時，我們也許會豁然開朗，因為這將揭開覆蓋在權力支配和控制結構上的那層薄薄的發展話語的面具。追求現代性的發展話語在中國製造了同樣的知識形式與真理體制。通過一個個國際或國內發展項目的制度化實踐，它使民眾按照發展話語的指示，重新創造了一個發展話語所描繪的世界。人們信以為真，將其視為代表了真理的真正真實的世界。身處其中，人們也就自然會接受發展話語所部署的那些新的勞動分工、社會關係和權力配置，雖然有時會心比天高，但同時會歎息命如紙薄。這樣，發展話語體制也就維持和強化了權力集團對普通百姓、城市對農村、東部對西部和資本對勞動的支配和控制。

縱觀中國 40 餘年的發展路徑，可以發現，我們其實並沒有脫離西

---

[1] 發展問題和廣泛的社會問題原本也是政治問題，而資本主義和自由主義的實踐成功地使這些問題去政治化了。因此，我們需要回歸到這些問題的本來現實，即重新回到「這些問題仍然是政治問題」的認識上來。這就是這裏所說的「再政治化」。「再政治化」中的「再」有「重新」「複」「返」的意思。

方話語和西方思想的權力支配，因為我們踐行的一直是西方支配下的發展主義道路。我們所追尋的仍然是埃斯科瓦爾所批判的現代化的普世模型，而不留給其他選擇任何空間。理論家和政治家充分利用了發展問題化和技術化的策略，其制定的任何發展計劃與實施的任何發展項目都是建立在對問題的科學論證的基礎上的，而且經濟學家主導了這一遊戲過程。支配這一遊戲的是 GDP、增長和快速的經濟邏輯，以及「數字出政績，政績出幹部」的政治邏輯。而那些內聚生活方式、制度和文化於整體的地方性模型，被以「發展」之名的挖掘機、鑽井、煙囪、現代生產所摧毀。在人們的眼中，自然的價值在於效用而不是存在。

人們生活的很多方面變得越來越經濟化，包括人類生活、自然世界、人與人之間的關係以及人與自然之間的關係。正如莫言（2011）指出的，「人類正在瘋狂地向地球索取。我們把地球鑽得千瘡百孔，我們污染了河流、海洋和空氣，我們擁擠在一起，用鋼筋和水泥築起稀奇古怪的建築，將這樣的場所美其名曰城市，我們在這樣的城市裏放縱着自己的慾望，製造着永難消解的垃圾」。

生產、市場和消費的話語完全滲透到人們每日生活的語言中。創造和積累財富的主要手段已不再是勞動，而是資本，且更為有效；勞動則變成了維持生計的手段。人們對增長、財富和資本頂禮膜拜、唯命是從，結果是人被異化了。人自以為是物質的主人，卻遭到異己的物質力量的奴役。而那些處於權力結構中的有機知識分子也推波助瀾，利用他們的「知識」來製造一種真理——「為了國家的發展，有些人是需要付出代價的，甚至是一代或幾代人的代價！」——來掩蓋發展中普遍出現的「利益私有化和代價社會化」的真相，或更具體地說，利益由權力和資本分肥，代價則由「弱權羣體」來承擔（陳斌，2010）。

在崇尚知識的中國社會，人們接受了這些知識分子創造的真理。因此，即使「強拆」是當下人們最痛恨的字眼，現代人仍處於對資本橫行的社會結構之無意識狀態。對於發展中出現的各種問題，雖然學界和政界多有討論，但是就如面對發展中的生態危機時提出的可持續發展戰略一樣，其目標只不過是從「增長的極限」轉換成「極限的增長」，是發展話語為了統治目的的一種話語轉型，對以經濟增長為中心的發展主義元敘事仍然奉若寶典。

時至今日，「發展」已經成為時代的主旋律，並毫無爭議地成為政府的目標、國人的信仰和社會的共識。「發展」被我們以一種堅信不疑的態度奉上神壇，並成為社會行動和制度系統的唯一目標，且所有人都為之敬仰、為之狂熱、為之獻身。此時，我們的文化意識已經越過「要不要發展」的疑惑階段，而直接進入了對「如何發展」的終極思考。發展的任何代價也被看作是發展中的問題，並只有通過發展才能解決（葉敬忠、孫睿昕，2012）。

在普世化、主流化和中心化的一元模型越來越強烈地統治人們的發展意識時，我們應該再次思考如何給埃斯科瓦爾建議的本土模型和混雜模型以生存的空間。這就需要我們打破發展主義的思維定式，以更開放的態度對待他者，對待歷史和人類社會幾千年的生活與知識積累。塞林斯（2001：57）的研究指出，物質財富的積累觀只是現代資本主義社會的產物，並不是原初社會的價值。原初社會的狩獵者和採集者雖然沒有什麼固定的物質資產，但他們並不貧窮，他們生活在物質的豐裕之中。摩爾根（2007：400-401）在《古代社會》中指出：「自從進入文明社會以來，財富的增長是如此巨大，這種財富對人民說來變成了一種無法控制的力量。人類的智慧在自己的創造物面前感到迷惘而不知所措了……社會的瓦解，即將成為以財富為唯一的最終目的的那個歷程的終結……政治上的民主，社會中的博愛，權利的平等和普及的教育，將揭開社會的下一個更高的階段。」波蘭尼（2007：37）在《大轉型》中指出，19世紀出現的圖利動機，在人類社會歷史上幾乎未被認為是有效的動機，這種動機也從未被提升到促成人類日常行為和行動的高度。阿馬蒂亞·森（Amartya Sen, 1999）對現代社會的研究也闡明，我們的生活質量並不取決於我們的財富，而是取決於我們的自由。而且，即使有 GDP 的迅速攀升，那也只是經濟學的統計遊戲罷了，並非民眾的實際感受。人們經常看到的卻是另一番景象，即基層人民備嘗日益增加的挫折感、疏離感和不安全感（舒馬赫，2007：6）。莫言則告誡我們：

> 在人類發明空調之前，熱死的人並不比現在多；在人類發明電燈前，近視眼遠比現在少；在有電視前，人們的業餘時間照樣很豐富；有了網絡後，人們的頭腦裏並沒有比從前儲存更多的有用信息；有網絡前，傻瓜似乎比現在少。……交通的便捷使人們失去了旅遊的快樂，通信的快捷使人們失去了通信的幸福，食物的過剩使人們失去了吃的滋味，性的易得使人們失去了戀愛的能力。……沒有必要用那麼快的速度發展，沒有必要讓動物和植物長得那麼快，因為動物和植物長得快了就不好吃，就沒有營養，就含有激素和其他毒藥。……在資本、貪慾、權勢刺激下的科學的病態發展，已經使人類生活喪失了許多情趣且充滿了危機。（莫言，2011）

需要說明的是，對地方性模型生存空間的強調並不是要否定經濟的增長和人們對財富的期望，特別是在西方支配的世界體系內，我們必須獲得自主性（汪暉，2008）。但我們這裏所討論的是在民族自主性之外的社會觀和生活觀，其中包括兩種相對的價值取向，即「我為物轉」和「物為我轉」。對於前者，縱有萬貫家財，身居豪宅，衣食無憂，但還會繼續索取，不論有道還是無道，人變成了物質或者現代的奴隸，結果是騎驢找驢，這山望着那山高，永遠沒個結果。而對於後者，「一簞食，一瓢飲，在陋巷，人不堪其憂，也不改其樂」。正如梁啟超所言，其實「苦樂全在主觀的心，不在客觀的事」。

懷疑和批判是科學進步的結果。這種進步也是以懷疑和批判為前提的。在《遭遇發展》中，埃斯科瓦爾超越現實的表象來剖析遭遇發展的本質，正是在踐行社會科學應該具有的批判性精神。他試圖摧毀一元的、普世的宏大戰略，目的就是給五彩繽紛的本土模型爭取空間。這本身就是一種建設。我們不能期望在解構一種普世戰略的同時，再建構另外一種替代的宏大戰略取代過去，並再次主流化、一元化和普世化，否則，我們就再次掉入了同樣要被批判的現代化陷阱。今天，我們必須認識到社會批判對社會建設的重要意義，特別是在共謀和結盟盛行，極力以一元吞併多元，某一種存在模式往往極力貶低、抹殺甚至吞併其他模式的現代社會裏，社會批判可以使一元主導的社會保持某種張力，使社會向更加健康和更加和諧的方向發展。正如在中國現代思想文化裏，幸虧有了魯迅，才形成了某種張力，才留下了未被規範、未被收編的另一種發展可能性（錢理羣，2008：195）。鑒於一些人對「解構」的誤解，法國著名哲學家德里達的一連串反問也許可以給我們些許啟示。他說：

在我看來，解構就是履行責任。為什麼人們一味地把解構看作是虛無主義和懷疑主義的呢？為什麼如果有人就理性——它的形式、它的歷史、它的興衰——提出問題，就會被說成是非理性主義的呢？為什麼如果有人就人的本質以及「人」的概念之建構提出問題，就會被說成是反人道主義的呢？（Derrida, 1989：224）

而關於責任和人的本質，也正是埃斯科瓦爾所思考的。正如他在《遭遇發展》結尾處所提出的，「等待第一世界和第三世界的，或許是在後人文主義景象中學會如何做『人』」。

參考文獻

〔美〕C. 賴特・米爾斯，2001，《社會學的想像力》，三聯書店。

〔英〕E. F・舒馬赫，2007，《小的是美好的》，李華夏譯，譯林出版社。

〔法〕H. 孟德拉斯，2005，《農民的終結》，李培林譯，中國社會科學出版社。

〔美〕J. 福斯特，2009，《全球變暖：資本主義的應對之策等於向自然宣戰？》，《國外社會科學》第 3 期。

〔英〕J. D. 貝爾納，2003，《科學的社會功能》，陳體芳、張今譯校，廣西師範大學出版社。

〔德〕M. 霍克海默，1989，《批判理論》，李小兵譯，重慶出版社。轉引自張意忠（2005）。

〔古羅馬〕M. T. 瓦羅，1981，《論農業》，王家綬譯，商務印書館。

〔美〕N. D. 克里斯托夫，2007，《援助：是否有效》，護帆譯，《國外社會科學》第 2 期。

〔美〕R. 麥克法夸爾、費正清，2007，《劍橋中華人民共和國史（上卷）：革命的中國的興起（1949－1965 年）》，中國社會科學出版社。

〔法〕R. A. B. 皮埃爾、法蘭克・蘇瑞特，2005，《美麗的新種子：轉基因作物對農民的威脅》，許雲鍇譯，商務出版社。

〔美〕阿圖羅・埃斯科巴，2001，《權力與能見性：發展與第三世界的發明和管理》，載許寶強、汪暉選編《發展的幻象》，中央編譯出版社。

〔美〕阿圖羅・埃斯科瓦爾，2011，《遭遇發展：第三世界的形成與瓦解》，汪淳玉、吳惠芳、潘璐譯，葉敬忠譯校，社會科學文獻出版社。

〔印〕阿馬蒂亞・森，2001，《貧困與饑荒》，王宇、王文玉譯，商務印書館。

〔印〕阿帕杜雷，2001，《印度西部農村技術與價值的再生產》，葉沛瑜、蕭潤儀譯，載許寶強、汪暉選編《發展的幻象》，中央編譯出版社。

〔英〕埃比尼澤·霍華德，2000，《明日的田園城市》，金經元譯，商務印書館。

〔美〕艾志端，2011，《鐵淚圖：19 世紀中國對於饑饉的文化反應》，曹曦譯，江蘇人民出版社。

〔美〕愛德華·W. 薩義德，2002，《知識分子論》，單德興譯，陸建德校，三聯書店。

〔烏拉圭〕愛德華多·加萊亞諾，2001，《拉丁美洲被切開的血管》，王玫等譯，人民文學出版社。

〔美〕安東尼·奧立佛 - 史密斯，2011，《災難的理論研究：自然、權力和文化》，納日碧力戈譯，彭文斌校註，《西南民族大學學報》（人文社會科學版）第 11 期。

〔意〕安東尼奧·葛蘭西，2000，《獄中札記》，曹雷雨、姜麗、張躍譯，中國社會科學出版社。

〔英〕安東尼·吉登斯，2003，《社會學方法的新規則》，社會科學文獻出版社。

〔英〕安東尼·吉登斯，2011，《現代性的後果》，田禾譯，譯林出版社。

〔巴基斯坦〕班努里，2001，《發展與知識的政治：現代化理論在第三世界發展中的社會角色的批判詮釋》，陳耀波、劉傳偉譯，載許寶強、汪暉選編《發展的幻象》，中央編譯出版社。

〔加拿大〕寶森，2005，《中國婦女與農村發展：雲南祿村六十年的變遷》，胡玉坤譯，江蘇人民出版社。

〔美〕保羅·羅伯茨，2008，《食品恐慌》，胡曉姣、崔希芸、劉翔譯，中信出版社。

〔法〕布魯諾·拉圖爾、〔英〕史蒂夫·伍爾加，2001，《實驗室生活：科學事實的建構過程》，張柏霖、刁小英譯，東方出版社。

〔日〕池田大作、〔英〕阿·湯因比，1985，《展望二十一世紀》，荀春生、朱繼征、陳國梁譯，國際文化出版公司。

〔日〕村上春樹，2009，《永遠站在雞蛋的那方：村上春樹在耶路撒冷的演講》，《北京文學・中篇小說月報》第 7 期。

〔日〕大江健三郎，2004，《在自己的樹下》，秦嵐、劉曉峰譯，南海出版社。

〔英〕大衛・哈維，2010，《新自由主義簡史》，王欽譯，上海譯文出版社。

〔美〕丹尼斯・S. 米勒蒂，2008，《人為的災害》，譚徐明等譯，湖北人民出版社。

〔贊比亞〕丹比薩・莫約，2010，《援助的死亡》，王濤、楊惠等譯，劉鴻武審校，世界知識出版社。

〔德〕恩格斯，1999，《家庭、私有制和國家的起源》，人民出版社。

〔德〕恩格斯，2009a，《法德農民問題》，載《馬克思恩格斯文集》第四卷，人民出版社。

〔德〕恩格斯，2009b，《路德維希・費爾巴哈和德國古典哲學的終結》，載《馬克思恩格斯文集》第四卷，人民出版社。

〔印〕范達娜・席瓦，2006，《失竊的收成：跨國公司的全球農業掠奪》，唐

均譯，上海人民出版社。

〔美〕菲迪南得・倫德伯格，1977，《富豪和超級富豪：現代金錢權勢研究》，商務印書館。轉引自趙華文、李雨（2012：71）。

〔美〕菲利普・麥克邁克爾（Philip McMichael），2010，《世界糧食危機的歷史審視》，陳祥英、陳玉華編譯，《國外理論動態》第 3 期。

〔美〕弗雷德・馬格多夫，2008，《世界糧食危機的成因和應對策略》（下），安立仁、白少君編譯，《國外理論動態》第 9 期。

〔美〕弗里曼、畢克偉、塞爾登，2002，《中國鄉村，社會主義國家》，陶鶴山譯，社會科學文獻出版社。

〔墨西哥〕傅傑利亞・加西亞 - 奧克薩塔（Virginia Garcia-Acosta），2011，《災難的歷史研究》，郭少妮、張琪譯，《民族學刊》第 6 期。

〔德〕岡特・紹伊博爾德，1993，《海德格爾分析新時代的技術》，宋祖良譯，中國社會科學出版社。

〔瑞典〕岡納・繆爾達爾，1991，《世界貧困的挑戰：世界反貧困大綱》，北京經濟學院出版社。

〔美〕韓丁，1980，《翻身：中國一個村莊的革命紀實》，北京出版社。

〔美〕赫伯特・馬爾庫塞，2008，《單向度的人：發達工業社會意識形態研究》，劉繼譯，上海譯文出版社。

〔美〕亨利・奧古斯特・羅蘭，2005，《為純科學呼籲》，《科技導報》第9期。譯自：Rowland, Henry Augustus. 1883. A Plea for Pure Science. *Science*, 24th August.

〔美〕亨利・戴維・梭羅，2011，《瓦爾登湖》，徐遲譯，上海譯文出版社。

〔英〕亨利・伯恩斯坦，2011，《農政變遷的階級動力》，汪淳玉譯，葉敬忠譯校，社會科學文獻出版社。

〔荷〕吉多・雷文卡普（Guido Ruivenkamp），2011，《生物技術的重塑內源發展》，中國農業大學人文與發展學院「農政與發展」系列講座第6講，中國農業大學人文與發展學院網站，http://cohd.cau.edu.cn/main/html/xue- shuhuodong/2011/1220/4043. html, 12月20日。

〔美〕加爾布雷斯，1965，《豐裕社會》，徐世平譯，上海人民出版社。

〔美〕傑弗里・薩克斯，2010，《貧困的終結：我們時代的經濟可能》，上海人民出版社。

〔美〕傑里米・里夫金，2000，《生物技術世紀：用基因重塑世界》，付立傑、陳克勤、昌增益譯，上海科技教育出版社。

〔英〕卡爾・波蘭尼，2007，《大轉型：我們時代的政治與經濟起源》，馮鋼、劉陽譯，浙江人民出版社。

〔美〕克萊夫・詹姆斯（Clive James），2013，《2012年全球生物技術/轉基因作物商業化發展態勢》，《中國生物工程雜誌》第2期。

〔英〕拉吉・帕特爾，2008，《糧食戰爭》，郭國璽、程劍峰譯，東方出版社。

〔美〕萊斯特・M. 薩拉蒙，2007，《全球公民社會：非營利部門視界》，社會科學文獻出版社。

〔美〕萊斯特・R. 布朗（Lester R. Brown），2011，《新糧食地緣政治》，

劉俊譯，《國外社會科學文摘》第 8 期。

〔美〕勞倫斯・紐曼，2007，《社會研究方法：定性與定量的取向》（第五版），郝大海譯，中國人民大學出版社。

〔美〕蕾切爾・卡森，2011，《寂靜的春天》，呂瑞蘭、李長生譯，上海譯文出版社。

〔美〕理查德・謝弗，2006，《社會學與生活》，劉鶴羣等譯，世界圖書出版公司。

〔法〕利奧塔，1997，《後現代性與公正遊戲：利奧塔訪談、書信錄》，談瀛洲譯，上海人民出版社。轉引自楊豔萍（2001）。

〔美〕劉易斯・科塞，2001，《理念人：一項社會學的考察》，郭方等譯，鄭也夫、馮克利校，中央編譯出版社。

〔法〕盧梭，1978，《愛彌兒》，李平漚譯，商務印書館。

〔法〕盧梭，2011，《論科學與藝術的復興是否有助於使風俗日趨純樸》，李平漚譯，商務印書館。

〔匈〕盧卡奇，1999，《歷史與階級意識》，杜章智、任立、燕宏遠譯，商務印書館。

〔美〕路易斯・亨利・摩爾根，2007，《古代社會》，楊東苑、馬雍、馬巨譯，中央編譯出版社。

〔美〕羅迦・費・因格，2000，《事物的正確答案不止一個》，載中外母語教材比較研究課題組編《中外母語教材選粹》，郭常義、胡曉丁譯，江蘇教育出版社。

〔英〕羅素，2011，《西方哲學史》（下），何兆武、李約瑟譯，商務印書館。

〔德〕馬丁・海德格爾，2008，《林中路》，孫周興譯，上海譯文出版社。

〔德〕馬克思，1974，《麵包的製作》，載《馬克思恩格斯全集》第十五卷，人民出版社。

〔德〕馬克思，2004a，《資本論》第三卷，人民出版社。

〔德〕馬克思，2004b，《資本論》第一卷，人民出版社。

〔德〕馬克思，2009，《路易・波拿巴的霧月十八日》，載《馬克思恩格斯文集》第二卷，人民出版社。

〔德〕馬克思、恩格斯，1961，《馬克思恩格斯全集》第九卷，人民出版社。

〔德〕馬克思、恩格斯，1971，《馬克思恩格斯全集》第二十三卷，人民出版社。

〔德〕馬克思、恩格斯，1972，《馬克思恩格斯全集》第十二卷，人民出版社。

〔德〕馬克思、恩格斯，1995，《馬克思恩格斯選集》第四卷，人民出版社。轉引自王銘霞（2011）。

〔德〕馬克斯・霍克海默、西奧多・阿多諾，2006，《啟蒙辯證法》，渠敬東、曹衛東譯，上海人民出版社。

〔德〕馬克斯・韋伯，2004，《韋伯作品集Ⅲ・支配社會學》，康樂、簡惠美譯，廣西師範大學出版社。

〔美〕馬格林，2001，《農民、種籽商和科學家：農業體系與知識體系》，卜永堅譯，載許寶強、汪暉選編《發展的幻象》，中央編譯出版社。

〔美〕邁克・戴維斯，2009，《佈滿貧民窟的星球》，潘純琳譯，新星出版社。

〔美〕邁克爾・P. 托達羅，1992，《經濟發展與第三世界》，印金強、趙榮美譯，中國經濟出版社。轉引自郭擁軍（2002）。

〔美〕邁克爾・桑德爾，2012，《公正：該如何做是好？》，朱慧玲譯，中信出版社。

〔法〕孟德斯鳩，1961，《論法的精神》上冊，張雁深譯，商務印書館。

〔法〕米歇爾・福柯，2001，《臨牀醫學的誕生》，劉北成譯，譯林出版社。

〔法〕米歇爾・福柯，2003a，《福柯集》，杜小真編選，上海遠東出版社。

〔法〕米歇爾・福柯，2003b，《不正常的人》，錢翰譯，上海人民出版社。

〔法〕米歇爾・福柯，2005，《性經驗史》，佘碧平譯，上海人民出版社。

〔法〕米歇爾・福柯，2009，《規訓與懲罰》，劉北成、楊遠嬰譯，三聯書店。

〔加拿大〕娜奧米・克萊恩，2010，《休克主義：災難資本主義的興起》，吳國卿、王柏鴻譯，廣西師範大學出版社。

〔美〕歐博文、米爾蒂（O'Brien, P. W., Mileti, D. S.），2004，《防震減災、應急準備和反應及恢復重建的社會學問題》，任秀珍譯，《世界地震譯叢》第 2 期。

〔英〕齊格蒙特．鮑曼，2001，《全球化:人類的後果》，郭國良、徐建華譯，商務印書館。

〔英〕齊格蒙特．鮑曼，2006a，《廢棄的生命》，谷蕾、胡欣譯，江蘇人民出版社。

〔英〕齊格蒙特．鮑曼，2006b，《被圍困的社會》，郇建立譯，江蘇人民出版社。

〔英〕齊格蒙特．鮑曼，2012，《流動的時代：生活於不確定性的年代》，江蘇人民出版社。

〔美〕喬納森．H. 特納，2006，《社會學理論的結構》，邱澤奇、張茂元譯，華夏出版社。

〔意〕喬凡尼．阿爾利吉，2000，《歷史視野中的勞動力供給：羅得西亞非洲農民無產階級化研究》，張羣羣譯，載許寶強、渠敬東選編《反市場的資本主義》，中央編譯出版社。

〔法〕讓 - 弗朗索瓦．利奧塔爾，1997，《後現代狀態：關於知識的報告》，車槿山譯，三聯書店。

〔法〕讓 - 雅克．盧梭，2009，《論人類不平等的起源和基礎》，高煜譯，高毅校，廣西師範大學出版社。

〔美〕塞林斯，2001，《原初豐裕社會》，丘延亮譯，載許寶強、汪暉選編《發展的幻象》，中央編譯出版社。

〔法〕尚．布希亞，2001，《物體系》，林志明譯，人民出版社。

〔德〕施萊爾馬赫，1808，《關於德國觀念的大學的思考》，轉引自〔法〕讓 - 弗朗索瓦．利奧塔爾（1997：70）。

〔美〕施堅雅，1998，《中國農村的市場和社會結構》，史建雲、徐秀麗譯，中國社會科學出版社。

〔奧地利〕斯蒂芬．茨威格，2013，《三作家》，王雪飛譯，安徽文藝出版社。

〔美〕斯圖爾特・布蘭德，2012，《地球的法則：21 世紀宣言》，葉富華、耿新莉譯，中信出版社。

〔美〕蘇珊娜・M. 霍夫曼，2011，《由卡特琳娜和麗塔颶風引發的災難人類學思考》，黃春譯，《民族學刊》第 6 期。

〔日〕速水佑次郎、神門善久，2009，《發展經濟學：從貧困到富裕》，李周譯，社會科學文獻出版社。

〔美〕唐納德・沃斯特，2003，《塵暴：1930 年代美國南部大平原》，侯文蕙譯，三聯書店。

〔美〕特納等，1990，《災害來臨之前——加利福尼亞的地震監視》，鄒其嘉等譯，學術書刊出版社。

〔菲律賓〕瓦爾登・貝羅、馬拉・巴非爾拉，2010，《世界糧食戰爭》，李淑妍編譯，《國外理論動態》第 3 期。

〔美〕瓦爾登・貝羅等，1994，《黑暗的勝利：美國、結構調整與全球貧困》，墨石譯，普魯多出版社、「糧食與發展研究所（糧食第一）」。

〔美〕威廉・恩道爾，2008，《糧食危機》，趙剛等譯，知識產權出版社。

〔美〕威廉・伊斯特利，2008，《白人的負擔：為什麼西方的援助收效甚微》，崔新鈺譯，中信出版社。

〔加拿大〕維克托・李（Victor Li），2012，《知識的旅程：從文學研究到後殖民和全球化研究》，中國農業大學人文與發展學院「學術漫談」第 16 期，6 月 6 日。

〔蘇〕維果茨基，1994，《維果茨基教育論著選》，余震球譯，人民教育出版社。轉引自馮建軍（2004）。

〔德〕烏爾里希・貝克，2004，《風險社會》，何博聞譯，譯林出版社。

〔印〕烏特薩・帕特內，2010，《印度和發展中國家糧食危機的根源》，王麗娜編譯，《國外理論動態》第 3 期。

〔法〕西爾維・布呂內爾，2010，《饑荒與政治》，王吉會譯，社會科學文獻出版社。

〔荷〕揚・杜威・范德普勒格，2013，《新小農階級：帝國和全球化時代為了自主和可持續性的鬥爭》，潘璐、葉敬忠譯，葉敬忠譯校，社會科學文獻出版社。

〔美〕伊麗莎白・亨德森、羅賓・范・恩，2012，《分享收穫：社區支持農業指導手冊》（修訂版），石嫣、程存旺譯，中國人民大學出版社。

〔加拿大〕約翰・奧尼爾，2010，《身體五態：重塑關係形貌》，李康譯，北京大學出版社。

〔美〕約翰・杜威，1990，《民主主義與教育》，王承緒譯，人民教育出版社。

〔美〕約翰・馬德萊，2005，《貿易與糧食安全》，熊瑜妤譯，商務印書館。

〔美〕詹姆斯・C. 斯科特，2001，《農民的道義經濟學：東南亞的反叛與生存》，程立顯、劉建等譯，譯林出版社。

〔美〕詹姆斯・C. 斯科特，2004，《國家的視角：那些試圖改善人類狀況的項目是如何失敗的》，王曉毅譯，胡搏校，社會科學文獻出版社。

〔美〕詹姆斯・C. 斯科特，2007，《弱者的武器》，鄭廣懷、張敏、何江穗譯，譯林出版社。

〔美〕詹妮弗・佛朗哥（Jennifer Franco），2011，《資本的謊言：考問全球土地攫取的宏大敍事》，中國農業大學人文與發展學院「農政與發展」系列講座第 3 講，中國農業大學人文與發展學院網站，http://cohd. cau. edu.cn/art/2013/4/26/ art_8968_62.html，11 月 10 日。

〔英〕珍・古道爾、〔美〕加里・麥克艾弗伊、〔美〕蓋爾・哈德遜，2009，《希望的收穫》，范效成、范義涵譯，陝西人民出版社。

《北京青年報》，2004，《鮮牛奶為何倒進臭水溝？》，6 月 29 日。

《城市快報》，2008，《副市長跑「部」無果不敢回家》，12 月 1 日。

《重慶日報》，2014，《全國夏糧豐收已成定局　小麥產量實現「十一連增」》，6 月 18 日。

《大學・中庸》，2006，中華書局。

《讀者》，2011，第 9 期。

《國際先驅導報》，2009，《中國嚴防貪官染指 4 萬億　跑部律師要求信息公開》，2 月 3 日。

《江蘇經濟報》，2004，《鹽城用 GPS 查「一女多嫁」》，3 月 23 日。

《老子》，2006，中華書局。

《禮記．孝經》，2007，中華書局。

《論語》，2006，中華書局。

《孟子》，2006，中華書局。

《齊魯周刊》，2012，《「生化時代」的食品政治》，第 51 期。

《人民法院報》，2012，《非法添加「瘦肉精」飼餵肉牛　兩農民生產有毒食品獲刑》，3 月 27 日。

《生活日報》，2011，《用瘦肉精餵牛　安徽一農民被判刑》，10 月 27 日，第 A23 版。

《新華日報》，1941，《青年思想訓練問題》，6 月 2 日。

《中國發展簡報》，2007，《中國 NGO 面臨的挑戰與能力建設的思考》，2 月。

《中國青年報》，2004，《審計發現 50 縣支農資金成空投　近五億元被擠挪》，7 月 5 日。

安娜，2009，《簡議生態女性主義》，《湖北第二師範學院學報》第 4 期。

鮑東昇，2010，《山西眾多農村學校成養豬場　城鎮學校爆滿》，《人民日報》11 月 2 日。

北京市林業碳匯工作辦公室，2010，《過於「溫暖」的地球給我們帶來了什麼》，《綠化與生活》第 3 期。

財政部亞太財經與發展中心，2011，《簡析「馬歇爾計劃」對歐洲戰後的重建作用》，財政部亞太財經與發展中心網站，http: //afdc.mof.gov.cn/pdlb/yjcg/201111/t20111114_ 607326. html，11 月 14 日。

蔡恩澤，2010，《外資在我國糧油市場跑馬圈地　糧食安全敲響警鐘》，新華報業網（觀察與思考），http://news.xhby.net/system/2010/11/02/010848223. shtml，11 月 2 日。

曹順仙，2006，《「環境資本論」的悖論》，《中國林業經濟》第 6 期。

陳阿江，1997，《農村勞動力外出就業與形成中的農村勞動力市場》，《社會學研究》第 1 期。

陳斌，2010，《中國必須超越發展主義模式》，《南方周末》9 月 30 日，第 E25 版。

陳丹青，2007，《退步集續編》，廣西師範大學出版社。

陳國權、付旋，2003，《公共政策的非公共化：尋租的影響》，《CPA 中國行政管理》第 1 期。

陳健鵬，2010，《轉基因作物商業化的現狀、對糧食安全的影響及啟示》，《農業經濟問題》第 2 期。

陳平，2008，《新自由主義的興起與衰落：拉丁美洲經濟結構改革（1973—2003）》，世界知識出版社。

陳蓉霞，2010，《轉基因「大躍進」令人膽戰心驚》，《東方早報》2 月 10 日。

陳紹鵬，2013，《追溯系統已成為農業和食品安全基石》，《IT 經理世界》第 14 期。

陳世棟、王為徑、葉敬忠，2013，《災害應對機制中的發展主義「框構」：以汶川地震災害應對與甬溫線高鐵事故處理為例》，《西南民族大學學報》（人文社會科學版）第 5 期。

陳蘇華，2013，《飲食文化導論》，復旦大學出版社。

陳天林，2010，《氣候危機中的世界低碳利益格局》，《特區實踐與理論》第 2 期。

陳文昇，2011，《環境政策與可持續經濟發展初探》，《商場現代化》第 13 期。

陳錫文，2010，《農村改革三大問題》，《中國改革》第 10 期。

陳秀峰、李莉，2008，《企業社會責任的興起與中國公益基金會事業發展》，《經濟社會體制比較》第 3 期。

陳序經，2010，《中國文化的出路》，嶽麓書社。

陳占彪，2006，《論當代知識分子的批評者角色》，《學術研究》第 10 期。

陳振明，1997，《走向一種科學技術政治學理論：評「西方馬克思主義」關於科學技術政治效應的觀點》，《自然辯證法通訊》第 2 期。

大眾網，2009，《山東大力整頓食品安全　嚴查小作坊黑窩點》，http://www.dzwww.com/2009/ztqy/news/200905/t20090507 _ 4603488. htm，5 月 7 日。

戴宗貢、解力平、王煒，1991，《農村工業化、商品化、城鎮化綜合研究》，《浙江學刊》第 5 期。

鄧正來，2012，《關注中國農村：中國都市化法律的反思》，中國農業大學人文與發展學院「農政與發展」系列講座第 16 講，中國農業大學人文與發展學院網站，http://cohd.cau.edu.cn/art/2013/4/26/art_8968_75.html，9 月 20 日。

鄧中華，2011，《中國管理：迷失與反思有用否？》，《管理學家》第 11 期。

丁傑、吳霓，2004，《農村留守兒童問題調研報告》，《教育研究》第 10 期。

東方海，2000，《生存的極限：關於環境生態的呼喊》，《稅收與社會》第 7 期。

東方網，2014，《記者臥底調查上海福喜工廠黑幕　麥當勞等洋品牌全淪陷》，http://news.eastday.com/eastday/13news/auto/news/china/u7ai2058174_K4. html，7 月 21 日。

東梅、常芳、白媛媛，2008，《農村小學佈局調整對學生成績影響的實證分析：以陝西為例》，《南方經濟》第 9 期。

杜鵬，2004，《聚焦「386199」現象　關注農村留守家庭》，《人口研究》第 4 期。

杜鵬、丁志宏，2004，《農村子女外出務工對留守老人的影響》，《人口研究》第 6 期。

杜鷹等，1997，《農村勞動力外出就業決策的多因素分析模型》，《社會學研究》第 1 期。

段成榮、周福林，2005，《我國留守兒童狀況研究》，《人口研究》第 1 期。

范可，2011，《災難的儀式意義與歷史記憶》，《中國農業大學學報》（社會科學版）第 1 期。

范銘、郝文武，2011，《對農村學校佈局調整三個目的的反思：以陝西為例》，《北京大學教育評論》第 2 期。

范先佐，2006，《農村中小學佈局調整的原因、動力及方式選擇》，《教育與經濟》第 1 期。

費孝通，1998，《鄉土中國　生育制度》，北京大學出版社。

費孝通，2006，《中國紳士》，惠海鳴譯，中國社會科學出版社。

風笑天，2001，《社會學研究方法》，中國人民大學出版社。

馮建軍，2004，《教育即生命》，《教育研究與實驗》第 1 期。

馮磊，2010，《公共利益的異化及其防範：以土地徵收和強制拆遷為例》，《甘肅理論學刊》第 5 期。

馮武勇，2007，《全球變暖何以提上國際政治議程》，《半月談》第 10 期。

馮禹丁、陳新焱，2011，《慈善背後的商業世界》，《南方周末》7 月 11 日。

馮禹丁、陳新焱、祝楊、房姍姍，2011，《「中國特色」的紅十字會》，《南方周末》7 月 7 日，第 A01 版。

福喜集團，2014，《聲明》，福喜官網，http://a3Q3900281.oinsite.yh.mynet.cn/_d276762926. htm，7 月 21 日。

高丙中，2002，《社會團體的合法性問題》，《中國社會科學》第 2 期。

高亮華，1998，《人文主義視野中的技術》，中國社會科學出版社。

高瑞霞，2009，《社區支持農業：合作新思維推動有機生活》，《中國合作經濟》第 12 期。

葛立羣、呂傑，2008，《我國轉基因食品的發展現狀及安全管理》，《農業經濟》第 2 期。

公丕祥，2002，《法理學》，復旦大學出版社。

古學斌、陸德泉，2002，《口述歷史與發展行動的反省：以中國貧困地區教育扶貧項目為例》，《香港社會學學報》第 3 期。

古學斌、張和清、楊錫聰，2004，《地方國家、經濟干預和農村貧困：一個中國西南村落的個案分析》，《社會學研究》第 2 期。

顧和軍、曹傑，2010，《人類活動影響二氧化碳排放研究進展》，《閱江學刊》第 1 期。

光明網，2013，《40 多年前的袋裝雞爪》，http://news.gmw.cn/newspaper/2013-07/08/content_1736858. htm，7 月 8 日。

廣州市食品藥品監督管理局，2013，《2013 年第一季度廣州市餐飲環節監督抽檢情況通報》，廣州市食品藥品監督管理局網站，http://www.gzfda.gov. cn/business/htmlfiles/gzfda/jdxw/201305/90190. html，5 月 16 日。

郭建如，2005，《國家一社會視角下的農村基礎教育發展：教育政治學分析》，《北京大學教育評論》第 3 期。

郭亮，2011，《資本下鄉與山林流轉》，《社會》第 3 期。

郭清揚，2008，《我國農村中小學佈局調整問題、原因及對策》，《華中師範大學學報》（人文社會科學版）第 1 期。

郭清揚、王遠偉，2008，《我國農村中小學佈局調整的總體評價》，《河北師範大學學報》（教育科學版）第 3 期。

郭濤、王海娟，2002，《論生態環境對綜合國力的影響》，《思想戰線》第 2 期。

郭擁軍，2002，《試論冷戰時期美國對拉美的經濟援助》，《拉丁美洲研究》第 3 期。

郭於華，2004，《透視轉基因：一項社會人類學視角的探索》，《中國社會科學》第 5 期。

郭元祥、胡修銀，2000，《論教育的生活意義和生活的教育意義》，《西北師大學報》（社會科學版）第 6 期。

國家統計局，1996，《中國統計年鑒 1996》（18-2 各級各類學校數），中國統計出版社。

國家統計局，2010，《第一次全國污染源普查公報》，國家統計局網站，http://www.stats.gov.cn/tjsj/tjgb/qttjgb/qgqttjgb/201002/t20100211_30641. html，2 月 11 日。

國家統計局，2011，《中國統計年鑒 2011》（20-1 各級各類學校、教職工和專任教師情況），中國統計出版社。

國家統計局，2014，《2013 年國民經濟和社會發展統計公報》，國家統計局網站，http://www.stats.gov.cn/tjsj/zxfb/201402/120140224_514970.html，2 月 24 日。

國土資源部，2008，《城鄉建設用地增減掛鈎試點管理辦法》，國土資發〔2008〕138 號文件。

國務院，2004，《國務院關於深化改革　嚴格土地管理的決定》，國發〔2004〕28 號。

國務院新聞辦公室，2009，《國新辦介紹「保經濟增長，保耕地紅線」行動進展情況》，新華網，http ://www.xinhuanet.com/zhibo/20090623/zhibo.htm，6 月 23 日。

韓德強，2004，《評「三農問題」的若干主張》，《三農中國》第 1 期。

韓紀江、胡星，2003，《發展經濟學》，中國農業大學出版社。

韓毓海、劉毅然、張文鐘、毛建福，2005，《星火》，河北人民出版社。

何卓，2008，《對我國農村中小學佈局調整的思考》，《教育發展研究》第 1 期。

荷蘭樂施會，2006，《NGO、企業與扶貧——一份討論報告》，NCDO 企業發展項目荷蘭樂施會文件（02）。

賀聰志、葉敬忠，2010，《農村勞動力外出務工對留守老人生活照料的影響研究》，《農業經濟問題》第 3 期。

賀新元，2007a，《西方援助第三世界的性質評述》，《學習論壇》第 5 期。

賀新元，2007b，《可怕的西方援助：對第三世界的侵蝕》，非洲之窗網，http://www.africawindows.com/html/feizhouzixun/feizhouxinwen/20070704/3075.shtml，7 月 4 日。

賀旭輝，2006，《利奧塔「後現代」思想闡釋》，《中國礦業大學學報》（社會科學版）第 3 期。

胡敏，2004，《境外公益性組織在華發展狀況調研報告》，清華大學碩士學位論文。

胡曉兵，2004，《哲學視野下的轉基因農業技術》，《理論觀察》第 6 期。

胡曉兵，2007，《現代農業技術異化的表現及其根源探析》，《學術交流》第6期。

胡曉兵、陳凡，2008，《農業技術哲學概論》，東北大學出版社。

胡學文，2009，《誰吃了我的麥子》，《小説月報》第10期。

胡英，1997，《中國城鎮、農村人口發展趨勢預測》，《中國人口科學》第6期。

郁慶治、李雲愛，1998，《可持續發展：生態主義向度》，《文史哲》第3期。轉引自彭新武（2001）。

黃愛民、張二勛，2006，《環境資本運營：環境保護的新舉措》，《聊城大學學報》（自然科學版）第2期。

黃大昉，2009，《轉基因解決糧食問題》，《北京科技報》8月3日。轉引自一民（2010）。

黃旦、郭麗華，2008，《媒體先鋒：風險社會視野中的中國食品安全報道——以2006年「多寶魚」事件為例》，《新聞大學》第4期。

黃平，2000，《關於「發展主義」的筆記》，《天涯》第1期。

黃平，2003，《發展主義在中國》，《科學中國人》第9期。

黃平，2005，《知識分子：在漂泊中尋求歸宿》，載許紀霖編《20世紀中國知識分子史論》，新星出版社。

黃平、李陀，2000，《南山紀要：我們為什麼要談環境—生態？》，《天涯》第1期。

黃衛平、王洪斌，2010，《轉基因食品的不確定思考》，《經濟界》第1期。

黃偉夫，2011，《揭穿二氧化碳導致全球變暖的謊言》，《教師博覽》第5期。

黃餘，2011，《兩處「自然資本」錯誤使用的研究》，《現代商業》第9期。

賈勇宏，2008，《農村中小學佈局調整的障礙與方式選擇：基於中西部6省（區）的調查》，《華中師範大學學報》（人文社會科學版）第2期。

賈勇宏、周芬芬，2008，《農村中小學佈局調整模式的分析和探討》，《河北師範大學學報》（教育科學版）第1期。

江立華，2011，《留守兒童問題的建構與研究反思》，《人文雜誌》第 3 期。

姜國祥，1997，《農業市場化：問題與對策》，《華東師範大學學報》（哲學社會科學版）第 6 期。

姜雯，2011，《以發展之名：對 A 省吳李村「土地增減掛鈎試點項目」的過程研究》，中國農業大學學士學位論文。

蔣高明，2010，《轉基因不是雜交，兩者不能混淆》，http://blog.sciencenet.cn/home.php? mod=space&uid=475&do=blog&id=296060，2 月 19 日。

蔣高明，2012，《試論轉基因作物的生態風險與生態農業對策》，光明網，http://health.gmw.cn/2012-10/30/content_5528435. htm，10 月 30 日。

教育部，2008，《國家是否提出過農村地區「鄉不辦中學，村不辦小學」的規定？》，教育部網，http://www.moe.edu.cn/publicfiles/business/htmlfiles/moe/moe_ 1352/200806/35827. html，6 月 13 日。

金微，2010，《轉基因大米》，新華網轉自《國際先驅導報》，http://news.xinhuanet.com/herald/2010-02/02/content.12917242.htm，2 月 2 日。

鞠海鷹，2009，《CSA 模式中消費者參與意願的影響因素研究：基於成都郫縣安德鎮安龍村的個案分析》，四川農業大學碩士學位論文。

康曉光、馮利，2011，《中國第三部門觀察報告（2011）》，社會科學文獻出版社。轉引自《中國第三部門：在行政吸納中走向依附？》，《中國發展簡報》，2011 春季刊。

藍燕，2004，《周濟：政府從未提出教育要產業化》，中國教育網，http://www.edu.cn/20040107/3096932. shtml，1 月 7 日。

藍志勇、宋學增、吳蒙，2013，《我國食品安全問題的市場根源探析：基於轉型期社會生產活動性質轉變的視角》，《行政論壇》第 1 期。

郎海如，2010，《農民集中居住過程中的農民福利缺失及對策》，《安徽農學通報》第 13 期。

老愚，2011，《面試研究生》，《雜文選刊》第 9 期（下旬版）。

雷龍乾，2007，《西方發展主義哲學的緣起和發展》，載中國科學院中國現代化研究中心《第五期中國現代化研究論壇論文集》。

黎爾平，2006，《多維視角下的國際非政府組織》，《公共管理學報》第3期。

黎文濤，2009，《發展援助背後的玄機》，《世界知識》第18期。

李長健、陳佑江，2005，《我國食品安全問題及其原因探析》，《中國科技信息》第16期。

李超、秦斌，2010，《村莊封閉管理　三百學生「爬山」上學》，《新京報》9月7日，第A13版。

李成貴，1999，《中國農業政策：理論框架與應用分析》，社會科學文獻出版社。

李琮，2000，《世界經濟學大詞典》，經濟科學出版社。

李干軍、孫述俊，2012，《關於農村學生家庭上學成本情況調查》，中國農業大學「中國農村留守人口干預項目：農村教育研討會」，會議交流論文，7月25-26日。

李海濤，2011，《留守人羣孤獨守望》，《農民日報》2月23日，第3版。

李建會，2005，《哈拉維及其「賽博格」神話》，載〔英〕喬治・邁爾遜《哈拉維與基因改良食品》，李建會、蘇湛譯，北京大學出版社。

李景山、張海倫，2012，《經濟利益角逐下的社會失範現象：從社會學視角透視食品安全問題》，《科學經濟社會》第2期。

李連江、歐博文，1997，《當代中國農民的依法抗爭》，載吳國光主編《九七效應》，太平洋世紀研究所。

李培超，2001，《自然的倫理尊嚴》，江西人民出版社。轉引自毛新志（2005）。

李佩紅，2011，《變遷》，《人民日報》3月19日，第8版。

李萍、張雁，2001，《論西部開發中的環境資本》，《社會科學研究》第3期。

李強，2010，《中國村落學校的離土境遇與新路向》，《中國教育學刊》第4期。

李勝，2008，《淺析二戰後發展主義話語的後現代解構：評新發展主義代表人物埃斯科巴的發展觀》，《理論界》第 1 期。

李書磊，2009，《村落中的「國家」：文化變遷中的鄉村學校》，浙江人民出版社。

李西傑，2011，《農民「被上樓」現象的倫理反思》，《道德與文明》第 3 期。

李霞，2011，《反思環境資本化：以 XS 土家族苗族自治縣的礦業發展為例》，《雲南民族大學學報》（哲學社會科學版）第 6 期。

李小雲、饒小龍、董強，2007，《外國對華官方發展援助的演變及趨勢》，《國際經濟合作》第 11 期。

李小雲、唐麗霞、武晉，2009，《國際發展援助概論》，社會科學文獻出版社。

李曉明、韓文輝、曹利軍，2002，《轉基因農業與可持續發展》，《中國人口．資源與環境》第 3 期。

李新玲，2012，《農村學校撤併何去何從》，《中國青年報》11 月 23 日，第 2 版。

李醒民，2011，《批判是學術的生命》，《中國社會科學報》6 月 28 日。

李友梅，2008，《從財富分配到風險分配：中國社會結構重組的一種新路徑》，《社會》第 6 期。

聯合國糧農組織，2009，《食物權：理論與實踐》，聯合國糧農組織。

聯合國糧農組織，2012a，《聯合國糧農組織穀物供求情況簡介》，聯合國糧農組織網站，http://www.fao.org/worldfoodsituation/wfs-home/csdb/zh/，查閱時間：2012 年 3 月 8 日。

聯合國糧農組織，2012b，《聯合國糧農組織食品價格指數》，http://www.fao.org/worldfoodsituation/wfs-home/csdb/zh/，查閱時間：2012 年 3 月 8 日。

梁海、羅江海，2010，《氣候變暖是一個偽命題嗎？》，《河北企業》第 5 期。

林崇德，2002，《教育與發展：創新人才的心理學整合研究》，北京師範大學出版社。

林曉光，2002，《國際政治經濟關係：以國際援助為視點》，《世界經濟研究》第 5 期。

林婭、孫文營，2008，《深化自然資本理念與發展循環經濟》，《中國人民大學學報》第 5 期。

劉彬，2009，《中小學生陪讀現象的分析與思考》，《教學與管理》第 8 期。

劉東亮、馬國順，2007，《甘肅 114 萬扶貧項目通過驗收　只見三牛棚一頭豬》，新華網轉引自《西部商報》，http://news.xinhuanet.com/local/2007-07/13/content_ 6368608. htm，7 月 13 日。

劉建濤、賈鳳姿，2012，《環境問題根源研究綜述》，《前沿》第 1 期。

劉劍虹，2005，《進一步調整中小學佈局 2010 年普及小學至高中 12 年教育》，《呼和浩特日報》10 月 10 日。

劉健、牛紀偉、段羨菊，2004，《財政支農兩千億，農民受益「毛毛雨」》，《半月談》第 10 期。

劉娟、劉曉林、林杜娟，2012，《發展主義邏輯下的農村教育：述評與反思》，《中國農業大學學報》（社會科學版）第 4 期。

劉超，2002，《民族解放運動和殖民地半殖民地國家現代化進程》，《社科與經濟信息》第 12 期。

劉奇，2011，《「滅村運動」是精英層的一廂情願》，《中國發展觀察》第 1 期。

劉書越，2009，《全球氣候變暖及相關命題真偽考》，《江西師範大學學報》（哲學社會科學版）第 3 期。

劉小燕、王潔，2009，《政府對外傳播中的「NGO」力量及其利用——基於西方國家藉 NGO 對發展中國家滲透的考察》，《新聞大學》第 1 期。

劉欣，2006，《農村中小學佈局調整與寄宿制學校建設》，《教育與經濟》第 1 期。

劉洋，2010，《袁隆平說對轉基因食品不能一概而論》，人民政協網，http://epaper.rmzxb.com.cn/2010/20100305/t20100305_306799. htm，3 月 5 日。

劉玉峰、李維才，2009，《中國古代糧食政策及其現代啟示》，百度網，https://wenku.baidu.com/view/5235cad484254b35eefd3445.html?_wkts_=1749538160944&needWelcomeRecommand=1，查閱時間：2014 年 8 月 13 日。

劉元琪，2004，《新自由主義與發展中國家的農業危機》，《國外理論動態》第 9 期。

柳海民、娜仁高娃、王澍，2008，《佈局調整：全面提高農村基礎教育質量的有效路徑》，《東北師範大學學報》（哲學社會科學版）第 1 期。

柳下再會，2010，《以碳之名：低碳騙局幕後的全球博弈》，中國發展出版社。

魯迅，2005a，《〈中國新文學大系〉小說二集序》，載《魯迅全集》第六卷，人民文學出版社。

魯迅，2005b，《關於知識階級》，載《魯迅全集》第八卷，人民文學出版社。

魯迅，2005c，《吶喊・自序》，載《魯迅全集》第一卷，人民文學出版社。

魯迅，2005d，《南腔北調集・漫與》，載《魯迅全集》第四卷，人民文學出版社。

陸五一、李禕雯、倪佳偉，2011，《關於可持續生計研究的文獻綜述》，《中國集體經濟》第 3 期。

陸裕良、董峻，2008，《農業部：我國已批准四種轉基因作物進行商業化生產》，新華網，http://news.xinhuanet.com/newscenter/2008-01/25/content_7496747. htm，1 月 25 日。

呂博雄、劉承，2012，《村小遭撤併村民繳費保留存　引撤點並校教改深思》，《中國青年報》5 月 17 日。

呂紹清，2006，《中國農村留守兒童問題研究》，《中國婦運》第 6 期。

羅必良，2010，《分稅制、財政壓力與政府「土地財政」偏好》，《學術研究》第 10 期。

羅浩波，2002，《可持續發展的多維意蘊及其取向》，《寶雞文理學院學報》（社會科學版）第 3 期。

羅雲波，2000，《關於轉基因食品安全性》，《食品工業科技》第 5 期。

馬國川，2010，《對話宋曉梧：如果改革的熱情耗盡了，很危險》，《時代周報》8 月 5 日。

馬也，2003，《歷史是誰的朋友》，中央民族大學出版社。轉引自賀新元（2007a）。

麥沛然，2002，《仍在低谷中徘徊：國際發展援助態勢分析》，《國際經濟合作》第 2 期。

毛丹，2004，《阿德勒對問題兒童及其教育的研究述評》，《韶關學院學報》（社會科學版）第 11 期。

毛新志，2004，《「實質等同性」原則與「轉基因食品」的安全性》，《科學學研究》第 6 期。

毛新志，2005，《轉基因食品生態安全的倫理探析》，《華中科技大學學報》（社會科學版）第 1 期。

毛新志，2011，《轉基因作物產業化的倫理學研究》，《武漢理工大學學報》（社會科學版）第 4 期。

毛新志、殷正坤，2004，《轉基因食品的標籤與知情選擇的倫理分析》，《科學學研究》第 1 期。

梅軍，2011，《瀕危的家園》，中央民族大學博士學位論文。

梅雪芹，2002，《20 世紀 80 年代以來世界環境問題與環境保護浪潮分析》，《世界歷史》第 1 期。

孟祥丹，2009，《當村莊沒有了學校》，《中國農業大學學報》（社會科學版）第 2 期。

明亮，2010，《發展主義視角下的違規用地行為探析》，《經濟論壇》第 12 期。

莫言，2011，《悠着點、慢着點——「貧富與貪慾」漫談》，《江南》第 3 期。

穆光宗，2004，《老齡人口的精神贍養問題》，《中國人民大學學報》第 4 期。

穆治錕，2004，《增進生態資本：可持續發展的基本要求》，《科技導報》第 1 期。

穆紫，2008，《西方勢力藉 NGO 向中國滲透》，鳳凰資訊網，http://news.ifeng.com/world/2/200806/0605_2591_582091. shtml，6 月 5 日。轉自香港中文月刊《紫荊》。

牛涵，2010，《發展觀察系列 1：鋼筆都去了哪裏？》，《中國農業大學學報》（社會科學版）第 3 期。

牛涵，2012，《發展觀察系列 7：叫停之後怎麼辦？》，《中國農業大學學報》（社會科學版）第 1 期。

牛泉，2009，《我國農村寄宿制學校現狀分析與對策思考》，《教育理論與實踐》第 5 期。

牛新國、楊貴生、劉志健、高揚，2003，《生態資本化與資本生態化》，《經濟論壇》第 3 期。

歐陽靜，2006，《謹防新農村建設過程中的幾個誤區》，《調研世界》第 6 期。

歐陽豔琴、陳曉雪，2011，《河北香河土地增減掛鈎亂象調查》，《中國經濟時報》5 月 9 日，第 4 版。

潘光旦，1998，《派與匯（代序）》（1947），載費孝通《鄉土中國　生育制度》，北京大學出版社。

潘璐，2012，《「小農」思潮回顧及其當代論辯》，《中國農業大學學報》（社會科學版）第 2 期。

潘璐、葉敬忠，2009，《農村留守兒童研究綜述》，《中國農業大學學報》（社會科學版）第 2 期。

潘知常，2006，《新意識形態與中國傳媒：新世紀新聞傳播研究的一個前沿課題》，《江蘇行政學院學報》第 4 期。

龐麗娟、韓小雨，2005，《農村中小學佈局調整的問題、原因及對策》，《教育學報》第 4 期。

彭新武，2001，《可持續發展觀的深層反思》，《理論與現代化》第 4 期。

彭雲，2008，《戰後國際援助潮流評析：發展軌跡及其特點》，《湖南師範大學學報》（社會科學版）第 5 期。

齊宏偉，2009，《學統與道統》，《南風窗》第 7 期。

齊民友，2008，《數學與文化》，大連理工大學出版社。

齊宏偉，2008，《致青年朋友》，中國長安出版社。

錢理羣，2011a，《談談「民國那些人」》，載徐百柯《民國風度》，九州出版社。

錢理羣，2011b，《我的精神自傳》，灕江出版社。

錢理羣，2012，《北大等在培養利己者》，搜狐網，http://news.sohu.com/20120503/n342213439. shtml，5 月 3 日。

秦啟文、吳爽，2008，《城市化進程中失地農民的社會排斥研究》，《安徽農業科學》第 24 期。

秦玉友，2010，《農村學校佈局調整的認識、底線與思路》，《東北師大學報》(哲學社會科學版) 第 5 期。

全國婦聯課題組，2013，《我國農村留守兒童、城鄉流動兒童狀況研究報告》，人民網，http://acwf.people.com.cn/n/2013/051Q/c99013-21437965. html，5 月 10 日。

人民網，2000，《陳章良為轉基因植物的安全性釋疑》，http://www.people.com.cn/GB/channel7/498/20000705/131168. html，7 月 5 日。

人民網，2011，《發改委：四川地震災區重建 9 月完工》，http://pohtics.people.com.cn/GB/1027/14602499. html，5 月 11 日。

任守雲，2012，《市場嵌入與自我剝削：李村商品化過程研究》，中國農業大學博士學位論文。

任運昌，2006a，《西部農村寄宿制學校給農民家長帶來了什麼：一項質的研究及其現實主義表達》，《當代教育科學》第 18 期。

任運昌，2006b，《寄宿制學校建設給家長帶來了什麼？》，《中小學管理》第 11 期。

容中逵，2009，《當前我國鄉村學校佈局調整問題研究》，《中國教育學刊》第 8 期。

上官子木，1994，《「留守兒童」問題應引起重視》，《神州學人》第 6 期。

邵燕楠，2010，《關於農村中小學校佈局調整的思考》，《教育探索》第9期。

社會科學報網，2012，《21世紀教育研究院發佈〈農村教育佈局調整十年評價報告〉》，http://www.shekebao.com.cn/shekebao/2012skb/sz/userobject1ai5012. html，12月11日。

沈彬，2010，《不能把農民「逼上樓」「打上樓」》，《新京報》11月2日。

沈原，2006，《「強干預」與「弱干預」：社會學干預方法的兩條途徑》，《社會學研究》第5期。

師英、劉靜，2006，《北京社區醫院調查》，《大地》第8期。

石如東，1995，《糧食：美國對外政策中的戰略武器》，《當代思潮》第2期。

石嫣，2010，《我在國外當農民》，北京網絡廣播電視台，http://space.btv.com.cn/video/VIDE1288578018976628，11月1日。

世界環境與發展委員會，2004，《我們共同的未來》，吉林人民出版社。

世界銀行，2001，《2000/2001年世界銀行發展報告：向貧困開戰》，世界銀行。

宋宗合、周繼堅，2009，《草根NGO路在何方？》，《聯合日報》6月25日，第004版。

搜狐網，2014，《崑山招商引資無底線：企業剝削越多我們越開心》，http://business.sohu.com/20140805/n403147761. shtml，8月5日。

蘇嶺、溫海玲，2009，《「瘦肉精」背後的科研江湖》，《南方周末》4月9日。

孫鏞、張春梅，2010，《市場化背景下的朝鮮族聚居區城鄉結構變化》，《大連大學學報》第3期。

孫同全，2008，《國際發展援助中「援助依賴」的成因》，《國際經濟合作》第6期。

孫文，2014，《食品安全問題的歷史分析及現實意義》，《世界農業》第1期。

孫新章，2004，《基於農戶分析的農業產業化與「三農」關係研究》，中國科學院博士學位論文。

孫豔霞，2004，《農村中小學校佈局調整的得失》，《人民教育》第 22 期。

孫耀武，2009，《中國食品安全問題的原因及對策研究》，《市場論壇》第 2 期。

譚偉恩、蔡育岱，2009，《食品政治：誰左右了國際食品安全的標準？》，《政治科學論叢》第 42 期。

湯建龍，2003，《可持續發展反思》，《寧夏黨校學報》第 4 期。

唐風，2008，《新糧食戰爭》，中國商業出版社。

唐葉萍，2007，《論人類中心主義與非人類中心主義的價值整合：人與自然關係的哲學反思》，《湖北行政學院學報》第 3 期。

陶鵬、童星，2012，《災害概念的再認識：兼論災害社會科學研究流派及整合趨勢》，《浙江大學學報》（人文社會科學版）第 2 期。

陶行知，1944，《青年教育與思想問題》，《新華日報》6 月 25 日。

陶行知，1949，《陶行知教育論文選輯》，生活．讀書．新知聯合發行所。轉引自郭元祥、胡修銀（2000）。

陶行知，1981，《陶行知文集》，江蘇人民出版社。

涂重航，2010，《多省撤村圈地意在財政　失去宅基地農民被上樓》，《新京報》11 月 2 日。

屠豫欽，2003，《關於農藥與環境問題的反思》，《墾殖與稻作》第 1 期。

萬明鋼，2010，《「文字上移」：漸行漸遠的鄉村教育》，《教育科學研究》第 7 期。

萬明鋼、白亮，2009，《教育公平、教育資源整合的路徑反思：對農村地區寄宿制學校的重新解讀》，《教育理論與實踐》第 9 期。

汪淳玉、王伊歡，2010，《國際發展援助效果研究綜述》，《中國農業大學學報》（社會科學版）第 9 期。

汪漢忠，2005，《災害、社會與現代化：以蘇北民國時期為中心的考察》，社會科學文獻出版社。

汪華亮、胡啟南，2011，《論「被上樓」農民的權利保護》，《求實》第 11 期。

汪暉，2007，《去政治化的政治、霸權的多重構成與六十年代的消逝》，《開放時代》第 2 期。

汪暉，2008，《環保是未來的「大政治」：打破發展主義共識　尋找新出路》，《綠葉》第 2 期。

王丹，2008，《我國食品安全問題的產業根源》，《社會觀察》第 10 期。

王豐，2003，《世界上下五千年》，青海人民出版社。

王國維，2009，《人間詞話》，徐調孚校註，中華書局。

王國印，2008，《環境問題探源研究》，《中國人口・資源與環境》第 1 期。

王海英，2010，《農村學校佈局調整的方向選擇：兼談農村學校「撤存」之爭》，《東北師大學報》（哲學社會科學版）第 5 期。

王宏旺，2009，《農村中小學撤點併校 8 年之痛：輟學潮暗流湧動》，《南方農村報》4 月 2 日。

王洪偉，2010，《當代中國底層社會「以身抗爭」的效度和限度分析：一個「艾滋村民」抗爭維權的啟示》，《社會》第 2 期。

王輝雲，2010，《愛爾蘭的土豆、大饑荒和移民潮》，《讀書》第 8 期。

王佳，2010，《我國成為首個批准主糧轉基因種植國家》，新浪財經轉自《中國經營報》，http://finance.sina.com.cn/roll/20100116/10597256310.shtml，1 月 16 日。

王君琦，2010，《知識分子的社會責任和歷史定位》，《北京日報》11 月 15 日，第 19 版。

王卡拉，2011，《「封村」一年居民收穫安全感》，《新京報》4 月 23 日，第 A14 版。

王禮剛，2005，《可持續發展理論的現狀分析及路徑反思》，《蘭州商學院學報》第 3 期。

王名，2002，《非營利組織管理概論》，中國人民大學出版社。

王名，2007，《中國 NGO 的發展現狀及其政策分析》，《公共管理評論》第 1 期。

王銘霞，2001，《人與自然關係的哲學反思》，《理論學刊》第 2 期。

王牧華、勒玉樂，2000，《生態主義課程思潮引論》，《遼寧師範大學學報》（社會科學版）第 4 期。

王秋香，2007，《農村「留守兒童」同輩羣體類型及特點分析》，《湖南社會科學》第 1 期。

王紹光，2002，《開放性、分配性衝突和社會保障——中國加入 WTO 的社會和政治意義》，載王紹光《美國進步時代的啟示》，中國財政經濟出版社。

王思斌，2003，《社會學教程》（第二版），北京大學出版社。

王偉，2011，《寄宿制學校有關親情缺失的研究》，《科教導刊》第 2 期。

王曉慧，2011，《農村中小學陪讀現象的類型、成因及解決對策》，《教育理論與實踐》第 3 期。

王曉慧、林曉，2011，《轉基因：猶豫商業化》，《華夏時報》12 月 12 日，第 A04 版。

王遠偉，2007，《農村寄宿制中小學的問題與思考：以內蒙古三個旗為例》，《教育管理》第 3 期。

王兆林，2006，《反思與前瞻：城市化進程中的農村教育》，《教育探索》第 5 期。

王振耀，2012，《推薦序・慈善：無緣無故的愛》，載趙華文、李雨《慈善的真相》，安徽人民出版社。

王治河，2005，《後現代交鋒叢書・漢譯前言》，載〔英〕喬治・邁爾遜《哈拉維與基因改良食品》，李建會、蘇湛譯，北京大學出版社。

魏翠妮，2006，《農村留守婦女問題研究》，南京師範大學碩士學位論文。

溫鐵軍，2004，《21 世紀的中國仍然是小農經濟》，《三農中國》第 1 期。

溫鐵軍，2011，《發展綠色經濟倡導綠色消費建設綠色北京：北京市海淀區政府—中國人民大學產學研基地第二期項目報告》，載《第三屆全國社區支持農業（CSA）經驗交流會資料彙編》。

文靜，2012，《轉基因大豆油佔 9 成市場》，網易財經轉自《京華時報》，

http://money.163.com/13/0615/02/91CJ027F00253B0H. html，6 月 15 日。

吳德新，2003，《農村教育城鎮化：農村改革與發展的必然要求——津市市農村教育城鎮化的調查與思考》，《湖南教育》第 15 期。

吳惠芳、饒靜，2009，《農業女性化對農業發展的影響》，《農業技術經濟》第 2 期。

吳惠芳、葉敬忠，2010，《丈夫外出務工對農村留守婦女的心理影響分析》，《浙江大學學報》（社會科學版）第 3 期。

吳先伍，2006，《從「自然」到環境：人與自然關係的反思》，《自然辯證法研究》第 9 期。

吳垠，2009，《嵌入性的符號消費：為消費文化的神話去魅》，《理論觀察》第 1 期。

吳玉韶，2013，《中國老齡事業發展報告（2013）》，社會科學文獻出版社。

習近平，2014，《做黨和人民滿意的好老師——同北京師範大學師生代表座談時的講話》，9 月 9 日。

夏光，2003，《後結構主義思潮與後現代社會理論》，社會科學文獻出版社。

肖正德，2002，《中小學校網調整若干問題探討》，《現代中小學教育》第 3 期。

謝高地，2009，《發展與環境的複雜關係》，《科學對社會的影響》第 3 期。

謝敏、于永達，2002，《對中國食品安全問題的分析》，《上海經濟研究》第 1 期。

謝湘、堵力，2012，《北大清華再爭狀元就沒有希望》，《中國青年報》5 月 3 日，第 3 版。

謝秀英，2011，《農村中小學佈局調整中的集體非理性分析》，《中國教育學刊》第 4 期。

辛允星，2011，《貌合神離：汶川地震災後羌村重建的「發展」映像》，中國農業大學博士學位論文。

新華網，2004，《周濟：我們政府從來沒把教育產業化作為我們的政策》，

http://news.xinhuanet.com/video/2004-01/06/content_1262498. htm，1 月 6 日。

新華網，2006，《浙江食品安全工作嚴查城鄉接合部「小作坊」》，http://news.xinhuanet.com/fortune/2006-08/15/content_4960107. htm，8 月 15 日。

新華網，2009a，《我國人口分佈將形成「三分天下」格局》，http:// news.xinhuanet.com/newscenter/2009-04/14/ content_11184857. htm，4 月 14 日。

新華網，2009b，《四川災後恢復重建城鎮規劃已全部完成》，http://news.xinhuanet.com/newscenter/2009-05/18/content_11396225. htm，5 月 18 日。

新華網，2013a，《人世間美好夢想只有通過誠實勞動才能實現》，http://news.xinhuanet.com/mrdx/2013-04/29/c_132348592. htm，4 月 29 日。

新華網，2013b，《習近平：飯碗主要要裝自己生產的糧食》，http://news.xinhuanet.com/2013-07/21/c_116625841. htm，7 月 21 日。

新華網，2013c，《習近平：手中有糧心中不慌》，http://news.xinhuanet.com/politics/2013-ll/28/c_118339303. htm，11 月 28 日。

新華網，2014，《習近平談「三農」：端牢「飯碗」推進農業強農村美農民富》，http://news.xinhuanet.com/politics/2014-08/13/c_1112057362. htm，8 月 13 日。

新浪網，2011，《我國官方慈善公信力下降紅會危機影響擴散》，http://news.sina.com.cn/c/2011-08-12/055722977982. shtml，8 月 12 日。

新浪網，2012，《農業部專家：轉基因食品可以放心食用》，http://sh.sina.com.cn/citylink/jk/t_sj/2012-04-25/094166135_2. html，4 月 25 日。

行動援助中國辦公室，2003,《農業轉基因技術與「與知識產權有關的貿易條約」對農民的影響》，《中國改革》第 9 期。

熊春文，2009，《「文字上移」：20 世紀 90 年代末以來中國鄉村教育的新趨向》，《社會學研究》第 5 期。

熊萬勝、石梅靜，2011，《企業「帶動」農戶的可能與限度》，《開放時代》

第 4 期。

熊愈輝，2003，《對綠色革命與新綠色革命的若干思考》，《石河子大學學報》（自然科學版）第 3 期。

徐百柯，2011，《民國風度》，九州出版社。

徐春堂，2002，《新世紀氣候變化與環境破壞》，《棗莊師範專科學校學報》第 5 期。

徐藍，2002，《試論冷戰的爆發與兩極格局的形成》，《首都師範大學學報》（社會科學版）第 2 期。

徐立成、周立、潘素梅，2013，《「一家兩制」：食品安全威脅下的社會自我保護》，《中國農村經濟》第 5 期。

徐曉村，2014，《人生的歧路》，中國農業大學人文與發展學院「學術與人生」報告會，2 月 28 日。

徐興海，2008，《食品文化概論》，東南大學出版社。

徐永光，2012，《走過多事之秋未來喜憂參半》，新浪網，http://gongyi.sina.com.cn/gyzx/2012-01-09/104631650. html，1 月 9 日。

徐勇，2007，《如何認識當今的農民、農民合作與農民組織》，《華中師範大學學報》（人文社會科學版）第 1 期。

許寶強，1999，《發展主義的迷思》，《讀書》第 7 期。

許寶強，2001，《發展的幻象．前言：發展、知識、權力》，載許寶強、汪暉選編《發展的幻象》，中央編譯出版社。

許寶強、汪暉，2001，《發展的幻象》，中央編譯出版社。

許紀霖，2008，《中國知識分子十論》，復旦大學出版社。

薛利山，2005，《反思現代性》，《社會科學論壇》第 5 期。

鄢瑩，2009，《家園何謂？——以四川省阿壩州茂縣牛尾巴寨為例》，中央民族大學碩士學位論文。

嚴海蓉，2005，《虛空的農村和空虛的主體》，《讀書》第 7 期。

嚴海蓉，2010，《小農挑戰全球資本主義：評「糧食主權人民論壇」》，《中國非營利評論》第 1 期。

嚴立冬、孟慧君、劉加林、鄧遠建，2009，《綠色農業生態資本化運營探討》，《農業經濟問題》第 8 期。

嚴啟發、林罡，2006，《世界官方發展援助（ODA）比較研究》，《世界經濟研究》第 5 期。

顏劍英，2004，《諾姆．喬姆斯基評析美帝國主義》，《國外理論動態》第 10 期。

楊寶熙，2014，《楊寶熙工作坊：從生活運動看社會改變》，「北京有機農夫市集」「社區支持農業的落地生根」系列講座，4 月 29 日。

楊斌、張詠梅、王佳音，2010，《我國城市化進程中失地農民問題研究述評》，《西部論壇》第 6 期。

楊昌舉，2000，《標明特殊身份：轉基因食品安全隱患與標籤論爭》，《國際貿易》第 7 期。

楊春平，2010，《中國農民的兼業成因及其影響》，《東岳論叢》第 9 期。

楊東平，2012，《「撤點併校」帶來的後遺症》，《中國新聞周刊》3 月 28 日，http：//viewpoint, inewsweek. cn/columns/columns-1491-p-1. htmlo

楊槐，2010，《21 世紀備忘錄：「全球氣候變暖」的科學真相與人文反思》，海天出版社。

楊繼斌、夏倩，2011，《紅粉「手雷」郭美美》，《南方周末》7 月 7 日，第 A03 版。

楊寄榮，2010，(「發展主義」及其反思》，《思想理論研究》第 5 期。

楊力行，2003，《我國農村中小學教師工資執行中存在的問題及其對策研究》，《經濟問題》第 11 期。

楊潤勇，2009，《關於中部地區農村中小學寄宿制學校的調查與思考》，《教育理論與實踐》第 8 期。

楊通進，2006，《轉基因技術的倫理爭論：困境與出路》，《中國人民大學學報》第 5 期。

楊小柳，2009，《地方性知識與扶貧策略：以四川涼山美姑縣為例》，《中南民族大學學報》（人文社會科學版）第 3 期。

楊新興，2010，《「氣候變暖論」的誤區》，《前沿科學》第 4 期。

楊新興、蘇福慶、任陣海、馮麗華、尉鵬，2011，《「低碳經濟」的理論依據不足》，《前沿科學》第 3 期。

楊豔萍，2001，《論利奧塔的「科學遊戲」與「合法化」》，《哲學研究》第 3 期。

仰海峰，2003，《商品社會、景觀社會、符號社會：西方社會批判理論的一種變遷》，《哲學研究》第 10 期。

姚國宏，2003，《檢視發展主義話語下的「三農」問題研究》，《學海》第 4 期。

姚瓊，2008，《轉基因食品標識制度研究》，《生態經濟》第 1 期。

葉常林、許克祥、虞維華，2009，《非政府組織前沿問題研究》，中國科學技術大學出版社。

葉敬忠，2005，《參與式林業規劃過程中的利益相關羣體分析》，《林業經濟》第 12 期。

葉敬忠，2006，《農民視角的新農村建設》，社會科學文獻出版社。

葉敬忠，2008，《走出發展干預的認識誤區》，《中國農業大學學報》（社會科學版）第 1 期。

葉敬忠，2010，《發展、另一種發展與發展之外》，《中國農業大學學報》（社會科學版）第 1 期。

葉敬忠，2011a，《發展的西方話語説：兼序〈遭遇發展〉中譯本》，《中國農業大學學報》（社會科學版）第 2 期。

葉敬忠，2011b，《農政變遷的階級動力・中譯者序》，載〔英〕亨利・伯恩斯坦《農政變遷的階級動力》，汪淳玉譯，葉敬忠譯校，社會科學文獻出版社。

葉敬忠，2011c，《留守人口與發展遭遇》，《中國農業大學學報》（社會科學版）第 1 期。

葉敬忠，2012a，《一分耕耘未必有一分收穫：當農民雙腳站在市場經濟之中》，《中國農業大學學報》（社會科學版）第 1 期。

葉敬忠，2012b，《農村中小學佈局調整的社會宏觀背景分析》，《中國農業大學學報》（社會科學版）第 4 期。

葉敬忠、丁寶寅、王雯，2012，《獨闢蹊徑：自發型巢狀市場與農村發展》，《中國農村經濟》第 10 期。

葉敬忠、賀聰志，2008，《靜寞夕陽：中國農村留守老人》，社會科學文獻出版社。

葉敬忠、賀聰志，2009，《農村勞動力外出務工對留守老人經濟供養的影響研究》，《人口研究》第 4 期。

葉敬忠、林志斌、王伊歡、盧敏，2000，《農民、農村與科學技術：認識與現實的衝突》，《科技導報》第 10 期。

葉敬忠、孟祥丹，2010，《對農村教育的反思：基於農村中小學佈局調整影響的分析》，《農村經濟》第 10 期。

葉敬忠、潘璐，2007，《農村寄宿制小學生的情感世界研究》，《教育科學研究》第 9 期。

葉敬忠、潘璐，2008a，《別樣童年：中國農村留守兒童》，社會科學文獻出版社。

葉敬忠、潘璐，2008b，《農村小學寄宿制問題及有關政策分析》，《中國教育學刊》第 2 期。

葉敬忠、孫睿昕，2012，《發展主義研究評述》，《中國農業大學學報》（社會科學版）第 2 期。

葉敬忠、王為徑，2013，《規訓農業：反思現代農業技術》，《中國農村觀察》第 2 期。

葉敬忠、王伊歡，2001，《對農村發展的幾點思考》，《農業經濟問題》第 10 期。

葉敬忠、王伊歡、張克雲、陸繼霞，2006，《父母外出務工對留守兒童生活的影響》，《中國農村經濟》第 1 期。

葉敬忠、吳惠芳，2008，《阡陌獨舞：中國農村留守婦女》，社會科學文獻出版社。

葉敬忠、吳惠芳，2009，《丈夫外出務工對留守婦女婚姻關係的影響》，《中州學刊》第 3 期。

葉鐵橋、陳一村，2011，《併校十年難言成敗》，《中國青年報》12 月 24 日，第 3 版。

一民，2010，《轉基因食品：天使還是魔鬼》，中國人民大學出版社。

一張，1994，《「留守兒童」》，《瞭望新聞周刊》第 45 期。

于建嶸，2004，《當代農民維權抗爭活動的一個解釋框架》，《社會學研究》第 2 期。

于文靜，2011，《中國已為 7 種轉基因作物發放安全證書》，新華網，http://news.xinhuanet.com/2011-06/28/c_121596935. htm，6 月 28 日。

余躍，2006，《國際非政府組織有關問題的思考》，《當代法學論壇》第 2 期。

俞可平，2008，《對中國公民社會若干問題的管見》，載高丙中、袁瑞軍主編《中國公民社會發展藍皮書》，北京大學出版社。

俞雷，2005，《蘇丹紅背後的食品政治》，《醫藥世界》第 5 期。

喻澤斌、王敦，2001，《對當代環境問題的哲學思考》，《重慶建築大學學報》（社會科學版）第 4 期。

袁桂林、洪俊、李伯玲、秦玉友，2004，《農村初中輟學現狀調查及控制輟學對策思考》，《中國教育學刊》第 2 期。

袁汝婷、李江濤、劉宏宇，2014，《北大 4000 期培訓官商混招並非個案》，《北京青年報》7 月 19 日。

曾少聰，2010，《生態人類學視野中的西南乾旱：以雲南旱災為例》，《貴州社會科學》第 11 期。

張鴻雁，2010，《中國城市化理論的反思與重構》，《城市問題》第 12 期。

張華，2000，《美國的世界之路》，中國言實出版社。

張俊才、張倩，2006，《5000 萬留守村婦非正常生存調查》，《中國經濟周刊》第 10 期。

張鈴、傅暢梅，2005，《從技術的本質到技術的價值》，《遼寧大學學報》（哲學社會科學版）第 2 期。

張眉、翟晉玉，2009，《農村寄宿制學校問題大家談》，《中小學管理》第 6 期。

張檸，2005，《土地的黃昏：中國鄉村經驗的微觀權力分析》，東方出版社。

張啟發，2003，《轉基因作物的研發產業化及安全性與管理（二）》，《華夏星火》第 11 期。

張啟發，2010，《大力發展轉基因作物》，《華中農業大學學報》（社會科學版）第 1 期。

張巧玲、許智宏，2010，《用通俗的語言向公眾解釋轉基因》，人民網轉自《科學時報》，http://scitech.people.com.cn/GB/12293851. html，7 月 30 日。

張慶熊、孔雪梅、黃偉，2001，《合法性的危機和對「大敍事」的質疑：評利奧塔的後現代主義》，《浙江社會科學》第 3 期。

張銳，2007，《全球變暖：撲向人類的最大殺手》，《經濟導刊》第 7 期。

張爽，2013，《現代化背景下的中國知識分子研究》，黑龍江大學出版社。

張同林，2004，《糧價上漲是一種理性的價值回歸》，《三農中國》第 1 期。

張衛斌、顧振宇，2007，《基於食品供應鏈管理的食品安全問題發生機理分析》，《食品工業科技》第 1 期。

張文海，2001，《斯蒂格利茨批評新自由主義的結構調整》，《國外理論動態》第 12 期。

張一兵，2007，《景觀社會・代譯序：德波和他的〈景觀社會〉》，載〔法〕居伊・德波《景觀社會》，王昭鳳譯，南京大學出版社。

張意忠，2005，《社會批判：大學教授的使命》，《現代大學教育》第 3 期。

張永建、劉寧、楊建華，2005，《建立和完善我國食品安全保障體系研究》，《中國工業經濟》第 2 期。

張雨、黃桂英、劉自傑，2004，《我國食品安全現狀與對策》，《山西食品工業》第 4 期。

張雲中，2013，《2012 年中國轉基因作物總面積居世界第六位》，中國經濟網轉自《國際商報》，http://www.ce.cn/macro/more/201303/05/t20130305_24168372. shtml，3 月 5 日。

張志健，2009，《食品安全導論》，化學工業出版社。

張忠福，2004，《穩步實施農村中小學佈局調整的思考》，《教學與管理》第 1 期。

趙丹、范先佐，2011，《偏遠農村學生上學難問題及對策思考：以學校佈局調整為背景》，《河北師範大學學報》（教育科學版）第 12 期。

趙復三，2007，《中譯者前言》，載〔奧地利〕弗里德里希・希爾《歐洲思想史》，趙複三譯，廣西師範大學出版社。

趙華文、李雨，2012，《慈善的真相》，安徽人民出版社。

趙黎青，2006，《如何看待在中國的外國非政府組織》，《學習月刊》第 18 期。

趙旭東，2008，《鄉村成為問題與成為問題的中國鄉村研究：圍繞「晏陽初模式」的知識社會學反思》，《中國社會科學》第 3 期。

浙江省民族宗教事務委員會，2011，《風俗習慣與節日》，浙江省民族宗教事務委員會官網，http://www.zjsmzw.gov.cn/Public/NewsInfo.aspx?type=4&id=bd38a641-5a38-4191-945d-23323b60a290&cid=51b5fb4b-a972-4153-8571-0e422ad20ddc，4 月 19 日。

鄭風田、付晉華，2007，《農民集中居住：現狀、問題與對策》，《農業經濟問題》第 9 期。

鄭功成，2010，《抗災救災：新中國 60 年的經驗與教訓》，《華中師範大學學報》（人文社會科學版）第 4 期。

鄭美雁、秦啟文，2008，《城鄉統籌背景下失地農民社會保障的路徑分析與選擇》，《西南大學學報》（社會科學版）第 4 期。

鄭遠長，2010，《中國慈善捐助報告（2010）》，中國社會出版社。

中國經濟網，2011，《感歎：教育貧富分化　寒門難出貴子》，http://baby.ce.cn/qt/201108/08/120110808_22594775. shtml，8 月 8 日。

中國農資傳媒網，2011，《種田還得靠科技》，http://www.sino-nz.com/html/2011/04/19/15438. html，4 月 19 日。

中國生物安全網，2009，《2009 年第二批農業轉基因生物安全證書批准清單》，http://www.stee.agri.gov.cn/biosafety/spxx/t20091022_819217.htm，10 月 22 日。

中國新聞網，2012，《農民用「瘦肉精」餵羊被判 3 年》，http://www.chinanews.com/fz/2012/04-11/3812079. shtml，4 月 11 日。

中國新聞網，2013，《世界穀物產量今年將創新高將增至近 25 億噸》，http://finance.chinanews.com/cj/2013/12-09/5595287.shtml，12 月 9 日。

中國政府網，2011a，《中央農村工作會議在北京舉行溫家寶出席並講話》，http://www.gov.cn/ldhd/2011-12/27/content_2031044. htm，12 月 27 日。

中國政府網，2011b，《四川災後重建完成投資 7965 億　需重建學校完工 96.9%》，http://www.gov.cn/wszb/zhibo450/content_1860923. htm，5 月 10 日。

中西部地區農村中小學合理佈局結構研究課題組，2008，《我國農村中小學佈局調整的背景、目的和成效：基於中西部地區 6 省區 38 個縣市 177 個鄉鎮的調查與分析》，《華中師範大學學報》（人文社會科學版）第 4 期。

中央電視台，2013，《（新聞調查）黃浦江死豬事件調查》，央視網，http://news.cntv.cn/2013/03/24/VIDE1364114639847669. shtml，3 月 24 日。

中央電視台紀錄頻道，2014，《舌尖上的中國》，中國廣播電視出版社。

中央電視台焦點訪談，2010，《指令沒譜，農民受苦》，央視網，http://news.cntv.cn/program/jiaodianfangtan/20100401/102702. shtml，4 月 1 日。

中央電視台焦點訪談，2011，《當麥子遇到蘋果》，央視網，http://news.cntv.cn/program/jiaodianfangtan/20111127/105485. shtml，11 月 27 日。

周寶根，2009，《援助促進受援國發展嗎？——國外發展援助有效性的學理紛爭》，《國際經濟合作》第 5 期。

周春紅，2007，《我國農村中小學佈局調整政策的規模經濟分析》，《遼寧教育研究》第 11 期。

周非，2011，《中國知識分子淪亡史：在功名和自由之間的掙扎與抗爭》，上海三聯書店。

周芬芬，2008，《農村中小學佈局調整對教育公平的損傷及補償策略》，《教育理論與實踐》第 7 期。

周福林，2006，《我國留守老人狀況研究》，《西北人口》第 1 期。

周福林、段成榮，2006，《留守兒童研究綜述》，《人口學刊》第 3 期。

周弘，2010，《對外援助與當代國際關係》，《中國社會科學院院報》10 月 31 日。

周立，2008a，《糧食主權、糧食政治與人類可持續發展》，《世界環境》第 4 期。

周立，2008b，《美國的糧食政治與糧食武器》，未出版研究報告，豆丁網，http://www.docin.com/p-8711041. html，查閱時間:2014 年 8 月 10 日。

周立，2010，《極化的發展》，海南出版社。

周全德、齊建英，2006，《對農村「留守兒童」問題的理性思考》，《中州學刊》第 1 期。

周穗明，2002，《西方發展觀的反思與新發展主義的興起》，《嶺南學刊》第 6 期。

朱俊林，2008，《轉基因技術的倫理辯護及其限度》，《湖南師範大學社會科學學報》第 4 期。

朱啟臻、楊匯泉，2011，《誰在種地：對農業勞動力的調查與思考》，《中國農業大學學報》（社會科學版）第 1 期。

朱曉陽，2011，《小村故事：地志與家園（2003 — 2009）》，北京大學出版社。

朱曉陽、譚穎，2010，《對中國「發展」和「發展干預」研究的反思》，《社會學研究》第 4 期。

莊孔韶、張慶寧，2009，《人類學災難研究的面向與本土實踐思考》，《西南民族大學學報》（人文社科版）第 5 期。

AbouAssi, Khaldoun. 2014. Get Money Get Involved? NGO's Reactions to Donor Funding and Their Potential Involvement in the Public Policy Processes. *Voluntas: International Journal of Voluntary and Nonprofit organizations*, 25(4):968-990.

Adams, Francis. 2000. *Dollar Diplomacy: United States Economic Assistance to Latin America.* Aidershot. 轉引自郭擁軍（2002）。

Ahmad, Mokhbul Morshed. 2001. *Understanding the South: How Northern Donor Agencies and NGOs Understand the Needs and Problems of Southern NGO Clients.* Bangladesh: Dhaka.

Alexander, David. 1997. The Study of Natural Disasters, 1977-1997: Some Reflections on a Changing Field of Knowledge. *Disasters*, 21(4): 284-304.

Altieri, Miguel A. 2009. Agroecology, Small Farms, and Food Sovereignty. *Monthly Review,* No. 7.

Anderson, M. B. and P. J. Woodrow. 1989. *Rising from the Ashes: Development Strategies in Times of Disaster.* Westview Press.

Araghi, F. A. 1995. Global Depeasantization: 1945-1990. *The Sociological Quarterly,* 36(2): 337-368. 轉引自潘璐（2012）。

Asgary, A. et al. 2006. *Lost and Used Post-disaster Development Opportunities in Bam Earthquake and the Role of Stakeholders.* Toronto: York University.

Bankoff, Greg. 2003. *Cultures of Disaster：Society and Natural Hazard in the Philippines.* London and New York: Routledge Curzon.

Bankoff, Greg. 2004. Time is of the Essence: Disasters, Vulnerability and History. *International Journal of Mass Emergencies and Disasters*, 22(3): 23-42.

Berger, Julia. 2003. Religious Nongovernmental Organizations: An Exploratory Analysis. *Voluntas: International Journal of Voluntary and Nonprofit Organizations,* 14 (1): 15-39.

Bernstein, H. 2004. Considering Africa's Agrarian Questions. *Historical Materialism,* 12(4).

Bernstein, H. 2006. Once Were/Still Are Peasants? Farming in a Globalising 'South'. *New Political Economy*, 11(3).

Bharadwaj, Krishna. 1985. A View on Commercialization in Indian Agriculture and the Development of Capitalism. *The Journal of Peasant Studies*, 12(4): 7-25.

Blaikie, P., T. D. Cannon, I. I. Davis and B. Wisner. 1994. *At Risk: Natural Hazards, People's Vulnerability and Disasters.* London and New York: Routledge.

Bolin, R. C. and L. Stanford. 1998. *The Northridge Earthquake: Vulnerability and Disaster.* London: Routledge.

Bourdieu, P. et al. 1999. *The Weight of the World.* London: Polity Press. 轉引自沈原（2006）。

Bratton, M. 1989. The Politics of Government-NGO Relations in Africa. *World Development*, 17(4): 569-587.

Breslau, Joshua. 2000. Globalizing Disaster Trauma: Psychiatry, Science, and Culture after Kobe Earthquake. *Ethos*, 28(21): 174-197.

Brown, L. David and Archana Kalegaonkar. 2002. Support organizations and the Evolution of the NGO Sector. *Nonprofit and Voluntary Sector Quarterly*, 31(2): 231-258.

Bryceson, D. 1996. Deagrarianization and Rural Employment in Sub-Saharan Africa: A Sectoral Perspective. *World Development*, 24(1).

Bryceson, D. 1999. African Rural Labour, Income Diversification and Livelihood Approaches: A Long-term Development Perspective. *Review of African Political Economy*, 26(80).

Buckle, Philip. 2004. Guest Editor's Introduction. *International Journal of Mass Emergencies and Disasters*, 24(3): 5-8.

Burchell, Jon and Joanne Cook. 2013. Sleeping with the Enemy? Strategic Transformations in Business-NGO Relationships through Stakeholder Dialogue. *Journal of Business Ethics*, 113(3): 505-518.

Chambers, Robert. 1983. *Rural Development: Putting the Last First.* London: Longman.

Chambers, Robert. 1994. Participatory Rural Appraisal (PRA): Challenges, Potentials and Paradigm. *World Development*, 22(10) : 1437-1454. In Jakimow (2012).

Chambers, Robert. 2006. Vulnerability, Coping and Policy (Editorial Introduction). *IDS Bulletin,* 37(4): 33-40.

Cobb, John B. Jr. 2002. *Postmodernism and Public Policy.* Albany: State University of New York Press. 轉引自王治河（2005：22）。

Cooke, Bill and Uma Kothari. 2001. *Participation : The New Tyranny?* London and New York: Zed Books.

Corbridge, S. 1993. Marxisms, Modernities, and Moralities: Development Praxisand the Claims of Distant Strangers. *Environment and Planning D: Society and Space,* 11(4): 449-472.

Cordell, D. , Joel W. Gregory and Victor Piche. 1996. *Hoe and Wage: A Social History of a Circular Migrating System in West Africa.* Boulder: Westview Press.

Cutter, Susan L. 1996. Vulnerability to Environmental Hazards. *Progress in Human Geography*, 20(4): 529-539.

Daly, H. E. 1996. *Beyond Growth the Economics of Sustainable Development.* Boston: Beacon Press. 轉引自黃餘（2011）。

Das, P. K. 1996. Manifesto of Housing Activist. In Thomer, Alice and Sujata Patel (eds).*Bombay.*Oxford University Press. 轉引自〔美〕邁克・戴維斯 (2009：92)。

Derrida, J. 1989. *Memoires: for Paul de Man (Memoires: for Paul de Man).* trans. Cecile Linsay, Jonathan Culler, Eduardo Cadava and Peggy Kamuf. New York: Columbia University Press. 轉引自夏光（2003：348）。

Desai, Vandana. 1999. Anatomy of the Bombay NGO Sector. *Environment and Urbanization* ,11(1): 247-266.

Doucouliagos, D. and M. Paldam. 2009. The Aid Effectiveness Literature: The Sad Results of 40 Years of Research. *Journal of Economic Surveys*, (3): 433-461.

Drabek, A. G. 1987. Development Alternatives: The Challenge for NGOs— An Overview of the Issues. *World Development*, 15 (Supplement): ix-xv.

Drury, Cooper A., Richard Stuart Olson, A. Douglas Van Belle. 2005. The Politics of Humanitarian Aid: U. S. Foreign Disaster Assistance, 1964-1995. *The Journal of Politics*, 67(2): 454-473.

Drè ze, J., A. Sen. 1989. *Hunger and Public Action.* Oxford: Clarendon Press.

Dynes, Russell R. and Thomas E. Drabek. 1994. The Structure of Disaster Research: Its Policy and Disciplinary Implications. *Preliminary Paper* 265. Newark: University of Delaware Disaster Research Center.

Dynes, R. R. 2000. The Dialogue between Voltaire and Rousseau on the Lisbon Earthquake: The Emergence of a Social Science View. *International Journal of Mass Emergencies and Disasters*, (18): 97-115.

Dynes, R. R. 2002. Disaster and Development, again. *Preliminary Paper* 321. Newark: University of Delaware Disaster Research Center.

Ebrahim, Alnoor. 2001. NGO Behavior and Development Discourse: Cases from Western India. *Voluntas : International Journal of Voluntary and Nonprofit Organizations,* 12(2): 79-101.

Ehrenberg, John. 1999. *Civil Society: The Critical History of an Idea.* New York: New York University Press.

Eradicate Hunger and Malnutrition. 2009. Policies and Actions to Eradicate Hunger and Malnutrition. *Working Document,* No. 9. 轉引自嚴海蓉（2010）。

Escobar, Arturo. 1995. *Encountering Development: The Making and Unmaking of the Third World.* Princeton and Oxford: Princeton University Press.

Escobar, Arturo. 1999. After Nature: Steps to an Anti-essentialist Political Ecology. *Current Anthropology*, 40(1): 1-16.

ETC Group. 2009. Who will Feed Us. http://www.etcgroup.org/en/node/4921. Issue 102. 轉引自嚴海蓉（2010）。

Ferguson, James. 1990. *The Anti-politics Machine: "Development", Depoliticization, and Bureaucratic Power in Lesotho.* Cambridge: Cambridge University Press.

Fischer, H. W. 1998. *Response to Disaster: Fact versus Fiction and Its Perpetuation—The Sociology of Disaster.* Lanham: University Press of America.

Fisher, J. 1998. *Nongovernments:* NGOs *and the Political Development of the Third-World.* Hartford: Kumarian Press.

Fisher, W. F. 1997. Doing Good? The Politics and Antipolitics of NGO Practices. *Annual Review of Anthropology*, 26: 439-464.

Fordham, M. 2007. Disaster and Development Research and Practice: A Necessary Eclecticism? In Rodr í guez, Hav í dan, Enrico L. Quarantelli and Russell R. Dynes (eds). *Handbook of Disaster Research.* New York: Springer.

Fowler, Alan. 2002. *The Virtuous Spiral, A Guide to Sustainability for NGOs in International Development.* London : Earthscan.

Fritz, Charles E. 1961. Disaster. In Merton, Robert K. and Robert A. Nisbet (eds), *Contemporary Social Problems: An Introduction to the Sociology of Deviant Behavior and Social Disorganization.* New York: Harcourt, Brace, and World.

Gazzoli, Rubén. 1996. The Political and Institutional Context of Popular Organizations in Urban Argentina. *Eninrontnent and Urbanization*, 8(1): 159-166. 轉引自〔美〕邁克・戴維斯（2009：91）。

Geertz, C. 1963. *Agricultural Involution: The Processes of Ecological Change in Indonesia.* Berkeley: University of California Press.

George, Susan. 1986. More Food, More Hunger: Development. *Seeds of Change* (1/2): 53-63. 轉引自〔美〕阿圖羅・埃斯科瓦爾（2011）。

Glüsing, Jens and Nils Klawitter. 2012. WWF Helps Industry More than Environment. *Spiegel ONLINE International,* http://www.spiegel.de/international/world/wwf-helps-industry-more-than-environment-a-835712. html，5 月 29 日。

Greenpeace. 2009. Agriculture at Crossroads: Food for Survival. 轉引自嚴海蓉（2010）。

Gudeman, Stephen and Alberto Rivera. 1990. *Conversations in Colombia: The Domestic Economy in Life and Text.* Cambridge: Cambridge University Press. 轉引自〔美〕阿圖羅・埃斯科瓦爾（2011：111）。

Haraway, Donna. 1989. *Primate Visions.* New York: Routledge. Haraway, Donna.1991. *Simians, Cyborgs, and Women: The Reinvention of Nature.* New York: Routledge. 轉引自〔美〕阿圖羅・埃斯科瓦爾（2011：19）。

Heap, Smion. 2000. *A World of Difference and a Difference to the World.* Oxford: INTRAC.

Heintz, Stephen. 2006. *The Role of NGOs in Modern Societies and an Increasingly Interdependent World.* Annual Conference of the Institute for Civil Society, Sun Yat-sen University, Guangzhou, China. January 14.

Hendry, J. 2003. Environmental NGOs and Business. *Business & Society*, 42(2): 267-276. In Laasonen et al. (2012).

Heurlin, Christopher. 2010. Governing Civil Society: The Political Logic of NGO- State Relations under Dictatorship. *International Society for Third-Sector Research*, 21(2): 220-239.

Hewitt, K. (ed). 1983. *Interpretations of Calamity: From the Viewpoint of Human Ecolo*gy. New York: Allen & Unwin.

Hewitt, K. 1997. *Regions of Risk: A Geographical Introduction to Disaster.* London: Longman.

Hewitt, K. 2013. Disasters in "Development" Contexts: Contradictions and Options for a Preventive Approach. J à mb á : *Journal of Disaster Risk Studies*, 5(2).

Hilhorst, D. 2003. Responding to Disasters: Diversity of Bureaucrats, Technocrats and Local People. *International Journal of Mass Emergencies and Disasters*, 21(1): 3755.

Holmen, Hans. 2010. *Snakes in Paradise:* NGOs *and the Aid Industry in Africa.* Sterling: Kumarian Press.

Holt-Gimenez, Eric. 2009. From Food Crisis to Food Sovereignty: The Challenge of Social Movements. *Monthly Review,* No. 7.

Jakimow, Tanya. 2012. Peddlers of Information: Unintended Consequences of Information-centred Development for North Indian Non-Government Organizations. *Voluntas: International Society for Third-Sector Research*, 23(4): 1014-1035.

Jalali, Rita. 2008. International Funding of NGOs in India: Bringing the State Back In. *International Society for Third-Sector Research*, 19(2): 161-188.

Janssen, Brandi. 2010. Local Food, Local Engagement: Community-Supported Agriculture in Eastern Iowa. *Culture & Agriculture*, 32 (1): 4-16.

Jellinek, Lea. 2003. Collapsing under the Weight of Success: An NGO in Jakarta. *Environment and Urbanization*, 15(1): 171-180. 轉引自〔美〕邁克・戴維斯（2009：91）。

Kaldor, Mary. 2004. *Global Civil Society: An Answer to War.* Cambridge: Polity.

Keese, James R. 1998. International NGOs and Land Use Change in a Southern Highland Region of Ecuador. *Human Ecology,* 26 (3): 451-468.

Kerkvliet, B. 2009. Everyday Politics in Peasant Societies (and Ours). *Journal of Peasant Studies*, 36(1): 227-243.

Kothari, Rajni. 1986. NGOs, the State and World Capitalism. *Economic and Political Weekly,* 21: 2177-2182. In Sen, Siddhartha (1999).

Kothari, Rajni. 1993. The Yawning Vacuum: A World without Alternatives. *Alternatives*, 18: 119-139. In Sen, Siddhartha (1999).

Kothari, Rajni. 1997. Globalization: A World Adrift. *Alternatives*, 22: 227-267. In Sen, Siddhartha (1999).

Laan, Monique van der. 2006. The Beauty of Being Engaged in Farming. *Agrarisch Dagbald*, October 4. In Ploeg(2008).

Laasonen, Salla, Martin Fouge're and Amo Kourula. 2012. Dominant Articulations in Academic Business and Society Discourse on NGO-Business Relations: A Critical Assessment. *Journal of Business Ethics*, 109(4): 521-545.

Lang, K. Brandon. 2010. The Changing Face of Community-Supported Agriculture. *Culture & Agriculture*, 32 (1): 17-26.

Laws, S., C. Harper and R. Marcus. 2003. *Research for Development*, *A Practical Guide*, London: SAGE Publications.

Lewis, D. 1998. Development Policy and Development NGOs: The Changing Relationship. Paper presented at the CVO 20th Anniversary Conference, Sept. 17-18, London School of Economics. In Ebrahim (2001).

Lindell, M. K. 2011. Disaster Studies. *Sociopedia. isa.*

Little, Peter and C. Dolan. 2000. What It Means to Be Restructured: Nontraditional Commodities and Structural Adjustment in Sub-Saharan Africa. In Haugerud, Angelique, M. Priscilla Stone, and Peter D. Little (eds). *Commodities and Globalization: Anthropological Perspectives.* Lanham: Rowman & Littlefield Publishers.

Long, N. 2001. *Development Sociology, Actor Perspectives.* London: Routledge.

Loots, E. 2006. Aid and Development in Africa: The Debate, the Challenges and the Way Forward. *South African Journal of Economics*, (3): 363-381.

Luk, Tak-chuen. 2001. The Politics of Poverty Eradication in Rural China. *China Review.* Hong Kong: The Chinese University of Hong Kong Press. 轉引自古學斌等（2004）。

Magdoff, Fred. 2008. The World Food Crises: Sources and Solutions. *Monthly Review,* No. 5.

Martens, Kerstin. 2002. Mission Impossible? Defining Nongovernmental Organizations. *Voluntas: International Journal of Voluntary and Nonprofit Organizations*, 13(3): 271-285.

McCarthy, K. D., V. Hodgkinson and R. Sumariwalla. 1992. *The Nonprofit Sector in the Global Community: Voices from Many Nations.* San Francisco: Jossey-Bass.

McMichael, Philip. 1998. Global Food Politics. *Monthly Review,* No. 7.

Mileti, D. S., J. D. Darlington, E. Passerini, B. C. Forrest and M. F. Myers. 1995. Towards an Integration of Natural Hazards and Sustainability. *Environmental Professional*, 17(2): 117-126.

Mitchell, K. 1990. Human Dimensions of Environmental Hazards: Complexity, Disparity, and the Search for Guidance. In A. Kirby (ed). *Nothing to Fear: Risks and Hazards in American Society.* Tucson: University of Arizona Press.

Mitlin, D., S. Hickey and A. Bebbington. 2007. Reclaiming Development? NGOs and the Challenge of Alternatives. *World Development*, 35 (10): 1699-1720.

Nieuwenhuys, O. 1996. The Paradox of Child Labour and Anthropology. *Annual Review of Anthropology*, (25): 237-51.

Oliver-Smith, Anthony and Susanna M. Hofifrnan. 2002. Why Anthropologists Should Study Disasters. In Susanna M. Hoffinan et al. (eds). *Catastrophe and Culture: The Anthropology of Disaster.* Santa Fe: SAR Press.

Oliver-Smith, A. 1996. Anthropological Research on Hazards and Disasters. *Annual Review of Anthropology*, (25): 303-328.

Oliver-Smith, A. 2001. Anthropology in Disaster Research and Management. *National Association for the Practice of Anthropology Bulletin*, 20(1): 111-112.

O'Keefb, P., K. Westgate and B. Wisner. 1976. Taking the Naturalness out of Natural Disasters. *Nature*, 260: 566-567.

Paxton, P. 2002. Social Capital and Democracy: An Interdependent Relationship. *American Sociological Review*, 67(2): 254-277.

Pfaff, William. 2008. Speculators and Soaring Food Prices. *International Herald Tribune,* 17 April. 轉引自嚴海蓉（2010）。

Picou, J. S., B. K. Marshall and D. A. Gill. 2004. Disaster, Litigation, and the Corrosive Community. *Social Forces*, 82(4): 1493-1522.

Ploeg, Jan Douwe van der. 2008. *The New Peasantries: Struggles for Autonomy and Sustainability in an Era of Empire and Globalization.* London: Earthscan.

Ploeg, Jan Douwe van der. 2010. The Food Crisis, Industrialized Farming and the Imperial Regime. *Journal of Agrarian Change,* No. 1.

Porfiriev, B. N. 1995. Disaster and Disaster Areas: Methodological Issues of Definition and Delineation. *International Journal of Mass Emergencies and Disasters*, 13(3): 285-304.

Porter, M. E. and M. R. Kramer. 2011. The Big Idea: Creating Shared Value. *Harvard Business Review,* 89 (1/2): 63-77.

Pretty, Jules. 2009. Can Ecological Agriculture Feed Nine Billion People? *Monthly Review,* No. 11.

Quarantelli, E. L. 1987. Disaster Studies: An Analysis of the Social Historical Factors Affecting the Development of Research in the Area. *International Journal of Mass Emergencies and Disaster,* 5(3): 285-310.

Quarantelli, E. L. 1995. What Is A Disaster? (Editors Introduction). *International Journal of Mass Emergencies and Disasters*, 13(3).

Quarantelli, E. L. (ed). 1998. *What Is A Disaster: Perspectives on the Question.* London and New York: Routledge.

Rocha, Ghuber. 1982. An Aesthetic of Hunger. In Johnson, Randal and Robert Stare (eds). *Brazilian Cinema.* Rutherford: Fairleigh Dickinson University Press.

Ruivenkamp, G. 2008. *Biotechnology in Development: Experiences from the South*, Wageningen: Wageningen Academic Publishers.

Sachs, W. 1999. *Planet Dialectics: Explorations in Environment and Development.* London: Zed Books.

Sahlins, M. 1972. *Stone Age Economics.* Chicago: Aldine.

Scott, C. James. 2009. *The Art of Not Being Governed: An Anarchist History of Upland Southeast Asia.* New Haven & London: Yale University Press.

Sen, Amartya. 1999. *Development as Freedom.* Oxford: Oxford University Press.

Sen, Siddhartha. 1999. Globalization and the Status of Current Research on the Indian Nonprofit Sector. *Voluntas: International Journal of Voluntary and Nonprofit Organizations*, 10 (2): 113-130.

Shalmali, Guttal. 2011. Whose Lands? Whose Resources? *Development*, 54(1): 91-97.

Smith, J. 1997. Characteristics of the Modern Transnational Social Movement Sector. In Smith, J. C., Chatfield and R. Pagnucco (eds).

Transnational Social Movements and Global Politics: Solidarity beyond the State. New York: Syracuse University Press.

Spretnak, Charlene. 1991. *State of Grace: The Recovery of Meaning in the Postmodem Age*, Harper Sanfranciso: A Division of Harper Collins Publishers. 轉引自王治河，1997，《斯普瑞特奈克和她的生態後現代主義》，《國外社會科學》第 6 期。

Stallings, Robert. A. 1995. *Promoting Risk: Constructing the Earthquake Threat.* New York: Aldine de Gruyter.

Stallings, Robert A. 2002. Weberian Political Sociology and Sociological Disaster Studies. *Sociological Forum,* 17(2): 281-305.

Stromberg, David. 2007. Natural Disasters, Economic Development, and Humanitarian Aid. *Journal of Economic Perspectives, 21* (3): 199-222.

Sumner, Andy and Michael Tribe. 2008. *International Development Studies: Theories and Methods in Research and Practice.* London: SAGE.

Taylor, Marcus. 2011. Freedom from Poverty Is Not for Free: Rural Development and the Microfinance Crisis in Andhra Praddsh, India. *Journal of Agrarian Change*, No. 4.

Tierney, K. J. 1993. Socio-Economic Aspects of Hazard Mitigation. *Preliminary Paper* 190. Newark: University of Delaware Disaster Research Center.

Torry, William I. 1979. Anthropological Studies in Hazardous Environments: Past Trends and New Horizons. *Current Anthropology*, 20 (3): 517-540.

Truman, Harry. 1964. Public Papers of the Presidents of the United States: Harry S. Truman. Washington, D. C.: U. S. Government Printing Office. 轉引自〔美〕阿圖羅・埃斯科瓦爾（2011）。

Tudge, C. 2004. *So Shall We Reap: What's Gone Wrong with the World's Food-and How to Fix It.* New York, NY: Penguin Books, In Ploeg (2008).

Tvedt, Terje. 1998. *Angels of Mercy or Development Diplomats? NG os and Foreign Aid.* Trenton: Africa World Press.

Tvedt, Terje. 2002. Development NGOs: Actors in a Global Civil Society or in a New International Social System? *Voluntas: International Journal of Voluntary and Nonprofit Organizations*, 13(4): 363-375.

USAID. 2014. *Bring Hope to the Hungry,* http://pdf.usaid.gov/pdf_docs/PD- ABZ818.pdf.

Vanhaute, Eric. 2011. From Famine to Food Crisis: What History can Teach Us about Local and Global Subsistence Crises? *The Journal of Peasant Studies*, No. 1.

Veltmeyer, Henry. 2008. Civil Society and Development. In Haslam, Paul, Pierre Beaudet and Jessica Schafer (eds). *Introduction to International Development Studies: Approaches, Actors and Issues.* OUP Canada.

Verma, Gita. 2002. *Slumming India: A Chronicle of Slums and Their Saviours.* New Delhi: Architexturez Imprints. 轉引自〔美〕邁克・戴維斯（2009：93）。

Westgate, K. N. and P. O'Keefb. 1976. Some Definitions of Disaster. *Occasional Paper* 4. Bradford: Disaster Research Unit of University of Bradford.

White, Ben. 2012. Changing Childhoods: Javanese Village Children in Three Generations. *Journal of Agrarian Change*, (1): 81-97.

Wijkman, A. and L. Timberlake. 1984. *Natural Disasters: Acts of God or Acts of Man?* London: Earthscan.

Williams, Glyn. 2004. Evaluating Participatory Development: Tyranny, Power and (re)Politicization. *Third World Quarterly*, 25 (3): 565.

World Bank. 1996. *The World Bank Participation Sourcebook.* Washington: World Bank. In Jakimow (2012).

World Bank. 1998. *Assessing Aid, What Works, What Doesn't and Why.* Oxford：Oford University Press.

World Bank. 2002. *World Development Report 2002: Building Institutions for Markets.* Oxford University Press.

Yoon, Byeong-Seon. 2006. Who is Threatening our Dinner Table? *Monthly Review,* No. 6.

Zhang, Forrest and John Donaldson. 2010. From Peasants to Farmers: Peasant Differentiation, Labor Regimes, and Land-rights Institutions in China's Agrarian Transition. *Policy & Society*, 38 (4): 458-489.

後記

本書是我和我團隊裏的同事及學生長期學術積累的結果。大部分內容（留守、土地、農業、科學、技術、項目、發展研究）是在我的已有研究成果上的再積累、再思考和再完善。原有成果的工作還有孟英華、王為徑、李華的貢獻。另有一部分（商品、學校、糧食、自然、援助）是以我的寫作提綱為基礎，由學生完成初稿，再由我修改完成。初稿完成人分別是任守雲、丁寶寅、寧夏、林杜娟、陳晶環。在初稿撰寫過程中，王為徑、陳世棟進行了協調。還有一部分（食品、災害、慈善）是在我的統一協調與討論基礎上，分別由付會洋、陳世棟、賀聰志完成，我進行了最後修改。此外，劉娟、潘璐對本書也有貢獻。我對以上人員表示感謝！

我和我團隊的學術思想受益於很多學術前輩或同行朋友，尤其是阿圖羅・埃斯科瓦爾、詹姆斯・C. 斯科特、諾曼・龍、亨利・伯恩斯坦、揚・杜威・范德普勒格、薩圖尼諾・M. 博拉斯（Saturnino M. Borras）。我與很多同事和學生的日常交流十分有利於學術頓悟的產出，與他們的討論時常碰撞出許多思想的火花。還有很多人，無法一一列盡，我對他們致以拜謝！

感謝中國農業大學校級教改專項（2014）對本書出版給予的支持！

葉敬忠

2015 年 2 月於北京

發展的故事：幻象的形成與破滅

葉敬忠　著

責任編輯　王春永
裝幀設計　姚雙林
排　　版　黎　浪
印　　務　劉漢舉

出版　中華書局（香港）有限公司
香港北角英皇道 499 號北角工業大廈一樓 B
電話：（852）2137 2338　傳真：（852）2713 8202
電子郵件：info@chunghwabook.com.hk
網址：http://www.chunghwabook.com.hk

發行　香港聯合書刊物流有限公司
香港新界荃灣德士古道 220-248 號
荃灣工業中心 16 樓
電話：（852）2150 2100　傳真：（852）2407 3062
電子郵件：info@suplogistics.com.hk

版次　2025 年 6 月初版

規格　16 開（230mm×160mm）

ISBN　978-988-8914-51-7